古田年鉴

2021

中共古田县委党史和地方志研究室 编

方志出版社
Publishing House of Local Records

图书在版编目（CIP）数据

古田年鉴．2021 / 中共古田县委党史和地方志研究室编．—北京：方志出版社，2022.3
ISBN 978-7-5144-5252-5

Ⅰ．①古… Ⅱ．①中… Ⅲ．①古田县－2021－年鉴 Ⅳ．①Z525.74

中国版本图书馆 CIP 数据核字（2022）第 182568 号

责任编辑：刘方圆
责任校对：刘玉霞
责任印制：梅中英
出 版 者：方志出版社
地　　址：北京市朝阳区潘家园东里 9 号（国家方志馆 4 层）
邮　　编：100021
网　　址：http://www.zgfzcb.cn
发　　行：方志出版社图书营销中心（010-67110500）
印　　刷：福州力人彩印有限公司
开　　本：889 毫米 ×1194 毫米　1/16
印　　张：18
字　　数：471 千字
版　　次：2022 年 3 月第 1 版
印　　次：2022 年 3 月第 1 次印刷
定　　价：260.00 元

古田县地方志工作领导小组

名誉组长：张成慧（县委书记）

组　　长：许　锋（县委副书记、县长）

副 组 长：郑国淑（县人大常委会主任）

林纪建（县政协主席）

张明生（县委常委、组织部部长）

雷　毅（县政府副县长）

成　　员：李　杰　谢　鑫　张　城　余陈锋　叶志刚

许马锋　余　兰　黄建平　戴承武　秦延福

黄岩梅　魏灼燕　朱振松　杜新景　彭宏水

李　雄　林丽琴　钟艳虹　戴海口　江希东

林芳照　李　敏　张学涛　陈信燮　彭　实

许巧清　周光辉　林长华　林　祯　黄传年

李义兴　朱能杰　庄绍铨　吴　斌　陈建曦

陈小芳　叶友剑　郑建文　邱佳荣　王余啸

余　田　周　山　江希棉　姚　舜　苏东北

林　翼　姚剑峰　倪迎新

《古田年鉴》编辑部

主　　编：黄岩梅　陈绍芝

执行主编：林兴华

副 主 编：陈向东　陈　勇　肖高解　王国刚

编　　辑：朱　珍　郑亚兰

图片征集：谢振祥　黄谷上

《古田年鉴（2021）》编纂人员名单

（排名不分先后）

丁　凤	王进丁	王沁铮	邓斯梅	叶江华
兰丽云	朱　珍	朱文丹	江　艇	江文渊
汤阳斌	李安全	李迎军	吴　谨	吴星婷
何佳宁	何建琪	余　林	余延湖	余祚情
宋登庆	张　琳	张　鹏	张小琴	张晓晓
陆上海	陈　菁	陈　颖	陈九州	陈永兴
陈加飞	陈光孝	陈声勤	陈建杰	陈胜烨
陈盛丹	陈婧蓉	林　义	林志强	林金峰
林泽华	林春兰	林源鑫	卓宜真	卓瑞富
周凤彬	周养贵	周淑容	周锦杰	郑日凤
郑泽松	郑晓燕	郑鹤龄	胡　珊	倪庆贺
高云燕	黄　锐	黄亦青	黄维江	黄新虹
曹光裕	龚宽俊	彭能勇	蒋孝铮	程如薇
程遥佳	曾海湖	赖晓芳	蔡锦榕	魏　玮

编辑说明

一、《古田年鉴》是由中共古田县委党史和地方志研究室负责编纂的地方综合性图书，1991—2020年，共公开出版13卷。2015年始，按“一年一鉴”要求编纂，公开出版。

二、《古田年鉴（2021）》以马克思列宁主义、毛泽东思想、邓小平理论、“三个代表”重要思想、科学发展观、习近平新时代中国特色社会主义思想为指导，坚持辩证唯物主义和历史唯物主义的立场、观点和方法，翔实地记述2020年度内古田县政治、经济、文化和社会发展变化情况，旨在资政、教化、存史、服务和交流。

三、《古田年鉴（2021）》编写体例为条目式，设类目、分目、条目三个层次，以条目为基本记述单元。全书设县情概览、中共古田县委、古田县人民代表大会、古田县人民政府、中国人民政治协商会议古田县委员会、军事　法治、应急管理、群众团体、农村经济、工业经贸、交通通讯、财税　金融　保险、综合管理、社会事业、乡镇（街道）概貌15个类目，以及特载、专记、大事记、人物表和附录，共50余万字。本年鉴收录范围，以古田县行政区划为界，时间范围为2020年1月1日至12月31日。

四、《古田年鉴（2021）》的标点符号、计量单位及各种专业术语等依照国家现行规范，农田土地面积仍保留使用“亩”作为计量单位。文中“省”“全省”均指福建省，“市”“全市”均指宁德市，“县”“全县”均指古田县，“党”“党员”分别指中国共产党、中国共产党党员。

五、本年鉴资料主要由相关单位提供并审核，经县委党史和方志研究室编辑部审改后，由地方志工作领导小组审定。部分栏目资料由编者采集撰写。确切数据以古田县统计局公布的数据为准。部分数据统计局没有公布的，则采用有关部门核定的数据。

柏源
里高溪
屏
南
石塔山
张垱
旧镇
院坪
后岩
长桥镇
山头顶
唐宦
南岭
甘棠
浙洋
甘棠
南
岩下
北溪
东溪
中院
银坑
端上
端溪
镇边
西溪
钱坂
兰塔
溪坂
下嵩州
塔洋
前进
玉库
嵩州
长洋
平湖镇
新舫
达才
韦端
前山
朱墩
官亭
上进
后洋
兰溪
后溪
长坑
花山
峦龙
赖墩
梅洋
官州
先锋
占村
福全
溪州
富达
奎楼
北垱
小禄
石峰
双山
招坑
芹溪
平
石坑
凤埔
苏墩
薛后
石床
吉巷
S10宁光
上地
际头
渭洋
昆山
昆边
平沙
永安
前垄
昆山髻
桃溪
常坝
新建
坑里
利洋
高坑
广
仕坂
洋后镇
中洋枢纽
双珠
门里
张洋
苍岩
S505
洋后
凤都镇
桃源
罗坑
上墘
坂中
大桥镇
碗厂
洋头
廷元里
极乐
大桥
横坑
G3京台
凤都
溪头
旺村洋
永洋
廷垱
沽洋
瑞岩
明
S306
上坪
沽洋里
翠屏湖
风景名胜区
金坑里
澄洋
城东街道
洋中
临水宫
三垱
梅洋
际面
古田县
西山
湖滨
坑头
岭南
新丰
中村
城西街道
吉祥寺塔
钱厝
横洋
东村
建兴
炭洋
周厝
浣中
局下
松台
宝峰
潘厝
下
村尾
小吉
连墩
浣下
官江
莲桥
新华
银场
溪源里
长湾
隆德洋
市
枣坪
G235
古田
排头枢纽
洋洋
梅坪
罗峰
古田二级水库
龙亭
丘地
兰
高洋
村头
下洋
长岭
樟上
芹石
塔石垄
后路
鹭
安洋
五斗丘
中竹
大墘
后坪
后洋
巴斗
华山
潮洋
宝溪
橄榄岡
淮溪
凤竹
天山堂
巨口
汤洋
潮渔
三保
中直
双桥
石步坑
响石地
后山
香峰
猪母岗
古田北站
瓦坑
峰
合福
洋上
廷洋
池楼
九龙山
上溪
汶洋
黄田镇
金翼
上洋
香山
双坑
西坑
古田站
峰福
锡洋
坑口咀
G235
水口水库
嵩溪
福
村里
倒桥水库
洋里
山头
桂林
山
坑前
湾坑
岭边
东桥
小梨坑
水潮
东桥镇
洋里
里马洋
安仁溪水库
西塘
溪岚
水口镇
洋里
湾口
高洲
G316
义由
雄江镇
汶潭
三
明
市
上塘
闽江
闽清北站
G70福银
G316
汤下
小箬

古田县地图

谢厝
县
熙岭
管洋
代溪镇
蕉 城 区
九都镇
南岭
桃坑
玉洋
桥头水库
虎狈镇
水竹洋
七茶洋
文车岭
程际
坝下
上井边
湖里
白溪
崎坑
松竹
双洋
东际
溪边
章后
洋中镇
石后
坑头
郑洋
厚洋
幽岩寺塔
溪门
西洋
杉洋镇
松洋
尖锋顶
方家山
曹炉
苏洋
"孝友无双"木牌坊
山里
鹤塘镇
路上
利洋
大甲镇
小甲
前洋
灵龟
仙山
鹤塘
南阳
夏庄
宝桥
上书
树兜
后彰
大甲
卓洋
下地
井边
远地
璋地
仙山嶂
毗源
边兜
邹洋
濑下
国本
庄里
林前
独峰
里桃
村溪
沽洋
田地
田地桥
洪湾
茶洋
林峰
宁洋
前桃
中房镇
洋塔
樟厅
楼下
东吉
大林岗
岩前
文洋
叶洋
廖厝
横山
坂斗
康宁洋
溪门
前垅
曾厝前
大党山
岭里
东双
芹尺
善德
秋岭
珠洋
佳垄
浮洋
洪洋
霍
外坂
廷坪
下祝
西兰
流源
川边
溪
后路
飞竹镇
霍口畲族乡
州
市
雪峰
大湖
东墘
大坪
G3京台
大湖
S306
S10宁光
S207
S211
图 例
县级行政中心
街道办事处 乡、镇
村委会
自然村
设区市行政区域界
县级行政区域界
乡镇级行政区域界
高速公路
在建高速
出入口 枢纽
铁路
国道
省道
县道
街道
一般道路
山峰
景点
河流及水库
审图号：宁S[2022]7号
福建省制图院 编制
比例尺1:380 000
资料截至2020年12月
注：本图界线为权宜画法，不作划界依据。

数知古田

SHUZHI GUTIAN 2020

土地总面积	**2372.82** 平方千米
年末户籍总人口	**42.49** 万人
地区生产总产值	**204.97** 亿元
第一产业	**49.03** 亿元
第二产业	**52.12** 亿元
第三产业	**103.80** 亿元
农林牧渔业总产值	**85.24** 亿元
粮食总产量	**11.55** 万吨
食用菌总产量（干鲜混合）	**13.21** 万吨
水果总产量	**10.49** 万吨
规模以上工业总产值	**60.76** 亿元
全社会用电量	**9.3** 亿千瓦时
公路和水运货运总量	**364.52** 万吨
公共财政收入	**10.80** 亿元
地方财政收入	**7.48** 亿元
公共财政支出	**30.37** 亿元
全社会固定资产投资	**85.23** 亿元
全社消费品零售总额	**88.08** 亿元
出口总额	**9.50** 亿元
实际利用外资额（验资口径）	**2290** 万元
市政设施完成投资	**3.36** 亿元
房地产完成投资	**14.30** 亿元

商品房销售额	**13.90** 亿元
建筑业产值	**6.8** 亿元
普通高中	**8** 所
初中	**22** 所
在校中学生数（含职业中专）	**15735** 人
小学	**33** 所
在校小学生数	**22881** 人
幼儿园	**55** 所
其他各类学校	**4** 所
教职工总数	**3766** 人
各类医疗机构总数	**25** 个
卫生机构床位数	**1467** 张
卫生技术人员总数	**1743** 人
高速公路通车里程	**72.8** 千米
林地面积	**266.81** 万亩
完成造林绿化	**1.37** 万亩
森林覆盖率	**72.14**%
城区绿化面积	**55.00** 万平方米
公园绿地面积	**5** 万平方米
重点流域优良水质比例	**100**%
空气达优良指标以上天数	**366** 天
常住人口城镇化率	**48.8**%
人民币存款余额	**204.92** 亿元
城镇居民人均可支配收入	**35018** 元
城镇居民人均生活消费支出	**22058** 元
农村居民人均可支配收人	**20262** 元
农村居民人均生活消费支出	**13581** 元

2020 年，古田城区一角（黄谷上　摄）

2020 年 10 月 21 日，省政协主席崔玉英（左五）到“四下基层”现场教学点古田县坂中村调研库区移民生产发展情况 （王薇　摄）

2020 年 1 月 3 日，市委书记郭锡文（左二）到古田县代表团驻地看望出席宁德市四届人大五次会议的古田县市人大代表 （王薇　摄）

2020 年 11 月 13 日，市长梁伟新（中）在古田考察河长制工作落实情况并召开全市河长制工作现场会

（杨小群　摄）

2020 年 12 月 28 日，中共古田县委十二届十六次全体会议召开

2020 年 12 月 29 日，县人大十七届六次会议开幕　　（朱寿洋　摄）

2020 年 12 月 28 日，县政协十四届六次会议开幕

1	4
2	
3	

1. 2020年9月10日，县委书记钟昌华（前排左三）调研城西工业园区建设（杨小群 摄）
2. 2020年6月30日，县长党帅（前排左四）赴城西街道开展调研（杨小群 摄）
3. 2020年11月16日，代县长黄其山（前排左三）调研创城工作（杨小群 摄）
4. 2020年5月22日，古田县举行食用菌产业园北区标准化厂房项目招商推介暨签约仪式

1 4
2
5 3

1. 2020 年 9 月 15 日，建设中的翠屏湖环湖路凤埔段
2. 2020 年 9 月 22 日，古田县城西工业园区标准化厂房建设全面开工
3. 2020 年 12 月 9 日，福建久宏昌工贸有限公司食用菌精加工项目开工仪式
4. 2020 年 12 月 10 日，古田县老年大学项目举行开工仪式
5. 2020 年 12 月 10 日，古田县翠屏湖环湖生态运动休闲旅游公路天宫岭至凤埔、平湖公路全线建成通车

宁德撤地设市20周年系列主题活动
古田县老年大学项目
开工仪式
2020.12.10
业主单位

宁德撤地设市20周年系列主题活动
古田县翠屏湖环湖生态运动休闲旅游公路
X915极乐村天宫岭至凤埔 X921平湖至凤埔公路工程项目
通车仪式

1	4
2	
3	

1. 2020 年 11 月，福建美佳有色金属有限公司年产10 万吨再生铝车间建成投产
2. 建设中的古田凤都食用菌产业园（北区）
3. 食用菌产品研制开发　（余新星　摄）
4. 京台高速排头互通枢纽　（黄谷上　摄）

决胜全面小康 决战脱贫攻坚
2020年福建省社会科学普及宣传周
启动仪式
主办单位：中共福建省委宣传部 福建省社会科学界联合会
承办单位：中共宁德市委宣传部 宁德市社会科学界联合会 中共古田县委 古田县人民政府

新时代文明实践在古田
2020年古田县文化科技卫生“三下乡”
活动启动仪式

1	2	3	4
5	7		
6			

1. 印石公园滨河区一景

（黄谷上　摄）

2. 修建中的印石公园栈道
3. 建设中的古田县人民医院迁建工程项目
4. 古田县首创互助“孝老食堂”，为农村、社区养老开辟新模式
5. 2020年10月20日，福建省社会科学普及宣传周启动仪式在金翼村举办
6. 2020年1月14日，古田县文化科技卫生“三下乡”活动启动仪式在金翼村举行
7. 2020年全市高考文科第一名花落古田　　（黄谷上　摄）

1
2
3

1. 2020年5月20日，“县长带你买好货”网络直播活动
2. 凤埔乡福建福泉鑫生物科技有限公司，日产海鲜菇55吨，企业带动村民以菌致富
3. 凤埔乡峦垅茶园　（黄谷上　摄）

1
2

1. 大桥镇双桥村利用独特的高山地理条件，开辟规模化反季节蔬菜栽培
2. 大甲蔬菜种植村一角

1. 凤埔乡村民在芋田交流生产技术，推广芋头特色种植
（黄谷上　摄）
2. 黄田镇村里村大棚种植渐成规模
（张剑辉　摄）
3. 吉巷乡永安村的生态田园
（吴庆锋　摄）
4. 平湖镇富达村芙蓉李大丰收，交易市场兴旺，工人紧张装箱外销
5. 古田石坑稻谷大丰收
（陆开松　摄）

1
2
3

1. 2020 年 1 月 30 日，县主要领导看望慰问防疫抗疫一线医护人员
2. 2020 年 11 月，古田县总医院副院长张如钿同志荣获“福建省抗击新冠疫情先进个人”称号
3. 2020 年 9 月 20 日，古田县召开疫情防控工作视频会议

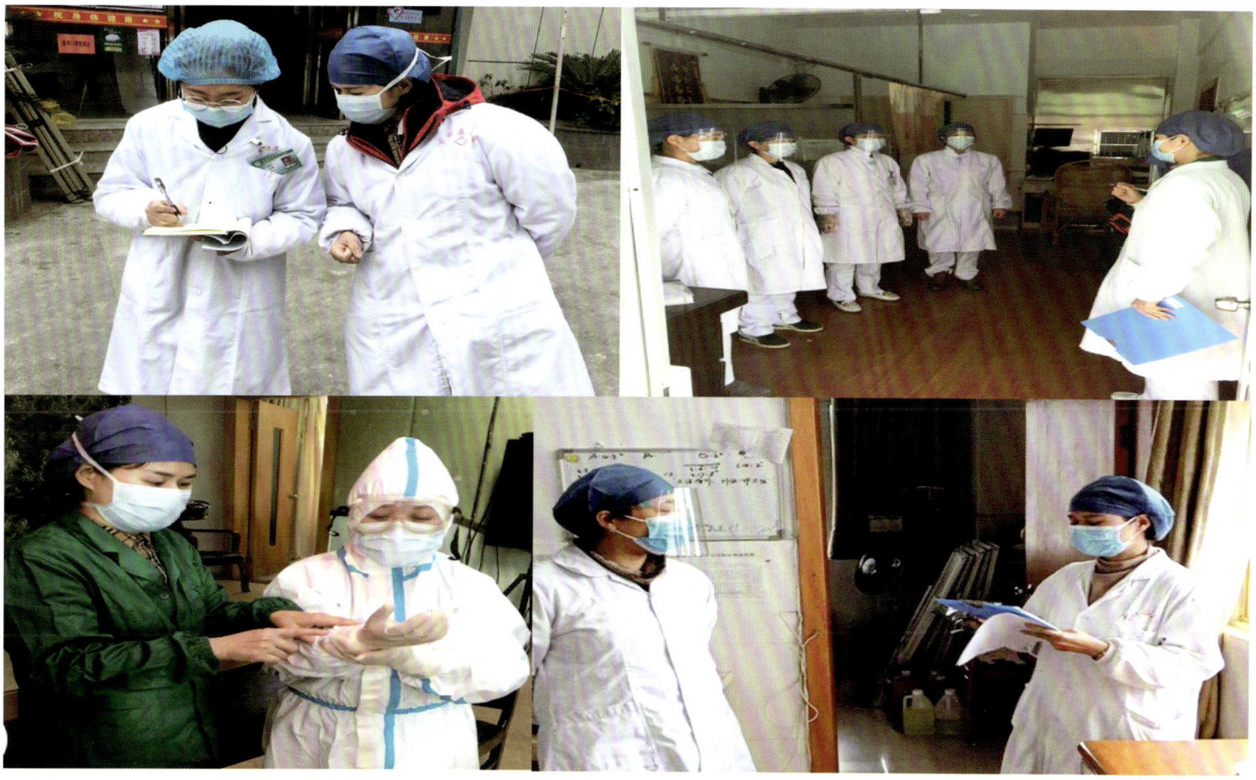

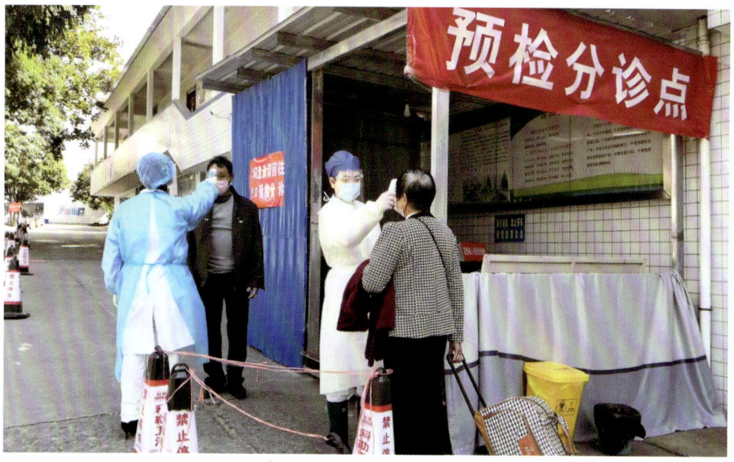

1. 古田县医院开展新冠肺炎疫情防控应急演练
2. 古田县交通部门工作人员在高速路口为运输民生物质货车司机登记信息，提供服务
（黄谷上　摄）
3. 古田县医院开展疫情防控日常工作

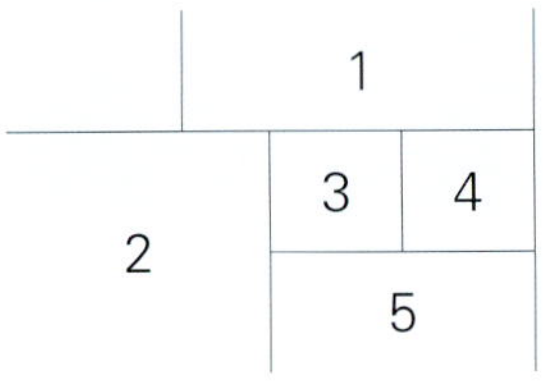

1. 国家 AAA 级景区—古田临水宫祖殿外观　（苏新金　摄）
2. 石坑梯田全面完成深耕“三面光”，正待播插　（黄谷上　摄）
3. 凤都石饭甑　（黄谷上　摄）
4. 中国传统村落前洋村　（黄谷上　摄）
5. 印石公园全民健身活动太极拳表演　（倪巧屏　摄）

1. 杉洋古镇古韵

（卓方彬　摄）

2. 古田县老年人重阳节健身展演

（黄聿芳　摄）

总　目

特　载

专　记

大事记

县情概况

中共古田县委

古田县人民代表大会

古田县人民政府

中国人民政治协商会议古田县委员会

军事　法治

应急管理

群众团体

农村经济

工业商贸

交通通讯

财税　金融　保险

综合管理

社会事业

乡镇（街道）概貌

人　物

附　录

索　引

特　载

在全县视频会议上的讲话

县委书记　钟昌华

（2020年3月6日）

一、提高站位，旗帜鲜明地讲政治

这次新冠肺炎疫情，是新中国成立以来在我国发生的传播速度最快、感染范围最广、防控难度最大的一次重大突发公共卫生事件。新冠肺炎疫情发生后，党中央高度重视，习近平总书记亲自指挥、亲自部署，省市多次召开视频会议进行部署，为我们进一步做好各项工作指明了方向。各级各部门要提高政治站位，清醒认识疫情防控是当前重要政治任务，要站在讲政治的高度，深刻领会习近平总书记重要讲话重要指示批示精神，把思想和行动统一到党中央的决策部署上来，切实增强责任感、使命感，把树牢“四个意识”、坚定“四个自信”、坚决做到“两个维护”体现到抓好疫情防控和经济社会发展的实际行动上；要全面加强学习，强调“要坚定必胜信念，咬紧牙关，继续毫不放松抓紧抓实抓细各项防控工作。要变压力为动力、善于化危为机，有序恢复生产生活秩序”。省、市也多次召开视频会议对疫情防控和经济社会发展工作进行部署，3月2日在全省研究部署疫情防控、复工复产工作视频会议上，于伟国书记强调“决不让疫情‘火星’复燃，一定要加快企业满产超产”。大家要深入学习领会上级部署精神，进一步增强忧患意识，提高工作本领，勇当先锋、敢打头阵，扎实推进疫情防控和经济社会发展各项工作；要坚定信心决心，疫情防控远没到尽头，每个时间点都是防控关键，要克服麻痹思想、厌战情绪、侥幸心理、松劲心态，以饱满的精神、顽强的毅力，统筹抓好疫情防控和经济社会发展各项工作。

二、保持警觉，抓紧抓实抓细疫情防控工作

当前，全县确诊病例11例已出院10例，疑似病例、密切接触者全部清零，最后1例确诊病例距今已满17天，已被调整为低风险地区，这是一个极大的利好消息，也是全县上下辛苦努力换来的成果，为古田全面恢复正常生产生活秩序创造了良好条件。但同时，我们也要看到疫情防控形势依然严峻，随着企业相继复工复产、生产生活秩序逐步恢复，外地来古返古人员增多、人员流动性增大，交叉感染的风险进一步提高；随着防疫战线时间拉长，特别是商超、市场等场所的逐步开放，部分公众的警惕心和戒心开始放低，疫情风险依然较高；同时，随着海外疫情持续升级，海外乡亲和在外人员陆续回国，境外疫情“倒灌”“回流”的压力不断增大。当前疫情防控形势是更加复杂、挑战是更加严峻，一旦出现松劲心态、降低防控要求，极易引发严重后果。要深入贯彻落实分区分级精准防控要求和“预防为主、外防输入、内防局部扩散”策略，继续毫不松懈抓紧、抓实、抓细各项防控举措，坚决防止疫情形势出现反弹。

一要严防输入。在认真落实省内、省外（包括湖北、温州等重点地区）返古来古人员疫情防控措施的同时，要特别严防境外疫情输入，古田是著名的华侨之乡，在外侨胞侨属众多。前方工作组及相关部门要做好与外办、侨办、出入境等单位的对接沟通，扣紧操作链条，确保实时掌握海外旅游、华侨华人返古来古情况；各乡镇（街道）要结合前方工作组和相关部门提供的数据资料，加强协调配合，落实叠加管理要求，实现来古返古人员居住地、户籍地、目的地各方无缝衔接，同时要注意境外返乡人员密切接触者的入古管理，堵住管理漏洞；对境外返乡人员按照省里要求落实好3条原则（属地原则、国民待遇、柔性管控），严格实行14天医学隔离观察，加强服务，从细节处保障好侨胞的基本生活，既要严防疫情“回流”，也要维系好与侨胞的良好关系。

二要严防扩散。社区、农村与企事业复工复产单位依旧是防控重点。社区（村）要发挥基层党组织、业主委员会、物业管委会的作用，继续做好细致排查等工作，不留死角、不漏一人，积极组织动员志愿者、老干部、老党员、退休教师等人员参与街道社区、小区、村的巡逻值守工作，发动群众共同参与疫情防控工作，推动群防群控。企事业单位要继续加强自身防控管理，并按照县里统一部署安排继续参与防控值班值守等工作；对复工复产的企业项目，各挂钩领导、主管部门、所在乡镇（街道）要靠前服务，主动联系沟通、加强督促指导，做好人员信息登记、测温消毒、口罩佩戴、食宿管理等各项防控措施。同时，针对公共交通、人员密集场所等不同区域，要守住不发生疫情的底线，进一步规范商超市场等商贸流通重点领域和养老院、福利院、看守所等区域以及老人、儿童、孕产妇等易感人群的防控工作，落实落细各项防控措施；要全力保障医护防疫物资和生活物资供应，特别是加强口罩、消毒液、体温枪等防护用品的储备，全面统筹好粮、油、肉、蛋、菜等生活必需品供应。

三要加大宣传。宣传引导是发动群众做好自我防护、构筑群防群治严密防线的有效方式，宣传工作要继续加强、不能有丝毫减弱。目前随着工作重点转移到疫情防控和经济社会发展上来，街上商铺陆续恢复营业，群众容易放松警惕，要继续加强宣传，保持疫情防控浓厚氛围。要明确宣传重点，引导群众做好个人防护，做到应知尽知、应会尽会，对新出现的舆情热点、社会关切、群众质疑点要及时处理回应。要继续综合利用广播、电视、微信等平台，以及大广播、小喇叭、宣传车、条幅等多种方式，及时播报通告、动态，让疫情信息、防控举措深入人心，为打赢疫情防控阻击战凝聚强大正能量。

三、全力以赴，统筹推进经济社会事业发展

发展是解决一切问题的关键，也是打赢疫情防控阻击战的有力支撑。从目前情况看，受疫情影响，我县1—2月主要经济指标完成情况与年度目标任务存在很大差距。各乡镇（街道）、各部门单位要坚持“稳”字当头，在稳住疫情防控成效的同时，紧盯全年经济发展目标不放松，开足马力、加码加速，满负荷甚至超负荷生产，努力以时间、速度换取发展，争分夺秒、大抓快干，把疫情造成的损失降到最低程度。

一是有序有力有效推进企业复工复产。按照省委要求，2月企业项目逐步复工复产，3月开始产能产量要尽快实现达产满产甚至超产。就县里来说，要坚持做到“服务为上”，在拓宽服务广度、加大服务力度、提升服务精准度、增强企业满意度上下功夫；要“抓大活小”，既抓规上、限上企业，又抓中小微企业、个体工商户，全面有序恢复经济社会发展秩序。规下、限下企业要逐步复工复产，各乡镇（街道）要负责做好复工复产企业的监督服务工作；其他行业企业、商铺要根据工信局、商务局、市场监督管理局等业务主管部门具体要求（除餐饮、旅游、娱乐场所等人员容易聚集性行业外)，按照“应复尽复”的原则，全面推动复工复产、快速恢复正常营业。同时，要提升服务成效，特别是处级领导要认真落实挂钩帮扶机制、“一对一”服务企业，复工复产专门工作小组要加强精准对接、服务监督等工作，相关业务部门要靠前服务，打通企业用工难、疫情防控难、交通物流难、供应链协同配套难、市场拓展难等操作链，帮助企业解决难题、渡过难关。另外，要认真做好统计工作，按照实事求是、应统尽统的原则，抓好工业成本费用调查和房地产行业、生产性服务业、商贸业等行业的统计，确保不缺不漏。

二是突出抓好重点项目建设。要坚持“项目为王”，按照“续建项目抓复工、新建项目抓开工、前期项目抓落地”的总要求，强力推进“五个一批”项目建设，省市重点项目3月6日起全面返岗复工。对已经开复工的，要抢抓一季度黄金时期，倒排工期、交叉作业、压茬推进，全力以赴加快建设进度；对没有开复工的，各责任领导和责任单位要深入一线，现场研究解决疫情防控、行政审批、材料供应、用工需求等问题，加快推动项目复工；对计划新开工的，要做实做细前期工作，着力优化服务保障，确保第一季度固定资产投资平稳增长，有序实现年度投资计划和开工、建设任务。同时，要采取灵活方式开展招商工作，围绕锂电新能源、新能源汽车、铜材料和食品加工等重点项目领域，采取网上招商、电话招商等形式开展招商引资，尤其是对前期已经有合作意向的，要紧盯不放，加强跟踪洽谈，力争早日签约落地。

三是做好学校复学准备。返学复学服务工作组要结合上级精神和古田实际，认真研究制订完善科学可行的开学保障方案，对安全复学工作进行科学研判评估，加紧加快口罩、测温枪、消毒用品等防控物资的采购和储备；要持续落实好师生信息摸排、健康档案管理、学校教学组织、外来人员管控等工作；要加强对学生家长的沟通交流和宣传教育，发动学生家长共同配合做好复学各项准备工作。

四是推进“三农”工作。要抓好农业生产，眼下正是农业生产的黄金时期，在做好疫情防控同时，要全力推进春耕春种，打通农资供应、农机作业、农民下田等方面的堵点，畅通农村道路、物流运输，统筹抓好农资生产、流通、供应，保障种子、化肥、农药等农用物资稳价供应，加强春耕备耕和越冬作物田间管理，迅速恢复农业生产秩序。要持续巩固脱贫成果，进一步加大攻坚力度，做到“摘帽”不摘责任、不摘政策、不摘帮扶、不摘监管，坚决补齐短板、打牢基础，确保不漏一人，绝不能出现返贫现象；要开展全面排查，对照“两不愁三保障”等核心指标，对全县建档立卡贫困户开展回访核查和全面排查，特别要及时掌握受疫情影响可能存在返贫风险的已脱贫人口、存在致贫风险的边缘人口等情况，建立工作台账，梳理形成问题清单；要强化精准帮扶，建立健全防止返贫机制，特别要针对疫情防控期间农民务工费用、投资分红收入、农副产品销售受到较大影响等情况，支持扶贫企业、合作社尽快复工，帮助贫困劳动力有序返岗和扩大农副产品销售渠道，最大限度减少疫情对农民群众收入的影响。要统筹抓好乡村振兴，以此次疫情防控为契机，立足当前、着眼长远，加快补齐农村人居环境整治和公共卫生体系建设等方面存在的短板，统筹推进乡村振兴。要促进高质量发展，特别是要精准聚焦村财增收，深入实施村级集体经济“进五争十”行动，完善集体经济薄弱村的扶持政策，集中精力推动25个乡村振兴重点培育村、46个产业薄弱村产业发展，实现村村有产业、户户有财源。要推进美丽乡村建设。深入推进“一革命四行动”和农村人居环境三年整治行动，推进村容村貌提升行动，加快实施农房整治、农村生活垃圾和生活污水治理行动，全面清除农村积存垃圾，提升农村污水处理能力，健全完善村庄人居环境管护长效机制。要不断提升公共服务，重点围绕“钱、地、人”等农业农村发展急需破解的难题，推动干部配备、要素配置、资金投入、公共服务等措施向“三农”倾斜，加快补强农村饮水、道路、教育、医疗、社会保障等薄弱环节。

五是继续推进环保攻坚。认真践行“绿水青山就是金山银山”理念，积极争创国家级生态文明建设示范县，全面完成“山水林田湖草”生态保护修复试点工作；坚决打好“蓝天、碧水、净土”保卫战，落实责任、细化举措，深化中央环保督察反馈问题和突出生态环境问题整改，特别要通过更加积极的沟通协调、更大力度的督促整改、更广范围的宣传宣讲，确保闽江流域古田段保持长期稳定达标。

六是加快民生补短板工作。稳步推进年度16件为民办实事项目，统筹兼顾好促进就业、加快保障体系建设等重点，加快推动中小学及幼儿园规划、“文化三馆”、体育“一场两馆”等民生项目建设，特别要针对这次疫情大考中暴露的短板和不足，抓紧补短板、堵漏洞、强弱项，谋划一批公共卫生项目，老人和儿童等陷入困难人群的关爱保障，为受疫情影响的困难群众提供必要生活保障，对未纳入低保救助系统，却有实际困难的群众，要提供必要的临时生活救助。

七是切实维护社会和谐稳定。要守牢疫情防控的底线，企业（项目）要落实防控措施，商超、市场等场所要进一步防止人员聚集，及时化解疫情防控中出现的苗头性、趋势性问题，严厉打击各类扰乱医疗秩序、防疫秩序、市场秩序、社会秩序的违法犯罪行为；要守牢安全生产的底线，始终绷紧安全这根弦，加强复工生产、工程建设、交通运输等重点领域的风险隐患排查，狠抓突出问题整治，确保城市运行安全和生产安全；要守牢社会稳定的底线，强化平安创建，推行网格化管理运行模式，推进风险监测预警平台和“雪亮工程”建设，稳步推进扫黑除恶专项斗争；突出加强治安管理、市场监管等执法工作，切实维护好社会安定稳定。

四、加强党的领导，压紧压实工作责任

在党中央的坚强领导下，在习近平总书记的亲自指挥、亲自部署下，目前疫情防控形势呈现出积极向好的态势，再次彰显了中国共产党领导和中国特色社会主义制度的显著优势。全县上下要坚持党的全面领导，持续发挥基层党组织战斗堡垒和党员先锋模范作用，特别是党员领导干部要躬身入局，坚决杜绝形式主义、官僚主义，把更多时间精力投入到疫情防控、经济社会发展一线中。

一要凝聚合力。疫情防控工作开展以来，全县各级各部门和广大党员干部，特别是各乡镇（街道）和各村（社区）的同志们，坚守岗位、担当使命，彰显了过硬作风；全县医务人员义无反顾冲在第一线，开展分诊、救治等工作，展现了医者仁心的崇高精神；众多关心关注和参与古田发展的海内外企业家及民间组织、社会各界人士、干部群众，为解决我县医疗物资紧缺问题，积极帮助联系购买、自发捐赠了一大批疫情防控急用物资，在全县上下的共同努力和全社会的大力支持下，目前我县疫情防控工作已取得了阶段性成效。疫情防控离不开各行各业的共同努力，经济社会发展更需要大家的共同参与，要继续想方设法广泛调动社会各界力量，凝聚全县上下万众一心助力疫情防控和经济社会发展的强大合力，坚决打赢疫情防控的人民战争、总体战、阻击战，确保如期实现决胜全面建成小康社会、决战脱贫攻坚的目标任务。

二要强化担当。各有关部门要始终保持不松劲、不懈怠、不停步的攻坚动力，坚持领导带头、以上率下，落实责任、靠前服务，兼顾疫情防控和经济社会发展，统筹抓好改革发展稳定各项工作。各乡镇（街道）要严格落实属地责任，认真执行中央和省、市、县的部署要求，从大局出发，科学处理好疫情防控和复工复产中的“两难”问题，坚持抗击疫情和经济发展两条线作战，两手抓两手硬，真正做到守土有责、守土负责、守土尽责。全体党员干部要鲜明地亮出身份，在一线当先锋、作表率，继续在舆论宣传、摸排人员、引导群众中走前头，用“硬核”行动践行初心使命，真正在这场大战、大考中见精神、见能力、见作风。

三要严格督查。县里将继续强化督查考核。各乡镇（街道）、各部门要及时纠正疫情防控和经济发展中的各类形式主义和官僚主义，让广大干部把更多精力投入疫情防控和复工复产工作中，夺取疫情防控斗争的全面胜利，确保圆满完成全年经济社会发展目标任务；组织部门要加强疫情防控和经济社会发展一线考察识别干部，如实记录各级领导班子和领导干部、优秀年轻干部在防控疫情中的实际表现，对表现突出的先进集体和个人，视情予以表彰和嘉奖，激励广大党员干部在一线担责、担难、担险；纪检监察部门要加大监督执纪力度，对不担当、不作为，在防控工作中失职失察，造成严重后果的，一律严格追究相关部门和责任人的责任。

政府工作报告

——2020 年 12 月 28 日在古田县第十七届人民代表大会第六次会议上

古田县人民政府代县长　黄其山

一、2020 年和“十三五”时期工作回顾

过去的一年，面对突如其来的新冠肺炎疫情，全县上下坚持以习近平新时代中国特色社会主义思想为指导，全面贯彻党的十九大和十九届二中、三中、四中、五中全会精神，以坚持全方位推动高质量发展超越为引领，以落实市委“一二三”发展战略为主线，加快“建三圈、兴三业”，打响“千年临水健康古田”发展品牌，统筹推进疫情防控和经济社会发展，扎实做好“六稳”工作，全面落实“六保”任务，努力克服疫情带来的不利影响，经济社会发展逐步趋好。初步预测，全县生产总值增长 3.6%；一般公共预算总收入 10.8 亿元，地方一般公共预算收入 7.48 亿元；固定资产投资增长 6.5%；农林牧渔业总产值增长 5.2%；规上工业增加值增长 0.2%；社会消费品零售总额 88 亿元；外贸出口 9.5 亿元；实际利用外资 2290 万元、增长 30.9%；城镇居民人均可支配收入 35018 元、增长 3.8%，农村居民人均可支配收入 20262 元、增长 7.2%。

一年来的主要工作和成效是：

（一）众志成城战疫情，疫情防控成效显著。坚持把人民生命安全和身体健康放在第一位，坚定信心、同舟共济、科学防控、精准施策，3 月 4 日实现新冠肺炎确诊病例、疑似病例全部清零，已连续 9 月无新增确诊病例。坚持“群防群控、人物同防”，强化重点人群、重点场所排查管控与监测预警，累计查验人员超百万人次，摸排重点人群 3.8 万人次，落实健康管理 2924 人，出具个人核酸检测报告 5.5 统筹推进疫情防控和经济社会发展，积极推进复工复产，推出 10 个方面 39 项惠企纾困措施，减免企业房租 1162 万元，落实减税降费 1.2 亿元。

（二）凝心聚力调结构，产业转型步伐加快。特色农业加快发展。新建食用菌标准化菇棚 4010 间，完成 5 个优质农产品标准化示范基地创建，国家现代农业（食用菌）产业园通过农业农村部验收。《袋栽银耳菌棒生产规范》国家标准颁布实施。银耳新品种“绣银 1 号”和真姬菇新品种“闽真 3 号、5 号”通过省内专家品种鉴定。入选古田银耳中国特色农产品优势区。新增猕猴桃种植 900 亩、标准生态茶园 1300 亩。新增市级龙头企业 6 家、省市农民合作社示范社 10 个、“两品一标”7 个，“古田水蜜桃”获评国家地理标志证明商标，“古田银耳”获评国家农产品地理标志。建成高标准农田 2.3 万亩，粮食总产量 11.6 万吨、增长 2.4%。完成全县农村集体产权制度改革。工业经济稳中有进。工业投资增长 12.3%。10 个技改项目完成投资 2.4 亿元。新增规上企业 12 家、“专精特新”企业 2 家。华链铸件等 3 个产业项目建成投产、新增产值 12.6 亿元。古田药业提取车间生产线改建项目启动一平及边坡挡墙建设，食用菌产业园北区标准化厂房建成投用。第三产业稳步提升。古田“生态休闲旅游线路”入选“全国乡村旅游精品线路”，城东桃溪村获评“全国乡村旅游重点村”。全年接待游客 123 万人次，旅游收入 9.5 亿元。电子商务蓬勃发展，成功举办县长直播带货等推介活动 10 余场次，县域网红直播基地落地建设，首批 15 家电商企业入驻“双创”基地，农产品网络销售额增长 20%。入选全国“互联网 +”农产品出村进城工程试点县、国家外贸转型升级基地。商贸流通保持平稳，新增限上商贸企业 15 家、出口备案企业 21 家。完成大世界农贸市场升级改造。完成商品房销售 13.9 万平方米。

（三）攻坚克难上项目，发展后劲不断增强。 深入开展“百日攻坚”行动，促进在建项目快投产、前期项目快落地。全年实施重点项目200个、完成投资54.2亿元。32个省市重点在建项目完成投资26.7亿元，新增“五个一批”项目104个、总投资120.6亿元。新增中央投资项目28个、总投资17.5亿元。万润首府等91个项目开工建设，美佳再生铝等105个项目实现竣工或投产。宁古高速安征迁序时推进，环湖休闲运动旅游公路、环大白溪马鞍头至溪边段公路建成通车，纵五线（G235）洋上至汶洋段完成主体工程。闽江古田溪（古田段）防洪一期工程完成C2、C4标段工程建设。招商引资成效显著，签约引进产业项目25个、总投资52亿元。要素保障有力有效，争取专项债券14.6亿元，报批用地6974亩、用林695亩。

（四）统筹兼顾促协调，城乡面貌持续改善。 新型城镇化宜居环境建设扎实推进，印石公园观景栈道及跨路天桥、玉田公园提升工程（二期）、新丰河景观亮化提升工程、闽江古田溪景观提升工程C4、C5标段竣工投用，完成古屏路世茂酒店至交警大队段、614路龙景佳园至城东街道办事处段沿街立面改造。城西片区供水工程投产运行，县第二水厂竣工验收，城乡生活垃圾治理一体化项目建成试运行。新改建供水管网、雨污管网、燃气管道27千米，新增城区停车位169个、充电桩76个，新建绿化景观4.3万平方米。旧城改造试点积极推进。“五大振兴”全面推进，科技特派员覆盖服务46个产业薄弱村、10个试点村、15个重点培育村，党支部领办59个合作社。农村人居环境整治持续深化，完成171个自然村、917户改厕，新改建村镇公厕77座，完成255个行政村房前屋后整治，完成村庄绿化530亩，拆除违建82.4万平方米。完成县乡道晋级改造110千米。坂中村入选省委党校“四下基层”现场教学点。

（五）精准发力破瓶颈，三大攻坚战果丰硕。 脱贫成果有效巩固。全面落实“四个不摘”要求，建立防止返贫监测预警和精准救助机制，脱贫成果得到巩固提升，全县现行标准扶贫对象全部稳定脱贫，实现全面小康路上不落一人。污染防治成效明显。第一轮中央环保督察反馈问题整改基本完成，第二轮中央环保督察信访件交账销号率达100%。完成山水林田湖草生态保护修复工程、敖江流域矿山生态修复工程和闽江流域入河排污口整治任务。城区集中式饮用水水源水质达标率100%，省控小流域优良水质比例88.9%，主要流域国控、省控断面水质均达考核目标要求。“河（湖）长+检察长”府检协作模式得到国家水利部和最高人民检察院肯定与推广。完成10个精准减排项目，城区空气质量优良天数比例达100%。完成造林绿化1.4万亩、治理水土流失1.5万亩。风险防范扎实有效。持续深化政银企联动协作，建立“税信贷”等6个融资平台，帮助65家企业，争取授信8292万元。古田县民富融资担保公司成立运营，农村“两权”抵押贷款再续三年。不良贷款率降至1.64%。

（六）不遗余力补短板，民生福祉持续增进。 16项为民办实事项目有序推进。用于民生事业资金高达24.4亿元，占财政预算支出的84%。社会保障提质扩面。发放创业担保贷款399笔8688万元，新增城镇就业1375人，新增转移农村劳动力就业1998人。创新推行“小巷管家”特困群体照护关爱机制，农村低保补助标准从家庭人均年收入6960元提高到7152元。县社会福利中心建成投用，建成27个农村幸福院，开设13个“互助孝老食堂”。教育事业加快发展。城西幼儿园竣工投用，黄田第一、第二幼儿园和卓洋幼儿园封顶内装修。大桥中心小学综合楼竣工。古田三小等8所学校通过“义务教育管理标准化学校建设”市级评估。全市高考文科第一名花落古田。卫健事业不断加强。县医院迁建项目完成门诊、医技、附属楼主体结构封顶，同仁医院建设项目完成内部装修，县精神病防治院、城东卫生服务中心建设完工。建成统一的影像、心电、远程医疗等基础信息系统，实现201个村卫生所“村村通医保”。县医院“心衰中心”通过国家认证，DSA开机启用，冠脉介入诊疗技术成功开展。文体事业持续发展。成功举办2020年陈靖姑文化节网络直播活动，完成大型纪录片《千年临水情》制作播放。全省社会科学普及宣传周活动启动仪式在金翼之家举办。新增7名市级“非遗”代表性传承人。在全市率先完成325处不可移动文物保护线划定工作。完成国民体质监测和全民健身抽样调查。社会治理更加有效。扫黑除恶、禁毒整治等专项工作取得明显成效，更高水平“平安古田”建设持续深化。一批信访积案得到有效化解。食品药品安全风险有效防控。安全生产形势持续稳定。第七次全国人口普查入户登记工作高质量完成。应急管理体系和能力建设进一步加强。消防、森林防灭火、防汛抗旱等工作有效落实。国家拥军优属政策全面贯彻，退役军人服务保障工作得到加强。与此同时，审计统计、地震应急、工青妇残、老龄老干、农机气象、外事侨务、民族宗教、方志档案、关心下一代等工作取得了新业绩，为经济社会发展作出了新的贡献。

（七）持之以恒优作风，政府效能不断提升。始终以政治建设为统领，学深悟透习近平新时代中国特色社会主义思想，深化落实全面从严治党新要求，严格落实中央八项规定及其实施细则精神和省市县实施办法，驰而不息纠正“四风”，政府会议、文件简报大幅压缩，专项调研、检查考核提质增效。始终以依法行政为原则，严格执行人大决议决定，积极支持政协履行职能，共办理人大代表建议101件、政协提案65件。始终以提升效能为中心，大力推行“互联网+政务服务”，审批服务事项网上可办率达98.31%。“12345”便民服务平台诉求件办结率达100%，群众满意率达99.46%。财政绩效综合评价晋级全国第27名、全省第1名。深入开展审计监督、效能督查，深化政务公开，权力运行更加规范，政府系统党风廉政建设取得新成效。

各位代表，2020年各项工作任务的圆满收官，标志着“十三五”规划目标的胜利实现。五年来，我们紧紧团结和依靠全县人民，不忘初心、牢记使命，攻坚克难、锐意进取，经济社会发展迈上了新台阶。

过去的五年，综合实力显著增强。全县生产总值达216.1亿元，按可比价格计算，是2015年的1.27倍。人均地区生产总值达65074元，年均增长8.2%。公共财政总收入、地方公共财政收入分别年均增长3.5%、1.1%。全社会固定资产投资五年累计达288亿元，比“十二五”总和增长19%。五年累计完成社消零售总额377亿元、年均增长5.6%。主要经济指标基本完成或超额完成“十三五”规划目标。

过去的五年，产业转型加快升级。三次产业结构由2015年的26.7∶37.3∶36.0调整为24.9∶27.4∶47.7。特色农业“五化”并进，获批国家现代农业（食用菌）产业园创建县，食用菌全产业链产值接近200亿元，菌都品牌影响力和知名度不断扩大。“一心两翼”工业布局打造成型，招商攻坚成效显著，五年来累计对接引进产业项目123个、总投资375亿元。新培育规上企业60家。核心景区破题发展，新创2个AAA级景区。商贸流通日益繁荣，建成2个城市商贸综合体。电子商务蓬勃发展，入选国家级“电子商务进农村综合示范县”，电商交易额年均增长15%以上。文创旅游、养生健康等新业态不断涌现，经济发展质量和效益大幅提升。

过去的五年，基础设施日益完善。交通、能源、水利、通信等基础设施加快建设。五年来完成交通建设投资53亿元，建成海西高速网屏古联络线、横三线新华至湖滨段、环城南路、环湖旅游公路等一批重大交通工程，新增等级以上公路127千米，完成农村公路晋级改造292千米，实现镇镇通干线、村村通客车。改造农村电网7591千米，新增电力装机容量2.2万千瓦。新增安全生态水系37千米。新建和提升农田水利设施52处，改善灌溉面积2.2万亩。

过去的五年，宜居品质持续提升。城市面貌日新月异，国家新型城镇化综合试点成效明显，常住人口城镇化率达48.8%，中心县城建成区面积拓展到8.4平方千米。五年来累计投入9.8亿元，实施印石公园等市政工程83个，城市建设成果切实惠及广大市民。美丽乡村展现新颜，全面完成行政村改厕改水，新建城乡污水管网158千米，村庄房前屋后整治率达93%，24个村庄入选中国传统村落名录。生态环境持续改善，城区空气环境质量跃升全省中上水平，重点流域水环境质量持续保持优良，饰面石材矿山加工企业历史性关停退出，矿山生态修复高效推进，昔日矿区重现绿水青山。

过去的五年，人民生活明显改善。顺利实现省级扶贫开发工作重点县“摘帽”退出，建档立卡贫困户1270户、4509人全部脱贫，71个贫困村全部出列。城镇居民人均可支配收入和农民人均可支配收入较2015年分别提高10917元和7108元，五年累计新增城镇就业1.3万人、转移农村劳动力2.2万人。建成保障性住房565套。累计投入25亿元，办成75个为民办实事项目。民生短板加快补齐，新增学位7275个、养老床位3047张，配齐县医院“六大中心”和基层医疗机构“新六件”设备，义务教育发展基本均衡，公共文化服务体系更加健全，基本养老、基本医疗、最低生活保障等社会保障覆盖全体居民。

各位代表！五年风雨，万象峥嵘。五载耕耘，硕果累累！古田县“十三五”的辉煌成就，是省市党委、政府亲切关怀、坚强领导的结果，是县委统揽全局、科学决策的结果，是县人大、政协鼎力支持、有效监督的结果，是全县广大干部群众凝心聚力、团结奋进的结果。在此，我谨代表县人民政府，向全县人民，向人大代表、政协委员，向离退休老同志、海内外乡贤，向省市属驻古机构、驻古部队、武警官兵、公安民警，向所有关心支持古田事业发展的朋友们，表示最衷心的感谢，并致以最崇高的敬意！

在肯定成绩的同时，我们也清醒地认识到，前进的道路上还存在不少困难和问题：新冠肺炎疫情影响依然存在；新兴产业和新动能支撑偏弱，投资总量仍然偏小；财税增收困难，保工资、保运转、保基本民生压力较大；污染防治任务还较重，持续提升生态环境质量还要下更大力气；卫生、教育、文化、体育等公共服务体系不够完善；政府治理效能还不够优秀，少数干部主动作为、敢于担当的责任意识有待增强，等等。对于这些困难和问题，我们一定高度重视，采取有效措施，切实加以解决。

二、实施“十四五”规划，奋力开启全面建设社会主义现代化新征程

“十四五”规划是新时代我国开启全面建设社会主义现代化国家新征程的第一个五年规划，也是我县完成全面建成小康社会任务之后，开启现代化建设新征程、全方位推动高质量发展超越的关键时期。提请大会审议的《古田县国民经济和社会发展第十四个五年规划纲要（草案）》，总结“十三五”规划实施情况，提出今后五年经济社会发展的总体要求、目标任务和各项措施。

“十四五”经济社会发展的总体要求是：高举习近平新时代中国特色社会主义思想伟大旗帜，深入贯彻党的十九大和十九届二中、三中、四中、五中全会精神，全面贯彻党的基本理论、基本路线、基本方略，统筹推进“五位一体”总体布局，协调推进“四个全面”战略布局，立足新发展格局，贯彻新发展理念，以推动高质量发展为主题，以深化供给侧结构性改革为主线，以改革创新为根本动力，以满足人民日益增长的美好生活需要为根本目的，全面贯彻落实省委全方位推动高质量发展超越战略、市委“一二三”发展战略，加快“建三圈、兴三业”，打响“千年临水健康古田”发展品牌，实现经济行稳致远、社会安定和谐，奋力谱写全面建设社会主义现代化国家的古田篇章。

规划草案提出了经济发展、创新驱动、民生福祉、绿色发展、安全保障五个方面25项指标。其中，地区生产总值年均增长5.4%以上，到2025年达383亿元。产业结构进一步优化，创新活力显著增强，城乡关系更加协调，改革开放不断深化，人民生活更加美好，生态环境更加宜居。这些目标紧扣中心任务、突出创新引领、坚持问题导向、注重上下衔接，经过全县人民共同努力是可以实现的。

实现预期目标，我们要重点把握好五个方面：

（一）坚持创新发展，构建现代产业体系。把新发展理念贯穿发展全过程和各领域，深入实施创新驱动战略、人才强县战略，大力推进“强链、补链、延链”工程，培育壮大“2+N”特色产业，聚力打造“一心两翼”三大片区，重点发展“休闲旅游、健康养老、文化创意、电子商务、商贸物流、现代金融”六大服务产业，促进主导产业持续壮大、新兴产业扩容崛起、传统产业升级换代，推动产业链高端化、绿色化、智能化、融合化发展。“十四五”期间产业结构更加优化，产业链现代化水平明显提高，培育形成2个百亿元产业集群。

（二）坚持协调发展，建设美丽宜居家园。坚持新型城镇化与乡村振兴双轮驱动，以宜居县城为引领，按照“建设新区、改造老城、产城融合”思路，推进城市生态修复、功能完善工程，拓展城市发展空间，到2025年中心县城建成区面积超过12平方千米，常住人口城镇化率大于50%。以资源共享为导向，引导各类要素资源向农村流动，推动中心集镇、特色小镇及美丽乡村建设取得明显成效。以基础设施为支撑，统筹推进交通、能源、水利、信息、防灾减灾等基础建设，推动实施宁古高速、宁南铁路等重大项目，构建便捷畅通的交通路网，促进城乡统筹协调发展。

（三）坚持绿色发展，厚植生态文明优势。坚持“绿水青山就是金山银山”，坚持节约优先、保护优先、自然恢复为主，深入实施生态立县战略，主动融入国家生态文明试验区建设。强化国土空间规划和用途管控，推进山水林田湖草系统治理，强化河（湖）长制，推行林长制、田长制，实施城镇、农村生活污水垃圾治理提升工程，坚决打好蓝天、碧水、净土保卫战。大力发展绿色产业，加快重点行业和重点领域绿色化改造，深入开展节能节水行动，增强绿色发展能力。深入开展国家级生态文明示范县、绿盈乡村和低碳村庄创建活动，积极倡导文明、绿色生产生活方式和消费模式，促进人与自然和谐共生。

（四）坚持开放发展，营造包容共赢氛围。坚定不移推进改革，用足用好中央和省里赋予我县的各项先行先试政策，推动重点领域和关键环节改革取得实质性进展，大众创业、万众创新深入推进，资源配置更加高效，发展环境持续优化。坚定不移扩大开放，主动融入海丝核心区和福建自贸区建设，坚持引进来“走出去”并重、引资、引技、引智并举，重视发挥侨资侨力作用，深化对台合作交流，进一步拓展山海协作，更好用活国内外两个市场、两种资源，“十四五”时期年均出口增长5%，外贸竞争力进一步增强。

（五）坚持共享发展，提升群众幸福指数。坚持人民主体地位，坚持共同富裕方向，把新增财力更多用在民生事业上，尽力而为、量力而行，加快补齐教育、医疗、卫生、养老等民生短板。完善农村社会保障和救助制度，推进基本公共服务均等化，巩固拓展脱贫攻坚成果，健全覆盖全民、统筹城乡、公平统一、可持续的多层次社会保障体系。坚持经济发展就业导向，支持和规范发展新就业形态，实现更加充分更高质量就业。城乡居民人均可支配收入年均增长8.5%以上。加强和创新社会治理，完善共建、共治、共享的社会治理制度，切实维护公共安全，促进人的全面发展和社会全面进步。

三、开好局起好步，扎实做好2021年工作

2021年是“十四五”发展的开局之年，也是本届政府的收官之年。我们既面临着宏观经济下行、要素制约趋紧、竞争压力加大的严峻挑战，也迎来扶持政策叠加、改革开放深化、自身基础夯实的有利条件，迎来了新一轮的发展机遇。我们要坚持稳中求进工作总基调，贯彻新发展理念，构建新发展格局，巩固拓展疫情防控和经济社会发展成果，全方位推动高质量发展超越，全面贯彻落实市委“一二三”发展战略，打响“千年临水健康古田”发展品牌，以优异成绩庆祝中国共产党成立100周年。

经济社会发展的主要预期目标是：全县生产总值增长7.5%；一般公共预算总收入11.32亿元、增长4%，地方一般公共预算收入7.7亿元、增长4%；固定资产投资增长8%；农林牧渔业总产值增长4%；规上工业增加值增长8%；社会消费品零售总额增长6%；进出口总值9.5亿元；实际利用外资2310万元、增长5%；城镇居民人均可支配收入37945元、增长7.5%，农村居民人均可支配收入21833元、增长8%；完成年度节能减排任务。

实现上述目标，重点抓好以下七个方面工作：

（一）着力强村富民，走好乡村振兴特色路。壮大特色现代农业。坚持“五化”路径，着力发展“2+N”特色产业。以国家现代农业（食用菌）产业园为抓手，加快推进食用菌产业转型升级，完成4000间标准菇棚改造提升，创建国家级食用菌检验中心，开工建设菌种科技园，做好食用菌菌需物资园前期准备工作，建成优之都全产业链示范项目，引领食用菌全产业链跨越提升。推广设施蔬菜、优新水果种植，培育壮大茶叶、林竹、花卉等特色农业，新建1个现代果业示范园和1个标准化蔬菜生产基地，新增生态有机茶园200亩，培育一批“一村一品”示范村。坚持业态融合，支持延伸食用菌、果蔬、红曲精深加工链条，鼓励发展电商农业、定制农业、休闲农业等新型业态，打造一批农产品产地初加工中心、农业田园综合体，促进一产“接二连三”融合发展。坚持科技兴农，推广农业“五新”技术，加快农机装备转型升级，支持祥云循环生态养殖基地等现代农业项目建设。坚持做优品牌，高质量完成菌都品牌文化宣传策划征集，制定出台菌都氛围营造三年行动方案，持续打响“古田银耳”“十方田”等区域公共品牌。落实粮食安全行政首长责任制，抓好“米袋子”“菜篮子”，建设高标准农田2.25万亩，稳定粮食播种面积，保障生猪生产和供给。深入推进食品安全社会共治示范县建设，积极争创国家级农产品质量安全示范县，保障人民群众“舌尖上的安全”。

建设美丽宜居乡村。坚持“五留四绿三优化”，完成省级试点村庄规划编制，力争全县“绿盈乡村”创建比例达80%以上。推动“一革命四行动”从行政村向自然村加快延伸，继续推进农房整治、庭前院后绿化美化，巩固提升“两高一线”环境综合整治成效，完成自然村改厕。严控新增“两违”，强力推进拆违拆临。深化落实“路长制”，持续推进“四好农村路”建设，逐步完成农村公路单改双晋级改造。推进“抓两头带中间”示范线创建，抓好46个产业薄弱村、10个试点村、15个重点培育村建设，带动乡村全面振兴。加强古民居、古建筑、传统村落保护和传承，推进历史文化名镇名村建设，留住乡愁记忆。

促进农民生活富裕。推动脱贫攻坚与实施乡村振兴战略相衔接，健全完善脱贫成果长效机制，推动重点帮扶向常态化跟踪巩固转变，产业扶贫向产业振兴升级，特惠政策向普惠政策过渡，基础设施向城乡一体发展。深化村党支部领办合作社试点，盘活用好村集体资产，抓好产业项目运营管理，拓宽村财村民增收渠道。继续实施高素质农民培育工程，培训高素质农民700人以上，新增新型经营主体24家。充分发挥科技特派员和乡村振兴指导员作用，鼓励发展庭院农业、农家体验等新业态，培育一批“农家乐”、采摘点，积极创造条件提高农民收入。

（二）着力铸链育群，打造产业转型升级版。

推动工业经济提质增量。坚持优存量和拓增量并举，实施工业项目15个、技改项目6个，持续壮大工业经济体量。支持传统产业加快构建县内产业链自主配套体系，新兴产业加快融入宁德市四大主导产业供应链，提高产业整体竞争力。食品加工业要以精深加工为导向，推动三友、天天源等食用菌精深加工项目落地开工，带动食品加工业加速提档升级。锂电新能源产业要以骨干企业为龙头，推动杉杉科技二期建设，引进上下游产业链项目，推动新能源新材料产业集聚发展。生物医药产业要以创新驱动为抓手，支持古田药业等企业加快技改升级，推动产业链条向高端延伸。机械制造业要以智能改造为引领，鼓励福建铁王、林久智能等企业加快高端智能产品研发。积极推进“个转企、小升规”，力争新增规上工业企业10家以上。鼓励建筑业企业提升资质等级，拓展业务领域，力争建筑业总产值增长8%以上。

推动园区平台提标扩能。坚持“筑巢引凤”与“引凤筑巢”双向驱动，推进“一区多园”管理模式，完善园区基础配套设施，壮大“一心两翼”三大工业片区。中心片区要加快古田医药产业园建设，完善食用菌产业园北区综合能源站、110千伏输变电站、污水处理厂等基础配套，推动东区厂房增层扩容，建成投用西区标准化厂房，力促北区闽越、顺达、松田等食用菌精深加工项目建成投产，全力打造古田食用菌精深加工百亿元级产业集群。东部片区要主动接受环三都澳核心区产业辐射，整合盘活鹤塘工业区存量土地和厂房资产，加快做好大甲工业集中区二期项目前期，推动环朝工贸、福晟铝业达产达效，宁达汽配园（一期）建成招商入驻，努力打造临港产业集聚区。南部片区要推进黄田工业集中区基础设施改造升级，适时启动纵五线沿线土地收储，力促宁德鹤銮塑胶等项目建成投产，加快打造南线工业新走廊。

推动企业服务提速增效。继续巩固优化营商环境三年行动成果，持续深化“放管服”改革，深入推进工程建设项目审批制度改革，做好“政企直通车”平台建设，进一步压减投资项目审批时间。深入实施减税降费政策，落实落细各项扶企惠企措施，切实增强企业获得感。扎实推进国家级普惠金融改革试验区创建，探索建立中小微企业信用信息平台，深化政银企对接，发挥政府性融资担保机构作用，鼓励金融机构向上争取信贷规模、创新金融产品，降低企业融资门槛和融资成本。深入落实处级领导挂钩帮扶企业制度，建立部门与企业沟通交流机制，用心用情服务企业发展。

（三）着力业态创新，激发三产发展新活力。壮大电商产业。大力发展“互联网 +”，推动电子商务发展模式创新、规模壮大，力争农产品网络销售额突破 7 亿元。依托“双创”基地，引进新型电商主体，培育壮大“网红直播”“橱窗带货”等电商新业态。鼓励传统农业经营主体深化与电商企业合作，以网货标准改造提升特色农产品，打造适合网民消费、网络销售、物流配送的特色网货产品。做好民富商城运营管理，拓展夯实农村电商服务站服务功能，推动城西物流园落地建设，完善乡村物流配送体系，打通“网货下乡”“农产品进城”“最后一公里”。

做精文旅产业。着眼全域理念，推进翠屏湖内湖环湖景观慢道、临水宫祖庙保护修缮工程、临水文旅提升项目、环大白溪旅游公路等核心景区基础配套建设，做好杉洋“文武古镇”、前洋古村、钱厝钱来山风景区、临水宫等 A 级景区创建工作，重点策划推广 2—3 条精品线路。做好高铁北站旅游集散中心、翠屏湖旅游码头运营管理，加强精准营销推介，力争接待游客总人数、过夜游客和旅游总收入均增长 10% 以上。创新“旅游 +”模式，抓好泮洋新华村民俗项目开发，推进水竹洋云顶小镇项目建设，加快通用航空机场项目前期，培育壮大民宿康养、航空营地、房车营地、户外运动、生态观光、农业采摘等旅游新业态。深入挖掘陈靖姑文化、圆瑛文化、金翼文化、红曲文化、菌菇文化、移民文化、古镇文化等特色元素，扎实做好“临水”等系列文创产品开发，积极邀请业界知名人士前来古田开展直播体验、采风书画写生等活动，提升古田文化旅游品牌影响力。

活跃商贸产业。深入开展工贸分离、主辅分离试点，新增培育限上商贸企业 15 家以上。顺应消费升级趋势，推动食用菌批发市场、城乡农贸市场改造升级，积极培育“夜间经济”、健康养老、教育培训、家政服务等消费热点，增加优质服务供给，促进消费提质扩容。依托中央名城、万星广场等商贸综合体，抓好城乡商业网点规划，培育一批示范商圈、特色街区、精品夜市。落实稳外贸措施，鼓励企业加快“海外仓”布局，培育外贸竞争新优势。坚持“房住不炒”，落实稳地价、稳房价、稳预期的长效管理调控机制，促进房地产市场平稳健康发展。

（四）着力项目带动，夯实经济发展支撑力。攻坚重点项目。聚焦“两新一重”，深化“五个一批”推进机制，抓好项目生成、转化、落地，夯实高质量发展新支撑。全年计划实施省市级重点项目 29 个、总投资 143 亿元，年计划投资 24 亿元。争取新增“五个一批”项目 80 个以上。初步安排 500 万元以上县重点项目 172 个，总投资 268 亿元，年计划投资 47.5 亿元，开工项目 77 个以上，竣工项目 90 个以上。全力推进宁古高速安征迁，加快推进 G235 纵五线湖滨至官江段（环城北路）项目前期，开工建设 G235 纵五线天宫岭至高头岭段，力争完成环湖旅游公路景观配套工程、乡镇便捷通高速工程黄田接线项目建设。开工建设 110 千伏永安变、35 千伏泮洋变和 35 千伏鹤塘—大桥线，建成投运 110 千伏凤都变电站。推动实施古田溪水库生态泄流项目、环翠屏湖移民后扶示范带项目，开工建设黄田仔水库、城乡供水一体化工程，完成水口内陆渔港建设。大力推进“5G+ 宽带”双千兆网络建设，推动新基建加快发展。

深化招商引资。深化“企业提升与招商攻坚”专项行动，聚焦全市“四大主导产业”，围绕产业链上下游配套，深入开展“一把手”招商、产业链招商、以商招商，力争超额完成市下达招商目标任务。创新招商形式，大力推行网上招商，鼓励“零地招商”，支持企业采用“股份合作”“产权置换”

等方式盘活闲置厂房，实现“腾笼换鸟”。做好园区招商，健全标准化厂房招商管理办法，吸引企业轻资产“拎包入住”集聚发展。完善招商项目跟踪服务保障机制，推动冷链洞库等一批意向项目尽早签约落地，力争当年签约项目履约率达70%以上。

强化要素保障。围绕项目“落地、建设、投产”，组建项目报批、安征迁等服务专班，集中攻坚用林、用地等关键要素，力争完成农用地转用审批2800亩、林地审批700亩以上，新增生态公益林储备库850亩以上。科学实施补充耕地项目，加大批而未供和低效闲置土地清查处置力度，提高工业用地利用效率。加大前期投入，通过项目前期购买服务、EPC等模式，加快策划项目转化升级。加强政策研用，精准对接国家投资导向，做好政府专项债券项目申报。支持应用“股权＋债权”“专项债＋PPP”等融资新模式，推进基础设施和公共服务领域项目建设。

（五）着力扩容提质，增强城市发展承载力。拓展城市发展空间。科学修编城市总体规划，统筹生产、生活、生态空间，着力打造基础设施完善、功能配套齐全、生态环境优美的宜居县城。城东新区要突出山水融合，围绕翠屏湖保护与开发，加快西丰里片区改造，做好高头岭片区控制性修编，推动食用菌文化博览中心、古田一中翠屏湖新校区等项目加快落地。城西新区要突出产城融合，围绕园区平台开发，推动商贸物流、文化教育、医疗健康、住宅小区等协同布局，加速人气商气集聚。中心城区要以旧城改造为抓手，按照“成熟一片，改造一片”的思路，加快推进上井垅、文安、胜利等片区改造试点，抓好老旧小区改造提升和城区绿地公园建设，让群众生活更有品质。

完善城市功能配套。深入推进新型城镇化宜居环境建设，启动城西公园、印石山至翠屏湖休闲栈道项目前期，完成印石山健身休闲栈道二期工程建设，拓展城市休闲空间。推进城区路网建设，启动南山路、古屏路三期、新秀北路、医院岭尾至玉田中学段、莲桥危桥改造等项目前期，完成五华路、松吉路前期工作，完成三林路、赖厝支路、市场路等配套道路改造。加快闽江古田溪（古田段）防洪一期工程建设，做好城区管网雨污分流改造，抓好护城河、新丰河、吉兆溪治理与管护，提升城市水生态品质。推进新设城西水厂项目前期，抓好城市停车场建设，新改建供水管网、燃气管网12千米以上，新增停车泊位300个以上，让群众生活更便捷。

深化城市精细管理。树立“城市双修”理念，强化城市门户廊道、重要节点环境综合整治，用“绣花功夫”打磨市容市貌，巩固拓展省级文明县城创建成果。加快推进智慧城市建设，完善“数字城管”平台，提升城市管理科学化、智能化水平。推行城乡环卫精细化作业管理，推动清扫保洁由主街道向背街小巷、由城区向城郊接合部延伸。全面落实市容和环境卫生责任区、责任人制度，健全城市联合执法监管机制，持续推进农贸市场、校园周边市容、交通秩序、渣土运输等专项整治，扎实抓好共享单车管理、小区物业管理，让群众生活更舒心。

（六）着力污染防治，守护生态环境高颜值。筑牢生态安全屏障。践行“绿水青山就是金山银山”理念，加快推进国家级生态文明建设示范县创建。做好国土空间规划编制，统筹划定生态保护红线、永久基本农田、城镇开发边界三条控制线，完成用水总量、用水效率、水功能区限制纳污“三条红线”控制任务。统筹推进山水林田湖草系统保护，抓好全域土地综合整治项目试点，启动矿山生态环境修复治理提升工作，巩固矿山治理成效。抓好森林资源保护和松材线虫病防控，完成植树造林6000亩，治理水土流失8000亩。

深化环境污染治理。坚持两轮中央环保督察反馈问题和突出生态环境问题整改一体推进，全面强化水、大气、土壤污染防治。严格“禁燃区”管控，深化工业废气、施工粉尘、渣土运输、道路扬尘等专项整治，巩固提升城区空气质量。严格落实河（湖）长制工作要求，加大饮用水水源地保护，推动农村生活污水治理，加强畜禽养殖污染防控，加强红曲、食用菌加工企业等传统行业专项整治，抓好横洋溪、玉源溪、武步溪等重点小流域治理，确保主要流域水质稳中有升。全力以赴推进养殖网箱综合整治，确保按时完成网箱清理清退和升级改造任务。持续推进农药化肥减量化，强化污染地块风险管控，加强工业固体废物、医疗废物监管力度，有效防控土壤环境风险。

大力推动绿色发展。严格落实“三线一单”要求，完善企业环境信用动态评价，推进排污权交易工作，开展碳排放削减和低碳社区试点。严格落实能源消费总量和强度“双控”，大力推动食用菌加工企业节能技改，推广使用余热余压、冷凝水回收利用等节能技术。支持绿色技术创新，鼓励发展食用菌废料、废弃渣石等资源综合循环利用。加大公共领域新能源汽车推广应用，加快推动城乡客运电动化。开展“五绿”创建行动，倡导绿色低碳生活方式。

（七）着力改善民生，提高人民群众获得感。办好人民满意教育。坚持教育优先发展，继续推进城南幼儿园、职业中专整体搬迁、城东小学等项目前期，加快古田一中莲桥校区、古田一小教学楼重建工程、平湖中心小学改扩建等项目建设，启动凤都幼儿园分园修建，力争完成古田二小局下校区二期工程建设。支持大甲中心幼儿园争创市级示范园。加强教师职业道德建设，全面推行县域内义务教育教师校际交流制度，推动优质教育资源向农村延伸覆盖。推进特殊教育、职业教育工作，构建以家庭教育、社区教育、继续教育、老年教育为主、服务全民的终身教育学习体系。

提升医疗服务水平。坚持人民至上、生命至上，毫不放松抓好新冠肺炎疫情常态化防控工作。完善总医院“八统一”管理运行机制，实施药品和医用耗材集中带量采购，推进按疾病诊断分组收付费改革试点。建立名医工作室，加强重点学科建设，培育名医、名科、名院。推进县医院迁建项目建设，力争完成砌体工程和外墙装修。启动大甲卫生院迁建项目前期，开工建设县疾控中心新建项目，建成投用县同仁医院和凤都、卓洋、杉洋3个乡镇卫生院周转房。做好城区医疗资源优化调整前期工作，抓好妇幼保健、计生家庭扶助、老年健康服务等工作，让群众享有更高水平的医疗健康保障服务。

繁荣发展文体事业。加快推进体育“一场两馆”前期，抓好文化“三馆”建设，力争10月前建成投用。积极对接第44届世界遗产大会，加大地方文化和自然遗产保护、传承力度。办好“海峡论坛·陈靖姑文化节”。深入实施文化惠民工程，培养基层文艺骨干，推进文艺精品创作，加强文化新闻出版市场管理，深化群众性精神文明创建。支持县融媒体中心开展设备更新改造，探索运用“媒体＋政务”等模式，讲好古田故事，传播古田声音。广泛开展全民健身运动，积极筹备环翠屏湖系列体育健康赛事，做好第十七届省运会备战工作。

提高人民生活品质。坚持就业是民生之本，持续推进返乡创业能力提升行动，用活用好职业技能培训、就业创业服务、创业担保贷款等扶持政策，促进高校毕业生、退役军人和就业困难人员、农民工等重点群体实现更高质量更充分就业创业，力争全年新增城镇就业1300人、农村劳动力转移就业1800人以上。深入实施全民参保计划，做好全民参保登记，稳步推进社保扩面，加快实现基本养老、基本医疗保险法定人员全覆盖。大力发展“银发经济”，深化廷墩普惠旅居型养老项目前期，抓好康乐家养老院“城企联动普惠养老”项目建设。开展特困人员供养服务设施（敬老院）改造提升，探索老年人互助养老新模式。完善城乡兜底保障和社会救助机制，稳步提高救助标准。继续推进殡葬改革，抓好城市公益性公墓建设。落实优抚安置政策，保障残疾人权益，关爱农村留守儿童。

提高社会治理水平。加强治安防控能力建设，严厉打击涉黑、涉恶、涉毒及虚假信息诈骗等违法犯罪，持续增强群众安全感。加强应急处置能力建设，抓好安全生产专项整治三年行动，强化生产安全、房屋安全、食药安全、交通安全、消防安全监管，确保不发生重大安全事故。提高防灾、减灾、救灾能力，做好防汛防台风、森林防灭火、地质灾害等工作。加强社会治理体系建设，持续深化矛盾纠纷排查化解，确保信访积案化解率达80%以上。编制新一轮紧缺急需人才引进指导目录，完善人才评价激励机制和服务保障体系，提升人才综合服务水平。做好村级换届选举工作。完成《古田县地名志》编制。启动“八五”普法，做好公共法律服务和社区矫正工作。加强双拥共建、人防、国防动员、退役军人等工作。继续做好统计、民族宗教、方志档案、老干部、关心下一代和红十字会等工作。支持工会、共青团、妇联、文联、残联、工商联、社科联、计生协、老体协等人民团体发挥更大作用。

四、加强自身建设，努力打造人民满意的政府

党的十九届五中全会对“十四五”时期我国社会经济发展做出了重大部署。我们将坚决贯彻落实党中央决策部署和习近平总书记的指示批示精神，秉持初心、践行使命，在推进国家治理体系和治理能力现代化上展现更大担当作为，努力建设人民满意的服务型政府。

（一）坚持党的领导。坚持以党的政治建设为统领，自觉以习近平新时代中国特色社会主义思想为指引，进一步增强“四个意识”，坚定“四个自信”，做到“两个维护”，推动中央、省市和县委各项决策部署落地生根。严守政治纪律和政治规矩，全面加强政府系统意识形态建设，牢牢把握正确政治方向。

（二）坚持依法行政。坚持法治政府建设，带头尊法、学法、守法、用法，严格执行重大行政决策法定程序，规范行政执法行为，提高依法执政能力。自觉接受县人大法律监督、县政协民主监督、县监委主责监督，主动接受社会舆论监督，发挥好审计监督作用，深入推行政务公开，畅通政府和公众互动渠道，全力打造“阳光政府”。

（三）坚持务实勤政。坚持干字当头，一心一意谋发展，沉下心来，不折不扣抓落实。牢固树立以人民为中心的发展思想，建立健全重点工作推进机制、目标责任考核体系，办好9件为民办实事项目，不断提升人民群众获得感、幸福感。坚持严管与厚爱结合、激励和约束并重，大力弘扬“四下基层”“马上就办、真抓实干”，确保高标准、高效率、高质量完成政府各项工作。

（四）坚持廉洁从政。巩固深化“不忘初心，牢记使命”主题教育成果，落实全面从严治党各项要求，一以贯之落实中央八项规定及其实施细则精神和省市县实施办法，驰而不息纠正“四风”，保持惩治腐败高压态势。不断转变工作作风，巩固提升基层减负实效，牢固树立过“紧日子”思想，严格控制“三公”经费支出，塑造勤俭节约、清正廉洁的政府形象。

各位代表！宏伟蓝图鼓舞人心，壮阔远景催人奋进。新的一年，让我们在县委的坚强领导下，在各位代表的监督支持下，凝聚全县人民的智慧和力量，开拓创新，拼搏进取，打响“千年临水健康古田”发展品牌，为全方位推动高质量发展超越、谱写全面建设社会主义现代化国家的古田篇章而努力奋斗！

《政府工作报告》名词解释和说明

（按出现先后顺序排列）

1. **全方位推动高质量发展超越**：2020年8月18日，在福建省委十届十次全会首次提出，是贯彻落实习近平新时代中国特色社会主义思想和习近平总书记重要讲话重要指示批示精神的具体举措，是新时代新福建建设的鲜明主线和重大战略。

2. **“六稳”“六保”**：“六稳”稳就业、稳金融、稳外贸、稳外资、稳投资、稳预期；“六保”保居民就业、保基本民生、保市场主体、保粮食能源安全、保产业链供应链稳定、保基层运转。

3. **两品一标**：绿色食品、有机农产品和农产品地理标志统称“两品一标”。

4. **专精特新**：“专”指采用专项技术或工艺制造的专用性强、专业特点明显的产品。“精”指采用先进适用技术或工艺设计生产的精良产品。“特”指采用独特的工艺、技术研制生产的具有特殊功能的产品。“新”指依靠自主创新方式研制生产的具有自主知识产权的高新技术产品。

5. **“五个一批”项目**：谋划一批项目、签约一批项目、开工一批项目、投产一批项目、增资一批项目。

6. **五大振兴**：产业振兴、人才振兴、文化振兴、生态振兴、组织振兴。

7. **四下基层**：领导干部“信访接待下基层、现场办公下基层、调查研究下基层、宣传党的方针政策下基层”。

8. **四个不摘**：脱贫摘帽不摘责任、不摘帮扶、不摘政策、不摘监管。

9. **农村“两权”抵押贷款**：农村土地经营权抵押贷款和农民住房财产权抵押贷款。

10. **小巷管家**：将社区划分为500人左右的居民小组，每个小组选配1名本地居民担任“小巷管家”，负责城市特殊群体的调查摸底、日常巡逻、老弱探视、异常预警和救急报告。

11. **互助孝老食堂**：在村一级设立为全体常住老年人提供助餐服务。

12. **DSA**：血管造影的影像通过数字化处理，把不需要的组织影像删除掉，只保留血管影像，这种技术叫作数字减影技术。

13. **五化**：规模化、标准化、品牌化、信息化、企业化。

14. **一心两翼**：古田县三大工业片区，中心片区包含古田食用菌产业园（东区、西区、北区）和古田医药产业园；东部片区包含大甲、杉洋、鹤塘工业集中区；南部片区为黄田工业集中区。

15. **六大中心**：胸痛中心、超声中心、检验中心、病理中心、心电中心、消供中心。

16. **新六件**：B超、心电图、数字X光机、血液分析仪、尿液分析仪、全自动生化分析仪。

17. **五位一体**：经济建设、政治建设、文化建设、社会建设、生态文明建设五位一体总体布局。

18. **四个全面**：全面建成小康社会、全面深化改革、全面依法治国、全面从严治党。

19. **供给侧结构性改革**：从提高供给质量出发，用改革的办法推进结构调整，矫正要素配置扭曲，扩大有效供给，提高供给结构对需求变化的适应性和灵活性，提高全要素生产率，更好满足广大人民群众的需要，促进经济社会持续健康发展。

20. **2+N**：2指食用菌、果蔬产业，N指茶叶、林竹、畜禽等其他特色产业。

21. **“五新”技术**：农业新技术、新种子、新肥料、新农药、新机具。

22. **五留四绿三优化**：“五留”即留白、留绿、留旧、留文、留魂；“四绿”即绿化、绿韵、绿态、绿魂；“三优化”即优化生产空间、做到集约高效，优化生活空间、做到宜居适度，优化生态空间、做到山清水秀。

23. **两高一线**：高速、高铁、县内重要旅游道路沿线。

24. **绿盈乡村**：富有绿化、绿韵、绿态、绿魂的乡村。

25. **一革命四行动**：农村“厕所革命”、农村垃圾治理行动、农村污水治理行动、农房整治行动、村容村貌提升行动。

26. **四好农村路**：把农村公路建好、管好、护好、运营好，逐步消除制约农村发展的交通瓶颈。

27. **个转企、小升规**：“个转企”即个体工商户转为企业，“小升规”即小规模企业转为规模以上企业。

28. **一区多园**：以县经济开发区为主体，因地制宜发展多个以县经济开发区冠名的镇级工业园。

29. **两新一重**：新型基础设施建设，新型城镇化建设，交通、水利等重大工程建设。

30. **城市双修**：指生态修复、城市修补。生态修复，旨在有计划、有步骤地修复被破坏的山体、河流、植被，重点是通过一系列手段恢复城市生态系统的自我调节功能；城市修补，重点是不断改善城市公共服务质量，改进市政基础设施条件，发掘和保护城市历史文化和社会网络，使城市功能体系及其承载的空间场所得到全面系统的修复、弥补和完善。

31. **数字城管**：数字化城市管理系统简称。

32. **三线一单**：指生态保护红线、环境质量底线、资源利用上线和生态环境准入清单。

33. **五绿**：绿色机关、绿色学校、绿色社区、绿色医院、绿色饭店。

34. **“八统一”管理运行机制**：县总医院推行的统一人力资源管理、统一医疗业务管理、统一财务管理、统一绩效考核管理、统一资源配置管理、统一集中采购管理、统一信息化建设管理、统一医保预付管理。

35. **“三公”经费**：财政拨款支出安排的出国（境）费、车辆购置及运行费、公务接待费三项经费。

专 记

中共古田县委　古田县人民政府
关于古田县“十三五”期间脱贫攻坚工作情况的报告

“十三五”期间，古田县认真贯彻落实中央、省、市关于打赢脱贫攻坚战的决策部署，对照“两不愁三保障”目标和“五个一批”“六个精准”要求，开展精准帮扶、精准脱贫。经过全县上下共同努力，实现建档立卡贫困户1270户4509人全部脱贫，71个贫困村全部出列。2019年6月省委办公厅、省政府办公厅发布公告，古田县退出省级扶贫开发工作重点县，脱贫攻坚工作取得历史性成效。脱贫摘帽后，古田县坚持“四个不摘”要求，“扶上马送一程”，持续巩固“两不愁三保障”成果，向党和人民交出一份高质量的“优秀答卷”。现将全县脱贫攻坚工作情况报告如下：

一、主要做法及成效

（一）坚持高位推动，着力凝聚攻坚合力。全面深化县乡村“三级书记”抓扶贫工作机制，加强党对脱贫攻坚的全面领导，确保圆满完成各项脱贫攻坚任务。一是强化责任落实。着力完善县乡村脱贫攻坚“责任链”，调整充实县乡两级扶贫开发领导小组，党政主要负责人牵头抓总、坚持“四个亲自”，分管领导具体推进、抓细抓实，各成员单位各司其责、密切配合。2016年以来，累计召开县委常委会会议、县政府常务会议、脱贫攻坚推进会等176场次，就责任落实、政策兑现、督查检查等方面做出部署，有力保障各项措施落地见效。二是强化挂钩帮扶。县领导主动靠前，带头开展脱贫攻坚“遍访”行动，深入全县14个乡镇（街道）开展脱贫攻坚工作调研检查；认真落实每双月17日“帮扶日”工作，全县128个单位825名帮扶干部“点对点”深入贫困户家中开展精准帮扶，并对脱贫不稳定户、边缘易返贫户等重要帮扶对象加强监测，确保提前采取针对性的帮扶措施。三是强化政策保障。将脱贫攻坚工作纳入党委、政府重要议事日程，结合贯彻上级关于脱贫攻坚决策部署，制定出台《关于印发古田县建档立卡等家庭经济困难学生精准资助工作实施方案》（古教助〔2018〕5号）《古田县人民政府关于印发古田县建档立卡农村贫困人口大病救助兜底工作实施方案的通知》（古政文〔2018〕187号）《关于打赢脱贫攻坚战三年行动的实施意见》（古委发〔2019〕1号）等系列文件，全力组织实施产业扶贫、造福搬迁、信贷扶贫、整村推进、结对帮扶、教育扶贫、健康扶贫等各项政策措施，做到脱贫攻坚行动有抓手、落实有载体。四是强化队伍建设。坚持选优配强扶贫队伍，保证精干力量向精准扶贫一线倾斜，为脱贫攻坚提供强有力的队伍保障。全县共有扶贫专干人员77人，其中县扶贫办干部队伍7人，乡镇（街道）扶贫办干部队伍70人，确保县委、县政府脱贫攻坚各项工作部署落到实处。五是强化合力攻坚。主动借助省政协和省气象局、省海洋与渔业局、省外办、省市场监管局、厦门航空公司、南安市等帮扶单位在产业、人才、资金、市场等方面的优势，引进6家企业，23个帮扶项目，共落实帮扶资金6986万元，其中南安市山海协作对口帮扶资金6300万元、省直相关单位落实帮扶资金共686万元。将社会扶贫纳入党委和政府统一管理体系，组织开展“千企帮千村”“村企共建”等行动，先后动员20家企业帮扶15个贫困村。充分发挥科协、残联、老促会、慈善总会、爱心公益联合会等群团组织作用，持续组织实施“爱心便利店”“助学扶贫”“福大姐”巾帼示范等工程，合力帮助贫困户解决困难，形成多方共同参与脱贫攻坚的工作格局。

（二）全面激发内力，着力拓宽增收渠道。坚持开发式扶贫，因地制宜，引导帮扶贫困村、贫困群众，改善发展条件、找准发展路子，健全完善可持续的增收脱贫长效机制。一是推进产业扶贫助力增收。全面落实“一户一增收”项目，采取以奖代补等形式，推动产业扶贫措施到户，实现户户有项目、户户有增收。2016年以来，累计下达中央、省、市财政专项补助资金5008万元，全县共有1156户贫困户参与产业发展，产业扶贫政策补助覆盖率达91.2%。二是推进金融扶贫助力增收。充分发挥小额信贷促进会和“扶贫小额信贷风险资金池”作用，切实简化贷款手续、优化信贷服务。全县累计为898户建档立卡贫困户发放扶贫小额贷款1.48亿元、贴息498.8万元，贷款覆盖率达66.8%。三是推进就业扶贫助力增收。围绕“转移一人、就业一人、脱贫一户”目标，统筹整合村级保洁员、公路养护员、生态护林员等公益性岗位。落实社保补贴、创业资助、公益性岗位安置等就业扶贫政策。四是推进强村富民工程助力增收。开展第五轮整村推进工作、贫困村村集体“进五争十”三年行动等工作，全力抓好贫困村“四好”农村公路、电网、通信、广电等基础设施建设，不断提升发展环境。2016年以来，省、市、县级财政累计下拨专项扶贫资金3580万元，用于光伏发电、菇棚改造、道路建设、环境整治等贫困村村集体经济增收、基础设施建设、村容村貌改善等190个项目，全县71个贫困村村集体经济收入达到10万元以上，并逐步实现“生态美、产业兴、百姓富”。

（三）坚持精准施策，着力巩固帮扶成果。围绕稳定解决贫困人口“两不愁三保障”，打好政策叠加“组合拳”，补足工作短板，织密脱贫攻坚“保障网”。一是着力提升教育扶贫质量。实施建档立卡贫困家庭学生台账化精准控辍保学，落实贫困家庭子女各项助学补助政策，实现建档立卡贫困家庭经济困难学生资助全覆盖。2016年以来，共发放建档立卡贫困家庭学生各类国家助学金、地方政府助学金1059多万元，受益困难学生6824人次，开展家庭经济困难大学生生源地信用助学贷款200人，发放贷款139.25万元。二是着力提升健康扶贫质量。采取“先诊疗、后付费”结算模式，进一步减轻贫困群众的住院就医负担。组建家庭医生签约服务团队，定期为建档立卡贫困户上门服务，签约率100%，71个贫困村全部实现医保“村村通”。2017年7月以来，全县建档立卡贫困户医疗总费用9341.63万元，总报销金额8428.83万元（其中县级大病兜底救助共发放补助438.4万元）、报销比例达90.23%。三是全面落实住房安全保障。全县累计建设造福工程点15个、吸纳搬迁户1051户4022人，其中建档立卡贫困户361户1440人。大力推进农村危房改造，2016年以来共开展“四类重点对象”农村危旧房安全鉴定9052户，实施重建修缮改造832户，其中建档立卡贫困户140户，均已达到AB级，建档立卡贫困户住房安全问题得到全面解决。四是全面解决饮水安全问题。推进城乡供水一体化建设，2016年以来，累计投入资金901多万元，用于巩固提升饮水安全，全县建档立卡贫困户实现饮水安全有保障。

（四）坚持正风肃纪，着力强化作风建设。把作风建设贯穿脱贫攻坚始终，全面纠正扶贫领域中存在的“四个意识”不强、责任落实不到位、工作措施不精准、资金管理使用不规范、工作作风不扎实等问题。一是规范资金使用监管。加强扶贫资金统筹整合，健全完善财政扶贫资金监管制度，建立全链条、全覆盖的跟踪监管机制，完善项目库建设，进一步规范资金项目公告公示制度，确保财政扶贫资金落到实处。二是扎实推动问题整改。高度重视扶贫领域各项核查、督查、审计等发现问题，进行挂牌督战、对账销号，实现问题整改全部清零。三是不断强化监督执纪。建立健全“1+X”监督机制、领导分片挂钩扶贫领域精准监督、重要问题线索“直查快办”等机制。2016年以来，全县共发现扶贫领域问题163件237人，其中给予党纪政务处分78人，诫勉谈话24人，批评教育54人，提醒谈话17人，通报批评13人。

（五）坚持暖心战贫，着力降低疫情影响。始终将疫情防控和脱贫攻坚同谋划、同部署、同落实，结合古田县实际，落实应对新冠肺炎疫情影响决战决胜脱贫攻坚的各项措施，切实把疫情对建档立卡贫困户造成的影响降至最低。一是帮助贫困群众返工就业。搭建建档立卡贫困户就业推荐平台，向有就业意愿的建档立卡贫困户推送配比率高的岗位信息，并鼓励当地企业、新型农业经营主体吸纳贫困人口就业，共推荐建档立卡贫困户1744人就业。同时，增设公益就业岗位，落实建档立卡贫困户158人就业。二是发展种养加短平快项目。支持贫困户全面恢复春耕生产，保障生产物资供应，全县建档立卡贫困户发展短平快项目98个，落实补助资金14.7万元。三是解决农产品滞销问题。通过机关单位食堂优先采购、挂钩帮扶责任人认购以及在微信推荐等形式，并发挥大型农产品批发市场、大型商超和电商企业等渠道作用，解决农产品销售难问题，保障建档立卡贫困户家庭收入总体不降低。四是采取临时救助措施。疫情发生后，全县共向建档立卡贫困户每户拨付1000元共计126.9万元的慰问金和每户500元共计63.45万元的一季度水电燃气费的补助，并向乡镇（街道）下达21万元救助金，用于受疫情影响困难贫困户的临时救助。

二、主要工作亮点

（一）推行“农村便利店”党建促脱贫模式。在农村群众聚集区规范建立“农村党建便利店”，引导返乡创业大学生等能人参与经营，通过提供农副产品线上销售、建档立卡贫困户农副产品现场代卖、金融小额贷款、便民一站式代办等服务，打通服务群众“最后一公里”，拓宽建档立卡贫困户增收渠道。2018年8月，全省抓党建促脱贫攻坚工作现场推进会在古田县召开，“农村党建便利店”扶贫模式得到上级领导肯定，经验做法被新华社《福建领导专供》《支部生活》等媒介刊登报道。

（二）探索形成产业扶贫新模式。一是“龙头带动”模式，鼓励和引导龙头企业、专业合作社吸纳贫困户参与入股分红或劳动就业。如古田县鹤塘明艳茶叶专业合作社，通过“基地＋合作社＋农户”的形式，吸引全村208人加入合作社发展无公害茶，带动7户建档立卡贫困户平均每年增收7000多元。二是“帮带分红”模式，动员企业通过“帮带”和“分红”模式，带动周边建档立卡贫困户。如城东街道桃溪村推行“租金＋股金＋薪金”模式，引导建档立卡贫困户通过土地流转获得租金，将帮扶资金入股合作社获得股金，并入社打工挣取薪金，带动全村17户建档立卡贫困户实现脱贫。三是“互联网＋”模式，围绕“互联网＋基层培育”“线上＋线下销售”等电商模式，拓宽建档立卡贫困户产品销售渠道，增加收入。如古田县建宏农业开发有限公司通过电商渠道销售，帮助农户实现每袋银耳增收0.2元，带动关联农户每年增收1.1万元。

（三）推行“统建精补、两证到户”造福搬迁模式。“统建”即由政府统规、统建、统售，做到标准统一、配套统一、风格统一；“精补”即针对不同搬迁对象类别，对符合造福工程补助政策的对象精准给予搬迁补助；“两证到户”即在购房安置后，按照相关规定和程序给予搬迁户办理土地使用证和房产证。

（四）推行贫困县教育扶贫帮扶双向交流模式。与清华大学附中、附小签订教育扶贫协议，采取“走出去、请进来”的方式，安排300万元专项资金，每年选派20名骨干教师前往清华附中、附小跟岗学习，并邀请清华附中、附小优秀教师来古田指导交流，带动全县师资队伍提升能力素质。

（五）创新城乡低保、特困救助制度。参照建档立卡贫困户政策，在全市率先探索出台《关于印发古田县强化城乡低保对象及特困人员救助工作实施方案的通知》（古政文〔2018〕130号），对未纳入建档立卡贫困户范围的农村低保对象、特困人员，在教育、医疗、住房保障等方面享受与建档立卡贫困户相同的政策待遇。全面实现城乡低保标准一体化，从2018年起将城乡低保对象补助标准提高到6960元/年并逐年提高，确保所有贫困人口同步奔小康，目前城乡低保对象补助标准7152元/年。

三、下一步工作思路

当前，古田县脱贫攻坚已经取得决定性胜利，但是发展不平衡不充分的问题仍然突出，巩固拓展脱贫攻坚成果的任务依然艰巨，主要表现为建档立卡贫困户增收后劲不足，个别建档立卡贫困户存在返贫风险，部分贫困村基础设施仍有短板等。下一步，古田县将深入学习贯彻党的十九届五中全会和中央、省、市农村工作会议精神，推动脱贫攻坚与乡村振兴有效衔接，巩固拓展脱贫攻坚成果。一是继续强化责任担当，落实“三级书记”抓脱贫成果巩固拓展和乡村振兴工作，严格落实“四个不摘”要求，在财政预算、政策导向、人员机构、帮扶力量上总体保持稳定。二是健全防止返贫监测帮扶机制，继续开展监测，持续跟踪建档立卡贫困户收入和“两不愁三保障”巩固情况，定期核查，及时帮扶，动态清零，并进一步探索相对贫困对象的帮扶机制。三是坚持开发式扶贫导向，持续发展壮大扶贫产业，做好脱贫人口稳岗就业，加大对脱贫人口职业技能培训力度。强化易地搬迁后续扶持，完善集中安置区公共服务和配套基础设施，因地制宜在搬迁地发展产业。

中共古田县委　古田县人民政府
2021年1月20日

古田县新冠病毒肺炎疫情防控

【概况】 2020年，面对突如其来的新冠肺炎疫情，县委、县政府坚持把人民生命安全和身体健康放在第一位，全县上下众志成城，群防群控，共克时艰，及时总结经验、汲取教训，以强有力的指挥体系和严密的防控措施，慎终如始，严防死守，坚决打赢疫情防控阻击战。累计查验人员超百万人次，摸排重点人群3.8万人次，落实健康管理2976人，出具人员核酸检测报告4.7万份、外环境及冷链食品核酸检测报告2900多份，结果均为阴性。累计新型冠状病毒肺炎确诊病例11例（含福州市仓山区1例），治愈出院病例11例，3月4日实现新冠肺炎确诊病例、疑似病例全部清零后，无新增确诊病例。统筹推进疫情防控和经济社会发展，推进复工复产，推出39项惠企纾困措施，减免企业租费1162万元，落实减税降费1.2亿元，取得显著成效。

【应急指挥体系】 根据疫情发展，不断调整、充实、升格组织领导机构，成立由县党政主要领导担任指挥长的突发公共卫生事件应急指挥部，下设综合协调组、疫情防控和学校组、医疗救治组、宣传组、监督检查组、医疗物资和市场供应保障组、前方工作组、交通检疫组、外事组、临水宫防控组、社会稳定组11个工作组，1月23日率先在全市实行集中办公。指挥部建立会商制度，并根据疫情情况，适时调整每日一会商、每周一会商制度，第一时间听取工作汇报，分析研判疫情，高效调度人力物力，快速果断处置新情况、新问题，全年累计召开89次会商会。构建县乡村三级上下畅通、执行有力的疫情防控体系，细化防控单元，抓好重点机构场所、重点人群管控，采取“处级领导包乡镇（街道）、乡镇（街道）干部包村、村干部包人”模式，全员投入，确保精准到户到人。全面动员各方力量，组织4600多名党员干部投入疫情防控，成立296个党员突击队、先锋队、服务队充实到一线，动员全县上下联防联控、群防群治，形成干群齐心、全民皆兵的良好局面和氛围。

【科学精准防控】 强化预警机制，梳理制定排查“三流程”，运用“大数据＋网格化”，严格实施精准摸排、科学防控。在疫情之初，见微知著，顶住压力及时叫停民俗活动、关闭临水宫等景区，迅速筑起“外防输入、内防扩散”严密防线。在疫情严峻时，果断决策，升格外防内控措施，迅速阻断传播链条。在疫情向好时，毫不放松，突出“一线两重点”，坚持“人物同防”，落实“四早”措施，织密“五张网”，做好常态化疫情防控。

【重点领域防控】 医疗机构防控。规范各医疗机构预检分诊场所设置，严格落实门急诊预检、发热门诊、隔离病区、普通病区管理等各项要求。县医院、二院设置发热分诊处，启动感染科发热门诊24小时值班制。全年共筛查发热、呼吸道症状病人3554人。集中隔离场所防控。设置好望角、新世贸、中天、如友、格林豪泰酒店、金源酒店、逸豪酒店、速8酒店8家，共有651间宾馆标房作为集中医学观察预备点。如友宾馆作为常态化疫情防控下集中隔离点。成立工作专班，落实24小时巡控制度，做到监控措施到位、监管人员到位、医学检测到位、清洁消毒到位、防护措施到位。累计集中医学观察1057人。进口冷链食品防控。实施核酸抽检全检测、冻品外包装全消杀、进口冻品全追溯“三全”管理，有效控制进口冷链食品、冷冻冷库风险隐患。学校疫情防控。出台学校停、复学工作具体指导意见，建立健全医、校“点对点”协作机制，配备35名卫生专业技术人员入驻学校。严格校园管控，实行全封闭管理，建立全体返校人员健康管理工作档案，严格落实错峰上下学、错峰就餐、“网络授课”等制度。社区（村居）防控。按照常住人口、流动人口和重点人员进行分类管理，采取社区（村居）分片包干，责任到人，落实口岸入境、重点地区来（返）闽的人员信息登记和健康管理。公共场所防控。按照各行业各领域疫情防控指南，严格经营单位主体责任、行业主管部门监管责任，全面落实测温、验码、戴口罩、消毒等防控措施。坚持把“八闽健康码”作为疫情常态化精准防控的一项重要工具，全面推广应用，各公共场所认真落实“亮码、扫码”规定，切实做到“一码通行”。

【核酸检测】 全县有县医院、疾控中心2个核酸检测实验室，包括PCR（肿瘤基因）扩增仪3台、核酸提取仪2台，核酸检测工作人员11名，单人份日检测量达到1020人次。坚持把核酸检测作为落实“四早措施”的第一道防线，依托县医院、疾控中心核酸实验室，按照检测频次要求，采取定点采样和派员到点采样方式，全面开展重点人员应检尽检、应检早检，其他人群实施愿检尽检，最大限度排除疫情传播风险，累计核酸检测5.5万人次。同时加强医疗机构、农贸市场等场所外环境及冷链食品核酸检测，出具外环境及冷冻食品核酸检测报告2900份，结果均为阴性。

【新冠病毒疫苗接种】 成立由常务副县长为组长、分管副县长为副组长的工作领导小组，设立城东、城西社区卫生服务中心两个疫苗接种点。全面摸清重点人群信息，建立接种人员动态信息库，提前排查不适宜接种人群，并有序组织安排人员接种，累计接种679针，未发现不良反应。加大新冠病毒疫苗安全性、有效性的宣传力度，提升重点人群接种意愿，塑造良好的舆论氛围。加强疫苗接种工作的培训和指导，做好接种点的服务保障，确保接种时异常反应得到及时有效处置。

【医疗物资和市场供应保障】 县财政累计下达7215万元，专项用于疫情防控所需防护用品、药品、医疗器械等物资设备的采购、供应。建立古田县医疗物资战略储备机制和滚动轮替制度，印发《古田县应对新冠肺炎疫情医疗物资储备方案》《古田县医药储备管理办法》《古田县县级储备医疗物资轮换管理暂行办法》，根据《宁德市应对新冠肺炎疫情市级医疗物资储备实施方案》要求，确定医疗物资战略储备目录清单和承储企业。医疗机构按照满足满负荷运转30天需求储备，疾控机构按照满足疫情高峰期10天满负荷运转需求储备，同时重点加大核酸检测试剂的储备和使用轮换，在做好各项医疗物资储备的基础上加快物资轮储，减少资金浪费。动员社会各界参与物资筹集，通过采购、接受捐赠等方式，全力保障医疗应急物资供应，共获得在外乡贤捐赠的30多万个口罩及大量手套、防护服、体温枪等防护物资；动员本县福建恩汇医疗卫生材料有限公司转产生产民用口罩。指导大型超市、农贸市场加强粮油、副食品货源组织和调控，确保市场价格平稳。加大市场巡查执法力度，严厉打击哄抬物价、囤积居奇等违法行为。疫情发生以来，全县各类生活物资库存充足，未出现断档、短缺等情形，市场秩序保持稳定。

【宣传引导】 宣传部门通过电视、广播、微信公众号等媒体开展多种形式的疫情防控宣传，“古田发布”微信公众号共发表文章1100篇；古田电视台共刊播电视新闻234多条（其中复工复产新闻110条），古田频道和公共频道全天候播出各类通告和倡议书。督促各乡镇（街道）、各单位利用村居（社区）广播、宣传车等传播载体进行防控宣传，共投入专项经费45.6万元，制作、张贴宣传海报5万多张、分发90多万份宣传单、发送手机短信98万条、启动喇叭588个、出动宣传车28辆，同时为全县3718名村干部免费开通疫情防控宣传视频彩铃，引导群众加强自我防护，配合落实各项防控措施。

【奖惩机制】 严格落实属地、部门、单位、个人“四方责任”。成立监督检查组，以问题为导向，排查防控工作漏洞，发现问题，督促立行立改，确保各项工作落地见效，共开展监督检查121批次，形成督查情况通报72期，整改情况通报61期，发现并推动问题整改928个。成立一线医务人员及其家属保障工作领导小组，加强对相关人员的生活保障；成立心理咨询服务室，确保医务人员身心健康。开展奖优工作，共通报表扬疫情防控中表现突出的先进个人52人、基层党组织46个，推荐提拔表现突出干部2人。

（撰稿：吴谨、陈菁）

大事记

1月

1月初 县卫健局成立疫情防控领导小组，着手筹建指挥部前期工作，制订指挥部工作方案，及时转发相关诊疗、防控方案、技术指南等，组建专家组、防控组、救治组等三支队伍，抽调25名干部参与指挥部综合协调组、疫情防控和学校组、医疗救治组、宣传组、前方和交通检疫组、督查组、医疗物资和市场保障组等7个组日常工作。

2日 县委常委会（扩大）会议召开。会议研究审定《关于做好2020年全县重点项目工作的通知（送审稿）》。随后，召开县委常委会会议，研究案件及干部等工作。

同日 古田县工作通报会暨离退休老干部慰问座谈会召开，县处级离退休老干部代表等参加。

3日 市委书记郭锡文、市人大常委会主任金敏到古田县代表团驻地看望出席市四届人大五次会议的古田县市人大代表。

同日 县政府第1次常务会议召开。会议听取2020年古田县春季征兵工作部署、古田食品工业集中区污水处理厂建设及工地遗留问题、古田县印石公园配套用房项目、食用菌加工基地二期安征迁历史遗留问题、进一步推进“两权”抵押贷款试点接续工作、古田县十方田商贸有限公司品牌建设工作等情况汇报，研究有关事项；研究审议《2020—2022乡镇财政管理体制（送审稿）》。韩存江、雷毅、叶启亮、程国飞、丁景风等列席。

5日 市人大常委会主任金敏，市委常委、市纪委书记、市监委主任陈力达，副市长黄国璋，中共古田县委书记钟昌华、古田县人大常委会主任陈绍莲等参加市四届人大五次会议古田代表团审议。

7日 县委常委会会议召开。传达学习《中共福建省委办公厅关于认真组织学习〈习近平在厦门〉〈习近平在宁德〉两部采访实录的通知》，习近平总书记在中央政治局“不忘初心、牢记使命”专题民主生活会上的重要讲话和2020年新年贺词、在全国政协举行的新年茶话会上的重要讲话精神及省委常委会会议、市委常委会会议精神，研究古田县贯彻意见。

8日 市委常委、市纪委书记、市监委主任陈力达到鹤塘镇佳垅村看望慰问困难群众。

9日 举行古田县“银发计划”启动仪式。省政协原副主席、省老年大学校长杨银生等和县领导参加。

10日 县委专题会议召开。会议研究古田县闽江雄江断面水质提升有关工作。

13日 全县乡镇（街道）党委（党工委）书记抓基层党建工作述职评议会议召开。县委常委，县直有关单位主要负责人，各乡镇（街道）党委（党工委）书记、分管组织工作的同志，部分“两代表一委员”及市委组织部到会代表等参加。

14日 县委书记钟昌华等县领导到凤都镇石峰村，城西街道浣中村、文河社区、青云社区等处开展春节前慰问活动。

15日 县政府第2次常务会

议召开。会议听取黄田镇金翼项目提升工程、福州鹤延塑胶制造有限公司年产500万件塑料制品项目、黄田库区工业集中区日处理2000吨工业污水处理厂项目、调整福建福臻建设发展有限公司董事会成员、2020年松材线虫病防控工作等情况汇报，研究有关事项；研究审议《古田县扶持猕猴桃产业发展实施办法（试行）（送审稿）》。

16日 县委常委会会议召开。会议传达省、市“两会”精神，研究古田县贯彻意见；听取2019年古田县安全生产工作、落实全面从严治党主体责任检查、落实意识形态工作责任制检查考核、全县工作会议筹备、古田县选派产业薄弱村驻村第一书记工作等情况汇报；研究审定《古田县乡镇（街道）机构改革方案（送审稿）》，2015—2019年度古田县精准扶贫先进集体和先进个人评选对象建议名单，乡村振兴重点特色乡镇、实绩突出村推荐名单，县委十二届十二次全体会议方案及有关材料。

同日 钟昌华等县领导调研印石山观景栈道项目建设情况。

17日 县委十二届十二次全会召开。会议审议通过《中共古田县委深入贯彻〈中共中央关于坚持和完善中国特色社会主义制度、推进国家治理体系和治理能力现代化若干重大问题的决定〉的实施方案（草案）》《中国共产党古田县第十二届委员会第十二次全体会议决议（草案）》，县委委员、县委候补委员、其他现职处级领导干部、纪委委员、乡镇（街道）党政主要负责人、县直有关单位主要负责人、县处级离退休老干部代表等参加。

同日 县委常委会（扩大）会议召开。县委常委依次述责述廉并接受评议。县委常委，县委委员，县委候补委员，县纪委常委、监委委员，各乡镇（街道）党委（党工委）书记，县直机关各口党委书记，县药业公司、税务局、市场监管局、供电公司、教育系统、总医院党委书记，县直有关单位主要负责人等参加。

同日 全县“不忘初心、牢记使命”主题教育总结会召开。市委第二巡回指导组全程指导。县处级干部，县直有关单位主要负责人，县委“不忘初心、牢记使命”主题教育领导小组成员及办公室负责人，县委“不忘初心、牢记使命”主题教育巡回指导组组长、副组长，各乡镇（街道）领导班子成员，各乡镇（街道）所站负责人、组织干事、各村（社区）党组织书记，省、市下派驻村第一书记等参加。

18日 省政协主席崔玉英到古田县卓洋乡前洋村、城东街道旺村洋村康乐家养老中心、古田县政协、古田县双创基地等处调研。

同日 市政协主席兰斯琦到古田县凤都镇凤都村开展节前慰问活动。

19日 钟昌华调研翠屏湖亲水步游道。

同日 古田县人民政府县长党帅等到临水宫检查2020年春节期间安全保卫工作。

20日 钟昌华到县自来水公司、翠屏湖综合执法队、武警中队、“120”急救中心、清违指挥中心、城建监察大队、供电公司、环卫处、消防救援大队等处看望慰问春节期间坚守岗位的干部职工。

21日 县委常委会（扩大）会议召开。会议传达学习十九届中央纪委四次全会、省纪委十届五次全会、市纪委四届五次全会精神，听取县纪委监委2019年度工作情况汇报，研究审定《中共古田县纪委十二届五次全会工作报告（送审稿）》；传达贯彻省政协主要领导到古田县调研慰问精神。

同日 县政府新型冠状病毒感染肺炎防控工作会议召开。

22日 钟昌华调研玉田公园二期环山步道建设情况。

23日 全县新型冠状病毒感染肺炎防控工作会议召开，会议决定指挥部实行集中办公，建立会商制度，并召开领导小组第1次、第2次会议。

24日 县委书记钟昌华、县政府县长党帅等县领导分别到城东街道、城西街道、大桥镇、鹤塘镇、京台高速古田互通口、合福高铁古田北火车站督导新型冠状病毒感染肺炎疫情防控工作，并看望慰问疫情防控一线工作人员。

25日 古田县突发公共卫生事件应急指挥部第1次会议召开。

26日 全县新型冠状病毒感染肺炎疫情防控工作视频会议召开。

同日 古田县新型冠状病毒

感染肺炎防控工作第2次会商会召开。会议研究部署全县新型冠状病毒感染肺炎疫情防控工作。

27日 县委常委会（扩大）会议暨古田县突发公共卫生事件应急指挥部成员单位视频会议召开。会议传达学习习近平总书记在中央政治局常委会会议上的重要讲话精神及中央应对新型冠状病毒感染肺炎疫情工作领导小组会议、省委常委会（扩大）会议、市委常委会（扩大）会议精神，研究部署古田县新型冠状病毒感染肺炎疫情防控工作。

同日 古田县新型冠状病毒感染肺炎防控工作第3次会商会召开。会议研究部署全县新型冠状病毒感染肺炎疫情防控工作。

同日 县政府县长党帅到古田县第二医院督导新型冠状病毒感染肺炎疫情防控工作。

同日 市委副书记、市长梁伟新到古田县集中隔离点古田县第二医院、政法培训中心及城东街道翠屏社区调研疫情防控工作。

同日 古田县新型冠状病毒感染肺炎防控工作第4次会商会召开。会议研究部署全县新型冠状病毒感染肺炎疫情防控工作。

同日 全县新型冠状病毒感染肺炎疫情防控工作视频会议召开。县直有关单位主要负责人，各乡镇（街道）党政主要负责人等参加。

28日 县委书记钟昌华到县突发公共卫生事件应急指挥部综合协调组督导新型冠状病毒感染肺炎疫情防控工作。到卓洋乡树兜村、鹤塘镇南阳村、杉洋镇夏庄村等处督导新型冠状病毒感染肺炎疫情防控工作。

同日 县政府县长党帅到城东街道、城西街道督导返乡人员防控工作。

同日 古田县新型冠状病毒感染肺炎防控工作第5次会商会召开。会议研究部署全县新型冠状病毒感染肺炎疫情防控工作。

29日 古田县新型冠状病毒感染肺炎疫情防控工作部署会和全县新型冠状病毒感染肺炎防控工作视频会议分别召开。会议传达学习习近平总书记和党中央对打赢新型冠状病毒感染肺炎疫情防控阻击战的有关精神和1月28日省、市、县党委书记视频会议精神，研究古田县贯彻意见。

同日 县委书记钟昌华、县长党帅分别到城西街道新秀社区、城东街道文安社区督导新型冠状病毒感染肺炎疫情防控工作。

同日 古田县新型冠状病毒感染肺炎防控工作第6次会商会召开。会议研究部署全县新型冠状病毒感染肺炎疫情防控工作。

30日 县委书记钟昌华到大桥镇大桥村、中村村、临水宫，县长党帅到京台高速古田互通口、凤都镇等处督导新型冠状病毒感染肺炎疫情防控工作。

同日 古田县新型冠状病毒感染肺炎疫情防控工作部署会召开。

同日 县委书记钟昌华、县长党帅到县突发公共卫生事件应急指挥部医疗物资和市场供应保障组研究应急物资筹措工作。

同日 古田县新型冠状病毒感染肺炎防控工作第7次会商会召开。会议研究部署全县新型冠状病毒感染肺炎疫情防控工作。

31日 县委书记钟昌华到平湖镇玉库村、钱坂村，县政府县长党帅到凤埔乡、县公安局等处督导新型冠状病毒感染肺炎疫情防控工作。

同日 古田县新型冠状病毒感染肺炎防控工作第8次会商会召开。会议研究部署全县新型冠状病毒感染肺炎疫情防控工作。

2月

1日 古田县新型冠状病毒感染肺炎防控工作第9次会商会召开，会议研究部署全县新型冠状病毒感染肺炎疫情防控工作。

同日 县委书记钟昌华到泮洋乡泮洋村、后路村，县政府县长党帅到水口镇316国道闽江大桥体温检测点、合福高铁古田北火车站等处督导新型冠状病毒感染肺炎疫情防控工作。

2日 古田县新型冠状病毒感染肺炎防控工作第10次会商会召开，会议研究部署全县新型冠状病毒感染肺炎疫情防控工作。

同日 钟昌华到吉巷乡永安村、坂中村，党帅到鹤塘镇、卓洋乡等处督导新型冠状病毒感染肺炎疫情防控工作。

3日 古田县新型冠状病毒感染肺炎防控工作第11次会商会召开，会议研究部署全县新型冠状病毒感染肺炎疫情防控工作。

同日 全县新型冠状病毒感

染肺炎疫情防控工作视频会议召开，会议研究部署全县新型冠状病毒感染肺炎疫情防控工作。

同日 钟昌华到古田县城关禾丰米厂检查物资储备及市场供应情况，到城东街道新丰村、屏东社区、翠屏社区等处督导新型冠状病毒感染肺炎疫情防控工作，并看望慰问疫情防控一线党员干部代表。

4日 古田县新型冠状病毒感染肺炎防控工作第12次会商会召开，会议研究部署全县新型冠状病毒感染肺炎疫情防控工作。

同日 钟昌华到黄田镇莪洋村、黄田居委会、黄田镇卫生院、合福高铁古田北火车站等处督导新型冠状病毒感染肺炎疫情防控工作，并看望慰问疫情防控一线党员干部代表。

5日 古田县新型冠状病毒感染肺炎防控工作第13次会商会召开，会议研究部署全县新型冠状病毒感染肺炎疫情防控工作。

同日 召开全县新型冠状病毒感染肺炎疫情防控工作视频会议，研究部署全县新型冠状病毒感染肺炎疫情防控工作。

同日 市委书记郭锡文到古田县鹤塘镇南阳村、大甲镇大甲村调研疫情防控工作，并看望疫情防控一线工作人员。古田县召开新型冠状病毒感染肺炎疫情防控工作情况汇报会。

同日 市委常委、市纪委书记、市监委主任陈力达到古田杉洋镇杉洋村、城东街道常坝村调研疫情防控工作。

同日 县委书记钟昌华、县长党帅、县人大常委会主任陈绍莲分别到福建恩汇医疗卫生材料有限公司、大甲镇大甲村、杉洋镇杉洋村、城西街道、鹤塘镇等处督导新型冠状病毒感染肺炎疫情防控工作。

6日 古田县新型冠状病毒感染肺炎防控工作第14次会商会和县新型冠状病毒感染肺炎疫情防控工作视频会议分别召开，会议研究部署全县新型冠状病毒感染肺炎疫情防控工作。

同日 古田县政协主席刘振茂到城东街道督导新型冠状病毒感染肺炎疫情防控工作，并召开疫情防控工作部署会。

7日 古田县新型冠状病毒感染肺炎防控工作第15次会商会和县新型冠状病毒感染的肺炎疫情防控工作汇报会召开，会议研究部署全县新型冠状病毒感染肺炎疫情防控工作。省级专家组成员、省政府参事王灵岚参加会议。

同日 省级专家组成员、省政府参事王灵岚到古田县疾控中心，城西街道长岭村，逸豪商务酒店、格林豪泰酒店集中隔离观察点等处检查指导疫情防控工作。

同日 钟昌华、党帅到城西街道长岭村等处督导新型冠状病毒感染肺炎疫情防控工作。党帅到永辉超市察看物资供应情况。

8日 市委副书记、市政府市长梁伟新到古田县大桥镇沂洋村、京台高速古田互通口等处分别调研银耳烘干企业复工复产、检测点设置等工作情况，古田县召开新型冠状病毒感染肺炎疫情防控工作汇报会。省级专家组成员、省政府参事王灵岚，市政府秘书长郭专，市卫健委主任李惠长，市疾控中心主任施容，县领导钟昌华、党帅等参加汇报会。

同日 古田县新型冠状病毒感染肺炎防控工作第16次会商会、县新型冠状病毒感染肺炎疫情防控工作视频会议、县突发公共卫生事件应急指挥部宣传组会商会、县突发公共卫生事件应急指挥部医疗物资和市场供应保障组会商会分别召开，会议研究部署古田县新型冠状病毒感染肺炎疫情防控和疫情防控期间市场供应和物资保障工作。

同日 县政协主席刘振茂到爱琴海酒店集中隔离观察点、晟农食用菌专业合作社等处督导新型冠状病毒感染肺炎疫情防控工作。

9日 古田县新型冠状病毒感染肺炎防控工作第17次会商会、县新型冠状病毒感染肺炎疫情防控工作碰头会、县新型冠状病毒感染肺炎疫情防控工作视频会议分别召开，会议研究部署古田县新型冠状病毒感染肺炎疫情防控工作。

同日 党帅到县公安局督导新型冠状病毒感染肺炎疫情防控工作，并召开新型冠状病毒肺炎疫情防控工作部署会。

10日 古田县新型冠状病毒感染肺炎防控工作第18次会商会、县新型冠状病毒感染肺炎疫情防控工作碰头会分别召开，会议研究部署古田县新型冠状病毒感染肺炎疫情防控工作。

同日 党帅到县公安局督导

疫情防控人员摸排工作，并召开新型冠状病毒感染肺炎疫情防控工作部署会。

同日 县政协主席刘振茂到城东街道督导新型冠状病毒感染肺炎疫情防控工作，并召开疫情防控工作部署会。

11日 古田县新型冠状病毒感染肺炎防控工作第19次会商会、县加强疫情科学防控有序推进企业和项目复工复产工作视频会议召开，会议研究部署全县新型冠状病毒感染肺炎疫情防控工作。

同日 县委书记钟昌华、县长党帅、县政协主席刘振茂分别到大世界农贸市场、永辉超市、城东街道督导新型冠状病毒感染肺炎疫情防控工作。

12日 古田县新型冠状病毒感染肺炎防控工作第20次会商会召开，会议研究部署全县新型冠状病毒感染肺炎疫情防控工作。

同日 钟昌华到城东街道前山村、翠屏社区，城西街道新秀社区、金泰社区等处对落实疫情防控工作情况开展监督检查。

同日 县政府县长党帅到大世界农贸市场、中国农业银行古田支行、宜之佳超市、城南百姓医药店、康佰家药店、县总医院、乾丰香山小区、1号生鲜超市等处开展疫情防控明察暗访工作。

同日 党帅到县公安局督导新型冠状病毒感染肺炎疫情防控工作，并召开新型冠状病毒感染肺炎疫情防控工作部署会，研究部署确诊和疑似病例密切接触者摸排工作。

同日 县人大常委会主任陈绍莲到城西街道督导新型冠状病毒感染肺炎疫情防控工作，并召开疫情防控会商会。

13日 古田县新型冠状病毒感染肺炎疫情防控工作碰头会召开，会议研究部署城区疫情防控工作。

同日 钟昌华到莲桥村、御景豪庭小区、华福新村、古田县安康医院、冠超市（万星店）等处对落实疫情防控工作情况开展监督检查。

同日 党帅到城东街道、城西街道各社区沿街及背街里弄督导新型冠状病毒感染肺炎疫情防控工作，到中天超市、冠超市（万星店）、康斯丹郡小区、青云社区河东路等处开展疫情防控明察暗访工作。

14日 古田县新型冠状病毒感染肺炎防控工作第21次会商会召开，会议研究部署全县新型冠状病毒感染肺炎疫情防控工作。

同日 党帅到永辉超市调研民生物资保障及防控措施落实情况。

同日 县政协主席刘振茂到金都宾馆集中隔离观察点督导新型冠状病毒感染肺炎疫情防控工作。

15日 古田县新型冠状病毒感染肺炎防控工作第22次会商会召开，会议研究部署全县新型冠状病毒感染肺炎疫情防控工作。

同日 钟昌华到中天超市、永辉超市、宜之佳超市、大世界农贸市场、城东街道文安社区、胜利社区，好望角大酒店集中隔离观察点等处对落实疫情防控工作情况开展监督检查。

同日 县政协主席刘振茂到城东街道锦绣东方、领秀城、乾丰香山、东方绿洲、东方明珠、博士华府等处对落实疫情防控工作情况开展监督检查。

16日 古田县新型冠状病毒感染肺炎防控工作第23次会商会召开，会议研究部署全县新型冠状病毒感染肺炎疫情防控工作。

同日 县委书记钟昌华到县总医院，城东街道乾丰香山小区、赖厝新村，城西街道盛丰星城小区、吉兆村，1号生鲜超市等处对落实疫情防控工作情况开展监督检查。

同日 县政府县长党帅到县人武部、城关各区域、京台高速古田互通口研究部署和督导疫情防控工作。

17日 古田县新型冠状病毒感染肺炎防控工作第24次会商会、县新型冠状病毒感染肺炎疫情防控工作视频会议、县企业和项目复工复产及交通秩序恢复工作会商会分别召开，会议研究部署全县新型冠状病毒感染肺炎疫情防控工作。

同日 县政府县长党帅、县人大常委会主任陈绍莲、县政协主席刘振茂分别到城东街道、城西街道、城东街道文安社区、胜利社区等处督导新型冠状病毒感染肺炎疫情防控工作。

18日 古田县新型冠状病毒感染肺炎防控工作第25次会商会召开，会议研究部署全县新型冠状病毒感染肺炎疫情防控工作。

同日 新增疑似病例相关防控工作紧急部署会召开。

同日 钟昌华、党帅到城西

街道松台村现场察看新冠肺炎疑似病例处置情况。

19日 古田县新型冠状病毒感染肺炎防控工作第26次会商会召开，会议研究部署全县新型冠状病毒感染肺炎疫情防控工作。

同日 省委常委、组织部部长杨贤金到古田县城西街道长岭村、京台高速古田互通口查验点、永辉超市、城西街道文河社区等处调研检查疫情防控及企业（项目）复工复产工作。

同日 市疾控中心主任施容到古田县疾控中心检查指导工作，并主持召开疫情防控工作座谈会。

20日 古田县新型冠状病毒感染肺炎防控工作第27次会商会、县新型冠状病毒感染肺炎疫情防控工作碰头会、研究部署疫情防控和复工复产工作视频会议分别召开，会议研究部署全县新型冠状病毒感染肺炎疫情防控工作，研究部署第三阶段疫情防控工作。

21日 古田县新型冠状病毒感染肺炎防控工作第28次会商会召开，会议研究部署全县新型冠状病毒感染肺炎疫情防控工作。

同日 古田县新型冠状病毒感染肺炎疫情防控工作碰头会召开，会议研究部署新冠肺炎诊疗方案（第六版）及新冠肺炎防控方案（第三、四版）的施行。

同日 县委书记钟昌华到古田药业有限公司、福建三友食品有限公司等处调研企业疫情防控及复工复产工作。

同日 县政府县长党帅到城区、京台高速古田互通口、临水宫、翠屏湖环湖生态运动休闲旅游公路等处调研疫情防控工作及商铺开业情况。

22日 古田县新型冠状病毒感染肺炎防控工作第29次会商会召开，会议研究部署全县新型冠状病毒感染肺炎疫情防控工作。

同日 省纪委常委、省监委委员方齐苗到古田县福建鑫豪高新材料科技公司、杉杉科技有限公司年产5万吨动力电池负极材料研发生产基地、翠屏湖环湖生态运动休闲旅游公路、古田药业有限公司等处督查疫情防控及复工复产工作。

同日 市委常委、市政府常务副市长缪绍炜到古田县督导疫情防控工作，并主持召开疫情防控工作会议。

23日 古田县新型冠状病毒感染肺炎防控工作第30次会商会、县新型冠状病毒感染肺炎疫情防控工作视频会议分别召开，会议研究部署全县新型冠状病毒感染肺炎疫情防控及企业复工复产工作。

同日 钟昌华等到城东街道湖滨佳景、瑞景佳园、碧桂园、星河湾、汇诚国际，城西街道万泰广场、金田佳园等小区，新丰农贸市场、金源酒店集中隔离观察点等处对落实疫情防控工作情况开展监督检查。

24日 古田县新型冠状病毒感染肺炎防控工作第31次会商会召开，会议研究部署全县新型冠状病毒感染肺炎疫情防控工作。

同日 市委常委、市政府常务副市长缪绍炜到古田县督导疫情防控工作，并主持召开疫情防控座谈会。

25日 古田县新型冠状病毒感染肺炎防控工作第32次会商会召开，会议研究部署全县新型冠状病毒感染肺炎疫情防控工作。

同日 县委书记钟昌华等到城区沿街群众生产生活保障类经营门店、康斯丹郡小区、县看守所、巡特警防恐大队等处对落实疫情防控工作情况开展监督检查。

同日 党帅到城区部分路段督查县直有关单位疫情防控巡逻劝导工作落实情况。

同日 县政协主席刘振茂到城东街道新丰农贸市场、新丰村等处督导新型冠状病毒感染肺炎疫情防控工作及外来人员摸排情况，并走访外来务工人员。

26日 古田县新型冠状病毒感染肺炎防控工作第33次会商会召开，会议研究部署全县新型冠状病毒感染肺炎疫情防控工作。

同日 钟昌华等到城区沿街群众生产生活保障类经营门店、小世界农贸市场等处对落实疫情防控工作情况开展监督检查。

同日 党帅到城区部分路段督查县直有关单位疫情防控巡逻劝导工作落实情况。

27日 县委常委会会议召开，会议传达《中共福建省委关于认真学习贯彻习近平总书记在统筹推进新冠肺炎疫情防控和经济社会发展工作部署会议上的重要讲话精神的通知》，全省统战部部长会议、全市统战工作会议和全市网络人士统战工作会议精神，研究古田县贯彻意见；研究疫情防控期间脱贫攻坚工作；研究审定《中共古田县纪委、古田县监委派驻机构改革方案（送审稿）》。

同日 古田县新型冠状病毒感染肺炎防控工作第34次会商会召开，会议研究部署全县新型冠状病毒感染肺炎疫情防控工作。

同日 县委书记钟昌华到城区沿街群众生产生活保障类经营门店、印石公园、玉田公园、国际商贸城等处对落实疫情防控工作情况开展监督检查。

同日 县政府县长党帅到城区批发街、1号生鲜超市、大世界农贸市场等处督导新型冠状病毒感染肺炎疫情防控工作。

同日 县人大常委会主任陈绍莲到城西街道督导新型冠状病毒感染肺炎疫情防控工作。

同日 县政协主席刘振茂到吉发食用菌有限公司、康旺食品有限公司等5家企业检查指导企业复工复产及疫情防控工作。

28日 古田县新型冠状病毒感染肺炎防控工作第35次会商会召开，会议研究部署全县新型冠状病毒感染肺炎疫情防控工作。

同日 县政府县长党帅到城区、县疾控中心督查县直有关单位疫情防控巡逻劝导工作落实情况。

29日 县委专题会议召开，会议听取关于做好3月5日后企业（项目）复工复产计划安排工作情况汇报。

同日 古田县新型冠状病毒感染肺炎防控工作第36次会商会召开，会议研究部署全县新型冠状病毒感染肺炎疫情防控工作。

同日 省委省直机关工委副书记刘用通到古田县城西街道调研疫情防控工作。

同日 县委书记钟昌华等到临水宫、兴福旺食用菌专业合作社等处调研疫情防控和复工复产工作。

同日 县政府县长党帅到城东街道百果园督导新型冠状病毒感染肺炎疫情防控工作。

3月

1日 古田县新型冠状病毒感染肺炎防控工作第37次会商会召开，会议研究部署全县新型冠状病毒肺炎疫情防控工作。

同日 县委书记钟昌华到城东街道、城西街道沿街群众生产生活保障类经营门店，冠超市（万星店）等处对落实疫情防控工作情况开展监督检查。县政协主席刘振茂到城东街道极乐村、屏东社区、胜利社区指导检查外来人员摸排管控工作。

2日 县委专题会议召开，会议研究部署县处级干部挂钩帮扶重点项目（企业）复工复产及工业成本费用调查、限下规下企业第一季度产值及劳动力工资上报相关工作。

同日 古田县新型冠状病毒感染肺炎防控工作第38次会商会召开，会议研究部署全县新型冠状病毒肺炎疫情防控工作。

同日 县委书记钟昌华到福建铁王精密铸造有限公司调研企业疫情防控及复工复产工作。

3日 古田县新型冠状病毒感染肺炎防控工作第39次会商会召开，会议研究部署全县新型冠状病毒肺炎疫情防控工作。

同日 县政府县长党帅到杉杉科技有限公司年产5万吨动力电池负极材料研发生产基地、福建恩汇医疗材料有限公司等处调研企业疫情防控及复工复产工作，并召开座谈会。

4日 古田县新型冠状病毒感染肺炎防控工作第40次会商会召开，会议研究部署全县新型冠状病毒肺炎疫情防控工作。

同日 县政府第3次常务会议召开。会议听取入股闽东时代乡村经济发展基金资金筹集情况，古田县2020年在建、预备项目等情况汇报，研究有关事项。

同日 县委书记钟昌华监督检查城区沿街群众生产生活保障类经营门店落实疫情防控工作情况。

5日 古田县新型冠状病毒感染肺炎防控工作第41次会商会召开，会议研究部署全县新型冠状病毒肺炎疫情防控工作。

同日 钟昌华到城西街道、大桥镇分别看望慰问省直机关宁德支援队古田县小队长、省教育厅二级调研员杨兴胜和市派古田驻乡联村干部、市住建局副局长高申年。

6日 县纪委十二届五次全会召开。县处级干部，县纪委委员、监委委员，各乡镇（街道）领导班子成员，县直有关单位主要负责人，县纪委各派驻纪检组组长、县法院纪检组组长，省、市直属单位、企业主要负责人等参加。

同日 全县统筹新冠肺炎疫

情防控和经济社会发展重点工作推进视频会议召开。

7日 钟昌华到福建闽鹰食品有限公司、福建省闽武机械有限公司等7家企业调研企业复工复产工作。同时，调研大世界农贸市场临时过渡经营点、古田县食用菌批发市场开业营业及疫情防控情况。

同日 党帅到福建铁王精密铸造有限公司、百家宴食品有限公司、林久智能机械有限公司、纵五线G235洋上至汶洋公路工程、宁德市鼎峰电力器材有限公司等处调研企业（项目）复工复产工作。同时，调研黄田镇、水口镇镇区商铺开业营业情况。

8日 古田县新型冠状病毒感染肺炎防控工作第42次会商会召开，会议研究部署全县新型冠状病毒肺炎疫情防控工作。

同日 钟昌华到翠屏红生物科技有限公司、天宝矿业集团股份有限公司等处调研企业复工复产工作。

同日 党帅到城乡生活垃圾一体化项目、古田县医院迁建项目、益佰食品有限公司、福佳食品有限公司、古田药业公司、亿源混凝土有限公司、城西街道二手车市场等处调研企业（项目）复工复产工作。

9日 县委常委会会议召开，会议传达学习习近平总书记在决战决胜脱贫攻坚座谈会上的重要讲话精神，全省农村人居环境整治工作视频会议，全省、全市组织部长会议，全市扫黑除恶专项斗争视频会议精神，习近平总书记重要批示和省委、市委主要领导批示精神及市委政法工作暨推进市域社会治理现代化工作会议精神，研究古田县贯彻意见；传达学习《中国共产党党和国家机关基层组织工作条例》《中国共产党国有企业基层组织工作条例（试行）》；听取2020年古田县在建、预备项目，入股闽东时代乡村经济发展基金资金筹集等情况汇报；听取2019年度县委巡察工作情况汇报，研究2020年度县委巡察工作计划；书面通报2019年度县委常委述责述廉评议结果，听取有关整改情况汇报。

同日 县委理论学习中心组学习会召开。县委常委围绕习近平总书记主政宁德期间提出“弱鸟先飞”理念，倡导“滴水穿石”精神作专题研讨交流。县委常委，县人大常委会党组书记、县政协党组书记，县直有关单位主要负责人等参加。

10日 县委专题会议召开，听取安全生产及房屋安全隐患排查工作情况汇报。

同日 2019年度县政府领导班子暨机关领导干部述责述廉会议召开。

同日 县政府县长党帅调研城区复工复产及疫情防控工作。

11日 2020年县政府第一次全体会议召开。会议传达学习习近平总书记关于统筹推进新冠肺炎疫情防控和经济社会发展工作部署会议重要讲话精神和省、市有关会议及县委十二届十二次全会、县“两会”精神，安排部署政府系统2020年各项工作。

同日 古田县新型冠状病毒感染肺炎防控工作第43次会商会召开，会议研究部署全县新型冠状病毒肺炎疫情防控工作。

12日 县委专题会议召开，会议研究部署全县党政领导生态环境保护目标责任书及中央生态环境督察突出环境问题整改等工作。

同日 县委专题会议召开，会议研究部署全县精准扶贫脱贫攻坚工作。

同日 市人大常委会副主任、秘书长、市人大社会委主任委员章允斌到古田县城东街道翠屏社区、桃溪村、古田药业公司等处调研疫情防控及复工复产工作。

13日 2020年全县党建、组织、宣传、统战、政法工作会议召开。会议有关县处级干部，县直有关单位主要负责人，各乡镇（街道）党委（党工委）书记及党建、组织、宣传、统战、政法工作分管同志等参加。

同日 省政府副省长郑建闽到古田县大桥镇广胜村、大桥村，城东街道双山村调研疫情防控期间困难群众兜底保障工作。

14日 县领导到国有林场凤梅亭工区参加2020年植树节义务植树活动。

15日 古田县新型冠状病毒感染肺炎防控工作第44次会商会召开，会议研究部署全县新型冠状病毒肺炎疫情防控工作。

16日 钟昌华到凤都镇际面村开展挂钩帮扶工作，并召开座谈会。

18日 古田县新型冠状病毒感染肺炎防控工作第45次会商

会召开，会议研究部署全县新型冠状病毒肺炎疫情防控工作。

同日 上海国龙生物技术集团到古田县凤都镇调研，并召开座谈会。

19日 古田县安全隐患大排查大整治工作暨统筹疫情防控和复工复产视频会议召开。

20日 县委专题“五人小组”会议召开，会议听取十二届古田县委第八轮第三批巡察工作情况汇报。

21日 县委专题会议召开，会议研究部署省委领导到古田县调研筹备有关工作。

22日 古田县新型冠状病毒感染肺炎防控工作第46次会商会召开，会议研究部署全县新型冠状病毒肺炎疫情防控工作。

23日 县领导到凤埔乡苏墩村，平湖镇新舫村、富达村，农丰食用菌合作社，福建天天源生态农业开发有限公司等处调研脱贫攻坚、春耕备耕生产、水果（芙蓉李）产业发展及企业复工复产工作。

24日 县委常委会会议召开。会议传达全省决战决胜脱贫攻坚座谈会精神，研究古田县贯彻意见；传达学习习近平总书记在中央政治局常委会会议上的重要讲话精神及《党委（党组）落实全面从严治党主体责任规定》《中国共产党党校（行政学院）工作条例》；研究审定全县疫情防控和复工复产先进个人和基层党组织（第一批）通报表扬名单、《关于选派县级“乡村振兴指导员”的试点方案（送审稿）》，研究干部工作。

同日 县委理论学习中心组学习会召开。县委常委围绕习近平总书记主政宁德期间表现出的客观清醒、立足长远的战略思维作专题研讨交流。县委常委，县人大常委会党组书记、县政协党组书记，县直有关单位主要负责人等参加。

25日 古田县新型冠状病毒感染肺炎防控工作第47次会商会、县推进复工复产工作视频会议分别召开，会议研究部署全县新型冠状病毒肺炎疫情防控工作，研究部署推进企业复工复产、项目入统、工业企业和商贸业跟踪服务等工作。

26日 县委专题会议召开，会议听取城西新区工作组、食用菌产业发展与提升工作领导小组、大白溪景区工作组、城东新区工作组、乡村振兴战略工作领导小组、金翼之家景区工作组、临水宫景区工作组、高速公路建设指挥部、交通建设指挥部、新型城镇化综合试点工作组、旧城改造指挥部、圆瑛故居景区工作组、新丰河片区规划建设指挥部（含闽江古田溪景观提升工程）、清违城市管理工作组、铁路建设指挥部、石材矿产综合整治指挥中心、前洋古村景区工作组、产业发展与招商指挥中心等专项工作领导小组（指挥部、指挥中心）2020年工作情况汇报。

27日 县领导到省道202古田城关过境线和城西街道沽洋里村、洋头村、新华村等处调研印石山观景栈道及防洪一期C10、C11、C12标段和防洪堤右岸上游段等建设情况。

28日 宁德福晟铝业有限公司举行福晟再生铝及精密铝合金压铸件深加工项目开工仪式。

29日 古田县新型冠状病毒感染肺炎防控工作第48次会商会召开，会议研究部署全县新型冠状病毒肺炎疫情防控工作。

30日 县委专题会议召开，会议研究部署全县禁毒和打击治理电信网络新型违法犯罪相关工作。

31日 县委书记钟昌华到古田县第一中学调研复学复课及疫情防控工作。

同日 县政府县长党帅到吉巷乡坂中村调研坂中村标准化厂房建设情况，并召开企业（项目）复工复产及疫情防控工作座谈会；到泮洋乡新华村走访慰问贫困户，并召开企业（项目）复工复产及疫情防控工作座谈会。

4月

1日 2019年县市管领导班子和领导干部年度考核民主测评暨县委选人用人“一报告两评议”会议召开。县委委员，县委候补委员，其他县处级干部，县纪委常委、监委委员，县直有关单位主要负责人，各乡镇（街道）党政主要负责人，县处级离退休老干部代表，部分“两代表一委员”及群众代表等参加。

同日 古田县新型冠状病毒感染肺炎防控工作第49次会商

会召开，会议研究部署全县新型冠状病毒肺炎疫情防控工作。

同日 省农业农村厅厅长黄华康、市政府副市长黄国璋到天天源生物科技有限公司、农丰食用菌合作社、福建农林大学（古田）食用菌研究院、十方田商贸有限公司等处调研。

2日 县委常委会会议召开。会议传达学习省委常委会暨省委网络安全和信息化委员会第一次、第二次和第三次会议及市委常委会会议暨市委网络安全和信息化委员会第一次、第二次会议精神，研究古田县贯彻意见；研究2020年政协有关工作、案件工作及干部工作。

同日 县委理论学习中心组学习会召开。县委常委围绕习近平总书记主政宁德期间表现出的求真务实、从严治吏的领导作风作专题研讨交流。县委常委，县人大常委会党组书记、县政协党组书记，县直有关单位主要负责人等参加。

3日 县委专题会议召开，会议听取学校复学准备工作情况汇报。

6日 古田县新型冠状病毒感染肺炎防控工作第50次会商会召开，会议研究部署全县新型冠状病毒肺炎疫情防控工作。

7日 县政府县长党帅到鹤塘镇调研矿产整治项目，并召开石材矿产综合整治专题会议。

8日 市委副书记、市长梁伟新到古田县调研宁德市金开环保建材有限公司机制砂项目、福建锦和盛环保建材有限公司石制品项目、棋坪洋生态矿山公园、天天源生物科技有限公司、横洋溪小流域整治情况、境外人员集中隔离点疫情防控情况以及春耕备耕生产情况，并主持召开座谈会。

9日 县委常委会会议召开，会议传达学习习近平总书记在浙江省调研时的重要讲话、3月27日中共中央政治局会议、4月8日中共中央政治局常委会会议和全省企业家座谈会视频会议精神；传达市政府主要领导到古田县调研精神，全市深化新时代科技特派员制度视频会议，全省、全市抓党建促决战决胜脱贫攻坚电视电话会议精神，研究古田县贯彻意见；传达贯彻全省、全市文明办主任会议，全市全力冲刺全国文明城市创建动员大会精神，听取古田县创建省级文明县城有关工作情况汇报；听取古田县迎接双拥创模有关工作、2019年度乡镇（街道）党政领导平安建设（综治工作）责任书考评结果等情况汇报；研究审定《关于开展2020年度扶贫领域入户访查工作的通知（送审稿）》。

同日 县委理论学习中心组学习会召开。县委常委围绕习近平总书记主政宁德期间表现出的扎根基层、贴近群众的为民情怀作专题研讨交流。县委常委，县人大常委会党组书记、县政协党组书记，县直有关单位主要负责人等参加。

同日 古田县新型冠状病毒感染肺炎防控工作第51次会商会召开，会议研究部署全县新型冠状病毒肺炎疫情防控工作。

同日 县委书记钟昌华到古田县第二中学调研疫情防控和复学准备工作。

同日 党帅到大甲镇工业集中区调研工业区二期项目，并召开座谈会。

10日 县政府第4次常务会议召开。会议听取2020年新增债务预算调整，古田县教育补短板、乡村振兴PPP项目，古田县城区老旧小区改造工作实施方案、古田县生活垃圾渗滤液处理站至高头岭污水管道工程，古田县城乡垃圾治理一体化项目配套电力管网项目，《古田县扶持废钢铁加工配送行业的若干意见》政策修改工作等有关情况汇报，研究议定有关事项；研究审定《古田县关于改进耕地占补平衡工作的若干意见（送审稿）》《古田县招商引资税收分成管理办法（修订稿）》《古田县再生资源回收经营企业扶持政策暂行规定（修订稿）》。

同日 县政府党组会议及2019年度述责述廉整改会议召开。

同日 县政府县长党帅到古田县第一中学调研疫情防控和复学准备工作。

12日 古田县新型冠状病毒感染肺炎防控工作第52次会商会召开，会议研究部署全县新型冠状病毒肺炎疫情防控工作。

13日 市政协主席兰斯琦到古田县吉巷乡、卓洋乡等处开展“四下基层”活动。

14日 县政府专题会议召开，会议听取学校复学准备工作情况汇报，研究部署学校复学准备工作相关事宜。

15日 古田县新型冠状病毒感染肺炎防控工作第53次会商会召开，会议研究部署全县新型冠状病毒肺炎疫情防控工作。

同日 县政府党组理论学习中心组学习会召开，会议传达学习习近平总书记在浙江调研时的重要讲话、党委（党组）落实全面从严治党主体责任规定和《习近平在宁德》采访实录。

17日 县委矿山生态修复、禁种铲毒专题会议召开，会议研究部署古田县矿山生态修复和禁种铲毒工作。

同日 古田县疫情防控和复工复产服务小组会议召开。

19日 古田县新型冠状病毒感染肺炎防控工作第54次会商会召开，会议研究部署全县新型冠状病毒肺炎疫情防控工作。

同日 敖江流域矿产整治工作推进会召开。

20日 十二届县委第九轮巡察工作动员部署会召开。

21日 城西新区工作组工作推进会第1次调度会召开。

同日 省政协农业和农村委员会主任刘宏伟到古田县天天源生物科技有限公司、统建精补项目、食用菌生产配套服务中心、江悦果蔬合作社、十方田商贸有限公司、凤埔乡苏墩村、苏墩村食用菌标准房工程、福泉鑫生物科技有限公司等处调研。

22日 市委书记郭锡文到古田县华洋制衣有限公司、十方田商贸有限公司、铁王精密铸造有限公司、凤都镇际面村、天天源生物科技有限公司等处开展“四下基层”暨统筹推进疫情防控和经济社会发展调研。

同日 县政府第5次常务会议召开。会议研究审定《古田进一步加强粮食生产安全的九条措施（送审稿）》《古田县国土空间总体规划编制工作方案（送审稿）》《古田食用菌产业园北区标准化厂房招商管理办法（试行）（送审稿）》，研究议定有关事项。

同日 县政府党组理论学习中心组学习会召开，会议围绕习近平总书记主政宁德期间展现出的客观清醒、立足长远的战略思维作专题研讨交流。

同日 党帅到农联社、工行、城西街道社区戒毒社区康复工作站、闽武机械公司、建行等处调研股份改制、金融风险防范、禁毒工作、复产复工及安全生产、民间存款和五险一金等有关工作。

23日 古田县新型冠状病毒感染肺炎防控工作第55次会商会召开，会议研究部署全县新型冠状病毒肺炎疫情防控工作。

同日 东侨经济技术开发区党工委书记周祥祺到古田县察看美佳再生铝深加工项目、杉杉科技有限公司年产5万吨动力电池负极材料研发生产基地，并召开山海协作联席会议暨设立科技特派员专项基金仪式。

同日 县十七届人大常委会第三十一次会议召开。会议表决通过县人民政府、县人民检察院人事任免事项；听取和审议《县人民政府关于提请审议2020年预算调整（新增债务）的议案》；听取全县统筹推进疫情防控与经济社会发展情况汇报，并举行宪法宣誓仪式。

24日 县委常委会会议召开。会议传达学习4月17日中共中央政治局会议精神；传达市委主要领导到古田县调研、习近平总书记等中央领导关于安全生产重要批示指示及全国安全生产电视电话会议、全省贯彻落实习近平总书记重要讲话重要指示批示精神情况通报暨新一年工作部署视频会议、全市2020年一季度经济形势分析会精神，研究古田县贯彻意见；研究审定《关于改进古田县耕地占补平衡工作的若干意见（送审稿）》；听取2019年度县直“平安单位”考评结果、古田县国土空间总体规划编制工作方案等情况汇报。

24日 党帅参与“县长带你买好货”网络直播活动，客串主播，向网友推荐古田银耳。在线最高超过143万人，带动企业销售额累积527万元。该活动开启古田各企业直播带货营销新模式。

同日 县委理论学习中心组学习会召开。县委常委围绕习近平总书记主政宁德期间表现出的“功成不必在我”的精神境界作专题研讨交流。县委常委，县人大常委会党组书记、县政协党组书记，县直有关单位主要负责人等参加。

同日 福建省农业农村厅和福建省广播影视集团融媒体资讯中心联合推出的“县长带你买好货”网络直播活动举行。县政府县长党帅客串主播推销古田农产品。

25—26 日 福建省委党校（福建行政学院）副校院长徐小佶到古田县吉巷乡坂中村、食用菌批发市场、食用菌博物馆、福建农业大学（古田）食用菌研究院、晟农食用菌有限公司、古田县双创示范基地等处调研。

26—27 日 市人大常委会主任金敏到古田县平湖镇赖敦村、富达村、达才村，吉巷乡坂中村，古田县第一中学，十方田商贸有限公司等处开展“四下基层”暨统筹推进疫情防控和经济社会发展、乡村振兴和复工复产复学调研，并走访看望人大代表和基层人大干部。

26 日 古田县新型冠状病毒感染肺炎防控工作第 56 次会商会召开，会议研究部署全县新型冠状病毒肺炎疫情防控工作。

同日 县政府党组理论学习中心组学习会召开。会议围绕习近平总书记主政宁德期间表现出的求真务实、从严治吏的领导作风作专题研讨交流。

27 日 钟昌华到黄田镇汶洋村、潮渔村、廷洋村、坑前村等处调研疫情防控和经济社会发展工作。

同日 县政府专题会议召开，会议听取规下工业企业工作、限下商贸统计等情况汇报，研究议定有关事项。

28 日 市委副书记曾智勇到古田县察看“文武古镇·耕读人家”重点文化项目、食用菌标准化菇房项目、天天源生物科技有限公司、十方田商贸有限公司、苏墩村党建促脱贫工作、福泉鑫生物科技有限公司、坂中村乡村振兴工作。

同日 市政协主席兰斯琦到古田县开展“两高一线”环境整治调研。

同日 城西新区工作组工作推进会第 2 次调度会召开，会议研究部署城西工业园区基础设施建设、标准化厂房建设等工作。

29 日 古田县新型冠状病毒感染肺炎防控工作第 57 次会商会、县疫情防控、复学返校和复工复产工作再部署会分别召开，会议研究部署全县新型冠状病毒肺炎疫情防控和复学返校和复工复产工作。

同日 县政府党组召开理论学习中心组学习会。

5月

3 日 古田县新冠肺炎防控工作第 58 次会商会召开，会议研究部署全县新型冠状病毒肺炎疫情防控工作。

6 日 县委常委会（扩大）会议召开，会议传达贯彻 4 月 29 日省委常委会（扩大）会议暨省应对新冠肺炎疫情工作领导小组第三十次会议、全省统筹推进常态化疫情防控和经济社会发展及安全生产工作部署会议精神。随后，召开县委常委会会议，传达学习《关于建立健全“1+X”监督机制的意见》《关于三起违反中央八项规定精神典型问题的通报》；传达全市未成年人思想道德建设工作视频会议精神，研究古田县贯彻意见；传达贯彻《关于加强新时代人大工作和建设的决定》，研究审定 2020 年县人大常委会工作要点。

同日 县委理论学习中心组学习会召开。县委常委围绕学习《习近平在福州》采访实录、《党委（党组）落实全面从严治党主体责任规定》作专题研讨交流。县委常委，县人大常委会党组书记、县政协党组书记，县直有关单位主要负责人等参加。

7 日 钟昌华到平湖镇梅洋村、前进村、兰塔村、银坑村、中院村、院坪村、上进村、嵩州村、下嵩州村、招坑村，吉巷乡薛后村、昆山村等处调研疫情防控和经济社会发展情况。

8 日 古田县妇女儿童活动中心荣获全国妇联办公厅、教育部办公厅授予的“全国家庭教育创新实践基地”称号。

8 日 市政府副市长毛祚松到古田县调研古田县医院迁建项目、闽江雄江水质监测断面、谷口溪流域整治项目、古田药业有限公司复工复产、生态环境局水质在线监测系统、古田县第一中学复学工作等情况。

9 日 钟昌华到鹤塘镇厚洋村、郑洋村、松竹村、双洋村、文车岭村、程际村、井边村等处调研疫情防控和经济社会发展情况。

10 日 古田县新冠肺炎防控工作第 59 次会商会召开，会议研究部署全县新型冠状病毒肺炎疫情防控工作。

11 日 十一届省政协副主席、书画院院长陈荣凯，市政协主席兰斯琦到古田县古田双创示范基地、大桥镇、卓洋乡等处调研，并开展文化下乡活动。

同日 市人大常委会副主任雷维善到古田县平湖镇富达村、城东街道仕板村等处调研少数民族村经济社会发展工作。

12日 县委专题会议召开，会议听取县宣传工作情况汇报。

13日 县政府专题会议召开，会议听取城关空地及交通路网临时用地清理情况汇报，研究议定有关事项。

14日 县政府第6次常务会议召开。会议听取中央生态环境督察问题整改落实情况、古田县黄田第一、第二幼儿园工程项目调整投资工作等有关情况汇报，研究议定有关事项；研究审定《新时代深化科技特派员制度助推乡村振兴实施方案（送审稿）》《古田县贯彻落实省委"八项行动"实施方案（送审稿）》《翠屏湖创建国家AAA旅游景区工作方案（送审稿）》。

14—15日 厦门航空有限公司党委书记、董事长赵东到古田县十方田商贸有限公司、民富商城运营中心、平湖镇唐宦村、后岩村等处调研扶贫工作，并召开扶贫工作座谈会。

15日 县委常委会会议召开，会议传达市委市政府领导关于信访工作的批示、全市信访保障工作视频会议及全市信访局长会议精神，全市对台工作会议精神，研究古田县贯彻意见；听取2019年度市对县绩效考评情况汇报，2019年度乡镇（街道）、县直部门及专项工作领导小组（指挥部、指挥中心）绩效考评工作等情况汇报；研究审定《古田县贯彻落实省委"八项行动"实施方案（送审稿）》《关于新时代深化科技特派员制度助推乡村振兴实施方案（送审稿）》；研究干部工作。

17日 古田县新冠肺炎防控工作第60次会商会召开，会议研究部署全县新型冠状病毒肺炎疫情防控工作。

19日 县委书记钟昌华到凤都镇际面村开展挂钩帮扶工作。

20—21日 市社科联主席邱树添到古田县卓洋乡前洋村、十方田商贸有限公司、县政协等处调研美丽乡村建设、扶贫开发、朱子文化研究工作，并召开座谈会。

21日 省委办公厅厅务成员、保密办主任、省国家保密局局长胡为兴到古田县城西街道龙亭村、城西街道办事处调研阳光扶贫1+1项目、基层保密工作情况，并主持召开保密工作座谈会。

22日 古田县食用菌产业园举行北区标准化厂房项目招商推介暨签约仪式。

24日 钟昌华到大甲镇上书村、山里村、里桃村、宁洋村等处调研疫情防控和经济社会发展情况。

同日 古田县新冠肺炎防控工作第61次会商会召开，会议研究部署全县新型冠状病毒肺炎疫情防控工作。

同日 县政府第7次常务会议召开。会议听取福建古田临水文旅提升工程、成立县国有担保公司等有关情况汇报，研究议定有关事项；研究审定《进一步加强古田县河长制若干意见（送审稿）》。

同日 福建美佳有色金属有限公司举行竣工仪式。

26日 省政协办公厅副主任陈善平到古田县凤都镇中心小学、黄田镇洋上村等处开展"青春孕育希望　关爱下一代"青年助力乡村振兴活动。

同日 市政府副市长杨方到古田县天天源生物科技有限公司、古田县双创示范基地等处调研食用菌企业工厂化建设和电商企业发展情况。

同日 钟昌华等到古田县实验幼儿园、第一小学松台校区、财政局等处调研复学和疫情防控工作。

27日 省政府副省长李德金到古田县水口库区开展巡河调研，并主持召开座谈会。

28日 县委常委会会议召开，会议传达学习习近平总书记在5月6日、14日中共中央政治局常务委员会会议、5月8日党外人士座谈会和山西考察时的重要讲话精神；传达全市扫黑除恶专项斗争"六清"行动调度分析会、全国巡视巡察工作会议暨十九届中央第五轮巡视动员部署会、全省巡视巡察工作会议暨十届省委第八轮巡视工作动员部署会精神，研究古田县贯彻意见；听取2020年度省级文明县城创建工作存在短板问题情况汇报；研究2020年软弱涣散村（社区）党组织整顿、成立县国有担保公司、干部工作等；研究审定《进一步加强古田县河长制工作若干意见（送审稿）》《成立古田县国有文化资产管理委员会的方案（送审稿）》《古田县国有文化资产管理委员会工作规则（送审稿）》。

同日 古田县第一中学举行莲桥校区 PPP 项目开工仪式。

31 日 全县精准扶贫脱贫攻坚工作推进会召开。

6月

2 日 市政协副主席刘国平到古田农丰食用菌合作社、临水宫、天天源生物科技有限公司、黄田镇金翼村、翠屏湖溪山书画院等处开展主题文艺采风创作活动。

同日 县十七届人大常委会三十二次会议召开，会议传达学习省委《关于加强新时代人大工作和建设的决定》精神；听取和审议县十七届人大代表有关事项。

4 日 古田县创建省级文明县城动员大会召开。

同日 县委召开专题会议，会议研究部署市委市政府工作检查活动有关工作。

5 日 迎接省新冠肺炎疫情常态化防控驻点督导工作部署会召开。

7日 县委常委会会议召开，会议传达学习习近平总书记在十九届中共中央政治局第二十次集体学习的重要讲话精神；传达贯彻保密有关文件及省委主要领导有关批示精神，听取全县保密工作情况汇报；听取省委巡视反馈意见整改工作进展、2019 年科级干部年度考核等情况汇报。

同日 县委理论学习中心组学习会召开。县委常委围绕习近平总书记关于宗教工作的重要论述、《宗教事务条例》摘录及释义、《宗教团体管理办法》摘录作专题研讨交流。县委常委，县人大常委会党组书记、县政协党组书记，县直有关单位主要负责人等参加。

13 日 举办陈靖姑文化节网络直播活动。景德镇陶瓷大学国际学院院长张婧婧及古田县相关领导参加。

14 日 古田县新冠肺炎防控工作第 62 次会商会召开，会议研究部署全县新型冠状病毒肺炎疫情防控工作。

同日 县政府第 8 次常务会议召开，会议听取古田县绩效管理、请求解决警务辅助人员经费、古田县文化三馆项目采取 PPP 模式进行建设等有关情况汇报，研究议定有关事项；研究审定《古田县促进电子商务产业发展的若干措施（修订稿）》《古田县普惠金融改革试验区实施方案（送审稿）》。

15 日 全县新冠肺炎疫情防控工作视频会议召开，会议研究部署全县新型冠状病毒肺炎疫情防控工作。

16 日 县委专题会议召开，会议听取全省乡村产业振兴推进会前期筹备工作情况汇报，研究推进全县产业薄弱村工作。

18 日 县委常委会会议召开，会议传达学习习近平总书记在宁夏考察时的重要讲话精神及省应对新冠肺炎疫情工作领导小组第四十一次会议精神；传达贯彻市委乡村振兴暨脱贫攻坚第三次例会精神，研究审定《关于建立防止返贫监测和帮扶机制的实施办法（送审稿）》《易地扶贫搬迁问题整改“清零”工作方案（送审稿）》；研究审定《古田县普惠金融改革试验区实施方案（送审稿）》；听取古田县绩效管理工作情况汇报；研究干部工作。

同日 县委理论学习中心组学习会召开。县委常委围绕“统计法”及其实施条例、习近平总书记有关统计数据的论述和意见、规定、办法的主要内容作专题研讨交流。县委常委，县人大常委会党组书记、县政协党组书记，县直有关单位主要负责人等参加。

同日 县政府县长党帅到大世界农贸市场调研疫情防控和经济社会发展情况。

19 日 省自然资源厅一级巡视员何南飞到鹤塘镇下湖黄式钟矿山，下樟洋大方石材，黄盛万矿山，程际下坪岗、余祥概矿山，余根增矿山等处调研中央环保督察反馈意见整改落实情况，并主持召开鹤塘矿山生态修复情况汇报会。

21 日 古田县新冠肺炎防控工作第 63 次会商会召开，会议研究部署全县新型冠状病毒肺炎疫情防控工作。

22 日 市委常委、组织部部长郭学斌到吉巷乡坂中村、平湖镇富达村、泮洋乡后路村等处调研基层党建工作。

23日 省政协党组副书记、副主席张兆民到平湖镇黄孝敏故居、吉巷乡坂中村开展“弘扬爱国奋斗精神，建功立业新时代”主题党日活动。

28日 古田县新冠肺炎防控工作第64次会商会召开，会议研究部署全县新型冠状病毒肺炎疫情防控工作。

29日 省政府副省长郭宁宁到杉杉科技有限公司年产5万吨动力电池负极材料研发生产基地、天天源生物科技有限公司、古田农丰食用菌合作社、福建三友食品有限公司、县民富中心等处调研普惠金融工作。

30日 县政府县长党帅到城西街道调研盛泰华生物制药有限公司、食用菌标准化厂房、10千伏杆线迁移、新污水处理厂选址、路网工程建设、河道治理、古田县双创示范基地等项目建设情况。

7月

1日 县政协十四届十五次常委会（扩大）会议召开。会议传达学习2020年全国“两会”精神和中央领导“两会”期间讲话精神，研究古田县贯彻意见。

同日 市政府副市长吴允明到古田县开展巡河调研。

同日 县政府县长党帅到城西街道下洋村开展“育新机、开新局、话发展、促振兴”主题党日活动。

3日 县政府第9次常务会议召开。会议听取福建省古田临水宫文化旅游发展有限公司定人定岗薪酬补贴、绩效奖金等参照县七家国企标准管理办法工作，城西工业园区供水供电工作，古田县食品安全社会共治示范县创建工作等情况汇报；传达学习全国、全省高校毕业生就业创业工作电视电话会议精神，听取古田县就业创业工作情况汇报；研究审定《古田县扶持奖励地方特色优秀文化传承保护和发展八条意见（送审稿）》《古田县促进旅游产业发展八条意见（送审稿）》《古田县城区污水处理提质增效行动工作实施方案（送审稿）》。

同日 县政府党组理论学习中心组学习会召开。会议传达学习《党委（党组）落实全面从严治党主体责任规定》《历史是最好的教科书：学习习近平同志关于党的历史的重要论述》等文件精神。

5日 县委常委会会议召开。会议传达学习习近平总书记、李克强总理对防汛救灾工作的重要批示精神，省委书记于伟国对防汛救灾工作的批示精神，习近平总书记对禁毒工作重要指示批示精神，全市贯彻落实《中国共产党宣传工作条例》视频会议精神，研究古田县贯彻意见；研究审定《古田县贯彻落实市委2019年度全面从严治党主体责任检查反馈问题整改落实情况报告（送审稿）》《“‘滴水穿石、弱鸟先飞’30周年”杰出人物推荐候选人名单（送审稿）》；听取古田县2020年宁德市劳动模范推荐评选工作汇报。

同日 县委理论学习中心组学习会召开。县委常委围绕《习近平在宁德》《习近平在厦门》《习近平在福州》《习近平在福建》系列采访实录，以及习近平总书记对福建对宁德工作的重要讲话重要指示批示精神和给寿宁县下党乡乡亲们的回信重要精神等内容，就“初心坚守”主题作专题研讨交流。县委常委，县人大常委会党组书记、县政协党组书记，县直有关单位主要负责人等参加。

同日 古田县新型冠状病毒感染肺炎防控工作第66次会商会召开，会议研究部署全县新型冠状病毒肺炎疫情防控工作。

8日 县政府第10次常务会议召开。会议传达学习习近平总书记、李克强总理对防汛救灾工作的重要批示精神，省委书记于伟国对防汛救灾工作的批示精神，研究古田县贯彻意见；研究审定《古田县关心关爱基层干部补贴实施方案（送审稿）》《古田县国有企业退休人员社会化管理实施方案（送审稿）》《2020年第二批新增政府债务预算调整方案（送审稿）》《关于坚持精打细算过紧日子加强支出管理的通知（送审稿）》《古田县文体中心图书馆、文化馆、博物馆建设项目实施方案（送审稿）》《2020年古田县产业项目招商工作方案（送审稿）》；听取官江村整村推进征地工作回成地安排工作，建设城市公益性公墓项目批复工作，高效节能锅炉系列生产线扩建项目和年产2000吨塑胶鱼排配件、1000吨塑胶管件生产线改扩建项目工作等情况汇报。

同日 县政府党组理论学习中心组学习会召开。会议围绕《习近平在宁德》《习近平在厦门》《习近平在福州》《习近平在福建》系列采访实录，以及习近平总书记对福建对宁德工作的重要讲话重要指示批示精神和给寿宁县下党乡乡亲们的回信重要精神等内容，就“初心坚守”主题作专题研讨交流。

9日 党帅到县医院迁建项目、城西幼儿园建设项目、古田县文体中心（图书馆、文化馆、博物馆）建设项目、城乡生活垃圾治理一体化项目、翠屏湖环湖生态运动休闲旅游公路项目等处调研。

9—10日 市人大常委会副主任章允斌到城东街道利洋村互助孝老食堂、鹤塘敬老院等处调研养老事业补短板工作落实情况，并主持召开座谈会。

12日 古田县新型冠状病毒感染肺炎防控工作第67次会商会召开，会议研究部署全县新型冠状病毒肺炎疫情防控工作。

13日 县政府专题会议召开，会议研究中央名城违建处置相关事宜。

14日 市政府副市长毛祚松到大桥镇中村村、吉巷乡坂中村、城东街道新丰河整治项目等处调研河长制工作，并召开现场会。

同日 党帅调研印石山观景栈道项目建设、爱乐·翠屏湖庄园项目、食用菌生产基地外贸出口企业经营状况等工作。

15日 县委召开专题会议，听取“一办五组”扫黑除恶工作情况汇报。

同日 市委副书记曾智勇到卓洋乡卓洋村千亩高优农业示范园区、吉巷乡前垅村姚淑先本草银耳生产基地、凤都镇际面村江作宇故居及展示馆（廉政教育基地）等处调研乡村振兴工作。

同日 党帅到平湖镇富达村、端溪村等处调研贫困村扶贫、产业薄弱村帮扶、扫黑除恶专项斗争等工作，并走访贫困户。

同日 县委书记钟昌华，县委常委、县政法委书记林纪建，县委常委、宣传部部长余榕梅，县人民政府副县长李晓霞在县社会矛盾排查调处中心共接待群众16批22人次。

17日 县委专题会议召开，会议听取古田县医改及医疗卫生事业补短板工作情况汇报。

19日 古田县新型冠状病毒感染肺炎防控工作第68次会商会召开，会议研究部署全县新型冠状病毒肺炎疫情防控工作。

21日 县委常委会会议召开，会议传达学习习近平总书记关于个人有关事项报告的重要指示批示精神和中组部、省委组织部、市委组织部专项整治工作要求；传达学习习近平总书记关于就业工作的论述及全国、全省高校毕业生就业创业工作电视电话会议精神，听取古田县就业创业工作情况汇报；《古田县促进旅游产业发展八条意见（送审稿）》《古田县扶持奖励地方特色优秀文化传承保护和发展八条意见（送审稿）》；听取机关工作人员嘉奖记功情况汇报。

同日 县委理论学习中心组学习会召开。县委常委围绕《习近平在宁德》《习近平在厦门》《习近平在福州》《习近平在福建》系列采访实录，以及习近平总书记对福建对宁德工作的重要讲话重要指示批示精神和给寿宁县下党乡乡亲们的回信重要精神等内容，就“使命担当”主题作专题研讨交流。县委常委，县人大常委会党组书记、县政协党组书记，县直有关单位主要负责人等参加。

同日 县政府党组理论学习中心组学习会召开。会议围绕《习近平在宁德》《习近平在厦门》《习近平在福州》《习近平在福建》系列采访实录，以及习近平总书记对福建对宁德工作的重要讲话重要指示批示精神和给寿宁县下党乡乡亲们的回信重要精神等内容，就“使命担当”主题作专题研讨交流。

22日 市人大常委会副主任冯桂华到古田县开展《宁德市城市停车场建设管理条例》实施情况检查工作，并主持召开座谈会。

23日 县十七届人大常委会三十三次会议召开。会议听取审议县人民政府、人民法院、人民检察院上半年工作报告；表决通过《关于提请审议2020年预算调整（新增债务）的议案》《古田县人民政府上半年国民经济和社会发展计划执行情况报告》《古田县人民政府上半年财政预算执行情况报告》《古田县人民政府上半年社会保障工作情况报告》，县人大常委会、县人民政府、县人民法院、县人民检察院人事任免事项，并举行宪法宣誓仪式。

29日　县委常委会会议召开，会议听取落实第二轮中央生态环境保护督察反馈问题整改、2020年上半年意识形态、2020年上半年安全生产等工作情况汇报；研究案件、干部等工作。

同日　县委常委会会议暨县委退役军人事务工作领导小组第一次会议召开，会议听取古田县退役军人事务工作情况汇报。

同日　县委理论学习中心组学习会召开。县委常委围绕学习贯彻习近平新时代中国特色社会主义思想，《习近平谈治国理政》第三卷作专题研讨交流。县委常委，县人大常委会党组书记、县政协党组书记，县直有关单位主要负责人等参加。

30日　县委理论学习中心组学习会召开，省委宣传部部务会议成员、省委讲师团团长陈辉宗作意识形态工作专题讲座。县处级干部、各乡镇（街道）党委（党工委）书记、县直有关单位主要负责人等参加。

31日　县委和县政协召开协商会。

8月

2日　古田县新型冠状病毒感染肺炎防控工作第70次会商会召开。会议研究部署全县新型冠状病毒肺炎疫情防控工作。

3日　县委书记钟昌华一行到水口镇闽江古田段雄江断面察看雄江断面水质状况，并召开座谈会。

同日　防抗2020年第4号台风“黑格比”工作视频会议召开。

4—5日　省文联党组成员、书记处书记王来文一行到林耀华故居、蓝田书院、文昌阁、余氏宗祠、凤林祠等处调研。

6日　县委常委会会议召开。市委组织部常务副部长刘正宇宣布省委、市委决定：同意提名黄其山为古田县人民政府县长候选人，黄其山任中共古田县委委员、常委、副书记。市委常委、组织部部长郭学斌，市委组织部常务副部长刘正宇，县领导陈绍莲、刘振茂等列席。

同日　古田县领导干部大会召开。市委常委、组织部部长郭学斌，市委组织部常务副部长刘正宇，县处级干部，各乡镇（街道）党政主要负责人，县直有关单位主要负责人，县处级以上离退休老干部代表等参加。

9日　古田县新型冠状病毒感染肺炎防控工作第71次会商会召开。会议研究部署全县新型冠状病毒肺炎疫情防控工作。

10日　县委常委会会议召开。会议传达学习习近平总书记在吉林考察调研和在中央政治局第二十一次集体学习时的重要讲话精神、《中国共产党基层组织选举工作条例》；传达2020年省委和省政府上半年经济形势分析会暨工作调研检查总结会、市委和市政府上半年经济形势分析会、宁德市“双百项目”百日攻坚行动部署会议精神，研究古田县贯彻意见；听取市生态环境局巡察反馈意见整改有关工作、成立中共福建古田工业园区非公有制企业工作委员会等情况汇报；召开县委全面依法治县委员会第二次会议。

同日　县十七届人大常委会三十四次会议召开。会议接受党帅辞去古田县人民政府县长的职务，任命黄其山、王留一为古田县人民政府副县长，黄其山为代理县长。

同日　县委理论学习中心组学习会召开。县委常委围绕《习近平在宁德》《习近平在厦门》《习近平在福州》《习近平在福建》系列采访实录，及习近平总书记对福建对宁德工作的重要讲话重要指示批示精神和给寿宁县下党乡乡亲们的重要回信精神等内容，就“为民情怀”主题作专题研讨交流。县委常委，县人大常委会党组书记、县政协党组书记，县直有关单位主要负责人等参加。

11日　县委书记钟昌华到凤都镇际面村调研精准脱贫工作，走访慰问挂钩帮扶贫困户，并到古田县食用菌产业园北区标准化厂房建设项目、盛养食用菌精深加工项目、古田顺达食用菌精深加工自动化生产线迁建项目、闽越食用菌与果蔬干制品加工食品生产线建设项目等处调研。

同日　县人民政府代县长黄其山到平湖镇柏源溪小流域治

理、红曲酒家庭作坊污水处理终端建设项目、凤埔村食用菌产业园、古田溪凤埔段防洪清淤工程、翠屏湖内湖环湖慢道工程、上井垅棚户区改造、古一中莲桥校区项目建设及大世界农贸市场等处调研。

12 日 市政协副主席刘国平到古田县开展“文旅融合发展”暨“依托传统村落走好闽东特色的乡村振兴之路”联合调研。

同日 县委专题会议召开。会议听取 2020 年上半年食用菌产业发展提升工作情况汇报。

同日 2020 年，县政府第三季度防范特大安全事故部署会召开。

13 日 县政府党组理论学习中心组学习会召开。会议围绕学习贯彻习近平新时代中国特色社会主义思想、《习近平谈治国理政》第三卷作专题研讨交流。

14 日 市政协主席兰斯琦到黄田镇调研，并主持召开座谈会。

同日 县委理论学习中心组学习会召开。福建省文物保护中心主任林峰作《解读“新时代文物保护工作”——认真学习贯彻习近平总书记关于文化遗产保护工作的系列重要论述》专题讲座。县处级干部、县直有关单位主要负责人、各乡镇（街道）党政主要负责人及文化工作分管人员、文化站站长等参加。

同日 县人民政府代县长黄其山到横洋溪流域、天天源生物科技有限公司、周斌烘干厂、移民创业园等处调研。

15 日 黄其山、卓昌旭、林晓晞、王留一在县社会矛盾排查调处中心共接待群众 11 批 20 人次。

16 日 秋冬季新冠肺炎疫情防控工作部署会召开。

同日 古田县新型冠状病毒感染肺炎防控工作第 72 次会商会召开。会议研究部署全县新型冠状病毒肺炎疫情防控工作。

17 日 黄其山到福建三友食品有限公司、县人力资源和社会保障综合服务中心、古田药业有限公司等处调研。

18 日 黄其山到后路村食用菌生产基地、大圪村反季节蔬菜种植基地，古田县食用菌产业园北区、食用菌标准化厂房项目等处调研。

同日 县委理论学习中心组学习会召开。市监委委员胡宁作《中华人民共和国公职人员政务处分法》专题讲座。县处级干部、县直有关单位主要负责人、各乡镇（街道）班子成员等参加。

19 日 黄其山到黄田镇、水口镇调研雄江流域治理、闽江雄江水质监测、闽江水葫芦整治及网箱养殖整治。

20 日 县委常委会会议召开。会议传达学习省委十届十次全体会议，习近平总书记在中央政治局第二十二次集体学习、中共中央政治局会议、党外人士座谈会上的重要讲话精神；传达全省秋冬季新冠肺炎疫情防控工作电视电话会议、全国安全生产电视电话会议、全省防范重特大生产安全事故暨警示教育视频会议、全市第三季度防范重特大生产安全事故暨警示教育视频会议、全市第三季度防范重特大生产安全事故视频会议、全市农村人居环境整治现场推进会、全市乡村振兴“抓两头带中间”现场推进会及全省全面建成小康社会补短板暨农村人居环境整治工作推进现场会精神，研究古田县贯彻意见。

同日 县委理论学习中心组学习会召开。县委常委围绕《习近平在宁德》《习近平在厦门》《习近平在福州》《习近平在福建》系列采访实录，及习近平总书记对福建对宁德工作的重要讲话重要指示批示精神和给寿宁县下党乡乡亲们的重要回信精神等内容，就“优良作风”主题作专题研讨交流。县委常委，县人大常委会党组书记、县政协党组书记，县直有关单位主要负责人等参加。

21 日 县委书记钟昌华到晟农农业开发有限公司、福泉鑫生物科技有限公司、古田食用菌博物馆等处调研。

同日 县十七届人大常委会三十五次会议召开。会议表决通过县政府组成人员人事任免事项，听取并审议《县十七届人大常委会和专门委员会组成人员有关事项》《县十七届人大代表有关事项》《古田县第十七届人民代表大会常务委员会代表资格审查委员会关于古田县人民代表大会代表变动情况的报告（草案）》《古田县第十七届人大代表补选的决定（草案）》《县人民政府关于提请审议 2018 年新增专项债券资金整改方案的议案》《县人民政府关于代表建议、批评意见办理情况工作报告》《县人大常委会执法检查组关于检查〈中华人民共和国食品安全法〉和〈福建省食品安全条例〉实施情况的报告》。

22日 县人民政府代县长黄其山参加“全闽乐购”宁德促消费行为暨蕉城夜市启动仪式，推介中国食用菌之都的古田银耳。

23日 古田县新型冠状病毒感染肺炎防控工作第73次会商会召开。会议研究部署全县新型冠状病毒肺炎疫情防控工作。

24日 黄其山到杉杉科技有限公司年产5万吨动力电池负极材料研发生产基地、大甲工业园区二期、通源至白溪村段公路拓宽工程（A段）、龙舞溪溪门段河道整治、幽岩余根增矿山治理点、鹤塘镇棋枰洋余小山矿山生态恢复治理现场、千亩高优农业示范园、“五朝流韵、世外古村”重点文化建设项目等处调研。

25日 省老区建设促进会常务副会长兼玉田分会会长黄家铭到古田县参加助学金颁发仪式。

同日 市委常委、宣传部部长谢再春到林耀华故居、黄田镇洋上村、十方田商贸有限公司、天天源生物科技有限公司、大甲镇村溪村等处调研。

26日 省委原书记陈明义等宁德市的省人大代表一行到晟农农业开发有限公司、福泉鑫生物科技有限公司、食用菌博物馆等处开展专题调研。

同日 黄其山到古田县第一中学、县医院调研疫情防控工作。

28日 县领导到十方田商贸有限公司、天天源生物科技有限公司、珍菌子标准化生产基地、绿华食用菌有限公司等处调研。

30日 闽江网箱养殖整改工作专题会议召开。会议听取水口镇、黄田镇网箱养殖整治工作开展情况汇报。

同日 古田县新型冠状病毒感染肺炎防控工作第74次会商会召开。会议研究部署全县新型冠状病毒肺炎疫情防控工作。

31日 县委专题会议召开。会议听取2020年创建省级文明县城工作情况汇报和下阶段工作安排。

8月 县医院“心衰中心”通过中国心衰中心认证，成为宁德市首家基层版心衰中心，DSA（血管造影）开机启用，冠脉介入诊疗技术成功开展。2018年，县医院开始筹建“卒中中心”。

8月 泮洋乡创建国家级卫生乡镇工作通过省爱卫办验收。

9月

1日 县委常委会会议召开。传达学习习近平总书记在安徽考察和主持召开扎实推进长三角一体化发展座谈会时的重要讲话精神，在经济社会领域专家座谈会上的重要讲话精神，省委书记于伟国到宁德调研时的讲话精神；传达学习省领导于伟国、王宁、李德金在泉州、三明、宁德检查全面从严治党主体责任落实情况的讲话精神，《省委对宁德市2019年度全面从严治党主体责任落实情况检查发现问题整改任务与分解方案》，研究审定《古田县贯彻落实省委2019年度全面从严治党主体责任反馈问题整改任务与分解方案（送审稿）》；传达学习《中共福建省委贯彻落实〈中国共产党政法工作条例〉实施办法》《乡镇（街道）政法委员职责任务规定》，听取全县政法工作情况汇报；传达习近平总书记对制止餐饮浪费行为的重要指示精神及省、市有关会议精神，全市组织系统贯彻落实新时代党的组织路线座谈会和全市县乡村换届前期工作座谈会精神，研究古田县贯彻意见；研究审定召开2020年县委审计委员会第一次会议；听取补选县人大代表考察公示情况汇报。

2日 南安市委书记林荣忠、市长张桂森带领党政代表团到古田县凤都镇村尾村、十方田商贸有限公司等处调研。

同日 省总工会党组书记、副主席丁文清，市总工会党组书记、常务副主席黄清亮参加在林耀华故居举办的“共读一本书”读书分享会。

同日 县政府召开专题会，听取中央名城违建处置工作情况汇报。

4日 县委理论学习中心组学习会召开。厦门大学法学院教授郑永宽作《〈民法典〉的创新与适用》专题讲座。县处级干部、各乡镇（街道）党委（党工委）书记、县直有关单位主要负责人等参加。

5日　福建省红十字会党组成员、专职副会长林先鑫一行调研指导古田县志愿者队伍建设和博爱驿站建设等工作，并为县红十字博爱驿站揭牌。

6日　古田县新冠肺炎防控工作第75次会商会召开。会议研究部署全县新型冠状病毒肺炎疫情防控工作。

7日　县政府第11次常务会议召开。会议听取锂电池外包装蜂窝复合材料生产线项目工作、古田县河湖管理范围划定和河湖岸线分区规划工作、2019年度县本级财政预算执行和其他财政收支审计工作等情况汇报；传达学习习近平总书记关于安全生产重要论述、省市房屋结构安全隐患排查大整治百日攻坚有关会议精神，研究审议《安全生产专项整治三年行动实施方案（送审稿）》《古田县抓好“三农”领域重点工作确保如期实现全面小康实施方案（送审稿）》《宁古高速（古田段）征地拆迁补偿安置实施方案（送审稿）》。

同日　召开县政府党组理论学习中心组学习会。传达学习习近平总书记在纪念中国人民抗日战争暨世界反法西斯战争胜利75周年座谈会上的讲话精神，与会领导围绕“优良作风”作交流发言。

8日　市人大常委会副主任陈梅带领调研组到古田县开展科技进步工作调研。

同日　召开县委专题会议。听取全市抓党建促乡村振兴工作暨村党组织领办合作社现场推进会筹备工作情况汇报。

9日　2020年度新兵入伍。

9—10日　市社科联主席邱树添到黄田镇金翼村调研2020年福建省社会科学普及宣传周筹备工作。

10日　县委召开专题会议，听取县“十四五”规划工作情况汇报。

同日　县领导到城西工业园区、古田县第一小学文安校区、古田县第一中学等处调研，并走访慰问优秀教师代表。

11日　古田县脱贫攻坚暨乡村振兴工作推进会召开。

14日　古田县新冠肺炎防控工作第76次会商会召开。会议研究部署全县新型冠状病毒肺炎疫情防控工作。

15日　省对外友好促进会会长宋克宁带领协会成员和企业代表团一行到泮洋乡中心小学、城西街道巴斗村等处开展图书捐赠活动。

同日　市人大常委会副主任、市人大监察司法委主任委员冯桂华带领调研组到古田县开展扫黑除恶专项斗争工作情况专题调研。

17—18日　市委书记郭锡文到姚淑先本草银耳生产基地、城乡供水一体化项目、树兜村食用菌标准菇房建设项目、村溪村、杉杉科技有限公司年产5万吨动力电池负极材料研发生产基地、美佳再生铝精深加工项目、宁达汽配工业园项目等处调研。

19—20日　省纪委书记、省监委主任李仰哲到林耀华故居、临水宫文旅建设项目、天天源生物科技有限公司、杉洋镇“文武古镇·耕读人家”重点文化建设项目等处调研。

20日　古田县新冠肺炎防控工作第77次会商会、疫情防控工作视频会议分别召开。会议研究部署全县新型冠状病毒肺炎疫情防控工作。

21日　县委常委会会议召开。会议传达全市贯彻落实习近平“多上几个大项目，多抱几个金娃娃，加快跨越式发展”重要指示精神10周年座谈会、市委四届十二次全体会议、市委主要领导到古田县调研精神，全省贯彻落实习近平总书记重要讲话重要指示批示精神年中推进会视频会议精神，研究古田县贯彻意见；传达学习习近平总书记在中央第七次西藏工作座谈会和在全国抗击新冠肺炎疫情表彰大会上的重要讲话，转达习近平总书记向全国广大教师和教育工作者致以节日祝贺和诚挚慰问；传达学习中央纪委副书记兼秘书长、国家监委副主任、中央巡视工作领导小组成员杨晓超到宁德调研精神，中共宁德市委常委会会议、市委第十三轮巡察工作动员部署会、市巡察办主任座谈会精神，听取县委巡察工作情况汇报。

同日　中华全国供销合作总社党组成员、理事会副主任邹天敬，中华全国供销合作总社指导部部长刘进喜到十方田商贸有限公司、食用菌批发市场、食用菌博物馆、福建农林大学（古田）菌业研究院、晟农食用菌专业合作社等处调研。

同日 中共福建省委党校、福建行政学院在吉巷乡坂中村举行“四下基层”现场教学点揭牌仪式。

22日 省政协副主席阮诗玮，市政协主席兰斯琦，县领导钟昌华、王云盛、丁景风等参加在卓洋乡前洋村举行的省政协“双联四进”系列活动启动仪式。

同日 市政协主席兰斯琦到大甲镇村溪村开展挂钩帮扶实施情况调研。

同日 县政府党组理论学习中心组学习会召开。会议传达省委贯彻落实习近平总书记重要讲话重要指示批示精神年中推进会精神；研究学习意识形态领域相关文件精神。

同日 意识形态工作专题会召开。传达学习意识形态工作相关文件精神和工作要求。

23日 县委理论学习中心组学习会召开。福州大学、福建省委党校客座教授杨基穆作《当前中美关系中的几个热点问题》专题讲座。县处级干部、各乡镇（街道）党委（党工委）书记、县直有关单位主要负责人等参加。

25日 省水利厅厅长赖军一行到黄田镇双坑库周防护及岸线提升工程、闽江古田溪（古田段）防洪一期工程、古田县第二水厂建设项目等处调研。

27日 县政府第12次常务会议召开。会议听取当前城市管理相关工作、明确化肥厂片区改造工程配建社区用房的产权单位和古田北站优化提升的相关工作、上井垅改造片区安置房建设项目工作、古田县民富融资担保公司项目工作等情况汇报；研究审议《古田县烟花爆竹销售和燃放管理规定（送审稿）》《古田中心城区烟花爆竹销售和燃放管理工作方案（送审稿）》《古田中心城区烟花爆竹禁限放区域时间和允许销售燃放品种的通告（送审稿）》《加强古田县中心城区公共场所养犬管理的通告（送审稿）》《古田县全方位推动高质量发展超越科技创新实施方案（送审稿）》《古田县全方位推动高质量发展超越优化产业结构实施方案（送审稿）》《古田县全方位推动高质量发展超越促进居民增收实施方案（送审稿）》。

同日 古田县新冠肺炎防控工作第78次会商会召开。会议研究部署全县新型冠状病毒肺炎疫情防控工作。

28日 县委常委会会议召开。会议传达学习习近平总书记在湖南考察时、基层代表座谈会、科学家座谈会、纪念中国人民抗日战争暨世界反法西斯战争胜利75周年座谈会、中共中央政治局会议审议《黄河流域生态保护和高质量发展规划纲要》时的重要讲话精神，以及对新时代民营经济统战工作作出的重要指示精神；传达全市抓党建促乡村振兴工作暨村党组织领办合作社现场推进会、全市重点文艺创作推进会精神，研究古田县贯彻意见；传达学习《关于三起违反中央八项规定精神典型问题的通报》；研究审定《古田县贯彻落实省委2019年度全面从严治党主体责任检查反馈问题整改落实情况的报告（送审稿）》《古田县烟花爆竹销售和燃放管理规定（送审稿）》《古田中心城区烟花爆竹销售和燃放管理工作方案（送审稿）》《关于古田县中心城区烟花爆竹禁限放区域时间和允许销售燃放品种的通告（送审稿）》；听取中共古田县委十二届十五次全体会议筹备情况汇报。

29日 县委十二届十五次全会召开。会议审议通过《中国共产党古田县第十二届委员会第十五次全体会议决议（草案）》。县委委员、县委候补委员、其他现职处级领导干部、纪委委员、县直单位主要负责人、乡镇党委主要负责人、县处级离退休老干部代表等参加。

同日 国家市场监督管理总局、国家标准化管理委员会批准发布《袋栽银耳菌棒生产规范》2021年1月1日实施。该项目于2017年7月被列入国家标准制定计划。

30日 古田县举行烈士公祭活动。县处级干部、县人武部及驻古各部队官兵代表、烈士家属和老战士代表、群众代表和县直机关各口干部代表等90多人参加。

同日 县政协十四届十六次常委会（扩大）会议召开。会议传达学习《中华人民共和国公职人员政务处分法》；听取法院、检察院工作情况通报、县政府关于县政协十四届五次会议提案办理情况汇报；通过政协有关人事事项。

10月

3日 省政府副省长、公安厅厅长田湘利到城西派出所、公安局检查指导国庆安保工作、慰问基层民警。

9日 县委常委会（扩大）会议召开。会议通报国庆期间有关工作，安排部署当前有关工作；传达省委常委、省纪委书记、省监委主任李仰哲到宁德市调研，省政府副省长、公安厅厅长田湘利到古田县调研讲话精神，研究古田县贯彻意见；听取古田县生态环境突出问题整改情况汇报。

同日 县委常委会会议召开。会议传达学习习近平总书记对供销合作社工作、“十四五”规划编制工作网上意见征求活动作出的重要指示精神，向全国广大农民和工作在“三农”战线上的同志们致以节日祝贺和诚挚慰问精神，致中国延安精神研究会第六次会员大会的贺信、给建设和守护密云水库的乡亲们的回信精神，以及在第三次中央新疆工作座谈会和教育文化卫生体育领域专家座谈会上的重要讲话精神；传达学习十九届中央第六轮巡视工作动员部署会和十届省委第九轮巡视工作动员部署会精神；听取2020年福建省社会科学普及宣传周主会场活动有关事项汇报；传达学习全省、全市反恐怖工作有关会议精神，听取2020年古田县反恐怖工作情况汇报。

同日 钟昌华等到城西工业园区、三林食用菌精深加工项目、双坑村库周防护工程项目及闽江流域水环境整治等处调研。

10日 钟昌华、丁景风到凤都镇长坑村调研产业薄弱村发展情况。

11日 古田县新冠肺炎疫情防控工作第79次会商会召开。会议研究部署全县新型冠状病毒肺炎疫情防控工作。

12日 县委理论学习中心组学习会召开。福建省委办公厅厅务会议成员、省委保密办主任、省国家保密局局长胡为兴作《强化保密意识落实保密责任全力做好新时代保密工作》专题讲座。

13日 古田县开展应对秋冬季新冠肺炎疫情防控应急演练。县处级干部，各乡镇（街道）党委（党工委）书记、杉洋镇镇长，县直有关单位主要负责人等参加。

14日 县委书记钟昌华到杉洋镇东双村调研国控断面鳌江双口渡水质情况。

同日 县政府党组理论学习中心组学习会召开。会议传达学习《中国共产党农村工作条例》，习近平总书记关于脱贫攻坚、全面小康的重要论述，习近平总书记给下党乡乡亲们的重要回信精神以及习近平总书记关于文化和自然遗产保护的重要论述重要讲话重要批示精神等内容。

15日 黄其山等到卓洋乡前洋村、鹤塘镇南阳村、杉洋镇宝桥村、大甲镇林峰村等处调研敖江流域水环境整治和破旧菇棚拆除工作情况。

18日 古田县新冠肺炎疫情防控工作第80次会商会召开。会议研究部署全县新型冠状病毒肺炎疫情防控工作。

19日 县领导到黄田镇金翼村调研全省社科普及周主会场活动筹备和金翼村乡村振兴工作开展情况。

20日 县政府第13次常务会议召开。会议听取印石山栈道二期工程工作、古田县第一小学教学楼重建工作等情况汇报；研究审议《古田县福利中心二期老年养护院“公建民营”招标方案（送审稿）》《古田县开发基层公共管理和社会服务大学生专职岗位实施方案（送审稿）》《2020年县级预算调整方案（送审稿）》。

21日 省政协主席崔玉英到城东街道旺村洋村开展化解信访积案工作，调研吉巷乡坂中村库区移民生产发展情况。

22日 由中共福建省委宣传部、福建省社会科学界联合会联合主办的“决胜全面小康　决战脱贫攻坚”2020年福建省社会科学普及宣传周主会场活动在古田县黄田镇金翼村举行。福建省委常委、宣传部部长邢善萍，宁德市委常委、宣传部部长谢再春等领导参加主会场活动。

同日 县委常委会会议召开。会议传达学习习近平总书记在中央政治局会议上、在中央政治局第二十三次集体学习时、在广东考察时、在深圳特区建立40周年庆祝大会上、在中央党校（国家行政学院）中青年干部培训班开班式上的重要讲话精神；传达省政协主要领导到古田县调研精神、全市城市基层党建工作联席会议暨党建引领城市基层治理工作现场会精神，研究古田县贯彻意见；研究古田县“菌都英才”评选，古田县“翠屏英才”认定，古田县技能大师、厨艺师、手工艺师申请等有关工作。

同日 古田县召开2020年度市委巡察“回头看”市县生态环境局党组（分党组）反馈意见落实情况及党政领导生态环境保护目标责任书落实情况推进会。

23日 县委召开专题会议，研究部署中共十九届五中全会信访维稳工作。

同日 县委书记钟昌华、县人大常委会主任陈绍莲到城西街道松台村、城西工业园区、三林食用菌精深加工项目等处调研。

25日 古田县新冠肺炎疫情防控工作第81次会商会召开。会议研究部署全县新型冠状病毒肺炎疫情防控工作。

26日 县委召开专题会，听取2021年村级组织换届选举前期工作情况汇报。

29日 县委常委会会议召开。会议传达学习习近平总书记对脱贫攻坚工作作出的重要指示精神，向“摆脱贫困与政党的责任”国际理论研讨会、第三届数字中国建设峰会的贺信精神，在中央政治局会议审议《成渝地区双城经济圈建设规划纲要》时和在中央政治局第二十四次集体学习时的重要讲话精神；传达省委常委、宣传部部长邢善萍在2020年福建省社会科学普及宣传周主会场启动仪式上的讲话精神，2020年市委市政府三季度经济形势分析会，全国扫黑除恶专项斗争第三次推进会，省、市推进扫黑除恶专项斗争工作会议及全省秋冬季疫情防控工作视频会议精神，研究古田县贯彻意见；研究审定《古田县抓好“三农”领域重点工作确保如期实现全面小康实施方案（送审稿）》《关于调整充实古田县关心下一代工作委员会成员的通知（送审稿）》；听取古田县社会主义学校工作、2020年县本级预算调整方案等情况汇报。

30日 县政府第14次常务会议召开。会议听取“数字城管”平台建设工作、古田县村道C745梨溪路马鞍头至溪边公路地质灾害治理工程工作、县九渡桥溪流域综合规划修编报告批复工作、古田县城乡供水一体化工程新设城西水厂方案工作和城乡供水一体化工作、网箱综合整治实施方案及资金使用管理办法工作等情况汇报；研究审议《古田县农村生活污水治理专项规划（2020—2030年）（送审稿）》《古田县水资源配置规划（送审稿）》《古田县特困人员集中供养工作实施方案（送审稿）》。

11月

1日 县人民政府代县长黄其山到城西街道新秀社区参加第七次全国人口普查登记。

2日 古田县召开扫黑除恶专项斗争工作会议。

同日 县委书记钟昌华，县委常委、县人民政府副县长郑国淑到城东街道文兴社区参加第七次全国人口普查登记。

同日 县“十四五”规划编制专题会议召开。

3日 钟昌华到凤都镇际面村调研精准脱贫工作，走访慰问挂钩帮扶贫困户。

4日 县委常委会（扩大）会议召开。会议传达学习中共十九届五中全会、省委常委会（扩大）会议和市委常委会（扩大）会议精神。

同日 县委召开专题会议，听取闽江水口库区古田段养殖网箱综合整治、古田溪水口副坝生态泄流项目前期协调工作情况汇报。县委常委，县人大常委会党组书记、县政协党组书记，县人大常委会副主任，县政府副县长，县政协副主席，黄田镇、水口镇党委书记，县直有关单位主要负责人等参加。

8日 古田县新冠肺炎疫情防控工作第82次会商会召开。会议研究部署全县新型冠状病毒肺炎疫情防控工作。

9日 县政府党组理论学习中心组学习会召开。会议传达学习中共十九届五中全会精神、《福建生态省建设总体规划纲要》《关于加快推进生态文明建设的意见》、习近平总书记在深圳经济特区建立40周年庆祝大会上的重要讲话精神和在纪念中国人民志愿军抗美援朝出国作战70周年大会的重要讲话精神，与会领导围绕学习主题作交流发言。

10日 县十七届人大常委会三十六次会议召开。会议听取审议筹备召开县十七届人民代表大会六次会议有关事项、县十七届人大代表的有关事项、县十七届人大常委会和专门委员会组成人员的有关事项，表决通过县政府、县法院、县检察院人事免职事项以及《县十七届人民代表大会常务委员会代表资格审查委员会关于古田县人民代表大会代表资格审查的报告（草案）》《县政府关于提请审议2019年县级决算（草案）的报告》《关于2019年度县本级财政预算执行和其他财政收支的审计工作报告》《县人民政府关于提请审议2020年度县本级预算调整方案的报告》《2020年县级预算调整方案》。

11日 县委召开常委会会议，会议传达学习全国疫情防控工作电视电话会议、福建省宣传系统学习宣传贯彻中共十九届五中全会精神电视电话会议和宁德市宣传文化系统学习宣传贯彻中共十九届五中全会精神会议、全国贯彻落实《深化新时代教育评价改革总体方案》电视电话会议精神，研究古田县贯彻意见。

12日 县委常委会（扩大）会议召开。会议传达学习习近平总书记重要指示批示精神和省委常委会（扩大）会议精神，研究古田县贯彻意见。县处级干部，各乡镇（街道）党委（党工委）书记、杉洋镇镇长，县直有关单位主要负责人等参加。

同日 县委召开常委会会议，听取县人大常委会党组、县政府党组、县政协党组、县纪委监委、县法院党组、县检察院党组工作汇报。

13日 宁德市河长制工作现场会在古田县召开。市委副书记、市长梁伟新，市委常委、常务副市长缪绍炜，副市长吴允明、毛祚松、黄国璋，县领导钟昌华、黄其山、丁景风等参加会议。会后，市委副书记、市长梁伟新带领市直相关部门负责人、各县（市、区）分管领导调研卓洋乡前洋村绿盈乡村水环境整治情况和鹤塘镇南阳村河道和矿山整治情况。

同日 县委召开专题会议，研究部署土地收储地块安征有关工作。

15日 古田县新冠肺炎疫情防控工作第83次会商会召开。会议研究部署全县新型冠状病毒肺炎疫情防控工作。

16日 县领导到玉田公园、中央广场商场、永辉超市、屏东社区湖滨佳景小区、县青少年校外活动中心、县行政服务中心管委会、县公安局等处调研。

18日 县政府第15次常务会议召开。会议听取2021年省级重点建设项目、古田县安全生产、松材线虫病防控、宁德市交通职业技能综合考训基地建设等工作情况汇报，研究有关事项。

同日 县政府党组理论学习中心组学习会召开。会议传达学习习近平总书记在哲学社会科学工作座谈会上的重要讲话精神、在第三届中国国际进口博览会开幕式上的重要讲话精神、在上海合作组织成员国元首理事会第二十次会议上的重要讲话精神，学习《2019—2023年全国党政领导班子建设规划纲要》。与会领导围绕学习主题作交流发言。

19日 国家市场监督管理总局、国家标准化管理委员会批准发布《银耳栽培基地建设规范》2021年3月1日实施。该标准于2017年7月列入国家标准计划。

同日 县委常委会会议召开。会议传达学习习近平总书记在江苏考察时、在全面推动长江经济带发展座谈会上、在浦东开发30周年庆祝大会上、在参加第七次全国人口普查工作时、在中央全面依法治国工作会议上的重要讲话精神和对推进农村土地制度改革、做好农村承包地管理工作、对川藏铁路开工建设、对平安中国建设作出的重要批示精神；传达市委副书记、市政府市长梁伟新到古田县调研以及全市河长制工作视频会议精神，研究古田县贯彻意见；研究审定《县纪委监委派驻机构和乡镇（街道）专职纪检监察干部单列年度考核（试行）（送审稿）》。

20日 县委书记钟昌华到泮洋乡新华村调研泮洋乡高速安置地项目。

22日 古田县新冠肺炎疫情防控工作第84次会商会召开。会议研究部署全县新型冠状病毒肺炎疫情防控工作。

23日 县领导钟昌华、陈绍莲、郑国淑到城乡生活垃圾治理一体化项目、翠屏湖环湖生态运动休闲旅游公路、珍菌子标准化生产基地、古田县医院迁建项目等处调研。

同日 县人民政府代县长黄其山等到宁达汽配工业园项目、美佳再生铝精深加工项目、前洋村重点文化建设项目等处调研。

24—27日 省消防救援总队二级专员吴旭东带领省第九服务指导组及专家组对古田县各领域安全隐患大排查大整治工作开展服务指导，并召开汇报会和会商交流会。

25日 2020年古田县市劳动模范表彰会议召开。

26日 省农业农村厅厅长黄华康到十方田商贸有限公司、珍菌子标准化生产基地、绿华食用菌有限公司等处调研。

同日 学习贯彻中共十九届五中全会精神市委宣讲团报告会召开。市委宣讲团成员、市政协港澳台侨和外事委员会主任林立炎宣讲中共十九届五中全会精神。县处级干部、各乡镇（街道）党委（党工委）书记、县直有关单位主要负责人等参加。

27日 市政协副主席章瑞进带领市政协第一党员活动小组到杉洋蓝田书院、长江之队杉洋展示馆、文昌阁廉政文化教育基地、“文武古镇·耕读人家”重点文化建设项目、凤林祠等处开展党员教育活动。

同日 县十七届人大常委会三十七次会议召开。会议听取审议县十七届人大常委会组成人员及机关人员人事任免事项、县十七届人大代表有关事项、《古田县第十七届人民代表大会常务委员会代表资格审查委员会关于古田县人民代表大会代表变动情况的报告（草案）》《古田县第十七届人大代表补选的决定（草案）》《县人民政府精准扶贫脱贫攻坚工作情况报告》《古田县2020年环境状况和环境保护目标完成情况报告》《古田县国民经济与社会发展第十四个五年规划纲要和2035年远景目标纲要编制情况报告》。

28日 东侨经济技术开发区党工委书记周祥祺带领宁德时代新能源科技股份有限公司考察组一行到大甲镇调研。

29日 农业农村部财会服务中心副主任安晓宁一行到古田县调研指导国家现代农业产业园认定核查工作，并主持召开座谈会。

同日 县人民政府代县长黄其山到食用菌产业中心、十方田商贸有限公司、城西工业园区等处调研。

同日 古田县新冠肺炎疫情防控工作第85次会商会召开。会议研究部署全县新型冠状病毒肺炎疫情防控工作。

12月

1日 漳平市委常委陈文东到古田县全国家庭教育创新实践基地、食用菌博物馆、晟农食用菌有限公司、古田县学校家庭教育研究与指导中心、古田县家庭教育名师工作室、古田县第三小学、林耀华故居、家庭教育劳动基地等处调研。

2日 省委网信办副主任叶得盛带队到古田县开展县级融媒体中心建设验收工作。

同日 市政府副市长、市公安局局长胡楠到凤埔派出所、苏墩村警务室、苏墩村公园等处调研，并主持召开座谈会。

同日 县政府第16次常务会议召开。会议听取古田县城东廷墩康养项目、城市公益性公墓建设项目、古田县乡镇便捷高速工程实施方案和古田县农村公路提升改造工程、2020年乡镇（街道）权责清单编制情况等工作情况汇报，研究审定《国道G235线古田县吉巷永安至城东高头岭段公路工程征地拆补安置实施方案（送审稿）》《古田县文体中心图书馆、文化馆、博物馆建设项目PPP协议（送审稿）》。

3日 召开县委理论学习中心组学习会。省委党校生态文明教研部教授郑冬梅作《习近平生态文明思想》专题讲座。县处级干部、各乡镇（街道）党委（党工委）书记、县直有关单位主要负责人等参加。

同日 县人民政府代县长黄其山到平湖镇富达村宣讲中共十九届五中全会精神，并走访慰问挂钩帮扶贫困户。

5日 市政协主席兰斯琦带领市委市政府工作调研检查组到古田县调研美佳再生铝精深加工项目、翠屏湖环湖生态运动休闲旅游公路、食用菌标准化生产基地、古田县城乡生活垃圾治理一体化、古田县医院迁建等项目以及古田一中翠屏校区选址情况。

6日　古田县新冠肺炎疫情防控工作第86次会商会召开。会议研究部署全县新型冠状病毒肺炎疫情防控工作。

8日　县委常委会会议召开。会议传达学习习近平总书记致2020中国5G+工业互联网大会、博鳌亚洲论坛国际科技与创新论坛首届大会开幕、“奋斗者”号全海深载人潜水器成功完成万米海试并胜利返航的贺信精神及在中央军委军事训练会上的重要讲话精神；传达学习省委书记尹力到宁德调研讲话精神及市委常委会（扩大）会议精神；听取补选县人大代表考察公示情况汇报，研究补选县人大代表候选人及政协第十四届古田县委员会委员人选建议名单。

9日　举行福建七保实业有限公司食用菌精深加工项目、福建煜林生物科技有限公司食用菌精深加工项目、福建久宏昌工贸有限公司食用菌精深加工项目、福建志诚食品有限公司食用菌精深加工项目、古田顺达食品有限公司食用菌精深加工自动化生产线迁建项目开工仪式和福建环朝再生资源开发利用项目、古田华链铸件及机械加工件项目、古田食用菌产业园北区标准化厂房建设项目暨一期部分路网建设项目竣工仪式。

同日　闽江水口库区古田段养殖网箱综合整治指挥部第二次会议召开。

同日　县十七届人大常委会三十八次会议召开。会议听取审议《县十七届人大代表有关事项》《古田县第十七届人大代表补选的决定（草案）》《宁德市第四届人民代表大会代表有关事项》、县人民法院人事任免事项、县人民政府人事任免事项，组织宪法宣誓仪式。

10日　宁德市统战工作现场会在古田召开。市委常委、统战部部长林鸿，各县（市、区）统战部部长，市直有关单位，县领导钟昌华、卓昌旭等参加。会议期间，市委常委、统战部部长林鸿到美佳再生铝精深加工项目、宁达汽配工业园项目、杉洋镇凤林祠、“文武古镇·耕读人家”重点文化建设项目、天天源生物科技有限公司、临水宫文旅项目等处调研。

同日　古田县翠屏湖环湖生态运动休闲旅游公路天宫岭至凤埔、平湖公路全线通车仪式和老年大学项目开工。

13日　古田县新冠肺炎疫情防控工作第87次会商会召开。会议研究部署全县新型冠状病毒肺炎疫情防控工作。

14日　开展2020年县委县政府工作调研检查活动。第一检查组成员实地察看桃溪村食用菌基地、七宝书院、凤埔段防洪清淤工程、福泉鑫生物科技有限公司、珍菌子标准化生产基地、平湖镇农村公路提升改造工程等项目。第二检查组成员实地察看云顶小镇生态休闲农业开发、古田优之都食用菌全产业链、大桥村姑棚改造、天天源生物科技有限公司等项目。第三检查组成员实地察看枣坪村燕仙自然村“虎墓岗”夹心彩钢板银耳标准化菇棚、城西工业园区、际面现代特色农业示范园区、盛养生物科技有限公司食用菌标准化厂房及精深加工建设、后路村二期菇棚、泮洋至曲斗道路硬化建设等项目。第四检查组成员实地察看东吉村乡村振兴建设、宝桥村食用菌标准化菇棚建设、大甲村香菇生产基地、宁达汽配工业园等项目。第五检查组成员实地察看黄田镇网箱养殖整治提升、双坑村库周防护工程、水口镇网箱整治、湾口村“智慧党建+”等项目。第六检查组成员实地察看前洋村重点文化建设项目、卓洋乡双耳食用菌专业合作社、鹤塘镇Y727鹤佳线鹤塘至佳垅公路改建工程、南阳村标准化菇棚建设（二期）等项目。有关县处级干部、乡镇（街道）党政主要负责人、县直有关单位主要负责人等参加。

15日　县委常委会会议召开。会议传达学习习近平总书记重要讲话和重要批示精神；传达全省、全市政协主席座谈会暨秘书长工作交流座谈会、市委常委会会议精神，研究古田县贯彻意见；听取县“两会”筹备情况汇报，研究审定县人大常委会、县政府、县政协工作报告；研究审定第十四届（2018—2020年度）省级文明村镇、文明单位（社区）和第二届省级文明校园、文明家庭推荐名单；研究审定《关于建立县政府向县人大常委会报告国有资产管理情况制度的通知（送审稿）》《古田县食用菌协会换届方案（送审稿）》；听取2021

年为民办实事项目、2021年财政预算编制情况汇报；研究干部工作等。

同日 县政府第17次常务会议召开。会议传达学习全省冬春火灾防控工作电视电话会议及宁德市冬春火灾防控部署会精神，研究贯彻意见；听取古田县2021年为民办实事项目、2021年财政预算编制情况工作等有关情况汇报；研究审定《政府工作报告（送审稿）》。

15—17日 省水利厅副厅长黄明聪带队到古田县开展省对县扶贫开发工作成效实地考核。

20日 古田县新冠肺炎疫情防控工作第88次会商会召开。会议研究部署全县新型冠状病毒肺炎疫情防控工作。

22日 宁德市乡村振兴"抓两头带中间"现场推进会在古田县召开。市委副书记曾智勇等参加。

同日 副市长杨方到古田县宁达汽配工业园项目、美佳再生铝精深加工项目、安发生态科技园猕猴桃种植基地等处调研。

同日 县政府第18次常务会议召开。会议听取古田县临水宫景区开发建设项目、福建振兴集团有限公司安排注册资本金、全县粮食安全工作等有关情况汇报；研究审议《古田县公共租赁住房管理办法（送审稿）》。

同日 县政协十四届十七次常委会（扩大）会议召开。会议传达学习中共十九届五中全会精神，研究政协第十四届古田县委员会委员调整事宜，通报县政协十四届六次会议筹备情况，审议通过县政协常委会工作报告、提案工作报告、召开县政协十四届六次会议的有关事项。

23日 省外办党组书记、主任王天明，市政府副秘书长、市外办主任孙志姝，省广播影视集团党组成员、副董事长刘毅，厦门航空有限公司总经理助理颜长征，澳门数字中国科技联盟执行主席、澳门新大陆万博科技有限公司董事总经理刘金东一行到古田县开展挂钩帮扶系列活动。

24日 县委常委会会议召开。会议传达学习习近平总书记在中央政治局第二十六次集体学习时的重要讲话精神和中央经济工作会议、省委十届十一次全会、省委经济工作会议、市委经济工作务虚会暨市委市政府工作调研检查总结会、全市乡村振兴"抓两头带中间"（古田）现场推进会精神；听取2020年全县食品安全、古田县"菌都英才"评选及追赃追逃工作情况汇报；研究审定《古田县2020年度全面从严治党主体责任落实情况检查工作方案（送审稿）》；研究县政府县长、县人大常委会副主任、县人大常委会委员候选人建议人选，县第十七届人大第六次会议临时党委建议人选名单。

25日 县十七届人大常委会三十九次会议召开。会议听取审议《县十七届人民代表大会常务委员会代表资格审查委员会关于古田县人民代表大会代表资格审查的报告（草案）》《县十七届人大常委会和专门委员会组成人员人事事项》《关于补选古田县第十七届人大常委会组成人员的决定（草案）》《关于补选古田县第十七届人民政府县长的决定（草案）》《县十七届人民代表大会第六次会议大会主席团组成人员结构情况、大会日程（草案）及大会特邀人员、列席人员名单等事项》《县人大常委会工作报告（草案）》《关于2019年度县本级财政预算执行和其他财政收支审计发现问题整改情况的报告以及县政府关于提请审议2021年预算（草案）的报告》。

26日 古田县食用菌协会第七届会员代表大会召开。会议选举产生古田县食用菌协会新一届理事会。省农业农村厅食用菌推广总站站长庄学东、省农科院食用菌所所长林衍铨、省食用菌协会副会长羿红、福建农林大学生命科学学院院长秦源、市农业农村局四级调研员程端春、福建农林大学（古田）菌业研究院院长胡开辉和县领导钟昌华等参加。

27日 古田县新冠肺炎疫情防控工作第89次会商会召开。会议研究部署全县新型冠状病毒肺炎疫情防控工作。

28日 县委召开常委会会议，传达贯彻市委四届十三次全体会议精神；听取中共古田县委十二届十六次全体会议筹备情况汇报，研究审定全会有关材料。

同日 县委十二届十六次全会召开。会议审议通过《中共古田县委关于制定古田县国民经济和社会发展第十四个五年规划和二〇三五年远景目标的建议（讨论稿）》《中共古田县委关于制定古田县国民经济和社会发展第十四个五年规划和二〇三五年远景目标的建议（草案）》《中国共产党古田县第十二届委员会第十六次全体会议决议（草案）》。县委委员、县委候补委员、其他现职处级领导干部、纪委委员、乡镇（街道）党政主要负责人、县直有关单位主要负责人、县处级离退休老干部代表等参加。

28—30 日 县政协十四届六次会议召开。会议听取和审议《中国人民政治协商会议第十四届古田县委员会常务委员会工作报告》《中国人民政治协商会议第十四届古田县委员会常务委员会关于十四届五次会议以来提案工作的报告》《中国人民政治协商会议第十四届古田县委员会第六次会议提案审查委员会关于县政协十四届六次会议提案审查情况的报告》；审议并通过政协第十四届古田县委员会第六次会议决议。县处级干部，驻军某部领导，古田溪水电厂领导，历届县政协正副主席、调研员等出席。

28—31 日 县十七届人大六次会议召开。会议听取和审议《古田县人民政府工作报告》《关于古田县 2020 年国民经济和社会发展执行情况及 2021 年国民经济和社会发展计划（草案）的报告》《关于古田县 2020 年财政预算执行情况及 2021 年财政预算（草案）的报告》《古田县人民代表大会常务委员会工作报告》《古田县人民法院工作报告》《古田县人民检察院工作报告》《中共古田县委关于制定古田县国民经济和社会发展第十四个五年规划和二〇三五远景目标纲要（送审稿）》；表决通过《古田县人民政府工作报告》《关于古田县 2020 年国民经济和社会发展执行情况及 2021 年国民经济和社会发展计划（草案）的报告》等 6 项决议；选举产生县政府县长，县人大常委会副主任，县人大常委会委员，组织宪法宣誓。非县人大代表的县处级干部，驻军某部领导，县直机关单位及群团组织负责人，各乡镇乡镇长、街道办事处主任，省、市属驻古单位负责人，非县人大代表的市人大代表、市政协委员，出席政协第十四届古田县委员会第六次会议的委员等列席。

29 日 县委召开常委会会议，研究审定《中共古田县委关于制定古田县国民经济和社会发展第十四个五年规划和二〇三五远景目标纲要（送审稿）》。

同日 县政府第 19 次常务会议召开。会议听取两节及省、市“两会”期间社会安定稳定工作情况汇报；研究审议《古田县国民经济和社会发展第十四个五年规划和二〇三五年远景目标纲要（送审稿）》。

同日 县委召开专题会议，听取《陈靖姑传奇》暂缓拍摄维权工作情况汇报。

31 日 县人民政府县长黄其山到古田北站、康达食品有限责任公司、城东社区卫生服务中心疫苗接种点、县级集中隔离点等处调研今冬明春疫情防控工作。

12 月 县司法局被中华全国人民调解员协会评为“组织宣传人民调解工作先进集体”；县法律援助中心主任郑玲娟被司法部评为“全国法律援助工作先进个人”。

12 月 农业农村部、财政部认定福建省古田县现代农业产业园为第三批国家现代农业产业园。

12 月 县农机局获农业农村部、应急管理部授予的全国“平安农机”示范县称号（2021 年 3 月 5 日公布）。

12 月 农业农村部等七部委发出《关于认定中国特色农产品优势区（第四批）的通知》（农市发〔2020〕5 号），古田县入选第四批中国特色农产品优势区。

12 月 环湖路建设完成，实现全线通车。该项目累计征迁坟墓 350 余座；拆除临构 66 处，涉及面积 8230 平方米；征地 407 亩，其中水田 157 亩、鱼塘 183 亩、林地 67 亩。

12 月 《古田县志（1991—2005）》由中华书局出版发行，全书 32 篇 166 章 150 万字。该志书从 2005 年开始组织修纂，历经 15 年时间、30 多次的修改、补充、完善，先后通过市级、省级方志部门组织的专家组审查，经过中华书局审查通过、出版。

县情概况

县情概况

古田，又称玉田，唐开元29年（741）建县，为福州十邑之一。现属宁德市，辖8镇、4乡、2街道，人口42.49万人，素有“一都”（中国食用菌之都）、“两区”（老区和库区）、“四乡”（华侨之乡、水电之乡、水果之乡和文化体育之乡）美誉，面积2372.82平方千米。古田县山清水秀，有库区湖面57.2平方千米，森林覆盖率72.14%；是全国最大的食用菌生产基地之一，是全国食用菌品种最全、规模最大、品牌最响的食用菌产销大县之一，其中银耳产量占世界总产量90%以上。2020年地区生产总值204.97亿元，粮食总产量11.55万吨，食用菌总产量90.14万吨。古田县是福建省最大库区移民县，1958年建设新中国第一个五年计划“101工程”——古田溪水电站和1987年建设华东地区最大的水口水电站，先后两次共移民6万多人，淹没土地6万多亩，古田县人民为国家建设做出巨大贡献。古田县是福建省重点侨乡，县内归侨、侨眷逾10万人，旅外华侨、外籍华人近30万人，是闽东第一侨乡。古田县有国家级传统村落27个、省级传统村落31个；省级历史文化名镇1个、省级历史文化名村8个。

自然概貌

【地理位置】 古田县位于福建中部偏东北方，闽江中游，古田溪中下游，地理坐标为北纬26° 16′—20° 53′，东经118° 32′—119° 24′。东依蕉城区、罗源县，西连南平市、建瓯县，北邻屏南县，南界闽清县、闽侯县。东西宽82千米，南北长66千米，总面积2372.82平方千米。县政府驻城东街道，距宁德市政府120千米。

【地形地貌】 古田县地势由北向南倾斜。境内山峦起伏，岭谷相间。纵贯南北的山脉有东部的天湖山、中部的土满山、西部的矮将岗，整体地形呈横向的“日”字形。天湖至土满山之间形成大东盆地、土满山至矮将岗之间形成翠屏湖（古田旧城区）和新丰（古田新城区）盆地。石塔山雄踞北部，高岗山镇守南部，形成凤埔乡和泮洋乡两大遥相对应的中山山地。闽江沿西南部急剧下切，北岸溪流多挟涧悬瀑。古田溪出口处在水口镇，与闽江交汇处海拔仅10米，为古田县地势最低点。古田全境相对海拔高差1613.5米，河道比降大，水流急，蕴存丰富的水能资源。

【气候环境】 境内气候类型属中亚热带季风气候。冬短夏长，夏无酷暑，冬无严寒，气候温和，四季不甚明显，各地差异较大。黄田谷地夏季长达168天，冬季只有36天，春季85天，秋季77天；而泮洋山区夏季只有87天，冬季长达90天，春季107天，秋季81天。

建置沿革

东汉建安初（约196年），古田县属侯官县。隋大业初（约605年），属闽县。唐开元二十九年（741年）建县至民国二十三年（1934年），均属福州（含闽侯），期间古田归属行政区随福州政区变化而变化。

民国二十三年（1934年）7月，实行行政督察专员制，设行政督察专员公署，全省划为10个行政督察区，古田属第三区，专员公署设南平。1934—1963年，古田属南平专区（署），归属行政区随南平政区变化而变化。

1963年改属闽侯专区。

1970年改属宁德地区（市）。

境 域

域内在习惯上分四个区域：东部称大东，含大甲、杉洋、鹤塘、卓洋四乡镇；中部称小东，大桥、吉巷二乡镇；北部称北路，含平湖、凤埔二乡镇；南部称南路，含泮洋、水口和城西古田溪沿岸村；西部称西路，含城西街道、凤都、黄田三乡镇（街道）。

唐开成年间（836—840年），析古田县东之地，合宁川，添置感德场（属宁德县）。清雍正十三年（1735年），析北地20都、22—29都、31—34都共13个都，置屏南县。

1958年，建瓯小䔢划归凤都公社，1964年屏南银场塔山划入平湖公社。此后古田境域无大变更。

县境四至，最南在水口镇汶潭，最北是凤埔乡石塔山，最西在黄田镇村里，最东为大甲乡毗源；东西宽82千米，南北长66千米。全县总面积2372.82平方千米。

行政区划

两宋置4乡、13里。元代改建东乡为建安乡，析全县为48都。明代置4乡、12里，城内5个保，城外46个都。清代沿明建制。雍正十三年（1735年），析北地1个里13个都设屏南县。古田县实有11个里，城内5个保、城外31个都、661个村。

民国初，沿袭清末的行政区。民国22年5月，实行保甲制，析全县为8个区公所。民国25年，改区公所为区署，全县设4个区署。民国29年4月，撤区、联保改称乡镇。民国35年5月，改为14个乡（镇）。民国38年6月，全县为15个乡镇。

1949年6月14日古田解放，沿用保甲制，成立行政村，实行乡（镇）保甲制。1950年5月，废除保甲，实行区乡村制。1958年10月，实行人民公社化，撤区并社，全县建立8个人民公社。1984年10月，改人民公社为乡（镇）人民政府，全县设10乡4镇，取消大队，恢复行政村，设村民委员会，街设居民委员会。1986年2月13日，成立水口镇，辖8个行政村和1个居委会。1990年3月25日，因建设水口电站，莪洋镇驻地迁移黄田改名黄田镇，水口镇驻地迁移至朝天桥附近。2004年4月5日，撤销古田县新城镇、松吉乡、湖滨乡设立城东街道办事处、城西街道办事处。2014年，大甲撤乡设镇。2018年，古田县辖2个街道、8个镇、4个乡。

资 源

【土地资源】 全县土地面积2373平方千米，其中山地296.89万亩，耕地40.15万亩，水域15.8万亩（包括两大水库）。土地面积为闽东第一。

【水资源】 境内除闽江主干流外，还有古田溪、霍口溪和武步溪等，主要溪河25条，主河道长301千米，流域面积1498.7平方千米。水能理论蕴藏量33.13万千瓦，可开发水力资源12万千瓦。1958年，因建古田溪水电站，迁建整个县城，淹地4万多亩，移民4万余人。水坝截流蓄水，形成福建省最大的水库，水域面积37.1平方千米，库容量5.74亿立方米；1987年又因建闽江水口电站，淹地2万余亩，移民2万余人，新建黄田、水口两镇。1994年，水口电站跨江巨坝竣工，上流水位提高65米，形成境内水域面积34.8平方千米的大水库，库容量26亿立方米。

【矿藏资源】 古田县境内矿藏种类有金属矿和非金属矿。金属矿有铁、铜、铝、锌、钨、钼、稀土、银和金等；非金属矿种有叶腊石、花岗岩石、砖瓦粘土、硅石、泥炭土、高岭土、萤石、黄铁矿、凡灰熔岩、地下矿泉水、温泉等。矿藏开发于宋代，经开发利用的金属矿有铁砂矿、铝、钨、锌及银等；非金属矿有砖瓦粘土、河砂、石、高岭土、泥炭土和花岗岩、叶腊石等。

【森林资源】 古田县森林资源丰富，是福建省主要林区县。境内植物种类繁多，有118个群系80个群丛，计186科、721属、1321种及亚种，80个变种型品种。其中蕨类植物有29科、48属、87种，裸子植物有10科、22属、28种；被子植物有147科、651属、1206种。植物区系起源古老，蕨类植物有紫箕、芒箕、中华里白、镰叶瘤足蕨等；裸子植物有红豆杉、秃杉、三尖杉、罗汉松、水松、黑松、黄山松（即台湾松）、南方油杉等；被子植物更多。其中属中国特产单种属或少种属植物有银杏、钟萼木、马挂木、建柏、肿节竹等。2020年，全县林地保有量266.81万亩，森林覆盖率达72.14%，森林蓄积量1005.6万立方米。国家级生态林保存面积38.48万亩，省级生态林保存面积39.60万亩。天然林保护管理30.04万亩，湿地保有量12.9万亩，自然保护区（含保护小区）32.73万亩。森林面积、森林蓄积量居宁德市第1位，森林覆盖率居全市第5位。境内有市级林业自然保护区1处、保护小区440处，保护面积32.73万亩，占国域内土面积的9.15%。

【旅游资源】 古田县千年古迹、人文文化与雄浑的山川融为一体，蕴含极丰富游资源。自然风光有白溪万亩草场、高岗十里杜鹃、白岩洞、翠屏湖、金钟湖等；人文景观有佛教、道教、儒教古建筑、摩崖石刻和遗址；红色旅游资源景观有古田革命烈士纪念碑、黄孝敏烈士故居、毗源溪苏维埃政府遗址、闽东独立师指挥部遗址、福建省党代会会址遗址、澄洋暴动遗址等；国家级非遗保护项目“陈靖姑信俗”；景点有国家级重点文物保护单位古田临水宫、田地桥等；有中国著名的民族学家、人类学家和社会学家林耀华故居所在地“金翼之家”；有遍及乡村的明清古民居、有四姓宗祠并存的省级历史文化名镇杉洋镇。

特　产

古田以“中国食用菌之都”名闻全国，全县共开发30多个菌类，被中国食用菌协会授予“全国食（药）用菌行业优秀基地县（市）”称号。“古田银耳”证明商标获国家商标局批准登记注册，古田银耳被国家质检总局批准为国家原产地域保护产品。黄田马蹄笋获国家地理标志商标，农副特产有白凤水蜜桃、芙蓉李、油柰、湖滨蜜柚、猕猴桃、脐橙、利洋炮弹柿子、葡萄、马蹄笋、香菇、杏鲍菇、蘑菇以及水库的淡水鱼、禽畜良种古田黑番鸭。传承千年的古田红曲在国内外闻名，全县红曲年产量3万多吨，产值2.8亿多元，占全国产量的85%。古田红曲制作技艺被列入福建省级非物质文化遗产名录，古田红曲批准注册为地理标志证明商标。

红色古田

【概况】 1927年，古田成立中共古田特别支部，为福建省中国共产党早期组织之一、宁德市最早的党组织。黄孝敏、叶飞、阮英平、陈挺、范式人、王助、饶守坤、曾镜冰、左丰美、黄宸禹等老一辈福建革命领导人先后到古田开展革命斗争。1934年，毗源溪村苏维埃政府成立。1938年春，古田有230多名优秀儿女参加新四军，奔赴抗日前线。1940年，中共平湖区委成立。1944年，省委派黄宸禹、刘捷生到古田，组织召开沙洲尾会议。1946年底至1947年初，中共福建省党代会召开，古田县是会议召开的主要地点。1948年4月8日，成功发动澄洋暴动，暴动后成立闽浙赣游击纵队。1949年5月，古田人民游击队与屏古瓯游击支队合编为中国人民解放军闽浙赣人民游击队古田支队。1949年6月14日，古田支队配合人民解放军二野五十一师一五二团进驻古田城，推翻国民党古田政府，成立人民民主政府。1950年8月，中国人民解放军长江支队三大队四中队到达古田。古田县是福建省重点革命老区县。14个乡镇街道、189个建制村居、1371个自然村中，100%的乡镇被定为老区乡镇，66%的行政村居被定为老区行政村居，42%的自然村被定为老区自然村。

【老区扶建】 2020年，县领导重视关心老促会工作，对老区基点建制村和贫困的重点老区村予以政策倾斜，对老区群众提出的建议和要求，及时予以落实解决。县副处级以上领导干部全部挂钩老区贫困村，指导新农村建设示范村、美丽乡村建设。省老促会会长谢先文、副会长兼秘书长林跃强、省民政厅副厅长林丽华、省老区办主任陈晨光、市老促会会长陈成章、市老区办副调研员李辉、省老促会玉田分会领导黄宗福、陈春禹、余洪北分别多次到古田县老区村调研，帮助解决老区苦难群众，助力老区脱贫“造血功能”。省市县有关部门对古田革命老区投入资金360万元，重点帮扶老区贫困地区提高造血功能，建设食用菌种植基地。县重点老区扶建村凤埔乡桃洲村、鹤塘镇南阳村、东际村、大甲镇小甲村、茶洋村生产建设成效显著。南阳村茶树菇生产基地品种优良，年产菇1100吨，产值达1100万元，户均年增收4万—7万元。东际村致力于水电站技改和发展铁观音优质茶业生产，老区群众收入户均增5—6万元。大甲乡茶洋村和小甲村致力于无公害花菇生产，户均纯收入4万—5万多元。后彰、秀峰、鹤塘、朝天桥等老区村进行产业结构调整和科技“示范基地”建设，得到老区建设有偿资金的重点支持。卓洋乡秀峰重点老区村现高起点全面建设高标准的彩钢瓦外棚银耳专用房，在该专用房生产出的优质银耳获得更高的经济效益，全村2020年种植反季节银耳达7000多万袋，人均创收突破4.2万元。朝天桥银耳专用房基地化、工厂化生产等都在当地继续起很好的示范作用，其经济和社会效益都非常明显，参加科技示范活动的老区人民年均收入每户可提高4—5万元。平湖后岩、鹤塘南洋建成重点老区小康示范村，鹤塘路上村建成重点老区行政村之精神文明示范村。建设或修复一批老区革命重要纪念地、场馆，有城西街道罗峰村“魏雪馨烈士纪念馆”、平湖镇后岩村“南古瓯中心县委旧址”、城东街道桃溪村“叶明根故居”、卓洋乡前洋村“革命历史陈列馆”、大甲乡毗源溪村“红军北上抗日纪念馆”。

【科技扶建】 古田县老区科技服务团开展老区村实用科技培训活动。全年介绍农业高新技术40项，出动讲师121人次，举办培训178期，发放各种培训材料2.5万余份，受训人员1.4万人次。8月25日，大桥镇举办80多名废残人实用技术培训食用菌专业。老专家丁湖广教授“银耳栽培10项关键技术”。果树专业老专家教授“果树生产管理技术”为残疾人提供谋生之道。4月13日老专家丁湖广应罗源县有关部门邀请，为罗源食用菌协会50多人讲授《食用菌病虫害防控技术措施》通过两县对接，建立互联网机制。适用App网络快速服务。老专家与县气象台合办建立“气象服务农业微信群”。每周五根据古田气象台发布的“一周气象信息”，针对性提出食用菌、林业、水果三方面，应对技术措施，通过“种子工程”微信群快速将种子信息送达示范点农民手机上。年共发布45期。

【巡回义诊】 2020年，县老促会组织义诊医疗队，分别于1月、3月、8月、10月，到重点老区凤都镇村、重点苏区村大甲镇毗源溪村、杉洋镇楼下村和鹤塘镇里苏洋村等15个村开展义诊活动。义诊医疗队由县医院内科、外科、骨科、妇产科和凤都、大甲、杉洋、鹤塘卫生院的主治医师、副主任医师以上骨干人员组成，共28人，为4个村义诊共218人次，健康咨询260人次，免费发放药品价值5000元，免费测血糖410多人次，免费发放各类健康宣传资料600多份。

【慰问助学】 2020年，省市县有关部门对古田老区革命烈士和革命“五老”、军属后代、低保户以及重病造成贫困的人员，向贫困大学生、初高中学生资助共计234.6万元。其中，老区慰问金4.6万元；贫困大学生20万元；初高中生210万元，涉及老区人口701人。

【学生爱国主义教育】 清明节前夕，谢德如、魏鉴串、包海妹和陈光孝等老干部到塔山祭扫烈士陵园，并向古一中、古一小、罗华中心小学和湖滨中心小学等12所中小学3000多名师生开展爱国主义革命教育宣讲。

【老区宣传】 编撰《古田县革命老区发展史》。该书系全国1599个老区重点县丛书之一。全书客观记述古田县从1911年辛亥革命至2020年的老区发展史，共26万字，总投入20万元。全年共出老区建设工作简报12期，省老促会福建老区建设网上采用刊登稿件9篇、23幅图片，省市县有关报刊、广播电台、电视台采用的稿件35篇次。

（撰稿：陈光孝）

水　文

【概况】　古田蒸发站是古田县水文监测和行业管理的专业机构，设立于1957年10月，系参照公务员法管理的事业单位，隶属福建省水文水资源勘测中心。设水文各类监测站点27处，其中大型蒸发实验站1个，为全国七大蒸发站之一，水位站3个，雨量站11个，水库站3个，水质监测站9个。

【降水量】　年降水量1356.8毫米，折合水量33.05亿立方米，比上年少11.2%，比多年平均值少18.2%，属枯水年。降水时间主要集中在2—9月。受地形影响，全县降水空间分布不均，年降水量大体随海拔高度递增。主要河流古田溪年降水量1403.1毫米，折合水量25.17亿立方米，与上年相比少10.7%，比多年平均值少18.1%。

【蒸发量】　2020年年水面蒸发量937.8毫米，比上年多2.1%，比多年平均值少2.7%；最大日水面蒸发量6.5毫米，日期为6月16日；最小日水面蒸发量0毫米，日期为3月9日。

【水资源量】　年水资源总量13.43亿立方米，折合年径流深551.5毫米，比上年少35.2%，比多年平均值少37.5%。全县地下水资源量4.571亿立方米。全县主要河流古田溪水资源量为10.51亿立方米，折合年径流深586.1毫米，比上年少35.0%，比多年平均值少43.0%。主要出境水量有古田溪及周边小溪和霍口溪，共计18.92亿立方米，其中13.63亿立方米流入闽江，5.29亿立方米流入鳌江。

【蓄水动态】　古田县共有大中型水库3座。其中，大型水库古田溪一级水库1座，中型水库古田溪二级水库、双口渡水库各1座。2020年，境内大中型水库年初蓄水量2.463亿立方米，年末蓄水量1.915亿立方米，年蓄水量减少0.548亿立方米。

【供用水量】　2020年，全年总供水量1.7130亿立方米。其中蓄水工程供水0.8666亿立方米，引水工程供水0.8464亿立方米，提水工程供水0亿立方米，地下水及其他水源供水0亿立方米。

【水量消耗】　农田灌溉用水量1.3989亿立方米，林牧渔蓄用水量0.0131亿立方米，工业用水量0.0750亿立方米，居民生活用水量0.1630亿立方米，城镇公共用水量0.0510亿立方米，生态环境用水量0.0120亿立方米。

（撰稿：陈九州　审稿：郑长荣）

气　象

【概况】　2020年平均气温20.0℃，偏高1.2℃，为1959—2020年同期最高值，极端最高气温38.0℃，极端最低气温-1.6℃；年日照时数1682.6时，较常年偏少72.2小时（偏少4.1%）；年降水量1333.4毫米，较常年偏少270.7毫米（偏少16.9%）；全年暴雨日数3天，比常年偏少1.3天；年内未受台风影响，属偏好年景。

【气温】　2020年4月偏低，3月、7月偏高，1月、5月、6月、8月、11月异常偏高，其中8月与1959—2020年同期最高值持平，1月、6月为1959—2020年同期最高值；12月31日受寒潮南下影响，出现2020年度初霜和初结冰，初霜较常年平均偏迟27天。

【降水】　2020年年内降水时空分布差异大，10月、11月异常偏少，1月、4月、8月显著偏少，3月、12月偏多。

【日照】　2020年9月、12月显著偏少，3月偏少，4月异常偏多。

【暴雨】　2020年3月12日、28日受低层低涡切变影响，本站均出现暴雨，日降水量分别为67.5毫米、55.2毫米。7月25日受高空槽东移影响，本站出现暴雨，日降水量为67.3毫米。

【干旱】　2020年10月1—21日

连续21天日降水量＜2.0毫米，出现旱兆。10月22日、11月7日、11月8日降水量分别为3.3毫米、2.1毫米、2.5毫米，未能有效解除旱情，11月9日—12月13日连续35天日降水量＜2.0毫米，古田县旱情继续发展，出现中旱。12月14日本站出现中雨，日降水量21.6毫米，气象干旱解除。

【极端天气】 2020年平均气温20.0℃，偏高1.2℃，为1959—2020年同期最高值；1月、5月、6月、8月、11月平均气温异常偏高，其中8月与1959—2020年同期最高值持平，1月、6月为1959—2020年同期最高值。

【低温寒害】 2020年12月31日受寒潮南下影响，出现本年度初霜和初结冰，初霜较常年平均偏迟27天。

【气象服务】 实行防汛防台部门联防联动工作机制，服务防灾减灾救灾，履行气象灾害预报预警、天气监测和公共气象服务部门职责，提供防灾建议，切实有效防御灾害性天气。履行疫情联防联控工作成员单位职责，动态跟踪了解疫情防控气象保障服务需求，利用气象预警发布平台全方位提供专题气象服务，发挥气象防灾减灾“第一道防线”作用，统筹推进疫情防控和经济社会发展气象保障服务。助力乡村振兴，了解特色农用气象服务需求，每周向农业大户等滚动发布农业气象天气预报；开展军地融合气象服务，针对驻古部队特点和对天气预报、天气过程需求，建立军地气象服务工作机制，为其专题开展重要性关键性天气预报预警服务。发展“一县一品”资源气象服务创新服务方式，开发具有人性化、便捷性的服务产品，提供气象专项网站服务和古田溪流域暖云催化、火箭增雨服务。

【基础设施建设】 开发完成“古田基层防汛气象支持系统”，在建古田人工影响天气效果检验基地项目。该项目是福建省气象现代化重点项目，可提高人工影响天气工作效益。

（撰稿：魏玮）

地　震

【防震减灾】 2020年12月，建成“福建古田城东地震监测站”，位于古田一中校内。古田县地震办被福建省地震局评为2020年度全省市县防震减灾工作县级优秀单位。

【地震监测】 据福建省地震台网测定，2020年古田县水口镇附近发生地震45次，最大震级2.9级。

【机构改革】 根据古田县委机构编制委员会的决定，古田县地震办公室调整规范后的名称为古田县防震减灾中心。

（撰稿：余延湖　审稿：陈作仁）

民族语言

古田居民以汉族为主，原住少数民族有畲族、回族。通过婚配、工作调动、劳务等常住少数民族有壮族、苗族、彝族、满族、朝鲜族、蒙古族、高山族、布依族等。畲族多聚居平湖、大桥、凤都，少数分布其他乡镇（街道）；回族多居城东、城西、平湖、黄田、凤埔；其他少数民族大部分分布在大甲、鹤塘、卓洋、吉巷、黄田、城西等乡镇（街道）。古田方言属以福州话为代表的福州方言语系。南部水口镇人通福州话和闽清话，西部凤都镇后溪和珠洋两自然村人说客家话也说古田话外，全县通行以城关口音为代表的古田话。

城乡居民生活

【居民收入】 2020年，城镇居民人均可支配收入35018元；农村居民人均可支配收入20262元。

【居民消费水平】 城镇居民人均消费支出22058元；农村居民人均生活消费支出13581元。

【住户储蓄】 2020年年末，住户储蓄存款余额达148.47亿元。户籍人均储蓄额为34941元。

人　口

2020年年末，全县户籍总人口42.49万人。人口出生率为9.6‰、人口死亡率为5.9‰、人口自然增长率为3.7‰。

中共古田县委

重要会议

【县委十二届十二次全会】 2020年1月17日召开。会议由县委常委会主持。全会深入学习贯彻中共十九届四中全会、省委十届九次全会、市委四届十一次全会精神，讨论县委常委会工作报告，审议通过《中共古田县委深入贯彻〈中共中央关于坚持和完善中国特色社会主义制度、推进国家治理体系和治理能力现代化若干重大问题的决定〉的实施方案》。县委书记钟昌华就实施方案向全会作说明并讲话。

【县委十二届十五次全会】 2020年9月29日召开。会议由县委常委会主持。会议听取和讨论县委书记钟昌华所作的报告。

【县委十二届十六次全会】 2020年12月28日召开。会议由县委常委会主持。全会以习近平新时代中国特色社会主义思想为指导，深入学习贯彻习近平总书记重要指示批示和中共十九届五中全会、省委十届十一次全会、市委四届十三次全会精神，认真听取和讨论县委书记钟昌华受县委常委会委托所作的工作报告。

重要活动

【省政协领导古田县调研】 1月18日，省政协主席崔玉英到卓洋乡前洋村、城东街道旺村洋村康乐家养老中心、古田县政协、古田县双创基地等处调研。

【市长调研疫情防控工作】 1月27日，市委副书记、市长梁伟新到古田县集中隔离点古田县第二医院、政法培训中心及城东街道翠屏社区调研疫情防控工作。

【市委书记调研疫情防控工作】 2月5日，市委书记郭锡文到鹤塘镇南阳村、大甲镇大甲村调研疫情防控工作，并看望疫情防控一线工作人员。随后，召开古田县新型冠状病毒感染肺炎疫情防控工作情况汇报会。

【市长调研疫情防控工作】 2月8日，市委副书记、市政府市长梁伟新到大桥镇沂洋村、京台高速古田互通口等处分别调研银耳烘干企业复工复产、检测点设置等工作情况。随后，召开古田县新型冠状病毒感染肺炎疫情防控工作汇报会。

【省委领导调研疫情防控和复工复产】 2月19日，省委常委、组织部部长杨贤金到城西街道长岭村、京台高速古田互通口查验点、永辉超市、城西街道文河社区等处调研检查疫情防控及企业（项目）复工复产工作。

【副省长郑建闽到古田县调研】 3月13日，省政府副省长郑建闽到大桥镇广胜村、大桥村，城东街道双山村调研疫情防控期间困难群众兜底保障工作。

【市长梁伟新到古田县调研】 4月8日，市委副书记、市长梁伟新到古田县调研宁德市金开环保建材有限公司机制砂项目、福建锦和盛环保建材有限公司石制品项目、棋坪洋生态矿山公园、天天源生物科技有限公司、横洋溪小流域整治情况、境外人员集中隔离点疫情防控情况以及春耕备耕生产情况，并召开座谈会。市政府副市长黄国璋，县领导党帅陪同。钟昌华、党帅、卓昌旭、林纪建、凌宏、刘晓兵等参加座谈会。

【市委书记郭锡文到古田县调研】 4月22日，市委书记郭锡文到古田县华洋制衣有限公司、十方田商贸有限公司、铁王精密铸造有限公司、凤都镇际面村业、天天源生物科技有限公司等处开展“四下基层”暨统筹推进疫情防控和经济社会发展调研。

【副省长到古田县开展巡河调研】 5月27日，省政府副省长李德金到水口库区开展巡河调研，并召开座谈会。

【陈靖姑文化节网络直播活动】 6月13日，举办以“千年临水情、健康古田行”为主题的2020年陈靖姑文化节网络直播活动，台湾100多位宫庙代表参加，线上点播量达200多万人次，达到预期目标。景德镇陶瓷大学国际学院院长张婧婧，县领导钟昌华、卓昌旭、余榕梅、余新琳、陈泽霖、林世晴等参加。

【副省长到古田县调研普惠金融工作】 6月29日，省政府副省长郭宁宁到杉杉科技有限公司年产5万吨动力电池负极材料研发生产基地、天天源生物科技有限公司、古田农丰食用菌合作社、福建三友食品有限公司、县民富中心等处调研普惠金融工作。

【市委书记到古田县调研】 9月17—18日，市委书记郭锡文到姚淑先本草银耳生产基地、城乡供水一体化项目、树兜村食用菌标准菇房建设项目、村溪村、杉杉科技有限公司年产5万吨动力电池负极材料研发生产基地、美佳再生铝精深加工项目、宁达汽配工业园项目等处调研。

【中华全国供销合作总社领导到古田县调研】 9月21日，中华全国供销合作总社党组成员、理事会副主任邹天敬，中华全国供销合作总社指导部部长刘进喜到十方田商贸有限公司、食用菌批发市场、食用菌博物馆、福建农林大学（古田）菌业研究院、晟农食用菌专业合作社等处调研。

【副省长到古田县指导国庆安保工作】 10月3日，省政府副省长、公安厅厅长田湘利到城西派出所、公安局检查指导国庆安保工作、慰问基层民警。

【省社会科学普及宣传周主会场】 10月22日，由中共福建省委宣传部、福建省社会科学界联合会联合主办的“决胜全面小康 决战脱贫攻坚”2020年福建省社会科学普及宣传周主会场活动在古田县黄田镇金翼村举行。福建省委常委、宣传部部长邢善萍；宁德市委常委、宣传部部长谢再春，市人大常委会副主任冯桂华，市政协副主席黄家盛；县领导钟昌华、黄其山、王云盛、余榕梅、余新琳、林世晴、丁景风等出席活动。省社科普及工作联席会议成员单位、市社科普及工作联席会议成员单位和古田县干部群众、志愿者等参加主会场活动。

【全市河长制工作现场会】 11月13日，全市河长制工作现场会在古田县召开。市委副书记、市长梁伟新，市委常委、常务副市长缪绍炜，副市长吴允明、毛祚松、黄国璋，县领导钟昌华、黄其山、丁景风等参加会议。会后，市委副书记、市长梁伟新带领市直相关部门负责人、各县（市、区）分管领导调研卓洋乡前洋村绿盈乡村水环境整治情况和鹤塘镇南阳村河道和矿山整治情况。

经济发展

【概况】 2020年，全县生产总值205亿元；一般公共预算总收入10.8亿元，地方一般公共预算收入7.48亿元；固定资产投资增长6.5%；农、林、牧、渔业总产值增长5.2%；规上工业增加值同比增长3.5%；社会消费品零售总额88亿元；实际利用外资2290万元，增长30.9%；城镇居民人均可支配收入35018元，增长3.8%，农村居民人均可支配收入20262元，增长7.2%。

【疫情防控】 坚决扛起防控政治责任，把疫情防控作为压倒一切的重要工作。立足早谋划、早行动，1月23日率先在全市实行集中办公，组织4600多名党员干部全面投入疫情防控，成立296个党员突击队、先锋队、服务队充实到一线，动员全县上下联防联控、群防群治，迅速筑起“外防输入、内防扩散”的严密防线；进入常态化防控后，慎终如始、保持警醒，因时因势调整外防内控各项措施，坚持“人物同防”，突出“一线两重点”，落实“四早”措施，织密“五张网”，全面提升应急处置能力，不断巩固疫情防控持续向好形势。全年召开89次疫情防控会商会，及时调整疫情防控对策措施，累计排查重点人群4万人次，开展核酸检测5.5万人次。3月4日，实现确诊病例、疑似病例全部清零，后再无新增病例。

【项目工作】 以项目“百日攻坚”行动为抓手，促进在建项目快投产、前期项目快落地。200个在建重点项目完成投资54.2亿元，其中32个省市重点项目、完成投资26.7亿元。新增“五个一批”项目104个，总投资120.6亿元。万润首府等86个项目开工建设，美佳再生铝等73个项目实现竣工或投产。宁古高速安征迁工作序时推进，环湖休闲运动旅游公路（一期）等建成通车。出台《古田食用菌产业园北区标准化厂房管理办法》，启动标准化厂房招租，“筑巢引凤”助力项目加速落地。争取重点项目建设提前批、第一批专项债券14.6亿元，报批土地6974亩、林地695亩，完成电力投资0.8亿元、水利投资1亿元。深化“放管服”改革，推行“一窗通办”“一站式服务”，开展批而未供、闲置土地处置专项行动，营商环境不断优化；聚焦宁德四大主导产业等重点领域，常态化开展“一把手”招商、小分队招商、产业链招商，签约引进车船用微型水泵生产、美唐食用菌即食品加工等产业项目29个，总投资58.81亿元，完成市下达任务的118%。

【工业发展】 坚持“抓龙头、铸链条、建集群”，新增规上企业12家、“专精特新”企业2家，环朝工贸等产业项目建成投产、新增产值12.6亿元，实施技改项目10个、完成投资2.4亿元。推进古田食用菌产业园和大甲工业集中区两个百亿元园区建设，“一心两翼”产业布局日渐成型，园区基础配套设施日趋完善，食用菌产业园北区、西区基本建成，签约引进17家企业入驻标准化厂房，工业经济支撑作用日益凸显。

【农业发展】 坚持“五化”路径，大力发展“2+N”特色产业，加快食用菌产业转型升级步伐，新建4010间标准化菇棚，完成5个优质农产品标准化示范基地创建，新增市级龙头企业6家、省市农民合作社示范社10个、“两品一标”7个，获评古田银耳中国特色农产品优势区，“古田水蜜桃”获评国家地理标志证明商标，通过第三批国家现代农业产业园认定。全面压实“米袋子”“菜篮子”责任制，落实粮播面积29.9万亩，粮食总产量11.6万吨，增长2.4%；生猪存栏增至11.84万头；建成高标准农田2.3万亩；新增猕猴桃种植900亩、标准生态茶园1300亩。

【服务业发展】 坚持业态创新、模式创新，建成1个县级村淘运营中心和40个民富村淘服务站点，成为全省第一个启动村淘“智慧县域”项目的县，入选全国“互联网+”农产品出村进城工程试点县，“双创”基地第二批电商企业入驻申请有序开展，成功举办县长直播带货等推介活动10余场次；商贸流通保持平稳，新增限上商贸企业15家、出口备案企业21家；旅游业加快发展，出台《促进旅游产业发展八条意见》，扎实推进A级景区创建，临水文创产品成功首发，全年接待游客123万人次、旅游收入9.5亿元；房地产市场有序运行，完成商品房销售13.9万平方米。

【脱贫攻坚】 坚持“四个不摘”，紧盯“两不愁三保障”和农村饮水安全等问题，不定期开展“回头看”，对各项退出指标实行动态监测，及时查缺补漏。全力做好疫情防控期间精准扶贫工作，对全县1270户贫困户受疫情影响情况开展排查，下达救助金、慰问金等197.9多万元，帮助1742名贫困人口实现复工，确保疫情对贫困户造成的影响降至最低。

【乡村振兴】 坚持“抓两头带中间”，统筹抓好1个省级特色乡镇、10个省级乡村振兴试点村、15个县级乡村振兴重点培育村和46个产业薄弱村建设，推行党支部领办合作社试点，促进村财、村民“双增收”，通过“典型引路”和“提携后进”实现“抓两头带中间”，点面结合带动全县乡村振兴渐次展开，农村居民人均可支配收入连续17年位居全市第一。加快补齐农村人居环境突出短板，推进“一革命四行动”，完成171个自然村、917户改厕，新改建农村公厕77座、乡镇公厕10座。完成255个行政村房前屋后整治，完成村庄绿化530亩、裸房整治1054栋、危房改造96户，创建7个省级森林村庄。

【城乡建设】 新型城镇化宜居环境建设扎实推进，印石公园观景栈道及跨路天桥、玉田公园提升工程（二期）等建成投用，一批路网、河道景观亮化提升工程建成完工，沿街立面改造基本完成。城西片区供水工程投产运行，县第二水厂竣工验收，城乡生活垃圾治理一体化项目主体完工。新改建供水管网、雨污管网、燃气管道27千米，新增城区停车位169个、充电桩76个，绿化面积4.3万平方米。

【生态文明】 以创建国家级生态文明建设示范县为抓手，开展污染防治攻坚战，集中力量攻克突出生态环境问题，造林绿化1.4万亩、治理水土流失1.5万亩，完成山水林田湖草生态保护修复工程、敖江流域矿山生态修复工程和闽江流域入河排污口整治任务。第一轮中央环保督察反馈问题全部整改到位，第二轮中央环保督察信访件全部交账销号。城区集中式饮用水水源水质达标率、空气质量优良天数比例达100%。“河（湖）长＋检察长”府检协作模式得到水利部和最高人民检察院肯定与推广，全省首创“古田县河（湖）长制微信云监督平台”，全市河长制工作现场会在古田县召开。

【民生事业】 全年财政支出84.5%投向民生领域，全心全意为群众办实事、解难事。农村低保标准从家庭人均年收入6960元提高到7152元，7类特定对象老年人全部纳入居家养老购买服务范围，生活不能自理特困人员集中供养率达95.6%。建成农村幸福院27个、互助“孝老食堂”40个、农村区域性养老中心1个、公益性公墓建设1个，儿童福利院二期主体完工，基层社会救助实现新提升。城区“小巷管家”、农村“互助孝老食堂”等特色做法得到省领导肯定。全市民政重点工作推进会暨养老补短板工作现场会在古田召开。召开县委专题会议，分类研究部署民生领域补短板工作，7个教育补短板项目加快推进，古田一中莲桥校区等项目启动建设，城西幼儿园等建成投用，古田三小等8所学校通过“省义务教育管理标准化学校建设”市级评估，全市文科状元花落古田。医药卫生体制综合改革持续深化，公立医院薪酬制度改革全面落地；县医院迁建、同仁医院建设等项目序时推进，县精神病防治院等建成完工；实现177个村卫生所“村村通医保”；全市首家基层心衰中心通过国家认证。“文化”三馆启动内外装修，建成12所乡村学校少年宫；完成37集大型纪录片《千年临水情》；成功举办陈靖姑文化节网络直播活动、全省社会科学普及周主会场活动启动仪式；坂中村入选省委党校“四下基层”现场教学点。

【安定稳定】 开展平安建设。在扫黑除恶专项斗争中，侦破九类涉恶案件113起，打掉九类涉恶团伙28个、黑社会性质组织1个、恶势力犯罪集团5个、恶势力犯罪团伙3个；开展禁毒、打击电信网络诈骗等专项行动，侦破诈骗案件43起、毒品刑事案件12起。防灾减灾救灾和应急处置能力不断提升，完成344栋重大房屋结构安全隐患整治。“七五”普法通过市级验收，第七次全国人口普查入户登记工作高质量完成。

党建工作

【政治建设】 紧密结合习近平总书记对福建、对宁德工作的重要讲话重要指示批示精神，开展《习近平谈治国理政》第三卷、《习近平在宁德》等系列采访实录的学习，多形式组织宣讲中共十九届五中全会精神，全面引导干部拧紧理想信念“总开关”，巩固深化“不忘初心、牢记使命”主题教育成果，切实用新思想武装头脑、指导实践、推动工作。同时，严格执行党章和新形势下党内政治生活若干准则，认真落实重大问题、重要事项、重大工作请示报告制度，推动各级党组织和党员领导干部切实扛起责任。

【基层基础建设】 树立大抓基层和一切工作到支部的鲜明导向，持续推进基层党组织“四个标准化”建设，结合“达标创星、晋位升级”活动，评选219个“五星”党组织；探索党支部领办合作社试点，推行“村集体+合作社+农户”、联村抱团发展等模式，安排专项发展资金2200多万元，有效增加村集体收入，全市抓党建促乡村振兴暨村党组织领办合作社现场推进会在古田成功举办；重新倒排确定软弱涣散党组织25个，逐一安排县处级领导、县直单位挂钩帮扶，加快推进整顿转化。推动“党建+金融助理”服务模式，选派第二批金融助理44名，实现金融助理驻村全覆盖。发动基层党组织围绕疫情防控开展“晨巡晚议”，经验做法在学习强国、《闽东日报》上刊登报道。

【作风建设】 坚持多措并举、选育管用相结合，通过举办专题培训班，召开选调生座谈会，选派优秀年轻干部挂职锻炼、参与重点工作实战攻坚等方式，深化一线跟踪考察。全年共提拔重用92人（其中曾受处分但影响期满、表现优秀的3人），平级交流95人，科级干部职级晋升69人，一般干部职级晋升28人，有效激发广大干部扎根基层、建功立业的干事热情。严格干部监督管理，坚持“严”的主基调，严格落实中央八项规定及其实施细则精神和省市县实施办法，全面深化群众身边腐败和作风问题整治，持续开展“四访”工作，推进扶贫领域腐败和作风问题、涉黑涉恶腐败、移风易俗等专项治理，保持惩治腐败高压态势，一体推进不敢腐、不能腐、不想腐。全年党纪政务立案136件（其中科级要案13件）、党纪政务处分132人。

台湾事务

【概况】 古田县是闽东重点台胞祖籍地，是省、市重要的对台工作县份之一。古田临水宫先后被列为大陆首批国家级涉台文物保护工程、国家重点文物保护单位、中国华侨国际文化交流基地、国家级“海峡两岸交流基地”。2020年，全县共有在台同胞近5000人，年度涉台婚姻10对，台资企业2家。

【2020年陈靖姑文化节网络直播】 根据县委、县政府工作部署，在有关部门配合下，6月13日在古田县成功举办以“千年临水情、健康古田行”为主题的2020年陈靖姑文化节网络直播活动，台湾100多位宫庙代表参加，线上点播量达200多万人次，达到预期目标。

【调处涉台合同纠纷】 受突发的新型冠状病毒肺炎疫情影响，原计划于春节期间在大桥镇中村村举办的2020年第一届临水宫百年古迹两岸文化美食节无法如期举办。台港澳工作股多方调处，多次会同所在乡镇政府主动给予滞留在古田的台胞生活上必要的帮助，并请有关法律专家帮助解释合同内容，耐心细致地做好解说，最终妥善解决。

【台胞台企服务】 开展“台商台胞服务年”活动，疫情期间开展重点台企业走访慰问活动，到全县台企摸排生产情况、了解疫情影响等，向台胞宣讲政策措施，帮助出谋划策、排忧解难。

组织工作

【概况】 2020年，中共古田县委组织部着力塑造高素质干部队伍，优化领导班子队伍结构，完善干部考核评价机制，落实干部教育培训等制度，着力集聚高水平优秀人才，完善人才政策体系，实施“人才回归”工程，加强乡村人才培养；着力打造高标准基层党组织，推进基层党组织“四个标准化”建设、农村党支部领办合作社试点工作，持续发展壮大村级集体经济。

【主题教育】 举办“习近平新时代中国特色社会主义思想”专题培训班。开展主题教育整改落实情况“回头看”，组织8个巡回指导组，督查在专项整治发现的420个问题整改落实情况。共制定整改措施750条，其中，完成整改262个、阶段性完成整改158个。落实主题教育专项经费支持培育8个主题教育示范点。各级各单位建立健全制度，共修订完善制度153项，新建立制度63项。

【乡村振兴工程】 实施党支部领办合作社试点，安排专项发展资金2200多万元，授信1.2亿元贷款额度，农村党支部代表村集体领办、创办专业合作社59个，落实产业发展项目87个。实行“党建+金融助理”服务，从农村信用社中择优选派第一批、第二批117名业务骨干担任乡（镇）、村两级金融助理。开展“不忘初心系‘三农’红色金融助振兴”活动，通过提供低息信贷、开辟绿色通道、支持村企共建等方式，激发党员参与乡村振兴的热情。推进村级集体经济“进五争十”三年行动，实施“抱团发展”策略，通过“强村带弱村”等形式，做大做强村财增收项目。2020年，县内无收入10万元以下的村级集体经济“相对薄弱村”，收入20万元以上的87个，占行政村总数的31.64%。

【“两新组织”党建】 建设全县食用菌产业链党群服务中心，在乡镇培育食用菌产业链大党委和示范点，以党建引领食用菌特色产业发展。持续提升“两新组织”党组织的组织力，成立中共福建古田工业园区工作委员会，统筹管理工业园区内非公企业党组织。评选“星级商户”“星级‘两新’书记”50多名，落实两新组织书记岗位津贴制度，发放三星级以上两新党组织书记岗位津贴12万元。开展“村企红色联姻·助力乡村振兴”活动，探索“党建引领、村企共建、互助互惠”新路径，推动28家企业与25个村结对共建，累计投入资金650余万元，发展项目15个，为结对村提供就业岗位460个。

【城市基层党建】 推进街道体制改革，完成街道“两中心五办一大队”建设和基本人员配备，重新梳理街道权责清单，街道行政审批和服务事项清单由107项压缩到70项、职责清单由217项压缩到120项，有效为街道“减负”。城东、城西街道党群服务中心建成并投入使用。依托业主委员会、物业服务公司等，组建小区党支部、党小组、临时党支部14个，覆盖率80.6%。推行“近邻”党建模式，探索“小巷管家”社区治理模式，建立健全社区特殊困难群体的关爱服务体系。

【机关和学校党建】 以“三联三带四促进”、城乡党组织“联建双推”、组织部机关“挂乡联村抓党建”等活动为载体，组织138个机关单位838名党员干部联系148个重点村4737名贫困对象，让脱贫一线成为干部干事创业的“主战场”。巩固“不忘初心跟党走 对标争先创五星”活动成效，开展中小学校党组织“四个标准化”建设“回头看”工作，全面强化中小学党的阵地建设及教师党员队伍管理，推动全面从严治党向学校延伸。

【基层党建基础保障】 深化“达标创星、晋位升级”活动，扎实推进基层党组织“四个标准化”建设，共培育五星级党组织302个，各领域基层党建示范点60多个。开展城市党建阵地“达标升级”活动，统筹安排城市党建专项经费60万元，集中新建、修缮一批社区党群服务活动中心、小区红色驿站。落实村干部基本报酬规定标准和正常增长机制，将村主干月基本报酬增加至2900元，社区主干、其他“两委”成员的基本报酬分别按当年最低工资标准1.7倍、1.5倍发放，为462名村主干统一办理人身意外保险。落实社区办公经费、社区服务群众专项经费各10万元，支部领办合作社经费100万元、非公党建示范点培育经费40万元。

【发展党员】 注重从产业工人、农牧渔民、高知识群体、少数民族中和在非公有制经济组织、社会组织中发展党员，进一步优化党员结构。全年共发展党员252名，其中35岁以下的153名，占总数的60.71%；高中以上学历的176名，占总数的69.84%；女党员83名，占总数的32.94%。

【党费收缴管理】 2020年1月1日县管账面结存315万元。2020年，全县党费收入526万元（含上级下拨党费），支出533万元（含上缴市组党费），结存307万元。

【党员教育管理】 2020年累计安排慰问资金64.58万元，慰问困难党员、群众792人，帮助解决困难145个。实施“党员帮带计划”，组织56名农村党员致富带头人帮扶74名党员贫困户脱贫，其中15名农村党员致富带头人被评为全市“党员帮带标兵”。开展支持防疫工作，全县18800多名党员自愿捐款160多万元，划拨45.3万元用于慰问一线防疫工作者、困难党员群众，共慰问一线医务工作者和基层党员干部300多人、特困党员41名，确诊对象困难家庭2户。

【干部教育培训】 依托县委党校举办科级干部培训班2期96人，中青年干部培训班1期91人，举办“两型干部”“乡村振兴”“新提任干部廉洁从政教育班”等专题培训班，培训干部410多人次。举办“周末讲坛”12期，培训干部540多人次。开展“万名党员进党校”培训活动，结合“百场讲座下基层”活动，举办各类讲座110场，培训干部5719人次。

【优化领导班子结构】 注重选拔群众工作经验丰富、熟悉“三农”工作的优秀年轻干部担任乡镇党政正职，配备1981年以后出生的乡镇党委书记4名、1984年以后出生的乡镇党政正职4名和少数民族乡镇党委书记1名，担任正科级3年以上的乡镇（街道）党（工）委书记和县直单位正职中，1980年以后出生的4名、女干部7名、党外干部4名、少数民族干部4名；持续深化实施优秀年轻干部“111”储备培养行动，挑选76名年轻干部到重点项目（工作）一线历练，选派162名年轻干部外出学习培训、短期挂职，提拔重用33名35岁左右年轻干部，其中3名走上正科领导岗位，14名为“90后”干部；加大培养选拔女干部、少数民族干部、党外干部力度，提拔使用优秀女干部14名、少数民族干部2名、党外干部2名，推荐1名结构性干部到市委得到提拔使用，推荐提名3名优秀女干部、少数民族干部和党外干部增补为县人大常委。

【一线跟踪识别干部】 出台《关于深化和完善“五位一体”干部考核评价机制的实施办法（试行）》，注重把视野延伸到重难点工作一线。根据每次跟踪考察的结果，滚动更新优秀干部200多人，选树32个重点项目（工作）典型案例进行宣传表扬，推荐9名在疫情防控一线表现突出的干部作为市委组织部宣传表扬、关心慰问对象，推荐一名干部入选组织工作“百个好榜样”中评选的一线担当好干部；到14个乡镇（街道）和36个县党政工作部门开展蹲点调研，发现和掌握166名表现优秀科级和后备干部，全年共有42名在一线工作出色的干部被提拔到重要岗位上使用。

【提振干部精气神】 坚持优者上、庸者下、劣者汰，对关键时刻、重大任务面前豁得出去、顶得上去的干部大力提拔使用，对不担当、不作为的干部坚决予以调整。全年火线提拔4名疫情防控一线表现优秀干部，破格提拔1名业务型干部，大胆使用2名曾被处分但影响期满、表现优秀的干部，调任2名事业干部，岗位调整3名表现较差干部；印发《古田县激励疫情防控一线党员干部人才担当作为八条措施》《2020年度县级关心关爱基层干部工作计划》，设立关心关爱基层干部补贴专项资金，实现乡镇工作人员收入高于县直机关同职级人员20%以上；持续探索实践容错纠错机制，正确对待被问责和受到处分的干部，严肃查处诬告陷害行为，首创的“一事一议”容错纠错机制被宁德市委组织部评选为组织工作“百个好榜样”党建创新好案例，得到省纪委、省委组织部的肯定，要求“视情在全省范围内予以推广实施”。

【干部监督管理】 坚持党管干

部原则，规范干部选拔任用工作，落实“四凡四必”等制度要求，对“三龄二历一身份”等资格条件从严审核，注重听取有关部门审查把关意见，并加强与巡察部门合作，做好选人用人专项巡察工作，共同对26个单位进行选人用人专项检查，扩大干部选拔任用监督覆盖面；实施干部日常监督“红线预警”机制，依托干部监督联席会议制度和“12380”信访举报系统，收集干部“负面信息”，切实加大提醒、函询、诫勉力度，共函询6人。深化干部日常管理服务，持续巩固超职数消化、退离休处级干部社团兼职等专项整治工作成果；推动形成干部监督联席会议成员单位齐抓共管的信访工作格局，做好新形势、新要求下组织部门信访工作。

【公务员队伍建设】 对2020年拟招考的公务员岗位招考条件、考生报名笔试资格严格审查，完成90名新录用公务员政审和录用等手续，完成2019年度公开招考中延迟体检的2人的考察录用工作。规范公务员转任、交流、调任工作，严格审查最低服务年限、职数编制、资格条件等，全年共办理18名机关工作人员调配，并对1名干部从参公单位交流到行政单位，接收转业安置退伍军人1名（安置古田县公安局）。及时做好公务员登记申报工作，审核上报公务员登记36人，参照公务员法管理机关工作人员登记34人，参照公务员法管理事业单位工作人员登记5人。严格执行干部退出机制，审核办理到龄退休73人，提前退休16人，抚恤金36人、遗属补助12人、死亡核减54人，完成遗属定期定额生活困难补助费标准调整。

【公务员工资福利】 做好全县在职人员工资变动调整工作，办理因考核晋升、调动、职务（职级）晋升、试用期满转正定级、病假等工资审批手续5300多人次。规范津补贴发放，审核各单位应休未休年休假补贴、加值班补贴和乡镇补贴。

【选调生培养】 2020年，共接收12名选调生，全部安排到重点乡镇街道，其中8名应届选调生安排到建档立卡贫困村和乡村振兴重点村进行任职。组织选调生参加培训，其中参加岗前培训8人，初任培训12人，提高班培训2人，科级干部进修班培训8人，中青年干部培训班6人，“两型干部”专题培训班7人。

【人才工作】 坚持人才投入优先保证、人才政策鼓励创新的鲜明导向，投入人才专项经费700万元，出台《古田县工作室管理办法》等12个政策措施，聘用紧缺急需人才8名，柔性引进各领域专家34名。实施“宁智回归”“校地合作”“乡村人才振兴”等重点人才工程，引回239名人才返乡创业，引回项目27个；与阳光学院等5所高校签订校地合作协议，接收60多名学生到古田县开展调研实践；评选“菌都英才”“翠屏英才”59名，培育新型职业农民、电商人才、技能人才等1700多名，选派科技特派员、教师、医生等954名专业人才赴基层服务。突出“服务先行”理念，强化人才服务保障，发放各类人才补助235.7万元，在《中国组织人事报》等刊物发表文章41篇，吸引23批次570人到人才主题展示馆参观学习，切实营造拴心留人的良好氛围。

（撰稿：郑泽松）

宣传工作

【概况】 县委宣传部坚持以习近平新时代中国特色社会主义思想为指导，深入贯彻落实习近平总书记关于宣传思想文化工作的重要思想和全国、全省、全市宣传部部长会议精神，自觉承担起举旗帜、聚民心、育新人、兴文化、展形象的使命任务，紧紧围绕全县工作大局，为深入贯彻落实市委“一二三”发展战略，打响“千年临水健康古田”发展品牌提供坚强思想保证和强大精神力量。

【理论学习】 2020年，开展新一轮“大学习”活动，学习实践习近平新时代中国特色社会主义思想，理论学习中心组组织开展学习研讨、撰写文章、专题调研等活动。县委理论学习中心组围绕《习近平在宁德》《习近平在厦门》《习近平在福州》采访实录等共开展集中学习研讨10次，完成《习近平在宁德》采访实录县委理论学习中心组6个专题的学习研讨。撰写的学习心得体会文章《秉持初心传承使命》《学思践悟　勇担作为》《增强战略意识　厚植为民情怀　谱写奋进新篇章》等在《闽东日报》、学习强国平台刊登。持续开展理论宣讲。对“新文艺”“巾帼美”“土专家”等8支队伍100多名宣讲员进行建档立卡，实行动态管理。响应宁德市理论进基层“百千万”工程建设，组织理论轻骑兵到田间地头、校园课堂、工厂车间、广场社区讲“宁德故事”“古田故事”。

【网络宣传】 2020年4月24日，开展“县长带你买好货”网络直播活动，在线最高超过143万人，带动企业销售额累计527万元。该活动开启古田各企业直播带货营销新模式。办好微信公众号“古田发布”，共发布原创或转发微信稿2436条。疫情期间，坚持每天更新信息5条，当天最高点击量超过47万人次。开通古田融媒体抖音号，坚持每天发布1—2个作品，单条最高点击量达17.9万人次。县内6家重点自媒体网站共推送抗疫文章482多篇。开展疫情宣传，发送疫情宣传手机短信98万条，设计制作分发宣传单90万份，电视新闻《宁德古田火车站的疫情科普》在中央电视台新闻频道的三个栏目中刊播。

【特色文化】 实施“千年临水　鼎新有象”“金翼之家民俗画廊”“文武古镇　耕读人家”“五朝流韵　世外古村”“大德故里　家国在心”五大文化宜居品牌建设，宣传陈靖姑信俗文化、金翼文化、圆瑛文化、朱熹理学文化等特色文化品牌，制作新闻产品广泛对外宣传。完成拍摄37集大型纪录片《千年临水情》，以“一湖两江”为线索，从时间、空间两个维度全方位、深层次地再现和展示古田县的历史文化、风土人情和社会发展变迁。纪录片以每周一播的形式在宁德电视台各个频道展播，并在学习强国学习平台上进行推送。全网点击播放量超过2000万人次。举办“2020年陈靖姑文化节”网络直播活动，扩大国家级非物质文化遗产陈靖姑信俗文化的影响力，增加两岸文化认同感。承办“决胜全面小康决战脱贫攻坚”2020年福建省社会科学普及宣传周主会场活动，现场对糍粑、木贴画、竹编等10项非遗项目和传统技艺进行集中展示。

【精神文明创建】 成立古田县创建省级文明县城工作领导小组，成立创建文明县城工作专班，对古田创城中存在的27项主要问题开展专项治理，开展创城工作专项督查。结合疫情防控工作，倡导群众遵守村规民约规定，以实际行动推动移风易俗，共建文明乡风，营造抗击疫情浓厚氛围。推进全县290个行政村新版村规民约修订工作，各村村民议事会、道德评议会、红白理事会、禁赌禁毒会发挥强大作用，初步遏制大操大办、封建迷信等陈规陋习。依托古田县未成年人校外心理辅导站，组建疫情防控期间心理危机干预志愿服务队，开通防疫热线。广泛开展志愿服务活动，以县乡村三级为单元，建立文明实践体系。2020年全县注册志愿者11114名，志愿服务组织367个。

【意识形态责任制】 召开古田县贯彻落实《中国共产党宣传工作条例》视频会议，开展落实情况调查研究，对标对表、研究解决存在的问题，存在的差距。中共古田县委意识形态工作领导小组更名为中共古田县委宣传思想文化工作领导小组，调整充实相关成员单位和组成人员。

（撰稿：陈胜烨）

融媒体工作

【概况】 古田县融媒体中心为县委直属公益一类事业单位，机构规格为相当正科级，经费渠道为财政核拨，归口县委宣传部管理，加挂古田县广播电视台牌子。撤销古田报社、古田县广播电视台、古田县有线电视记者站，原在编人员转隶至县融媒体中心。内设机构有办公室、总编室、记者部、编辑部、新媒体部、节目部、技术部、广播部、运营部。县融媒体中心事业编制58名，设主任（正科级）1名、副主任（副科级）3名，股级干部职数18名。2020年，以古田电视台、报社和互联网播出、发布、传输为平台，建设融媒体指挥调度和采编中心，构成“策、采、编、发、追、评”智能一体化全媒体业务流程，形成“一次采集、多元生成，全媒体覆盖”工作格局，促进各种新闻要素深度融合、各种报道资源共享、各种媒介互联互通，构建出符合现代传播需求的业务体系，推动融合发展。

【刊播平台】 古田县融媒体中心现有古田电视台综合频道、福建电视台公共频道古田时段、县内交流刊物《今日古田》、微信公众号“古田发布”（共有“直播古田”“视频新闻”2个版块）、古田新闻网、古田县融媒体中心抖音号等媒体平台。

【新闻宣传】 2020年，“古田发布”微信公众号拥有“粉丝”量6万人次，总访问量318.4万人次，单条最高点击量达46.9万人次，入驻新福建、澎湃新闻等知名移动媒体端。3月12日，创建古田县融媒体中心抖音号，共发布作品980多件，“粉丝”量2.8万人次，获赞18万次，入驻今日头条、抖音等社会化商业平台；内部资料性出版物《今日古田》，2020年1月起根据市文旅局要求，刊型由周报改为月刊，年末共出版12期。古田新闻网与微信公众号“古田发布”的内容基本保持同步更新。

6月13日，古田县融媒体中心与县台港澳办、县文旅局、宁德人民广播电台等单位共同举办“2020年陈靖姑文化节”网络直播。7月10日，举办“十方田杯”古田文旅知识有奖竞答。5月23—24日，与宁德人民广播电台等单位共同举办“主播带你游闽东”“乡村振兴公益行动”等活动。

（撰稿：陈盛丹）

社会科学联合会工作

【概况】 古田县社科联成立于2008年12月。2011年2月市编委批准同意社科联定性为群团，机构规格为正科级。2013年10月选举产生县社科联第一届委员会，2019年9月选举产生县社科联第二届委员会。2020年，在编人数3人，主席1名，干部2名，为县诚信促进会、县林耀华研究会、县陈琸文化研究会、县诗词楹联学会业务指导单位。

【理论研究】 编撰社科系列文丛《古田诗歌读本》，由福建师大中文系教授游友基主编，共计42万字，2020年3月由海峡出版集团出版。林丽琴《浅谈推动“闽东之光”文化共建的思考与探索》《浅谈提升县级人大智库建设“内外脑互联”的思考与探索》分别入选市级社科课题和被市人大评选为优秀奖。举办“2020年福建省百场社科专题报告会（古田会场）”，由福建师范大学教授、博导郑传芳讲授《学习贯彻党的十九届五中全会精神》。

【社科普及】 与县教育局、县医院、县诗词楹联学会等联合推出社科普及抗疫专题4期；与县委宣传部、县文旅局、县博物馆共同向省市社科联申报2020年革命老区中央苏区社科普及特色活动资助项目，举办古田县文化遗产和红色遗存展。建成黄孝敏烈士史料陈列馆、中国·红釉博物馆等5个省级社科普及基地。组织参与省社科联举办的“贯彻落实党的十九届四中全会精神”第12期网上有奖竞答活动、“深入学习贯彻《习近平谈治国理政》第三卷”第13期网上有奖竞答活动，县社科联获省级优秀组织奖、省级最佳组织奖。

【社科宣传】 2020年10月22日，具体承接由省委宣传部、省社科联主办的主题为“决胜全面小康决战脱贫攻坚”2020年全省社科普及宣传周主会场活动。开展“社科普及在你身边”普及咨询，《习近平谈治国理政》第三卷金句、“民法典”等主题图片展，“闽东之光”社科讲坛，主题报告会等活动。省委宣传部部长邢善萍出席，省教育厅、省文明办、省财政厅等省市社科普及联席会议成员单位领导参加。《人民日报》、人民网、《光明日报》、中国新闻网、新华网、中国农村网、中国文明网及《福建日报》、东南卫视等新闻媒体和学习强国、今日头条等平台报道该活动全程。

（撰稿：陈颖）

统战工作

【侨务工作】 通过微信工作群、

电话联系等向海外侨胞了解海外疫情情况，引导海外侨胞科学防疫、避免恐慌。在海外发生疫情以后，紧急采购的2.5万个口罩、100个护面罩寄往疫情相对严重的国家和地区。全年共办理华侨回国定居证2份，出具《不具备华侨身份认定书》13份；受理华侨归侨侨眷身份确认事项12件；出具中考三侨生子女证明2份；通过华侨捐资等方式筹集20万元资金，对古田县城东翠屏社区医疗服务中心进行全面提升改造，依托现有的设备及人员组建古田县华侨医疗服务中心。定期走访慰问困难归侨，发放慰问金10.2万元，贫困归侨生活补助金5.955万元；为15户因病、因学导致生活困难的归侨侨眷和困难家庭发放临时救助资金7.7万元；申请“百侨帮百村—联村助户”结对帮扶贫困侨眷2户，发放补助资金0.5万元；调查摸底32户贫困归侨，申请省级财政补助资金7.36万元；办理海外侨胞和归侨侨眷来信来访求助26件/次。

【无党派人士、党外代表人士和新的社会阶层人士队伍建设工作】 加强党外知识分子、宗教界代表人士和新的社会阶层人士的政治引领，引导他们与党和政府保持同心同德、“同频共振”。采取灵活多样的方式，到新阶联会员中开展理想信念、诚实守信、敬业爱国、“制止餐饮浪费，厉行勤俭节约”等宣传教育活动。组织新阶联班子走访会员企业50个。创新活动方式，组织开展“铁皮石斛种植、营养价值和食用办法现场直播活动”，将直播平台与培训基地、职业教育有机融合，发挥直播平台方便快捷、实时互动的优势，做到疫情防控和技术培训推广“两不误、两促进”。举办党外及宗教界代表人士、统战系统干部培训班和新的社会阶层人士培训班2期。

【民族宗教工作】 认真贯彻执行各项政策措施，完善工作机制，促进民族团结，民族宗教工作呈现出和谐发展局面。争取市级以上民族补助资金114万元，实施6个民族村与偏远少数民族自然村基础设施、社会事业、村财增收和特色村寨建设项目9个；畲族文化内涵不断丰富，完成《古田最美畲村》宣传片的拍摄制作；走访慰问少数民族贫困学子、少数民族困难群众，落实助学金6.4万元、慰问金5.6万元；强化少数民族干部队伍建设，组织新任用少数民族干部进行专业和岗前培训。每季度召开宗教团体负责人季谈会，组织宗教团体负责人系统地学习《宗教团体管理办法》《宗教事务条例》《中华人民共和国国旗法》，召开古田县天主教爱国会第二届会员大会，选举产生新一届天主教爱国会委员、领导班子；确定古田天仙府等6个县级民间信仰活动场所联系点，完成鹤塘大型露天观音造像补报审批手续及上报工作。

【非公有制经济领域统战工作】 开展“服务‘六稳’‘六保’护航民企发展”检察开放日活动，组织民营企业家参加民企租赁纠纷的信访案件公开听证会。民营企业家们通过对案件的了解，“零距离”接受法治教育。加强惠企政策宣传。利用多种渠道，广泛宣传党的政策方针，防疫的工作部署、工商联动态等，拓宽会员的信息来源。加强商会沟通交流，组织3家企业前往厦门参加2020食用菌全产业链（厦门）创新博览会，并走访厦门古田商会交流学习。参与光彩事业，承办2020年宁德市“同心·光彩助学”古田县专场捐赠仪式，为50名古田县贫困家庭新入学大学生每人颁发3000元助学金，解决品学兼优但家庭相对困难的同学实际困难。

【港澳台海外统战工作】 举办以“千年临水情　健康古田行”为主题的2020年陈靖姑文化节网络直播活动。通过“直播福建”及“海博TV”平台进行全程网络直播，广大信众及观众在家就能“云上看节”“云端祈福”。台湾顺天圣母协会也通过直播连线的方式同步参与网络直播活动。在直播活动期间，全力推出古田县政府联合江西景德镇陶瓷大学倾力打造的“夫人瓷（慈）”系列陈靖姑瓷文化文创产品。邀请网红主播、资深主播为瓷器、玉器和木雕等系列文创产品代言，串联消费者与原产地之间的“最鲜一千米”“最后一公里”，宣传推介古田临水文创产品及古田特色绿色产品，塑造古田农产品的特色品牌。

（统战部　供稿）

纪律监察

【概况】　学习贯彻习近平新时代中国特色社会主义思想，全面贯彻中共十九大和十九届二中、三中、四中、五中全会精神，认真落实十九届中央纪委五次全会、省纪委十届六次全会、市纪委四届六次全会、县委十二届十六次全会部署，坚持稳中求进总基调，发挥监督保障执行、促进完善发展作用，推进纪检监察工作高质量发展。

【主体责任】　坚持政治监督的根本地位、统领地位，召开43次专题学习会。把政治监督融入决策执行的各方面、各环节，推进政治监督具体化常态化。落实“四听三看三运用”工作法，探索建立“九必谈”、廉情状况定期汇报和政治生态分析专题研判制度。全年共查处违反政治纪律案件2件，给予党纪政务处分2人。发挥班子成员“头雁效应”，班子1人获评省抗击新冠肺炎疫情先进个人，是全省唯一获此殊荣的纪检监察干部。完善“质询评议”“一季一培训”“一月一测试”等经验做法。

【专项治理】　专项治理扶贫领域腐败和作风问题。累计开展建档立卡贫困户全覆盖入户访查4次，发现并推动整改问题49个。全年共查处扶贫领域问题线索13起21人，给予党纪政务处分2人。专项治理教育、医疗、食品药品、生态环保等领域突出问题，全年共查处民生领域问题线索8起22人，党纪政务处分2人。专项治理涉黑涉恶腐败。打“伞”破“网”成效明显，全年共立案审查调查25件25人，其中“保护伞”案件1件1人，组织、领导、参与黑恶势力违法犯罪活动5件5人，涉黑涉恶腐败案件10件10人，其他失职失责问题9件9人。给予党纪政务处分19人，移送司法机关9人。查处移风易俗方面问题22个，党纪立案审查18起19人，通报曝光14起16人。

【体制改革】　推动派驻县法院、检察院机构改革，实现25家县属国有企业派驻监督全覆盖。健全派驻机构干部考核评价体系，激励派驻机构担当作为、依规依纪依法履职。完善查改一体工作机制，提出纪律检查和监察建议书13份，跟踪督促整改典型问题14个。落实八小时外监督机制。完成首届12名特约监察员的聘任工作，持续深化干部个人重大事项报告、任前廉政法规知识测试等制度，促进规范领导干部配偶、子女及其配偶经商办企业行为，构建亲清政商关系。

【日常监督】　第一时间介入疫情防控工作，做到靠前监督、精准监督、常态监督，查处疫情防控工作中违规违纪党员干部24件32人。紧盯“五个一批”项目、减税降费、春耕备耕、环境保护等决策部署落地落实，推动房屋结构安全“百日攻坚”、文化遗产保护、制止餐饮浪费等专项监督工作见实见效，累计开展各类全县性专项监督检查13批次，发出问题清单、督查通报63份，推动495个问题及时解决。紧盯村级组织换届强化监督。坚持早谋划、早部署、早行动，出台具体实施意见，搭建专门班子，配套工作机制，实化具体措施，研判梳理敏感问题，评估高风险村（社区）28个、中风险村（社区）54个、低风险村（社区）207个。

【纠治“四风”】　全年共查处违反中央八项规定精神问题30起，问责35人，党纪政务立案3人。通报曝光县本级违反中央八项规定精神典型问题6起9人。整治决战决胜脱贫攻坚、疫情防控、生态环保以及其他各项工作中的形式主义官僚主义问题，查处问题19件32人，其中党纪政务处分14人。专项监督餐饮浪费行为，持续开展领导干部利用名贵特产特殊资源牟取私利等问题专项整治，查处享乐、奢靡问题25起35人。

【政治巡察】　开展第九轮、第十轮巡察5批次，至2020年12月，共巡察123个单位党组织，巡察覆盖率100%。推动巡察反馈问题整改情况“常态化”监督，共向被巡察党组织反馈问题1645条，整改完成1468条，推动被巡察党组织建章立制783项，累计挽回经济损失819.1万元。修订完善巡察各项工作制度，优化巡察工作流程，强化巡察队伍建设，巩固落实巡察中期会商制度，探索实行组办会商机制。

【惩治腐败】 惩治腐败，共立案审查调查136件，办结131件，其中科级干部案件13件，给予党纪政务处分117人，严肃查处平湖镇原党委副书记、镇长1人，县法院原一级法官1人等严重违纪违法案件。在宁德市率先完成信访检举举报平台建设，做实信访举报分析，有序推进“十百千”“找差距、抓落实、解难题、化积案”专项行动，深化“四访”活动，提升办结率、满意率、成案率。全年受理信访举报416件（业务外121件）。

【反腐倡廉文化建设】 创建“一镇一孝廉”。领导干部警示教育常态化，累计线上、线下警示教育7503人次。完成编纂《古田好家风》。新闻报道在省微发专稿3篇，浏览量超过10万人次，其中陈靖姑专题片得到省纪委监委高度肯定，信息工作在宁德市排名第一。

（县纪委　供稿）

机关党建

【概况】 2020年，县直机关工委以党的政治建设为统领，切实推动模范机关建设，打造过硬党务人才队伍，为打赢疫情防控阻击战，加快“建三圈兴三业”，打造“千年临水　健康古田”发展品牌提供坚强思想政治保障。

【思想政治建设】 印发《2020年古田县直机关党的工作要点》，明确年度目标任务，传达县委整体工作部署要求。6月18日开展“坚决维护核心，践行初心使命”云上主题党日活动，制发《关于在县直机关深入开展创建“让党中央放心、让人民群众满意的模范机关”的意见》（古委工〔2020〕25号），指导县直机关各级党组织贯彻落实新时代党的建设总要求和新时代党的组织路线。在县直机关基层党组织中全面落实“四个标准化”建设。制发2020年“支部工作手册”，促进“三会一课”工作内容具体明确，规范党建档案。同时，根据工作要求，及时派出干部针对2019年民主生活会、组织生活会提出问题在县直机关内进行督导，共计督导支部18个。开展“星级支部”创建，将“星级支部”列入年度绩效考评中，明确考核导向，将优秀典型案例在县直机关中进行表彰宣传，发挥典型示范带动作用。

【基层组织建设】 全年派出4个调研小组，对县直机关16个党委进行督导，共发现问题19处，全部整改完毕。2020年，全县县直机关新发展党员66名。共举办入党积极分子和发展对象培训班，共计101人参训。制定《重要事项跟踪管理制度》，及时做好日常换届提醒工作。2020年，县直机关党总支换届4个、支部换届55个。举办党务干部培训1期，结合疫情防控开设网络党务干部培训班，共计培训党务干部300多名。电信古田分公司、古田县自然资源局采取新媒体宣传交流的方式，发挥示范点辐射带动作用。

【党员培训教育】 县直机关各级党组织突出《习近平在厦门》《习近平在福州》《习近平在宁德》《习近平在福建》及《习近平谈治国理政》第三卷等重点篇目的学习，推进“两学一做”学习教育常态化制度化。结合新媒体和当前疫情防控形势要求，运用云会议平台，在县直机关中开展学习活动，县直机关全体支部实现学习教育全覆盖。组织开展“缅怀先烈守初心，弘扬精神担使命”“弘扬爱国奋斗精神，建功立业新时代”等系列主题党日活动。邀请省、市、县各级专家开展《中国共产党问责条例》《中国共产党支部工作条例（试行）》《党的十九届五中全会精神》等党内重要法规、会议宣讲，强化机关党员干部从政纪律性。

【服务中心大局】 成立“疫情防控党员应急突击队”。组织11支“疫情防控党员应急突击队”共计154人，自2月27日起，分批次分时段循环进驻11个挂点社区，辅助社区开展防疫知识宣传、劝导、测量体温等相关防疫工作。健全党建考评制度，将县直机关党建工作列入年终绩效考核工作。把示范点建设作为党建述职、年度绩效考评、评先评优的重要内容。开展“联建双推促乡村振兴”活动，引导县直机关党组织整合资源、力量下沉、服务乡村振兴。2020年，县直机关工委安排干部到挂点黄田镇上溪村担任第一书记。参与文明交通劝导活动，配合开展创城网格化工作。按照创城办要求，机关工委及时安排人员分批次、分时段进驻城东街道胜利社区强化巡逻工作。

（撰稿：林源鑫）

党校、行政学校工作

【概况】 2020年，县委党校（行政学校）坚持党校姓党，从严治校，突出主业主责，发挥党性锻炼大熔炉作用。坚持服务大局，紧紧围绕县委、县政府中心工作，发挥理论宣传主阵地、干部培训主渠道作用，为推动古田高质量发展作出不懈努力。

【干部培训】 受新冠肺炎疫情影响，对接省委党校，利用福建干部网络平台，完成线上主体培训班2期，其中科级干部进修班1期64人，中青班1期91人次。举办线下集中培训，完成科级干部进修班1期33人次。举办“入党积极分子”“习近平中国特色社会主义思想”“党务干部业务培训”“两型干部”“乡村振兴”“新提任干部廉洁从政”“统战干部”等专题培训班7期，培训500多人次。

【教学特色】 党校教学布局、课程设置中突出党的理论教育和党性教育的主课地位，课时不少于总课时的70%。在线上培训网络平台精选40个教学视频，在主体班上开设的理论党性教育共有23个专题教育。线下培训班采用“一班一策”干部教育培训模式，提升党性修养为主题的现场教学学习、调研和经验交流等活动。主动对接县委、政府中心工作开展培训，开设“乡村振兴与乡村文化复兴”“用扶贫感悟来反思扶贫”“重大公共卫生事件的舆论引导——以新冠肺炎为例”“生态文明建设与可持续发展”等契合古田发展实际的相关课程。

【基地建设】 古田县是习近平总书记“四下基层”调研的第一站，是“四下基层”工作制度重要发源地和实践地。2020年，建设“四下基层主题馆”“食用菌博物馆”“古田人才主题展示馆”等一批“四下基层”现场教学场所，固化习近平总书记在宁德工作期间的科学理念、宝贵经验和优良作风。2020年9月21日“福建省委党校行政学院——古田县‘四下基层’现场教学点”揭牌成立。全年共接纳省内党校培训班6批次400多人参加现场教学。

【科研成果】 2020年，召开课题调研专题会议，制订年度调研计划，着力打造吉巷坂中村、食用菌市场、食用菌博物馆、菌业研究院、晟农公司、福泉鑫公司、红曲博物馆、黄田双坑村、金翼之家、人才主题馆10个现场教学点。组织7名老师分别负责10个现场教学点专题课，撰写汇编现场教学教案、现场教学解说词各1册。

【社会主义学校工作】 2020年组织开展“战疫情、我参与、作贡献”活动。根据省社会主义学院统一安排，组织2019年度新阶层人士培训班学员参与活动。制订社会主义学校年度工作计划，结合2020年热点及县统一战线实际组织开展培训，共举办“党外宗教界代表人士及统战系统干部培训班”“新的社会阶层人士培训班”2期，培训160人次。

（县党校　供稿）

党史方志研究工作

【概况】 2018年12月，在机构改革中，根据〔2018〕16号《中共古田县委办公室　古田县人民政府办公室关于印发〈古田县机构改革实施方案〉的通知》，中共古田县委党史研究室与古田县地方志编纂委员会合并为一个新单位，全称为“中共古田县委党史与方志研究室”。合并后，内设综合股、党史编研股、志鉴编审股、宣传教育股，规格均为股级。核定编制为8人。

【县志编修】 12月，《古田县志（1991—2005）》由中华书局出版发行，全书32篇166章185万字。该志书从2005年开始组织修纂，历经15年时间、30多次的修改、补充、完善，先后通过市级、省级方志部门组织的专家组审查，经过中华书局审查通过，得以在上级部门要求的时间（2020年）内出版。2020年，县党史方志室指导编纂《溪边村志》。该书共12篇、40余万字，交付海峡出版社审查、出版。

【年鉴编纂】 2020年初，下发中共古田县委办公室 古田县人民政府办公室关于做好《古田年鉴（2020）》编纂工作的通知，全面启动2020卷年鉴的编纂工作。由于疫情防控，发文时限有所推迟。在编写过程中，编辑室通过组建的撰稿人微信群，加强与撰稿人的联系，采用边收稿边编辑的方式有序进行，编纂进度大幅度提高。《古田年鉴（2020）》全书设117篇，40余万字，完成初稿征集、修改、审查等工作。12月，书稿送海峡书局出版社审查、出版。

【党史宣传教育】 按照省委党史研究室《关于省、市、县（区）上下联动编写社会主义时期党史二卷的工作方案》《宁德市社会主义时期党史二卷编写工作实施方案》的要求，组织编撰《中国共产党古田历史》二卷。12月，该书完成初稿编纂工作。12月，革命烈士传记《黄孝敏传》完成定稿，送省室审查。同时向财政部门申请经费和出版招投标准备工作。

根据中共宁德市委党史和地方志研究室《关于印发〈闽东革命历史故事连环画丛书〉工作方案的通知》，创作以“黄孝敏革命历史事迹”为蓝本的闽东革命历史故事连环画丛书《黄孝敏：红色曙光耀闽东》，以连环画的形式，展现黄孝敏烈士光辉事迹，做到传承与弘扬古田红色文化并重，切实发挥党史工作“以史鉴今，资政育人”的作用。

【史志服务社会经济发展工作】 2020年，面向全社会广泛征集地情资料，开展与其他县市的地情书交换工作。支持乡村书屋、文化中心阵地建设，将史志文化融入农村书屋、农村文化中心等文化阵地，使之成为乡村史志展示窗口，服务乡村振兴战略。组织党员干部加大对史志文化、红色传承的宣传力度，开展史志进机关、乡村、企业、学校活动。全年发放各类史志书籍200余册，主动为有关单位个人提供地情咨询查询服务，服务来访咨询干部群众300余人次。为古田工业大项目提供30年工业发展重大事件和特色事件资料。

【红色资源保护利用】 按照“重在参与、重在推动、重在利用”的基本方针，把保护利用党史遗址与发展红土地文化、提升文化软实力结合起来，加大党史研究挖掘力度，完成《半山堡垒》修改审稿任务，为前洋村革命历史展陈馆、叶明根故居项目概念设计方案提供资料和审稿任务，发挥党史资源在促进革命老区建设中的作用，进一步传承弘扬古田红色文化。

（撰稿：朱珍）

老干部工作

【概况】 2020年，古田县有由县委老干部局直接服务的离退休干部共有72人，其中离休干部27人（含异地安置代管1人），“5·12”退休干部11人，副处级以上退休干部34人。共有逝世的离退休老干部9名，其中离休干部6人，“5·12”退休干部2人，副处级以上退休干部1人。

【落实生活待遇】 1月2日至1月20日，县委老干部局对全县离退休干部、离休干部遗偶和困难党员开展“两节”慰问，共走访慰问240人，发放“两节”慰问金13.64万元。4月6日，为陈学吉、陈白灼、高玉堂、林挺、卓尚和、卢亨纯、郑连汉、林家棉、杨恒忠、马有存、叶兴润、张初礼、郑顺宝13名离休干部和陈必和、江庆佑2名“5·12”退休干部办理享受护理费事项。4月9日，县委组织部、老干部局、县财政局、县人力资源和社会保障局联合转发中共福建省委组织部、中共福建省委老干部局、福建省财政厅、福建省人力资源和社会保障厅《关于提高“5·12”退休干部高龄护理费标准的通知》，将“5·12”退休干部高龄护理费标准由原每人每月400元提高到每人每月720元。4月20日，根据新冠疫情防控进展情况，与福建微尚生活服务有限公司签订《古田县离休干部居家养老服务协议补充协议》签约仪式，继续以政府出资购买居家养老服务方式为居住在古田县中心城区的全体离休干部提供居家养老服务。6月2日，前往福州探望离休干部林子奇。6月5日，为离休干部林子奇办理享受护理费事项。9月21—24日，组织全县离退休老干部进行一年一度健康体检。10月15日，赴厦门走访慰问原酒厂离休干部张初礼。11月12日，完成8名企业离休干部、“5·12”退休干部和11名企业离休干部、“5·12”退休干部遗属2020年“两费”核定工作。同日，为离休干部游苏洋和“5·12”退休干部程戴金办理享受护理费事项。

【落实政治待遇】 1月2日，古田县召开工作通报会暨离退休老干部慰问座谈会。县委书记钟昌华等17个县委老干部工作领导小组成员及涉老部门单位负责人参加会议。会议向到会的26名离退休老干部通报2019年古田县社会经济发展情况。县委书记钟昌华，县委常委、县政府常务副县长郑国淑，县委常委、组织部部长刘冬康，县政府副县长林世晴前往老干部家中走访慰问谢德如等老干部。8月6日，县委副书记王云盛走访慰问谢德如等离退休老干部。8月9日，县委副书记、代县长黄其山走访慰问谢德如等离退休老干部。9月29日，聘请县总医院黄光锐、吴红梅、郑晨曦等3人为中共古田县委老干部局离退休干部突发疾病救护义务指导专家。同日，邀请副院长黄光锐在县老年大学三楼多媒体教室为老年大学学员、县委老干部局干部职工开展“现场救护知识与技能”健康教育讲座（县委老干部党校第一期培训班）。10月23日，2020年古田县老干部读书班（县委老干部党校第二期培训班）在县老年大学多媒体教室举办，由县委讲师团成员、县委党校高级讲师余红辉作《信仰的力量——中国共产党从苦难走向辉煌的内动力》专题辅导讲座，41名离休干部、“5·12”退休干部、副处级以上退休干部和县委老干部局退休人员、干部职工参加。11月11日，县委老干部局组织11名在古田的副处级以上离退休老干部前往印石公园观景栈道及跨路天桥工程、古田县翠屏湖环湖生态运动休闲旅游公路工程（至平湖）、古田县文体中心（图书馆、文化馆、博物馆）建设项目、古田县双创示范基地项目参观考察活动。县委常委、组织部部长刘冬康参加活动。同日，县委老干部局组织参加参观考察的老干部一行到宁德市离退休干部正能量活动基地——平湖达才黄孝敏烈士故居开展“不忘初心来时路，忆苦思甜映余晖”主题活动。12月4日，2020年古田县老干部读书班（县委老干部党校第三期培训班）在县老年大学多媒体教室举办，由县委讲师团成员、县委党校高级讲师余红辉作《开启全面建设社会主义现代化国家的新征程——十九届五中全会精神解读》专题辅导讲座，28名离休干部、“5·12”退休干部、副处级以上退休干部和县委老干部局干部职工参加。

【老干部活动】 1月31日，县委老干部局印制《众志成城共克时艰为打赢疫情防控阻击战贡献力量——致全县广大离退休干部的倡议书》《给老年朋友的一封信》，倡议全县离退休干部和老年人为疫情防控坚定信心，同舟共济，以实际行动践行初心使命，发挥正能量作用，共同打赢新冠肺炎疫情防控阻击战。同日，县老干部活动中心（含县老年大学、老干部党校、南山老干部活动中心）暂停开放。8月20日，通过电话访谈等方式，广泛听取谢德如等离退休老干部的心声和感受，畅谈脱贫攻坚新成就，收集他们对脱贫攻坚的意见和建议。同日，“黄孝敏烈士故居”作为全省第二批“离退休干部党员传承红色基因学习教育基地”举行揭牌仪式。10月19日至20日，组织离退休干部、老干部工作人员“我看脱贫攻坚新成就——八闽离退休干部舞台剧展演”。11月11日，县老年大学学员丁翠玉、林鸣被中共宁德市委老干部局评选“宁德市离退休干部最美志愿者”，予以通报表扬。

【离退休干部党建工作】 5月7日，组织文兴社区等离退休支部党员干部通过“福建离退休干部”微信公众号收听收看“离退休干部线上学习报告会”。6月30日，经批准中共古田县人大常委会机关退休支部委员会成立。7月15日，县供销社机关离退休支部委员会被中共宁德市委离退休干部工作委员会确定为第二批宁德市离退休干部党建工作示范点。7月17日，县供销社机关离退休支部委员会被中共福建省委离退休干部工作委员会、中共福建省委老干部局命名为首批省级离退休干部“示范党支部”。8月19日，县供销社机关离退休支部委员会作为“首批省级离退休干部‘示范党支部’”和“宁德市离退休干部党建工作示范点”由县委离退休干部工作委员会进行授牌。9月11日，文兴社区组织离退休党员集中学习《首场全国离退休干部网上专题报告会》。9月16日，县委离退休干部工作委员会印发《离退休干部党员学习（活动）登记本》分发全县各离退休支部离退休干部党员，持续引导和保护好离退休干部党员的政治热情。11月12日，经批准县委城东街道屏东社区离退休第一、第二支部委员会成立。

【老年大学】 1月3日，县政府召开第1次常务会议议定，原则同意启动古田县滨河公园配套用房项目建设和项目建设方案，项目业主单位为县城市建设投资开发有限公司，责任单位为县委老干局，建设资金由县财政负责筹措。1月8日，老年大学项目（老干部活动中心）被列为2020年为民办实事项目。1月9日，由县终身教育委员会主办，县教育局、县卫健局、县委老干部局、县邮政公司和县社区学院承办的“古田县‘银发计划’启动仪式”在印石公园举行，福建省政协原副主席、福建老年大学校长杨根生，福建省委老干部局副局长、常务副校长张国茂，宁德市政协原副主席、宁德市老年大学校长陈忠和古田县委书记钟昌华等参加仪式。仪式上，省委老干部局副局长、省老年大学常务副校长张国茂授予县老年大学水滴志愿服务队队旗。6月12日，由中共宁德市委老干部局、宁德市教育局和宁德市老年大学组成的2020年福建省达标老年大学评审组赴县老年大学开展省级达标老年大学评审工作。12月9日，福建省教育厅、中共福建省委老干部局经网络评审、实地考察、综合评议，并经公示程序，县老年大学被认定为福建省达标老年大学。12月10日，古田县老年大学项目开工仪式在印石公园举行，县领导钟昌华、刘振茂、郑国淑、刘冬康，离退休干部代表魏鉴串、包海妹、陈桂媚，县委办、政府办、政协办、发改局、住建局、自然资源局、财政局、城市管理局、水利局、城东新区工作组办公室、新丰河片区规划建设指挥部办公室、县委老干部局、城投公司主要负责人等出席开工仪式。

（撰稿：黄亦青　黄振耀）

档案工作

【概况】 馆藏档案始于民国四年（1915年），有文书、科技、专门档案（包括婚姻档案、移民档案、知青档案、退伍军人档案、土地林权档案）、声像档案、破产企业档案等。本馆馆藏档案257个全宗共127933卷（册）档案，其中民国档案3875卷，馆藏纸质资料17533册。档案馆是县委直属正科级事业单位，内设4个股室，分别为办公室、征收鉴定股、信息技术股、保管利用股。核定事业编制11名，其中馆长1名，副馆长1名，股级干部职数6名。

【场馆设施建设】 完成档案馆修缮，新增档案库房2间，采购密集架20列，为库房增容120立方。完成福建省县级综合档案馆内部业务建设测评工作。

【业务规范化建设】 按照国家规范化标准检查、监督、指导各单位档案的收集整理、安全管理、提供利用，督促各立档单位按时做好档案立卷、归档工作。完成全县乡镇（街道）、县直机关单位、专项工作领导小组（指挥部）共计99个单位的年度档案工作绩效现场考评。

【档案资源体系建设】 制定《古田县档案馆收集档案范围实施细则》《档案征集范围》。馆藏资源总量增加、质量提高、结构优化。2020年，档案馆接收县委统战部，县政府办、人社局、原科技局等10个单位的档案进馆，接收纸质档案总计2523卷、1572件，较上年增加80%；完成档案全文数字化扫描数量31247卷，占比50%。

【档案安全体系建设】 制定完善各项馆库管理与安全制度，提升档案安全管理和保密管理职能。开展计算机网络自查、清理专项活动，对办公计算机进行全面清查，并切实抓好整改，严防网络失泄密。严格执行《档案馆库房管理制度》《档案大楼消防安全应急预案》等档案馆库日常管理制度要求，做好库房温湿度登记、借阅档案登记，加强库房温湿度、消防器材、门禁、烟感报警等设备的日常定期检查维护。健全落实档案安全工作责任制，提高“八防”水平，及时排除安全隐患。

【档案信息化建设】 县档案馆完成档案全文数字化扫描数量31247卷，占比50%，全部完成利用率最高的婚姻、林权、土地、档案和大部分的政府重要部门档案数字化扫描工作。

【工作领域拓展】 加强对农村土地确权档案工作和精准扶贫档案的建档立卡的指导。将各类民生档案的管理纳入到档案基础业务建设范畴，发掘馆藏民生档案资源。对重大活动档案、重点工程项目档案、重大事件档案（“三重”档案）建立项目档案管理登记、业务联系和检查情况反馈制度，及时掌握项目建设单位档案管理的基本情况；加强对重点建设项目的档案登记、跟踪服务。开展新农村档案建设及新领域档案工作。切实做好农村土地承包经营权确权登记档案完整、准确、系统与安全，以《福建省农村土地承包经营权确权登记档案整理办法》为基础，主动与县农办、县农业局等部门沟通协调，即时跟进相关农村土地确权工作；按照《宁德市精准扶贫档案整理办法》，多次到乡镇、行政村和县扶贫办指导精准扶贫档案整理，全部完成县扶贫档案的归档立卷工作。

【档案法制建设】 制定“七五”档案法制宣传教育规划，严格推行法制宣传工作责任制，利用“6・9”国际档案日、县社科联宣传周、“三下乡”和“12・4”全国法制宣传日，广泛开展档案法律法规宣传，提高社会档案法制意识。

【爱国主义教育基地建设】 利用丰富的档案资源，进一步开发和完善爱国主义教育基地建设，配备专职讲解人员，用展板和实物两种展现形式，更大程度发挥档案和档案工作资政育人传承文明的教育功能。不断加强管理、提供经费保障，加大爱国主义教育基地设施设备的提升，并向社会免费开放爱国主义教育基地。

【档案服务社会】 全年共接收40个单位1425件信息公开材料，接待档案查阅利用群众1273人次，复制档案证明材料1285页。

【档案宣传】 11月12日至17日，在县文化馆开展宁德市撤地设市20周年大型成就档案图片巡回展活动，组织动员全县各机关单位干部、群众参加。

（撰稿：高云燕）

信访工作

【概况】 县信访局是县政府正科级工作部门，中共古田县委信访局与县人民政府信访局合署办公，局内设办公室、办信接待股、信访复查督办股3个机构，所属事业单位1家（信访信息中心），有行政编制5名，事业编制4名，年末实际在岗11人，含劳务派遣人员4人。2020年，县信访局推进信访工作制度改革，化解信访矛盾，抓好疫情防控和信访工作，维护群众合法权益和社会稳定。全年接待群众来访130批161人次，受理群众来信539件次。

【业务规范化】 及时有效回应群众关切，简化工作流程，缩短办理时限，推行“急事急办”“易事快办”，全面提升办理效率。推行“最多投一次”阳光信访机制，合理合法事项马上办、简单事项立即办、普通事项限时办、复杂事项抓紧办，最大限度地把问题解决在第一线、最前沿，尽可能地把矛盾化解在初始，不断提高信访工作的质量和效率。2020年，全县纳入“最多投一次”信访事项923件，纳入率88.2%，一次性办结件873件，一次性办结率94.6%。

【领导干部接访约访】 县领导接访采取定点接访、重点约访、专题接访、带案下访、下基层接访等方式，有针对性地解决群众反映强烈的信访突出问题。结合疫情防控常态化工作，用好网上信访主渠道，对涉疫情、涉群体性的信访事项，适当简化工作流程，优先受理、优先处置、速办快办，及时有效回应群众关切。

【工作机制】 实行“四门四访”（开门接访、进门约访、登门走访、上门回访）工作机制，县、乡领导干部主动约访下访，努力把诉求解决在当地，把人员吸附在当地。实施“信访评理室”建设，邀请人大代表、政协委员以及调解员、律师、行政机关工作人员等第三方参与，建立完善县乡两级评理员库。2020年，全县14个乡镇（街道）均成立信访联席会议及制度。县信访评理室建设完成，设县级信访评理室1个，乡镇（街道）评理室14个，全县村（居）信访评理室289个。全年调解群众矛盾纠纷62件。

【信访积案化解】 梳理排查全县重点矛盾纠纷，逐案落实县级包案领导、责任单位和责任人，各包案领导“亲自研究案情、亲自协调处理、亲自督办落实”，责任单位落实“包方案制定、包调处化解、包教育稳控、包息诉罢访”。2020年，化解省级信访积案3件，市级信访积案4件，县级信访积案47件。

【信访工作联席会议】 发挥县信访工作联席会议综合协调组织、矛盾纠纷梳理排查、突出问题会商研判、疑难杂症推动化解、越级风险预警处置等职能作用，坚持定期召开信访工作联席会议，分析信访形势，研究解决信访工作中的突出问题，协调处理重大信访案件。同时，把信访工作纳入各成员单位的常态工作之中，推动各层级各单位认真履行信访工作职责，形成领导带头、部门协同、齐抓共管的信访工作格局。

【四访四通机制运行】 建立服务民营企业“四访四通”（开门接访、进门约访、登门走访、上门回访，诉求表达畅通、意见建议直通、困难问题沟通、矛盾积案疏通）机制，帮助解决县民营企业生产发展存在的问题和困难，推动民营企业合法权益和合理诉求得到有效办理，推进陈年积案有效化解，有效化解推动民营企业信访积案4件。

（撰稿：汤阳斌　审稿人：龚君安）

机构编制

【概况】 2020年，县委编办发挥机构编制工作在全面深化改革一线位置的作用，坚定不移地推动政府职能转变，着力深化相关领域改革，加大简政放权力度，创新机构编制管理，加强自身建设，推动机构编制工作科学化、规范化和制度化建设，为全县经济社会发展提供良好的体制机制保障。

【乡镇（街道）机构改革】 按照“优化、协同、高效”的原则和乡镇（街道）机构改革的要求，根据乡镇（街道）的类型和规模科学设置内设机构及所属事业单位，大乡镇设置党政综合办公室、党建工作办公室、区域发展办公室、社会治理办公室等6个内设机构，小乡镇设置党政综合办公室、党建工作办公室等5个内设机构，街道设置机关综合办公室、党建工作办公室、区域发展办公室等5个内设机构；整合乡镇（街道）原有6个事业单位（鹤塘镇7个事业单位），乡镇设置党群服务中心（加挂便民服务中心、退役军人服务中心牌子）、综合执法大队、乡村振兴服务中心3个事业单位，街道设置党群服务中心（加挂便民服务中心、退役军人服务中心牌子）、综合巡查大队、社区建设服务中心（加挂乡村振兴服务中心牌子）3个事业单位；根据不同乡镇（街道）特色特点，制定完成“三定”规定，进一步明晰和细化乡镇（街道）党政机构的职能职责，形成分工合理、边界清晰、运转高效的工作机制。

【行政管理体制改革】 按照转变职能，强化服务、改革管理、提高效率的要求，对森林公安、派驻纪检监察机构、司法等重点领域进行体制改革。严格机构编制实名制管理。根据机构改革内容及时更新机构编制台账和实名制信息系统，逐项建立新台账。及时办理编制变动手续，完善编制和实有人员的动态管理。重点解决超编问题。调查、了解超编人员和超职数配备领导干部的具体情况，摸清超编、超配原因，通过采取“只出不进”控制人员增长、自然减员、调剂编制等具体措施，确保问题台账整改工作落实到位。做好公务员新招录人员用编计划。认真审核编制使用情况，本着“从严控制、逐步补充、留有余地”的原则，与县委组织部配合，科学、合理拟订2020年公务员招录用编计划和上报工作，2020年因疫情影响，招录公务员共用编102名。

【综合行政执法改革】 制定印发农业综合执法大队、交通运输综合执法大队、文化和旅游市场综合执法大队、市场监督管理综合执法大队四个执法大队“三定”规定，明确各执法队伍职能配置、内设机构和人员编制。

【建立健全权责清单制度】 2020年7月，发文部署县政府工作部门权责清单动态调整工作，12月全县28个县直单位有5个县直单位完成清单调整工作、7个县直单位反馈当年无清单调整，其他县直单位待市级调整完成后再行调整。梳理编制乡镇（街道）权责清单。根据《中共福建省委机构编制委员会办公室关于印发福建省乡镇（街道）权责清单范本的通知》（闽委编办〔2020〕203号）文件要求，会同司法局、审改办、行政服务中心管委会等部门组建乡镇（街道）权责清单工作专班，经过梳理编制最终确定乡镇权责清单事项210项、街道权责清单事项120项。

【事业单位登记管理】 2020年全县共登记法人事业单位226个（新设立登记4个），变更登记76个，注销登记7个，证书补领2个。严格审查各单位提交的《事业单位法人年度报告书》和“资产负债表”，完成213个事业单位法人年度报告公示。10月下旬，开展2020年事业单位法人公示信息双随机抽查工作。按照核准登记的事业单位法人10%的比例，通过摇号随机抽取22个单位，采取赴事业单位法人办公场所实地查看，座谈听取情况介绍，以及调阅资料、查看财务报表等形式，检查相关单位的法人登记事项和年度报告公示内容。检查结束后，现场填写事业单位法人随机抽查登记表，由执法人员和抽查对象双方签字盖章确认。针对发现问题当场提出整改意见并要求限期整改和上交情况说明报告，确保“双随机、一公开”监管取得实效。机关、群团统一社会信用代码赋码工作。坚持规范统一、便捷高效，细化工作流程，从方便办事单位的角度出发缩短办结时限。

（撰稿：蔡锦榕）

古田县人民代表大会

第十七届第六次会议

2020年12月28日至12月31日召开古田县第十七届人大第六次会议。会议听取和审议古田县人民政府、人民代表大会常务委员会、人民法院、人民检察院工作报告；审查批准《古田县国民经济和社会发展第十四个五年规划纲要和二〇三五年远景目标纲要》，县2020年国民经济和社会发展计划执行情况及2021年国民经济和社会发展计划的报告、2020年财政预算执行情况及2021年财政预算的报告，批准古田县2021年国民经济和社会发展计划、2021年县本级财政预算；表决通过7项决议和关于将采用古田溪水库（一级电站）副坝生态泄流方案列为大会议案的决定；会议选举黄其山为古田县人民政府县长，钟云芳为古田县第十七届人民代表大会常务委员会副主任，陈太权、林生銮、郑鸿、郑枝英、姚剑峰、倪迎新为古田县第十七届人民代表大会常务委员会委员。会议共收到代表建议意见120条。

县人大常委会

【概况】 2020年，共召开常委会会议9次、常委会主任会议11次，听取审议“一府两院”工作报告及有关部门专项工作报告20次，开展执法检查、视察调研等监督活动20次，依法作出决议决定审议意见29份。古田县第十七届人民代表大会第六次会常务委员会（简称县人大常委会）为大会闭会期间常设驻会机构。2020年，共召开常委会会议9次、主任会议11次，听取审议“一府两院”工作报告及专项工作报告20次，依法作出决议决定审议意见29份。

【决定重大事项】 常委会听取审议县人民政府关于“十四五”规划纲要编制工作情况报告；听取审议上半年政府工作报告、上半年国民经济和社会发展计划执行情况报告；2019年县本级预算执行情况及其他财政收支情况的审计报告、审计发现问题整改情况报告，跟踪督查审计查出的问题整改落实情况；听取审议2019年县本级财政决算、2020年预算调整情况报告，2020年第三批次新增债券资金预算调整方案，审查批准2020年县本级预算调整方案，并依法作出相关决议，确保年度财政资金的规范运行。

【人事任免】 共依法任免国家工作人员43人，其中人大专门委员会及常委会组成人员12人次、县政府组成人员22人次、法院和检察院人员共11人次。

【自身建设】 县委巡察组进驻县人大常委会。对巡察中发现的问题，县人大常委会即知即改，举一反三。全年共组织理论学习中心组学习会11次，机关支部周五学习例会17次。贯彻落实中央八项规定精神，严格落实廉政提醒谈话。

行使代表权利

【概况】 2020年，县人大代表分别组成调研督查组，开展执法检查、视察调研等监督活动20次。依法开展普法活动，对县人民法院、县人民检察院进行司法督查，推动司法公正。

【专题调研督查】 生态保护方面的专题调研督查有：县生态环境保护重点项目实施情况、山水林田湖草生态保护修复项目实施情况、敖江流域（古田段）生态环境修复治理情况重点检查《中华人民共和国土壤污染防治法》中涉及县政府及相关部门责任方面18个重点内容；听取审议县人民政府《关于古田县2020年环境状况和环境保护目标完成情况的报告》；推进年消化200万吨城市固体废弃物综合利用项目征地报批进度。民生发展方面的专项调研督查有：县域医疗共同体建设推进分级诊疗制度实施情况、食用菌产业发展提升工作情况、少数民族乡村振兴工作情况。专题听取审议教育局关于全县教育布局规划调整思路情况报告、人力资源和社会保障上半年工作情况报告、精准扶贫脱贫攻坚工作情况报告，支持政府谋划翠屏湖生态养老、运动休闲、度假旅游+概念，推动养老产业与旅游健康、生态食品产业融合发展。全力谋求古田溪水库生态泄流红利。

【司法公正】 配合开展“七五”普法验收督导检查；开展宪法宣传日、民法典学习宣传活动。全年共备案审查规范性文件12件，共接待群众来访16人次，收到群众来信25件，全部按规定程序进行处理反馈。视察调研2020年度重点项目和为民办实事项目建设情况，检查督促县重大民生事业和重点项目建设资金的安全规范使用。常委会听取审议县人民法院、县人民检察院半年工作报告。持续关注并推动法院破解审判执行难题；支持创新推广“生态司法+保险”修复机制，县人民法院列入首批生态司法实践（教育）基地建设示范点。专题调研县人民检察院提起民事、行政公益诉讼工作情况，提高生态环境司法修复等公益保护。

【代表活动】 在县十七届人大五次会议期间，代表共提出建议意见101件，及时落实到各承办单位。筛选事关长远或群众反映强烈的13件建议作为县人大常委会2020年度重点督办的建议件。建议办理实行开放式办理，让代表直接参与办理。黄田镇凤亭村金翼之家创建人大代表联系群众活动室，作为县人大工委6个代表活动小组的活动场所。把菌业沙龙人大代表联系群众活动室代表重新整合为古田县食用菌行业人大代表联系群众活动室，作为县人大直接指导的重点代表活动室，省人大代表钟冬季工作场所设立农业民研团体人大代表联系群众活动室，各乡镇街道分别建立1—2个人大代表联系群众活动室。

（县人大常委会办公室　供稿）

古田县人民政府

综　述

【概况】 2020年，全县生产总值204.97亿元，增长3.5%。其中，第一产业增加值49.03亿元，增长5.2%；第二产业增加值52.12亿元，增长4.6%，工业增加值38.33亿元，增长5.4%；第三产业增加值103.82亿元，增长1.9%。规模以上工业总产值增长3.5%，农林牧渔业总产值85.24亿元，增长5.2%，固定资产投资增长6.5%，社会消费品零售总额88.08亿元，实际利用外资2290万元，增长30.9%。一般公共预算总收入10.80亿元，其中地方公共预算收入7.48亿元。城镇居民人均可支配收入35018元，增长3.8%，农村居民人均可支配收入20262元，增长7.2%。

【抗击新冠病毒肺炎疫情】 疫情防控期间，累计查验人员超百万人次，摸排重点人群4万人次，落实健康管理2976人，出具个人核酸检测报告5.5万份、外环境及冷冻食品核酸检测报告2400多份。统筹推进疫情防控和经济社会发展，推进复工复产，推出10个方面39项惠企纾困措施，减免企业房租1162万元，落实减税降费1.2亿元。

【特色农业】 新建食用菌标准化菇棚4010间，完成5个优质农产品标准化示范基地创建，国家现代农业（食用菌）产业园通过农业农村部验收。《袋栽银耳菌棒生产规范》国家标准颁布实施。银耳新品种“绣银1号”和真姬菇新品种“闽真3号、5号”通过省内专家品种鉴定。入选古田银耳中国特色农产品优势区。新增猕猴桃种植60公顷、标准生态茶园87公顷。新增市级龙头企业6家、省市农民合作社示范社10个、“两品一标”7个，“古田水蜜桃”获评国家地理标志证明商标，“古田银耳”获评国家农产品地理标志。建成高标准农田1533公顷，粮食总产量11.6万吨，增长2.4%。完成全县农村集体产权制度改革。

【工业经济】 工业投资增长12.3%。10个技改项目完成投资2.4亿元。新增规上企业12家、“专精特新”企业2家、签约工业项目13个。华链铸件等3个产业项目建成投产、新增产值12.6亿元。古田药业提取车间生产线改建项目启动一平及边坡挡墙建设，宁达汽配工业园、城西标准化厂房开工建设，食用菌产业园北区标准化厂房建成投用。福兴医药通过国家两化融合管理体系贯标评定。福建铁王与青拓集团实现产品对接，被列为宁德市内建材行业推荐供应商。累计为55家企业申请新增规上奖励、“即征即奖”、贷款贴息专项补助413万元。

【第三产业】 古田“生态休闲旅游线路”入选“全国乡村旅游精品线路”，城东桃溪村获评“全国乡村旅游重点村”。全年接待游客123万人次，旅游收入9.5亿元。电子商务蓬勃发展，成功举办县长直播带货等推介活动10余场（次），县域网红直播基地落地建设，首批15家电商企业入驻“双创”基地，农产品网络销售额增长20%。入选全国“互联网+”农产品出村进城工程试点县、国家外贸转型升级基地。商贸流通保持平稳，新增限上商贸企业15家、出口备案企业21家。完成大世界农贸市场升级改造。完成商品房销售13.9万平方米。

【项目建设】 开展“百日攻坚”行动，促进在建项目快投产、前期项目快落地。全年实施重点项目200个、完成投资54.2亿元。32个省市重点在建项目完成投资26.7亿元，新增“五个一批”项目104个、总投资120.6亿元。新增中央投资项目28个、总投资17.5亿元。万润首府等86个项目开工建设，美佳再生铝等73个项目实现竣工或投产。宁古高速征迁有序推进，环湖休闲运动旅游公路、环大白溪马鞍头至溪边段公路建成通车，纵五线（G235）洋上至汶洋段完成主体工程。闽江古田溪（古田段）防洪一期工程完成C2、C4标段工程建设。招商引资成效显著，签约引进产业项目25个、总投资52亿元。要素保障有力有效，争取专项债券14.6亿元，报批用地465公顷、用林46公顷。

【城乡面貌】 新型城镇化宜居环境建设扎实推进，印石公园观景栈道及跨路天桥、玉田公园提升工程（二期）、新丰河景观亮化提升工程、闽江古田溪景观提升工程C4、C5标段竣工投用，完成古屏路世茂酒店至交警大队段、614路龙景佳园至城东街道办事处段沿街立面改造。城西片区供水工程投产运行，县第二水厂竣工验收，城乡生活垃圾治理一体化项目建成试运行。新改建供水管网、雨污管网、燃气管道27千米，新增城区停车位169个、充电桩76个，新建绿化景观1.1万平方米。推进旧城改造试点。“五大振兴”全面推进，科技特派员覆盖服务46个产业薄弱村、10个省级试点村、15个县级重点培育村，党支部领办59个合作社。农村人居环境整治持续深化，完成171个自然村、917户改厕，新改建村镇公厕77座，完成255个行政村房前屋后整治，完成村庄绿化530亩，拆除违建82.4万平方米。完成县乡道晋级改造110千米。坂中村入选省委党校“四下基层”现场教学点。

【“三大攻坚战”】 脱贫攻坚。顺利实现省级扶贫开发工作重点县脱贫“摘帽”，建档立卡贫困人口全部脱贫，71个建档立卡贫困村全部脱贫退出。产业、教育、健康、住房安全、低保兜底等政策有效落实，整村推进工作扎实开展，为全面建成小康社会奠定坚实基础。金融风险。政司银企联动协作持续深化，处置不良贷款4100万元，不良贷款率降至1.96%。“民富中心”模式被《人民日报》、新华社等中央主流媒体专题报道。金融机构贷款余额154.95亿元，同比增长13.3%。污染防治。中央、省环保督察反馈问题有效落实整改，第二轮中央生态环境保护督察信访件办结率81.3%。轻微污染天气防范和应急处置能力持续提升，城区空气质量达标天数比例99.6%。河（湖）长制纵深推进，全省首个“智慧湖泊”管理平台——翠屏湖流域水质在线监测项目建成运行，建设闽江流域山水林田湖草生态修复工程，17条省级小流域达到或优于Ⅲ类标准。第二次全国污染源普查全面完成。9个矿山治理工程通过市政府复查验收。造林绿化634公顷，治理水土流失800公顷。

【民生社会事业】 16项为民办实事项目有序推进。用于民生事业资金高达24.4亿元，占财政预算支出的84%。

社会保障。发放创业担保贷款399笔8688万元，新增城镇就业1375人，新增转移农村劳动力就业1998人。创新推行“小巷管家”特困群体照护关爱机制，农村低保补助标准从家庭人均年收入6960元提高到7152元。县社会福利中心建成投用，建成27个农村幸福院，开设18个“互助孝老食堂”。

教育事业。城西幼儿园竣工投用，黄田第一、第二幼儿园和卓洋幼儿园封顶内装修。大桥中心小学综合楼竣工。古田三小等8所学校通过“义务教育管理标准化学校建设”市级评估。全市高考文科第一名花落古田。

卫健事业。县医院迁建项目完成门诊、医技、附属楼主体结构封顶。同仁医院建设项目完成内部装修，县精神病防治院、城东卫生服务中心建设完工。建成统一的影像、心电、远程医疗等基础信息系统，实现201个村卫生所“村村通医保”。县医院“心衰中心”通过国家认证，DSA开机启用，冠脉介入诊疗技术成功开展。

文体事业。成功举办2020年陈靖姑文化节网络直播活动，完成大型纪录片《千年临水情》制作播放。全省社会科学普及宣传周活动启动仪式在金翼之家举办。新增7名市级“非遗”代表性传承人。在全市率先完成325处不可移动文物保护线划定工作。完成国民体质监测和全民健身抽样调查。

社会治理。开展扫黑除恶、禁毒整治等专项工作，持续建设“平安古田”。一批信访积案得到有效化解。食品药品安全风险有效防控。安全生产形势持续稳定。第七次全国人口普查入户登记工作高质量完成。建设应急管理体系，提高救援人员工作能力。消防、森林防灭火、防汛抗旱等工作有效落实。国家拥军优属政策全面贯彻，退役军人服务保障工作得到加强。

政府全体会议

【概况】 县政府全体会议一年召开一次。2020年3月11日，县人民政府全体会议召开。

【全体会议】 3月11日召开县政府2020年第1次全体会议，县人民政府县长党帅，常务副县长郑国淑，副县长李晓霞、俞仰林、凌宏、林晓晞、谢荣雄、林世晴、刘晓兵、黄忠钦，县政府调研员陈泽育、郑银生、韩松纯、谭国良和县政府成员单位主要负责人参加会议，各乡镇（街道）、县直有关单位主要负责人列席会议。会上，县政府县长党帅对2020年重点工作作具体部署。

政府常务会议

【概况】 2020年，古田县人民政府共召开19次常务会议，贯彻执行上级政治经济决策，讨论决定古田县重要经济建设项目和重要的政务工作。

【县政府第1次常务会议】 1月3日，受县长党帅委托，县委常委、县政府常务副县长郑国淑主持召开县政府第1次常务会议。研究关于出台《2020—2022乡镇财政管理体制》《2020年古田县春季征兵工作》《凤都工业集中区污水处理厂建设及供地遗留问题》《古田县滨河公园配套用房项目工作》《食用菌加工基地二期安征迁历史遗留问题》《关于进一步推进“两权”抵押贷款试点接续工作》《古田县十方田商贸有限公司品牌建设工作》等有关事项。

【县政府第2次常务会议】 1月15日，受县长党帅委托，县委常委、县政府常务副县长郑国淑主持召开县政府第2次常务会议。研究关于《黄田镇金翼项目提升工程》《福州鹤延塑胶制造有限公司年产500万件塑料制品项目》《黄田库区工业集中区日处理2000吨工业污水处理厂项目》《古田县扶持猕猴桃产业发展实施办法（试行）》《调整福建福臻建设发展有限公司董事会成员》《2020年松材线虫病防控工作》等有关事项。

【县政府第3次常务会议】 3月4日，县长党帅主持召开县政府第3次常务会议。研究关于《入股闽东时代乡村经济发展基金资金筹集情况》《古田县2020年在建、预备项目年度工作目标任务》等有关事项。

【县政府第4次常务会议】 4月10日，县长党帅主持召开县政府第4次常务会议。研究关于《2020年新增债务预算调整》《古田县教育补短板、乡村振兴两个PPP项目》《古田县城区老旧小区改造工作实施方案》《古田县生活垃圾渗滤液处理站至高头岭污水管道工程》《古田县城乡垃圾治理一体化项目配套电力管网项目》《古田县关于改进耕地占补平衡工作的若干意见》《古田县招商引资税收分成管理办法》《古田县再生资源回收经营企业扶持政策暂行规定》《古田县扶持废钢铁加工配送行业的若干意见》等有关事项。

【县政府第5次常务会议】 4月

22 日，县长党帅主持召开县政府第 5 次常务会议。研究关于出台《古田县进一步加强粮食生产安全的九条措施》《古田县国土空间总体规划编制工作方案》《古田食用菌产业园北区标准化厂房招商管理办法（试行）》等有关事项。

【县政府第 6 次常务会议】 5 月 14 日，受县长党帅委托，县委常委、县政府常务副县长郑国淑主持召开县政府第 6 次常务会议。研究关于出台《新时代深化科技特派员制度助推乡村振兴的实施方案》《中央生态环境督察问题整改落实情况》《古田县贯彻落实省委“八项行动”实施方案》《古田县黄田第一、第二幼儿园工程项目调整投资工作》《翠屏湖创建国家 AAA 级旅游景区工作方案》等有关事项。

【县政府第 7 次常务会议】 5 月 24 日，受县长党帅委托，县委常委、县政府常务副县长郑国淑主持召开县政府第 7 次常务会议。研究关于《福建古田临水文旅提升工程》《进一步加强古田县河长制工作若干意见》《成立县国有担保公司工作等有关情况》等有关事项。

【县政府第 8 次常务会议】 6 月 14 日，受县长党帅委托，县委常委、县政府常务副县长郑国淑主持召开县政府第 8 次常务会议。研究关于《古田县绩效管理工作》《古田县促进电子商务产业发展的若干措施》《古田县普惠金融改革试验区实施方案》《请求解决警务辅助人员经费工作》《古田县文化三馆项目采用 PPP 模式进行建设》等有关事项。

【县政府第 9 次常务会议】 7 月 3 日，县长党帅主持召开县政府第 9 次常务会议。研究关于《福建省古田临水宫文化旅游发展有限公司定人定岗薪酬补贴、绩效奖金等参照县七家国企标准管理办法》《传达学习全国、全省高校毕业生就业创业工作电视电话会议精神》《古田县创业就业工作》《古田县扶持奖励地方特色优秀文化传承保护和发展八条意见》《古田县促进旅游产业发展八条意见》《城西工业园区供水供电工作》《古田县食品安全社会共治示范县创建工作》《古田县城区污水处理提质增效行动工作实施方案》等有关事项。

【县政府第 10 次常务会议】 7 月 8 日，县长党帅主持召开县政府第 10 次常务会议。研究关于传达学习习近平总书记、李克强总理对防汛救灾工作的重要批示精神，省委书记于伟国对防汛救灾工作的批示精神，研究《古田县贯彻意见》《古田县关心关爱基层干部补贴实施方案》《古田县国有企业退休人员社会化管理实施方案》《2020 年第二批新增政府债务预算调整方案》《关于精打细算过紧日子加强支出管理的通知》《古田县文体中心图书馆、文化馆、博物馆建设项目实施方案》《官江村整村推进征地工作回成地安排工作》《建设城市公益性公墓项目批复工作》《高效节能锅炉系列生产线扩建项目和年产 2000 吨塑胶渔排配件、1000 吨塑胶管件生产线改扩建项目工作》《2020 年古田县产业项目招商工作方案》等有关事项。

【县政府第 11 次常务会议】 9 月 7 日，代县长黄其山主持召开县政府第 11 次常务会议。研究关于出台《古田县抓好“三农”领域重点工作确保如期实现全面小康实施方案》《调整〈宁古高速（古田段）征地拆迁补偿安置实施方案〉部分内容》《锂电池外包装蜂窝复合材料生产线项目》《传达学习习近平总书记关于安全生产重要论述、省市房屋结构安全隐患排查大整治百日攻坚有关会议精神》《安全生产专项整治三年行动实施方案》《2019 年县本级决算（草案）》《古田县河湖管理范围划定和河湖岸线分区规划》《2019 年度县本级财政预算执行和其他财政收支审计工作》等有关事项。

【县政府第 12 次常务会议】 9 月 27 日，代县长黄其山主持召开县政府第 12 次常务会议。研究关于出台《古田县烟花爆竹销售和燃放管理规定》《古田中心城区烟花爆竹禁限放区域时间和允许销售燃放品种的通告》《加强古田县中心城区公共场所养犬管理的通告》《古田县全方位推动高质量发展超越科技创新实施方案》《古田县全方位推动高质量发展超越优化产业结构实施方案》《古田县全方位推动高质量发展超越促进居民增收实施方案》《当前城市管理相关工作》《明确化肥厂片区改造工程配建社区用房的产权单位和古田北站优化提升工程的相关工作》《上井垅改造片区安置房建设项目》《古田县民富融资担保公司项目》等有关事项。

【县政府第13次常务会议】 10月20日，代县长黄其山主持召开县政府第13次常务会议。研究关于《印石山栈道二期工程》《古田县第一小学教学楼重建工作》《古田县福利中心二期老年养护院“公建民营”招标方案》《古田县开发基层公共管理和社会服务大学生专职岗位实施方案》《2020年县级预算调整方案》等有关事项。

【县政府第14次常务会议】 10月30日，代县长黄其山主持召开县政府第14次常务会议。研究关于出台《古田县农村生活污水治理专项规划（2020—2030年）》《“数字城管”平台建设工作》《古田县村道G745梨溪路马鞍头至溪边公路地质灾害治理工程》《县九渡桥溪流域综合规划修编报告批复工作》《古田县水资源配置规划》《古田县城乡供水一体化工程新设城西水厂方案工作和城乡供水一体化工作》《古田县特困人员集中供养工作实施方案》《网箱综合整治实施方案及资金使用管理办法》等有关事项。

【县政府第15次常务会议】 11月18日，代县长黄其山主持召开县政府第15次常务会议。研究关于《2021年省级重点建设项目》《古田县安全生产工作》《松材线虫病防控等工作》《宁德市交通职业技能综合考训基地建设工作》等有关事项。

【县政府第16次常务会议】 12月2日，代县长黄其山主持召开县政府第16次常务会议。研究关于《古田县城东廷墩康养项目》《城市公益性公墓建设项目》《国道G235线古田县吉巷永安至城东高头岭段公路工程征地拆补安置实施方案》《乡镇便捷通高速工程实施方案》《古田县农村公路提升改造工程》《2020年乡镇（街道）权责清单编制情况》《古田县文体中心图书馆、文化馆、博物馆建设项目PPP协议》等有关事项。

【县政府第17次常务会议】 12月15日，代县长黄其山主持召开县政府第17次常务会议。研究关于《传达学习全省冬春火灾防控工作电视电话会议及宁德市冬春火灾防控部署会精神》《政府工作报告》《古田县2021年为民办实事项目》《2021年财政预算编制情况》等有关事项。

【县政府第18次常务会议】 12月22日，代县长黄其山主持召开县政府第18次常务会议。研究关于《古田县临水宫景区开发建设项目》《古田县公共租赁住房管理办法》《为福建振兴集团有限公司安排注册资本金》《全县粮食安全工作》等有关事项。

【县政府第19次常务会议】 12月29日，代县长黄其山主持召开县政府第19次常务会议。研究关于《两节及省、市两会期间社会安定稳定工作》《古田县国民经济和社会发展第十四个五年规划和二〇三五年远景目标纲要》等有关事项。

县政府重要政务活动

【概况】 2020年，共有副省级领导2批次、厅市级领导6批次、宁德时代新能源科技股份有限公司考察组到古田调研。

【省农业农村厅厅长黄华康到古田县调研】 4月1日，省农业农村厅厅长黄华康到大桥镇大桥村、吉巷乡永安村、福建农林大学古田菌业研究院、古田县双创示范基地察看天天源生态农业开发有限公司、福建农林大学古田菌业研究院、十方田商贸有限公司。县委副书记、县长党帅，县政府副县长刘晓兵陪同调研。

【市长梁伟新到古田县调研】 4月8日，市长梁伟新到鹤塘镇灵龟村、福建锦和盛环保建材有限公司、西洋村、大桥镇大桥村、中村村及好望角大酒店、平湖镇新舫村察看宁德市金开环保建材有限公司机制砂项目、福建锦和盛环保建材有限公司石制品项目、棋坪洋生态矿山公园、天天源生态农业开发有限公司、横洋溪小流域整治情况及境外人员集中隔离点疫情防控情况、春耕备耕生产情况，并在平湖镇政府召开座谈会，古田县汇报春耕（粮食播种）生产、小流域治理、矿山治理、疫情防控工作情况。县委副书记、县长党帅陪同调研。

【副市长毛祚松到古田县调研】 5月8日，副市长毛祚松到城西街道吉兆村、闽清县雄江镇、城西街道下洋村、古田药业有限公司、生态环境局、古田一中实地察看古田县医院迁建项目建设情况、闽江雄江断面水质监测情况、谷口溪流域整治项目建设情况、古田药业有限公司复工复产情况、水质在线监测系统、古田一中复学工作情况。县委副书记、县长党帅陪同调研。

【副省长、副总河长兼闽江流域河长李德金带领省直有关部门负责人到古田县开展巡河调研】 5月27日，副省长、副总河长兼闽江流域河长李德金带领省直有关部门负责人到水口库区开展巡河调研并召开座谈会。县委常委、县政府常务副县长郑国淑、县政府副县长刘晓兵陪同调研并参会。

【省水利厅厅长赖军到古田县调研】 9月25日，省水利厅厅长赖军到黄田镇、城东街道调研，先后实地察看黄田镇双坑库周防护及岸线提升工程、闽江古田溪（古田段）防洪一期工程、古田县第二水厂等建设项目，详细了解古田县水利工程建设、库区移民、资源管理保护等工作情况。县政府代县长黄其山、副县长凌宏陪同调研。

【省政府副省长、公安厅厅长田湘利到古田县调研】 10月3日，省政府副省长、公安厅厅长田湘利前往城西派出所、公安局检查指导国庆安保工作、慰问基层民警、察看指挥情报中心、刑侦大队、扫黑办。代县长黄其山陪同调研。

【宁德时代新能源科技股份有限公司、东侨经济技术开发区党工委到古田县开展山海协作调研】 11月28日，宁德时代新能源科技股份有限公司考察组、东侨经济技术开发区党工委书记周祥祺、管委会副主任林作勇到大甲镇开展山海协作调研，实地查看大甲工业集中区用地情况，了解大甲工业集中区的区位交通、产业发展趋势、政府扶持力度等投资大环境。

【市政协主席兰斯琦，市委常委、市纪委书记、市监察委主任陈力达，副市长毛祚松到古田县调研】 12月5日，市政协主席兰斯琦，市委常委、市纪委书记、市监察委主任陈力达，副市长毛祚松到古田县开展工作调研检查。调研检查组先后到大甲、平湖、城西等乡镇（街道），实地察看并了解美佳再生铝项目、环湖公路工程、食用菌标准化生产基地、古田县城乡生活垃圾治理一体化、古田县医院迁建等项目建设以及古田一中翠屏校区选址情况。代县长黄其山陪同调研，县领导王云盛、郑国淑、李晓霞、俞仰林、林世晴分别在各个调研点汇报工作情况。

【省外事办、省广播影视集团、厦门航空到古田开展挂钩帮扶活动】 12月23日，省外事办、省广播影视集团、厦门航空携手到古田开展挂钩帮扶系列活动。代县长黄其山，县领导郑国淑、余榕梅、林世晴、谭国良参加活动。

为民办实事项目

【概况】 2020年，县委县政府确定16件与人民群众生产生活密切相关的为民办实事项目。经各项目责任单位的共同努力，15个项目完成年度目标任务，1个项目未完成年度目标任务。

【古田县城乡生活垃圾治理一体化工程】 责任单位：县住建局。主要内容：新建垃圾焚烧发电厂1座，建设一条生活垃圾处理规模为400吨/日、发电装机容量为9兆瓦的生产线，设计年发电量6528万千瓦时，厂区总建筑面积约23250平方米。项目预计总投资27631万元，年度计划投资13000万元。2020年，该项目建成投产，完成年度投资16724.97万元，占年度计划投资的128.7%。

【农村路网晋级改造工程】 责任单位：县交通运输局、交通建设指挥部。主要内容：县、乡道晋级改造100千米；总投资为40436万元，年度计划投资为40436万元。2020年，该项目完成建设，完成县、乡道晋级改造127.6千米，占年度任务127.6%；完成年度投资41000万元，占年度计划投资的101.4%。

【福建宁德古田凤都110千伏输变电工程】 责任单位：县供电公司。主要内容：新建变电容量5万千伏安变电站和20.6千米槐门至溪头110千伏线路，总投资4042万元，年度计划投资3700万元。12月，完成年度投资3842万元，占年度计划投资的103.8%。

【农村路网安全生命防护工程】 责任单位：县交通运输局、交通建设指挥部。主要内容：建设公路安全设施92.4千米，总投资1290.89万元，年度计划投资1290.89万元。2020年，该项目建成投产，完成年度投资1320万元，占年度计划投资的102.3%。

【大世界农贸市场"农＋超"升级改造工程】 责任单位：县商务局。主要内容：升级改造干湿区分离、通风系统、灯光系统、消防系统、排水系统、高压和低压线路、变压器等项目面积6430平方米，涉及装饰面积5169平方米；总投资1516万元，年度计划投资1396万元。2020年，该项目建成投产，完成年度投资1516万元，占年度计划投资的108.6%。

【县第二小学（局下校区）改扩建工程】 责任单位：县教育局。主要内容：项目总建筑面积5400平方米，包括教学楼建筑面积2950平方米，文体楼建筑面积2450平方米（含合班教室、体育馆、图书馆）。总投资2973万元，年度计划投资500万元。完成情况：完成年度投资650万元，占年度计划投资的130%。

【公安雪亮工程建设及升级改造工程】 责任单位：县公安局。主要内容：新建公共安全视频监控、智能交通信号控制系统、闯红灯电子警察系统、交通违法停车自动抓拍系统、智能交通综合集成管控平台；升级改造公共安全视频监控、查缉布控系统等。总投资3088万元，年度计划投资616万元。2020年，完成年度投资782万元，占年度计划投资的126.9%。

【卫生补短板项目】 责任单位：县卫健局。主要内容：卓洋、大甲、凤都卫生院建设职工周转房，共66套，建筑面积约2900平方米；总投资1204万元，年度计划投资350万元。2020年，完成年度投资393万元，占年度计划投资112.3%；卓洋、凤都卫生院建设职工周转房完成主体框架两层建设。

【农村幸福院项目】 责任单位：县民政局。主要内容：新建27个农村幸福院；总投资761万元，年度计划投资761万元。2020年，该项目完成建设，完成年度投资881万元，占年度计划投资的115.8%。

【西大桥及六一四路七支路改造工程】 责任单位：县住建局。主要内容：改造长16米、宽24米的西大桥和长260米、宽12米的六一四七支路；总投资500万元，年度计划投资500万元。2020年，该项目完成建设，完成年度投资500万元，占年度计划投资的100%。

【玉源溪平湖段安全生态水系建设工程】 责任单位：平湖镇。主要内容：生态保护措施部分埋设界桩220个，设管护标识牌34个；生态修复措施部分拆除旧桥至新城大桥左岸临河厕所1座，破旧杂物间3座及临时滚水坝；生态水利措施部分新建栏杆（含柱墩栏杆）、排水沟、滚水坝、生态巡查步道、旧桥桥上设防护等；总投资881万元，年度计划投资881万元。2020年，该项目完成建设，完成年度投资881万元，占年度计划投资的100%。

【黄田镇双坑库周防护及岸线提升工程】 责任单位：黄田镇。

主要内容：新建防护挡墙490米，陡坡喷射砼防护2000平方米，新建沟渠1900米，绿化面积4000平方米；总投资2800万元，年度计划投资2800万元。2020年，该项目完成建设，完成年度投资3050万元，占年度计划投资的108.9%。

【老年大学项目（老干部活动中心）】 责任单位：县委老干部局。主要内容：建设一栋“H”形大楼，建筑占地面积约2040平方米，建筑高度24米，总建筑面积约9680平方米，大楼两侧各6层，中间为2层连廊连接；总投资3000万元，年度计划投资400万元。12月，完成年度投资450万元，占年度计划投资的112.5%。

【县城文峰路工程】 责任单位：县住建局。主要内容：完成古田县文峰路一期（玉田南路至松吉路）工程，全长321.592米；总投资1300万元，年度计划投资1000万元。12月，完成年度投资1000万元，占年度计划投资的100%。

【宁德市交通职业技能综合考训基地项目】 责任单位：大甲镇。主要内容：项目用地面积170亩，建设集考试培训、初学陪驾、机动车维修、学员休闲娱乐于一体的综合基地；总投资9700万元，年度计划投资4902万元。12月，完成年度投资5090.1万元，占年度计划投资的103.8%。

【平湖中心小学综合楼改扩建工程】 责任单位：县教育局、平湖镇。主要内容：项目占地面积7亩，新建综合楼一座（五层）；总投资2400万元，年度计划投资700万元。12月，完成年度投资600万元，占年度计划投资的85.7%。

行政服务

【概况】 2020年，古田县政府共清理中介服务事项31项，实行“最多跑一趟”和“一趟不用跑”，实现网上办事大厅行政审批和公共服务事项1447项；实行综合执法体制改革，共精简执法人员109人；依法有效化解社会矛盾纠纷2090件，调解成功率100%。

【制度改革】 推行行政审批制度改革。清理规范中介服务事项，在原中介服务保留86项的基础上，经进一步清理，最终确定保留为行政审批必要条件的中介服务事项55项。规范行政许可事项，根据上级文件精神，对应取消涉及县级的5项行政许可事项。复制推广厦门“e政务”便民服务模式工作，购买“e政务”自助终端一体机，将不见面审批的受理环节便民政策落到实处。构建“最多跑一趟”服务机制。根据县直机关“最多跑一趟”和“一趟不用跑”事项清单，准确标注省网上办事大厅事项星级，并根据星级规范事项设置，切实实现“最多跑一趟”和“一趟不用跑”。共入驻省网上办事大厅行政审批和公共服务事项1447项，其中“一趟不用跑”事项1024项，“全流程网办”事项705项。对具备网上办理条件的事项要求窗口工作人员指导推广网上申报，及时受理网上申报件。落实权责清单制度。开展县政府工作部门权责清单动态调整工作，全县28个县直单位中，完成清单调整工作的有5个；组建乡镇（街道）权责清单工作专班，梳理编制并最终确定乡镇权责清单事项210项、街道权责清单事项120项。规范性文件制定和监督管理。严格把关，要求法制办对相关文件严格审查，对审查中发现的问题，及时退回拟文单位进行修改，避免不合法、不合规文件的出台。共审核《古田县人民政府关于印发古田县“两权”抵押贷款试点工作相关制度的通知》等各类规范性文件12件，向市政府和县人大常委会备案12件，报备率100%。组织开展食品药品安全领域、野生动物保护行政规范性文件清理、开展民法典涉及行政规范性文件等专项清理工作，确保政令畅通和法制统一。健全备案审查和清理机制。认真做好政府常务会议议题、各类重大合同（协议）等审查工作，要求县司法局派人列席县政府有关专题会议和县政府常务会议，为县委县政府决策提供政策法律咨询意见。共审查会议议题135个、各类行政合同（协议）17份，提出意见建议103条，有效降低决策法律风险。根据省市部署，及时开展涉及著名商标制度的规范性文件、涉及产权保护规范性文件清理、证明事项清理、生态环境保护规范性文件清理“回头看”等专项清理工作，做到应改尽改、应废尽废，确保政府制定的文件依据合法、内容合法。推行法律顾问制度。持续抓好《古田县人民政府关于全面推行政府法律顾问制度的实施意见》文件落实，县政府工作部门、各乡镇（街道）根据实际情况，建立符合本单位工作需要的政府法律顾问工作模式，实现政府法律顾问制度全覆盖。全县各级机关单位基本实现法律顾问全覆盖，其中：县政府聘请法律顾问2名，参与审查县政府规范性文件12件；参与审查合同（协议）16件；提供法律咨询及意见89条。规范行政决策规则程序。认真执行《古田县人民政府重大行政决策十条规定》《古田县人民政府工作规则》，发挥政府法制机构、政府法律顾问作用，重大事项决策、重大项目洽谈、重大合同签署均能吸纳政府法制机构和政府法律顾问的意见建议，确保决策科学、程序正当、过程公开、责任明确。共召开县政府常务会议19次，上会议题均征求各有关部门意见并向政府主要领导沟通整合意见后方才正式上会，会上集体讨论率达到100%。

【行政执法规范化】 综合执法体制改革。开展行政执法职能机构甄别调整，经省市审核最终确定古田县涉及行政执法职能机构78家（行政单位3家、事业单位75家），涉及编制数785名，实有数655人，其中整建制划入执法队伍编制数449名、剥离执法职能划转部分人员编制92名、剥离执法职能整建制划转为公益类事业17个。对锁定的队伍人员编制进行冻结，全县共锁定编制541名、实有人员546人。同时参照市执法队伍“三定”规定，印发市场监管、文化市场、交通运输、农业领域的综合执法队伍“三定”规定。推行行政执法“三项制度”。认真贯彻落实《福建省重大行政执法决定法制审核办法》，在2019年印发“实施方案”的基础上，2020年相继转发《宁德市行政执法公示规定》《宁德市行政执法全过程记录规定》《福建省重大行政执法决定法制审核办法》等规定，继续将落实“三项制度”情况纳入绩效考核法治工作指标内容进行考核，推动各行政执法单位聚焦执法源头、过程及结果等重点环节，规范执法行为。8月，开辟古田县人民政府网行政执法专栏作为全县统一的执法信息公示平台，要求行政执法单位公布有关执法信息。通过严把公示、记录、审核等关键环节和重要关口，推进严格规范公正文明执法。行政执法主体管理。县级各行政执法单位均通过县政府网站行政执法专栏对执法主体进行公示。同时认真开展2020年福建省行政执法资格考试报名工作，严格把关考试人员身份，有29个执法单位合计人数229人完成报名。行政执法监督。组织开展行政执法案卷评查，将评查结果纳入依法行政绩效指标考核体系。2020年，共抽查县市场监管、农业农村、公安、林业等20个单位行政许可、处罚案卷共计33件，针对发现的问题，第一时间整改到位，切实提高执法监督针对性和有效性。

【行政权力制约】 接受人大法律监督和政协民主监督。认真研究办理人大及其常委会组成人员对政府工作提出的有关审议意见、人大代表和政协委员提出的意见和建议，办理后满意度达95%以上。行政应诉工作。认真落实《国务院办公厅关于加强和改进行政应诉工作的意见》（国办发〔2016〕54号）和《福建省人民政府办公厅关于加强和改进行政应诉工作的实施意见》（闽政办〔2016〕170号）要求的应诉职责，切实保障行政应诉工作经费和其他必要的条件。全年县政府共参加的行政诉讼（一审、二审）案件16件，出庭应诉率100%。接受司法监督。县法院坚持能动司法，延伸审判职能，以司法建议助推社会综合治理，针对水利局对翠屏湖流域非法采砂行为行政处罚不规范问题发出司法建议，就“套路贷”案件审理中发现的“虚增债务”等问题以及金融机构“合同文本、贷款审批”等问题向银保监工作组及各金融机构发送司法建议2件。县检察院加强对民事、行政诉讼的法律监督，共立案办理各类民事监督案件7件，受理行政非诉执行监督案件5件。贯彻落实省委《关于支持检察机关依法开展公益诉讼工作的意见》，完善公益诉讼一体化办案机制，规范办案程序，立案审查公益诉讼案件17件，发出行政公益诉讼诉前检察建议4份，公益诉讼诉前检察建议5份，公告8份。舆论监督和社会监督。完善社会监督机制，在加强传统新闻媒体监督的基础上，畅通舆论监督和社会监督渠道，搭建政府与公众交流的“直通车”，依托“12345”政府热线，及时受理、分类梳理、认真调处、妥善解决群众关心的重点、难点和热点问题，回应社会关切。2020年，县“12345”便民服务平台严格按照管理办法开展平台工作，深化“马上就办”的理念，落实便民为民的宗旨。全年平台设立95个账号，共受理批转件2774件，诉求受理率100%，及时查阅率99.93%，按时办结率99.96%，群众满意率99.66%，批转准确率99.67%。

【化解社会矛盾纠纷】 发挥人民调解作用，共排查矛盾纠纷2090件，调解成功2090件，调解成功率100%。加强调解组织建设，共有各类人民调解委员会313个，兼职人民调解员1185名，专职人民调解员45名，提供人民调解各项保障经费共计36.08万元。畅通信访渠道，及时办结信访案件，全县本级受理信访件892件，办结879件；人民网信访件28件，办结27件；省长信箱信访件67件，办结63件；受理信访复查47件，办结38件。加强行政复议能力建设，确保机构设置和人员配备与法律规定和所承担的工作任务相适应。进一步畅通行政复议渠道，受理行政复议案件，妥善化解行政争议。全年共办结行政复议案件19件（其中3件为上年结转），其中：撤销3件，责令履行3件，纠错率31.57%。

【提升法治能力】 树立重视法治素养和法治能力用人导向。配合县纪委监委办理对1856人次的党风廉政建设征求意见工作，组织82名拟提（转）任科级领导干部参加任前廉政法规知识测试，同时要求82名拟提（转）任科级领导干部撰写任前廉政对照检查材料。共举办“新提任干部廉洁从政教育”专题培训班1期，参训人员47人，举办科级干部进修班2期，中青年干部培训班1期，培训干部187人。强化政府工作人员的法治教育培训和考查。组织开展政府及部门领导班子成员旁听人民法院庭审活动1次200多人，共举办县委中心组学法讲座、依法行政专题讲座、全体副科级以上领导干部集体学法讲座、各乡镇各部门领导干部学法讲座62场，以领导带头学法推动全县各级各部门学法。开展干部任职前法律考试，全县共组织开展干部任前宪法法律考试4场82人次，“学考”结合，让法律知识更加深入人心。

政务督查工作

【概况】 2020年，县政府落实年初确定的工作任务，督促相关单位落实完成，重点督查为民办实事项目、重点建设项目，共完成上级要求和县领导批办事项354件，共办理市、县人大建议和政协提案185件，满意率100%。

【全局督查】 以全面落实《政府工作报告》中的各项任务目标为督查工作主线，按照“年初建账、年中查账、年终算账”工作思路，将《政府工作报告》细化梳理为118项重点内容，逐一分解到54个责任部门和单位，明确牵头单位和主要责任人，定期上报。同时对未达到序时进度要求的，督促责任单位及责任人制定跟进措施，迎头赶上。

【重点督查】 围绕政府中心工作，以为民办实事项目、重点项目建设及“五个一批”“双百”项目等为重点，采取明察和暗访相结合方式，督中有导，催中带帮，实事求是，推动政府工作落实。特别是2020年在城西工业园区项目、盛泰华生物制药项目、城市低保城市特困人员房屋修缮和国家现代农业产业园等项目推进过程中，县政府督查室采用专人负责全程跟踪，实行每周一督查工作机制，到现场了解情况，发现问题，拍照留底，并以周报或影像资料形式及时反馈给主要领导。

【抓各级领导批办事项督办】 严格规范批示件办理登记挂签、查办催办、反馈上报等流程，对上级交办事项、县领导批示信访件和重要文件逐一登记，确定具体承办单位，明确办结时限，专人盯办，及时反馈。全年共办理国务院“互联网+督查”6件，市政府常务会议、专题会议、市长周工作任务落实7件，办理县长批示件241件次，县领导批办信访件100件次，按时限要求办复率为100%。

【会议议定事项督查】 每月定期对上月县政府常务会、县长工作碰头会及县长主持各种县政府专题会议议定事项和重要工作部署事项进行梳理并分解立项，明确牵头领导和责任单位，按照任务和时间要求定期反馈落实情况。共开展县政府常务会议议定事项落实情况督办10次，县长专题会议落实情况督办6次。

【人大建议、政协提案承办】 对重点建议、提案实行跟踪督办，建立跟踪档案，定期催办，掌握办理情况，规范答复格式，提高办理质量，限期完成任务，尽最大努力解决代表、委员们提出的与人民群众生产生活密切相关的热点、难点问题和事关县域经济发展的突出问题。共办理县人大建议101件，政协提案65件，市人大建议11件，市政协提案8件，满意率100%。

政府信息公开

【概况】 坚持“以公开为常态、不公开为例外”的原则，着力细化工作部署、推进政务公开、规范平台建设、强化监督保障等工作。围绕重点领域继续加大主动公开力度，推进重大建设项目批准和实施、公共资源配置、财政资金、环境保护、行政权力运行、安全生产、公共文化体育、住房保障、社会公益事业建设等领域信息公开，2020年共公开政府信息1763条，其中：为民办实事47条，重大建设项目52条，环境保护信息138条，安全生产信息93条，行政权力运行174条。

【推进“五公开”】 坚持以政务公开制度贯穿政务运行全过程，将公开融入政策制定、执行、落实全流程，推动政府运转更加阳光、透明、高效。在决策环节，推进重大决策预公开，涉及公共利益和公众权益的重大事项，除依法应当保密的外，主动向社会公布决策草案、决策依据等，通过听证座谈、网络征集、咨询协商、媒体沟通等多种形式，广泛听取意见。在执行环节，督促文件起草部门按照要求，精准解读“六稳”各项政策举措及其效果，及时发布“六保”相关政策信息。全县行政执法总量16887宗，其中行政许可15498宗。在管理环节，按照“谁执法谁公示”原则，严格落实行政执法公示制度，规范行政执法行为。建立统一的执法信息公示平台，集中向社会依法公开行政执法相关信息。探索建立群众意见反馈互动机制和执法信息公示平台管理维护机制，强化行政执法社会监督。在服务环节，坚持政务公开和政务服务深度融合，对全县政务服务事项的名称、设立依据、申报材料、办理程序等内容进行全面公开，实现信息公开共享和业务联动办理。在结果环节，涉及26个领域共156个一级公开事项，按照公开内容、公开依据、公开时限、公开主体、公开渠道和载体、公开对象和公开方式等要素进行标准化规范化建设。2020年，主动公开政府信息1848条，公开政策性文件12件，发布政务动态54612条。

【政策落实】 推进政务公开标准化规范化建设，不断完善政务公开工作制度，确保政务公开内容规范清晰实用。重点围绕“三大攻坚战”、深化“放管服”改革、重点民生、财政信息等领域，完善制度规范，提升公开质量。2020年，编制《依申请公开流程图》《古田县政府信息公开申请办理答复规范》《古田县政府信息公开保密审查制度》《古田县政策文件解读工作制度》等文件，完善政务公开工作各项标准化制度，对政务公开事项进行审核把关，做到依法、主动、及时、准确公开政务信息。

【政务服务】 发挥政府门户网站“主阵地”作用，开设专题专栏，集中发布26个试点领域公开信息；同时依托图书馆、档案馆、各乡镇便民服务中心，设立标识清楚、方便实用的政务公开专区，提供政府信息查询、办事咨询答复等服务，全方位向社会公众提供政务公开、在线服务、公众参与、资源整合等功能，让群众更好地了解政务公开，最大限度满足人民群众对政务公开的个性化需求。以单位为阵地编制《古田县各单位事项办理规程及流程图汇编》并在政府门户网站上进行发布，通过明确各项公开服务事项办事指南，明确受理条件、办结时限、申请材料、办理流程、收费标准等，让群众办事有章可循。收集省市县民生、就业、投资等方面的文件编制《古田县惠民利企政策汇编》，让企业、群众办事更加便利。

【信息公开】 2020年政府公开信息共5项8类。其中，2020年度新增公开信息总量共3222条；行政强制性文件信息比上年减少3条；行政事业性收费信息比上年减少1条。行政许可公开信息数量15498条，其他对外管理服务事项处理决定数量141716条。

2020年古田县政府信息公开一览表

表1　　单位：条

第二十条第（一）项			
信息内容	本年新制作数量	本年新公开数量	对外公开总数量
规章	0	0	0
规范性文件	12	12	12
第二十条第（五）项			
信息内容	上一年项目数量	本年增/减	处理决定数量
行政许可	691	226	15498
其他对外管理服务事项	493	2818	141716
第二十条第（六）项			
信息内容	上一年项目数量	本年增/减	处理决定数量
行政处罚	2594	166	1169
行政强制	253	–3	220
第二十条第（八）项			
信息内容	上一年项目数量	本年增/减	
行政事业性收费	35	–1	
第二十条第（九）项			
信息内容	采购项目数量	采购总金额	
政府集中采购	1153737.00	99228429.96	

【政府信息公开申请处理】 2020年，收到政府信息公开数量共12件，共处理12件。在处理的12件中，当年新收政府信息公开申请数量1件；上年结转政府信息公开申请数量1件；办理结果予以公开的9件；法律和行政法规禁止公开的1件。

2020 年古田县政府收到和处理信息情况表

表 2　　　　单位：件

（本列数据的勾稽关系为：第一项加第二项之和，等于第三项加第四项之和）			申请人情况						
			自然人	法人或其他组织					总计
				商业企业	科研机构	社会公益组织	法律服务机构	其他	
一、本年新收政府信息公开申请数量			11	0	0	0	0	0	11
二、上年结转政府信息公开申请数量			1	0	0	0	0	0	1
三、本年度办理结果	（一）予以公开		9	0	0	0	0	0	9
	（二）部分公开（区分处理的，只计这一情形，不计其他情形）		0	0	0	0	0	0	0
	（三）不予公开	1. 属于国家秘密	0	0	0	0	0	0	0
		2. 其他法律行政法规禁止公开	1	0	0	0	0	0	1
		3. 危及“三安全一稳定”	0	0	0	0	0	0	0
		4. 保护第三方合法权益	0	0	0	0	0	0	0
		5. 属于三类内部事务信息	0	0	0	0	0	0	0
		6. 属于四类过程性信息	1	0	0	0	0	0	1
		7. 属于行政执法案卷	0	0	0	0	0	0	0
		8. 属于行政查询事项	0	0	0	0	0	0	0
	（四）无法提供	1. 本机关不掌握相关政府信息	1	0	0	0	0	0	1
		2. 没有现成信息需要另行制作	0	0	0	0	0	0	0
		3. 补正后申请内容仍不明确	0	0	0	0	0	0	0
	（五）不予处理	1. 信访举报投诉类申请	0	0	0	0	0	0	0
		2. 重复申请	0	0	0	0	0	0	0
		3. 要求提供公开出版物	0	0	0	0	0	0	0
		4. 无正当理由大量反复申请	0	0	0	0	0	0	0
		5. 要求行政机关确认或重新出具已获取信息	0	0	0	0	0	0	0
	（六）其他处理		0	0	0	0	0	0	0
	（七）总计		12	0	0	0	0	0	12
四、结转下年度继续办理			0	0	0	0	0	0	0

（撰稿：陈菁　林义）

国土资源管理

【概况】　2020 年，古田县总面积 237281.92 公顷，东西宽 82 千米，南北长 66 千米。根据 2018 年度变更数据统计，2018 年末，耕地 27780.96 公顷，园地 15247.33 公顷，林地面积 164354.87 公顷，草地 4040.28 公顷，城镇村及工矿用地 4983.23 公顷，交通运输用地 3264.81 公顷，水域及水利设施用地 9456.82 公顷，其他土地面积 8153.62 公顷。全县矿产资源较丰富，探明矿种有 20 多种，叶蜡石、高岭土、花岗石和有色金属钨、钼等矿种得到开发利用。

【耕地保护】　落实补充耕地任务，全年新立项批复实施土地整治项目22个，总规模556.81亩，预计新增耕地325.88亩。通过往年任务结转，超额完成年度补充耕地任务、水田任务及旱地改水田提质改造任务。推进储备补充耕地核查工作，制定古田县储备补充耕地核查不实耕地项目整改方案，监督、指导、推进全县33个问题项目整改工作，储备补充耕地指标真实有效。制定《关于改进耕地占补平衡工作的若干意见》，进一步完善耕地占补平衡政策，促进耕地数量、质量、生态“三位一体”保护。

【用地报批】　对保基础设施、保民生急需的项目先行组织开展用地报批，2020年共获批项目8宗，共计面积6973.4835亩，其中获国务院批准项目2宗（宁古高速、霍口水库），面积6458.043亩；取得省政府用地批复6宗（文峰路、气象人影基地、平湖中心小学改扩建、纵五线洋上至汶洋段公路、古田药业提取车间、松台收储地项目），面积515.4405亩。待审查项目2宗（市场路及古田县体育补短板——体育场、体育馆、游泳馆及附属配套工程），面积181.0635亩。

【土地供应】　共划拨国有建设用地12宗，面积总计1402.038亩；出让国有建设用地16宗，面积422.829亩，取得土地出让金58032万元（其中经营性房地产用地3宗，面积98.553亩，土地出让金53500万元）；完成“三旧”改造项目用地一宗。

【土地储备】　完成2019年第十四批次（药厂）、古田县城西街道19-6号（莲桥粮库旁）、古田县城西街道19-7号（一中背后）三宗地块土地报批工作，面积共计164.081亩。

【闲置土地清理处置】　共计完成批而未供土地清理处置面积727亩，处置率22.5%（下达处置任务为20%），完成闲置土地处置四宗，面积78.717亩，处置率100%（下达处置任务为20%）。

【用地预审与选址】　共办结用地预审与选址意见项目88宗，面积4946.2725亩。

【执法监察】　实施动态巡查，确保土地、矿产良好秩序。对构成违法事实，严格按照国土资源部制定的《查处土地违法行为立案标准》及相关法律规定严肃查办。督促各乡镇（街道）做好手机移动执法工作。共督促乡镇（街道）150多次，手机移动执法巡查到位率达100%。年度、月度土地卫片监测共发现违法图斑799个，立案查处22个图斑，下达乡镇整改图斑97个。全年共发现土地、矿产违法违规行为61起，制止61起，发出制止通知书61份，发出责令整改通知书16份，立案查处土地、矿产违法案件45宗，查处违法占地面积86.358亩，决定罚款143.4378万元，收缴罚款114.0433万元（其中3宗未履行罚款11.0912万元，4宗均剩余第三期罚款共18.3033万元待缴清）。2020年，自然资源部下发古田县农村乱占耕地建房问题图斑18035个，涉及耕地面积18150.5591亩。经过摸排，全县不属于摸排范围的占用耕地建房图斑数量为14027个，涉及耕地面积15028.0541亩；纳入摸排的占用耕地建房图斑数量为3992个，切割后图斑数量为4254个，涉及耕地面积3122.505，涉及占用耕地1966.3704亩，占用基本农田178.6747亩。

【矿产资源管理】　强化矿产资源勘查开发监管，完成域内所有探矿权、采矿权人年度公示工作，委托技术队伍对域内5家有证矿山开展GNSS（全球导航卫星系统）巡查工作。对下发古田县2020年，省自然资源厅月监测域内矿产卫片疑似违法的16个图斑，经实地核查，未发现非法采矿行为。域内敖江流域饰面石材废弃矿山共41个，完成自然修复矿山13个，整治工作，并通过市政府组织相关市直部门的验收；完成覆土复绿治理整治矿山28个，并提请上级部门组织验收。

【地灾防治】　印发《古田县2020年度地质灾害防治方案》，完善险情巡查、灾情速报、汛期值班等制度，并择优配备地灾防治技术支撑队伍。落实地质灾害隐患点151个、高陡边坡责任人、监测人32个，督促属地乡镇（街道）及时更新地质灾害警示牌、发放“防灾明白卡”和“避险明白卡”，落实村居避险转移预案、转移路线、避灾点及应急物资等工作。向省市争取资金120万元开展古田县1∶50000地质灾害风险调查与评价工作；争取省级排危除险工程包项目1个，项目治理补助资金100万元；争取省级地灾治理工程项目1个，项目治理补助资金154.7万元。

【空间规划与村庄规划】 启动古田县国土空间规划编制工作，完成以“三调”为基础的全域底图整理工作，对国土空间各要素进行分析，初步完成三线划定工作；完成各类规划实施评估研究、人口流动和城镇化发展研究、产业转型与产业空间布局研究、耕地及永久基本农田保护研究等11个专题初步成果；完成古田县国土空间规划编制规划大纲、规划成果初稿。针对高头岭片区用地存在的问题，完成《古田县高头岭片区控制性详细规划》局部调整工作；配合相关完善《古田县中心城区环卫专项规划（建筑垃圾部分）》。黄田镇完成总体规划、杉洋镇总体规划局部调整、凤都中心镇区控规、凤都工业集中区控规、杉洋住宅小区控规、平湖镇红釉工业集中区控规、临水宫文化旅游区修规调整报批实施；泮洋乡、卓洋乡土规局部修改完成听证上报审批。推动乡村振兴，推进“多规合一”实用性村庄规划编制工作。际面村等10个省级乡村振兴试点村完成村庄规划评估和规划编制，通过省市组织的考核，城东街道常坝村等4个村庄规划报批实施。

【窗口服务】 推进“放管服”改革，配合相关部门推进工程建设项目审批制度改革，开展行政审批项目的清理复核工作。合并建设项目总平面方案审批与建设工程规划许可审批环节，减少审批环节缩短审批时限。联合住建、人防印发《古田县工程建设项目“多测合一”工作管理实施方案》，推进“多测合一”改革，不断优化营商环境，提升测绘服务效率和质量。2020年，共受理、办结16262宗，其中产权登记8898宗，证明类登记5175宗，咨询查询2189宗，用地审批38宗，用地预审与选址项目87宗，出让用地出具规划条件21宗。县国土资源局驻行政服务中心窗口共有27人次被评为服务标兵。

【信访办理】 2020年，共收到上级交办、群众来信来访的信访73件，办结63件；受理“12345”诉求件120件，办结115件，按时办结率100%。所有信访件均按信访程序，进行告知，答复，并及时送达当事人，做到“来访有记录，来信有答复，处理有反馈”，实行开门接访、带案下访等解决信访疑难问题的信访工作制度。

（国土资源局　供稿）

环境保护

【概况】 2020年，古田生态环境局坚决落实各级关于生态环境保护决策部署，坚决扛起生态环境保护的政治责任，聚焦打好污染防治攻坚战，全县生态环境保护工作取得重大进展。

【河流水质】 城区饮用水水源桃溪水库水质均达Ⅲ类以上标准，达标率100%；重点流域敖江双口渡、古田溪宝湖水质均值符合Ⅱ类标准，闽江雄江水质均值符合Ⅲ类标准；省控断面古田水库水质符合Ⅲ类标准；省控小流域Ⅲ类以上水质比例达88.89%。大气环境质量方面，空气质量持续改善，细颗粒物（PM2.5）浓度进一步下降，臭氧浓度升高趋势得到有效遏制，县城区空气质量达标天数比例为100%，达到省考核要求。

【中央环保督察件整改】 完成第一轮中央环保督察交办的投诉件和反馈问题，第二轮中央生态环保督察信访件交账销号率达100%，针对反馈的8个问题，印发实施方案，整改工作在推进中。

【水污染防治】 整治水口库区网箱和清理打捞水葫芦，加强岸上污染防治和水质监测监控，确保水口库区雄江断面水质达标；县级饮用水水源桃溪水库环保项目建设总投入资金676.99万元，其中河道综合整治和污水改造项目投入资金288.7万元；桃溪水库水质提升项目投入资金385.29万元，完成设备安装。黄田、平湖、大桥、吉巷、凤埔5个乡镇的饮用水水源地综合保护项目总投入资金966万元。大桥镇、平湖镇、黄田镇、鹤塘镇共5个专项列入县“千吨万人”水源地整治任务，大桥镇九坑水库水源保护区、鹤塘镇大东自来水厂水源保护区完成整治，平湖镇、黄田镇、鹤塘镇水源保护区均完成水源保护区划定批复。开展入河排污口整治，完成入河排污口排查、整顿124个。继续推进小流域整治，总投入资金3000多万元推进玉源溪、横洋溪等8条小流域综合整治项目，完成总工程量的90%。印发实施《古田县农村生活污水治理提升工作方案》，摸排农村生活污水设施、管网情况，督促相关乡镇（街道）限期完成问题整改；防控重点行业污染，实行食用菌加工企业废水治理第三方运维机制。大桥镇、吉巷乡食用菌烘干厂共有25家委托第三方环保公司进行运维管理。印发《古田县食用菌加工作坊环保专项整治实施方案》，实施食用菌加工作坊环保整治。加大畜禽养殖污染监管执法力度，开展畜禽散养规范整治。落实河长制和环保网格制，强化巡查监管。实行环境质量预警和处置联动机制，印发《古田县闽江流域水质自动在线监测预警与处置办法（试行）的通知》，强化部门监管和乡镇属地责任，实现水质预警、原因排查以及问题整改的闭合管理，确保水质稳定达标。建立《闽江流域水质自动在线监测站台账》，时刻关注记录各水质自动在线监测站点的水质超标情况。2020年，县环保委下达水质预警通知单共计13份，涉及8条流域，配合乡镇实地排查流域污染源。

【大气污染防治】 加强城区空气质量的预警和大气污染管控，落实污染天气重点污染企业大气污染源应急管控措施，推进工业炉窑整治和工业企业大气污染环境问题治理，确保持续保持优良环境空气质量。完成全县45家企业57个工业炉窑污染治理任务，完成44家食用菌加工企业废气线监测系统安装，取缔关闭“散乱污”企业8家。2020年度，完成精准减排项目10个。

【土壤污染防治】 加强危险废物管理，印发《古田县工业固废（危废）排查整治工作方案》，督促企业加强危险废物污染防治。完善小微危废产生企业摸底，开展小微企业危废集中收集转运试点工作，引进第三方企业，全面规范县域危废规范化管理。印发《古田县农用地土壤环境保护方案》，投入16.8万元，完成全县7家重点监管企业周边土壤环境监测。动态更新全国土壤环境信息化管理平台数据，实现省、市、县三级土壤环境数据共享，共同推进土壤污染防治工作。

【环保执法】 开展“清水蓝天”“利剑斩污”专项整治行动。2020年共立案查处违法排污企业16家，处罚金额共249.75万元，实施查封扣押9家，下达环境监察通知书56份。借助便民服务平台渠道，完善线索交办，共受理“12369”电话举报热线17件，微信举报64件，网络投诉2件，来信2件，处理率100%。双随机抽取130家排污企业，加强“生态云＋网格化监管平台”运用，结合网格员制度，网格化信息系统上报环保事件13074件，完成并超过省市定的3348件任务数；巡查次数43792次，完成并超过省市要求的巡查次数13392次。实现日常监管不留盲区、隐患排查不留死角、第一时间到达现场，及时报告、有效处置。

【行政审批】 落实“三线一单”约束作用，严格审查建设项目环境准入。强化行政审批效能建设，不断规范、优化环评审批程序，切实做好优质服务，助推2020年重点工业项目发展，2020年共审批建设项目37个，固体废物污染防治设施验收项目8个。持续实行“放管服”改革，告知承诺制审批建设项目13个。按时按质完成排污许可证申领与核发工作，共办理排污许可证事项42件，排污登记475家。

【生态文明创建】 深化国家级生态文明建设示范县创建工作。133个行政村达到“绿盈乡村”创建指标要求。印发实施《古田县自然保护区延伸监督工作方案的通知》，指导督促平湖镇等环湖6个乡镇全面排查，完成省厅下发的549个遥感监测点位排查工作，完成“绿盾2020年”专项行动。

【环保宣教】 开展“6·5”世界环境日系列宣传活动，主办“美丽古田·我是行动者”生态环保主题摄影大赛，举办“守护绿水青山爱我玉田家园”学雷锋志愿服务大型环保公益活动。创建零污染村庄创建活动，开展“垃圾分类大赛”和“环保酵素绿动古田”培训会，在黄田镇洋上村开展垃圾分类回收、制作环保酵素活动，达到垃圾减量、资源化利用。通过不断加大生态环保宣传力度，弘扬生态文明理念，提高公民的生态文明理念，营造生态文明示范县创建氛围。

（宁德市古田生态环境局　供稿）

城乡建设

【概况】 2020年，古田县城乡住房建设局履行部门职责，扎实认真开展城市基础设施建设，着力提升市政供水、供气、污水处理服务水平，推动房地产业和建筑业健康发展。

【市政基础设施】 2020年，共实施市政基础设施项目21个，累计完成投资33645万元。完成城市道路建设4.8千米；新改建雨水管网5.85千米，污水管网8.12千米；新建供水管道4千米，改建供水管道5.1千米；完成新丰停车场169个停车位建设。其中，建成完工的工程项目有印石山公园观景栈道及跨路天桥工程、闽江古田溪景观提升工程（莲桥至莲桥中桥段C4）、闽江古田溪景观提升工程（莲桥中桥下游段C5）、玉田公园提升工程（二期）、新丰河景观亮化提升工程、滨河东路路网及配套工程（新丰支路及一、二支路）、西大桥及六一四路七支路改造工程、翠屏路道路改造工程、城乡生活垃圾治理一体化项目配套电力管网项目、城区宜居环境提升工程（614路龙景佳园至城东街道办事处段）、城区宜居环境提升工程（614路城东街道办事处至古屏路段）、古屏路（世茂酒店至交警大队段）宜居环境提升工程等。

【村镇建设】 1.改水改厕。完成乡镇公厕11座和农村公厕1010座，实现乡镇每万人3—4座公厕，各村建成1座以上水冲式公厕。各乡镇污水处理设施和水质水量监测设备全部建成投运。2.农村生活垃圾治理。持续落实好“村收集、镇转运、县处理”的垃圾运行机制，完成18座乡镇垃圾转运站提升或新建工作，实现乡镇生活垃圾转运市场化；继续推广农村生活垃圾干湿分类机制。完成黄田镇洋上村垃圾分类试点工作，并予全面推广。3.强化农房整治。完成1054栋的裸房整治，并引导集中建设村镇住宅小区，加强村庄建筑风貌管控。2020年，卓洋乡半山村瑞云小区入选省级第二十二批村镇住宅小区建设试点，并争取到规划补助资金10万元。推进房前屋后整治工作，完成255个行政村的整治，完成率92.7%。4.农村危房改造。委托第三方对动态新增、往年错排漏排和2020年危房改造任务进行排查鉴定，完成排查鉴定1439户；完成境内309户国定建档立卡贫困户住房核验工作。共完成危房改造96户，拨付资金200.55万元，其中中央补助134.4万元、省级补助35.9万元、县级配套30.25万元。5.历史文化名镇名村和传统村落保护。投入项目补助资金1000万元，其中平湖镇端上村省级重点改善提升项目补助资金600万元，杉洋镇珠洋村“十镇百村”项目补助资金400万元；完成17个村历史文化名村或传统村落保护规划编制。完成33栋历史建筑测绘建档、编制保护图则、挂牌保护、修缮或活化利用工作；完成第二批历史建筑公布，共公布75栋。6.“两高”沿线和文旅环境综合整治。完成73处屋顶水箱整治，立面整治30栋，平改坡12栋，环境整治129处，植树绿化8379平方米，拆除违章12879平方米等。

【房地产市场】 2020年在建房地产项目共7个：中央名城、天润·翡翠里、天润·云玺项目、三盛璞悦山河、万润首府项目、碧桂园·铂悦府、天润·名筑。境内房地产完成投资14.30亿元，同比增长30.49%；新建商品房总销售面积14.26万平方米，同比增长7.54%，销售金额13.36亿元，同比增长21.57%；商品房库存量共15.96万平方米，去化周期6.89个月；房地产业从业人员工资总额为2284万元，同比增长25.86%。

【建筑市场】 2020年，古田县共有建筑施工总承包企业47家，其中1家一级、4家二级、44家三级。县建筑业产值68424.8万元，较上年同期（66223.6万元）增长3.32%。

【房屋结构安全隐患排查整治】 牵头成立综合协调组与专家技术服务组，发动全县建筑企业及本行业专家参与本次百日攻坚专项行动，对排查人员进行专业技术培训，为排查整治工作提供技术咨询。组织协调各乡镇（街道）、县直有关单位条块结合开展排查工作，保障人民群众生命财产安全。百日攻坚期间完成房屋排查103355栋，排查发现重大安全隐患房屋数量344栋，处置344栋（其中拆除159栋、加固185栋）。

【房屋交易】 2020年1—12月共办理业务申请2678宗，其中：完成新建商品房买卖合同备案1540宗，备案面积14.25万平方米，备案金额13.37亿元；完成二手房网上签约备案1056宗，备案面积8.9万平方米，成交额4.1亿元；完成房产测绘成果备案57宗，其中预测成果备案25宗，实测成果备案32宗，审核面积31.95万平方米；着力推进二手房交易资金监管工作，全年受理资金监管14宗，监管金额976万元；房屋租赁备案11宗，备案金额37.44万元，备案面积672.9平方米。

【窗口审批服务】 2020年1—12月窗口完成各类审批事项606项，其中：施工许可70项，配套费76项，工程招标354项（含控制价、条件备案、文件备案、书面情况备案、澄清等），消防设计审查14项，房地产资质及预、现售审批事项共计28项，档案验收及竣工备案11项，夜间施工、二装备案共23项，燃气、排水及监理施工造价单位资质年检核对共30项。完成省网和行政服务中心审批系统更新，进一步完善服务规程，配合县市管局、县审改办、县发改局、县环保局、县行政服务中心等相关部门做好行政审批“放管服”工作。推进工程建设项目审批制度改革，配合市里完善工程审批管理系统，实行并联审批，缩短审批时限。

（县城乡建设局　供稿）

城市投资工作

【概况】 2015年3月，古田县城市投资公司（简称城投）成立，为独立核算的国有企业。公司实行董事会领导下的总经理兼企业法人负责制。2020年，公司内设董事会、监事会，下设项目管理部、财务管理部、资产管理部、综合办公室、安全生产办公室、双创基地服务中心（“三部二室一中心”），共有人员31人，其中：挂职下派3人，兼职1人（监事），合同制员工25人，返聘2人。

【项目融资】 2020年，新增提升城市形象项目工程PPP项目政策性贷款5000万元。其中，2020年3月30日国家开发银行福建省分行分放款2000万元、2020年7月17日放款3000万元。X921平湖至凤埔休闲公路项目政策性贷款6600万元，2020年7月2日由中国农业开发银行宁德分行于放款6600万元。

【工程建设】 2020年，共承担工程项目122个，累计完成投资额322163.8776万元。其中，提供业主平台功能的项目共94个，公司承担建设任务的项目28个。竣工的项目有古田县中心粮库建设项目、古田县福乐家园项目、古田县工商联大楼修缮装饰项目、古田县人才公寓改造工程项目等44个项目。在建项目有古田城西工业区标准化厂房建设项目、双创示范基地三期项目、古田县城西片区改造安置项目、古田县滨河公园配套用房项目（老年大学）。

【资产运营】 2020年度，共实现收入1709.2322万元。其中，大桥扶贫搬迁安置新区12#楼一至三层租赁收入13.7622万元、公交站广告租赁收入16.6万元、高头领61套闲置安置房拍卖收入1678.87万元。

【项目管理】 坚持工程防腐，保质量促进度。2020年，克服疫情对复工复产的影响，加强项目建前、建中、建后管理和监督，高标准、高速度推进公司自建项目工程建设，打造放心工程、安全工程。强化项目监督管理。公司领导班子具体分工，实行责任制，从项目立项、征地、勘察、设计到预决算、招投标、造价变更、质量监督、竣工验收等各个环节，严格执行建设项目投资管理制度，遵循科学的操作流程，从制度上构筑起保证工程质量、防止工程腐败的"高压线"。强化工程目标管理。对工程倒排工期，分阶段制定建设计划，实行项目进度月报制。公司直接实施的项目管理人员常驻现场，同施工单位跟班作业，对工程进行动态管理,确保文明施工、安全施工。

【公司管理】 公司党支部带领党员干部职工开展党风廉政建设和宣传文化建设。公司严格落实《考勤制度》《公车使用管理制度》等规章制度。采取二级绩效分配方案，有效规避"干多干少一个样，干好干坏一个样"情况。强化财务监管，严格支出审批关，对不符合规定的票证不予入账。

城市管理

【概况】 2020年，城市管理局不断健全内设股室人员配备，狠抓一线执法队伍管理教育，完善执法装备配套，启动智慧城管建设，通过内强素质，外树形象，有效提升管理和服务效能，在疫情防控和创城一线工作中发挥主力军作用。

【市容市貌】 根据工作重点，适时调整机构职能，按照城区实行网格化划片管理，严格落实定点定岗的巡查制度，加强对各重点路段的管控力度。全年共巡查、劝导各类违规占道经营行为25000起；拆除破旧广告牌约1万平方米、清理立式广告灯箱51个、拆除不规范雨遮400余处、各类横幅950平方米、清洗城市"牛皮癣"12000余平方米；制止、督促整改渣土车"滴洒漏"行为180余起，行政处罚4起。

【环卫工作】 环卫处与光大绿色环保城乡再生能源（古田）有限公司交接的保洁面积147万平方米，覆盖城区主次干道、街道、背街小巷及城中村。新冠疫情防控期间，环卫处督促保洁公司每日对城区29座公厕、6个中转站、30个垃圾箱体、18辆环卫作业车辆、2000多个垃圾桶进行消毒作业。使用洗扫一体车、水车每日清扫、冲洗城区道路。机械化清扫率65%。城区公厕共29座，均完成改造，实行免费开放，环卫处安排专人管理，实行公厕每日巡查记录，专人负责专人保洁管理。全年城区进场垃圾共计99000吨，县域内进场垃圾日均300吨。垃圾填埋场加大膜覆盖面积，覆膜工程铺设垃圾防渗膜9060平方米。渗滤液处理站日处理渗滤液约210吨。

【园林绿化】 5月起，实施城区园林绿地管护外包，中标公司完成城区55万平方米公共绿地的常规管护。城区环岛及部分重要节点（如高头岭花箱）进行花化等景观改造，总计面积约7000平方米；整修城区绿篱地被5万平方米。疫情防控期间，对城区主要节点进行每日两次防疫消杀。提升县委、县政府等机关办公场所的绿化景观效果。

【市政设施管护】 开展城区设施普查，按类别划分登记，详细记录基本情况、维护情况等基本信息，实施台账管理。建立管护巡查制度，制定管护标准。及时管护、修复市政缺陷设施、残损道路，提升改造解放路、城东路段及松台口井盖、完成解放路段沥青路面修复工程、城区人行横道修复、新华桥（D级）危桥加固维修、城区中国结灯修缮、城区绿化带行人隔离栏建设、文化公园绿化补植、中心广场修缮等创城补短板城市管理工程项目，总建设资金约536万元。

（撰稿：陈永兴）

住房公积金管理

【概况】 2020年3月16日，宁德市住房公积金管理中心古田办事处（简称"古田公积金办"）

办公地点迁入古田县行政服务中心。古田公积金办于2003年机构改革完成，由县住房公积金管理中心转变为市公积金管理中心派出机构，性质为参公事业单位。2020年，在职人员共6人，其中在编公务人员4人、劳务派遣工2人。另有退休人员2人。

【资金归集】 截止2020年12月底，共有建立住房公积金制度单位398个，其中行政事业单位213个，国有企业64个，其他单位121个。累计归集总额22.05亿元，累计提取总额13.59亿元，累计归集余额8.46亿元。2020年新增单位17个，共归集住房公积金2.65亿元，完成年度计划的106%，同比增长6.12%；共办理住房公积金提取2.13亿元，同比增长3.25%；发放公积金贷款10639万元，完成年度计划比106.39%，同比增长11.07%；对可能出现的贷款逾期情况作出及时的、针对性的应对措施，1—12月个贷逾期率均为零。

【资金管理】 严格遵守各项财务规章、制度，认真执行管理经费报账制度，做到严格细致审核每笔支出，确保数据规范、准确、附件齐全。对住房公积金业务数据做到日清日结，确保三账合一。严格把控风险，保证资金安全。不断提高办事处窗口的服务水平和服务质量。

（古田公积金办事处　供稿）

民政工作

【概况】 2020年，古田县辖2个街道、8个镇、4个乡：城东街道、城西街道、平湖镇、大桥镇、黄田镇、鹤塘镇、杉洋镇、凤都镇、水口镇、大甲镇、吉巷乡、泮洋乡、凤埔乡、卓洋乡。2020年，开展特殊困难群体全面排查工作，完成上级指导数任务，纳入低保（特困）1015人，给予临时救助3478人。12月底，全县7519名因残致贫对象和2259名因病致贫对象中，纳入低保分别达269人、286人，分别占总数的3.58%、12.66%。生活不能自理特困人员集中供养率95.83%。同时，大胆探索“小巷管家”志愿服务、“互助孝老食堂”照护等创新机制，努力解难题、补短板。

【“小巷管家”】 县民政局探索开展“小巷管家”做法，出台《古田县社区“小巷管家”管理办法》，明确以居民生活习惯形成的聚落为基础，将社区按每500人左右划分为一个居民小组，每个小组选配身体健康、热心公益的本地居民志愿者1名，担任“小巷管家”，通过“三清四行动”（“三清”，即左邻右舍人头清、巷头巷尾户头清、困难群体底数清；“四行动”，即日常巡逻、老弱探视、异常预警、救急报告），及时掌握各居民小组内部具体情况。城区划分居民小组62个、选聘“小巷管家”62名，切实解决城市特殊困难群体探视预警“最后一公里”难题。结合社会组织孵化引导，由县仁济社会工作服务中心对“小巷管家”开展培训辅导、团队建设和跟踪服务。购买服务，引入居家养老专业服务机构，通过数据信息系统提供信息化、专业化支撑，建立与“小巷管家”联动响应机制，解决过去专业服务机构过度上门造成扰民或信息不畅疏漏照护等问题。推进城市特困、低保居民危房修缮，落实大病兜底、教育救助兜底，提高营养餐和寄宿生生活补助标准等，切实解决特殊困难群体居住安全隐患、看病难、上学难等问题。新冠肺炎疫情防控期间，探视慰问特殊群体3万多人次，发放生活费、临时救助等资金156.8万元，低保扩面56人。2020年，古田县“小巷管家”做法在学习强国和省政府办公厅《今日要讯》（专刊）上刊登，并得到相关省领导的肯定和批示。

【“互助孝老食堂”】 2016—2020年，城镇化快速推进，农村“空巢”老人增多，吃饭难题日益突显。2020年4月，出台《古田县“互助孝老食堂”试点工作方案》，在村一级探索设立“互助孝老食堂”。整合利用村内的幸福院、老人服务中心、党群服务中心等现有设施和资源，举办养老食堂，面向全体常住老年人提供助餐服务，重点针对特困、低保、留守、失独、重残等农村老人和其他特殊群体，结合义务送餐开展探视，关心、帮助老人的生活和健康状况。县财政投入必要的厨具设备和装修费用，并根据供养的“八类优待对象”（特困、低保、留守、失独、重残加上五老、老党员、军烈属），按每人每天6元的标准拨付运营经费；发挥财政资金杠杆带动作用，通过村财投入、乡贤捐助等渠道扩大资金筹集面，鼓励个人自愿、村民互助，推进抱团互助。支持有条件的村将助餐对象扩大至青壮年并适当提高收费，引导举办食堂的邻近村庄，共同开展采购配送，减少成本支出。建章立制，完善制度规范，悬挂内镶民政LOGO（标志）图案的互助孝老食堂统一标识，实行每月收支公布，及时公开收费、捐款捐物、菜品采购、掌勺义工补助等收支情况，接受监督；明确饭食的现场制作、加工及配送等流程，实行定点商超送菜、熟食当日清、不留过夜菜等制度。在运营和装饰文化中融入当地家风家训内容，植入社会主义核心价值观，鼓励低龄老人和热心人士开展义务劳动，开展中小学校与“食堂”结对子，让“食堂”成为感受社会的“学堂”；及时在乡村微信群发布消息，加强宣传互动，进一步弘扬“孝悌”“互助”精神。城东街道利洋村开办“互助孝老食堂”，为宁德市首个试点村。该食堂运营3个月，就餐人数达20多人，群众捐菜捐工和社会捐物捐款逐步增多，运营收支实现平衡并略有结余。12月，全县有12个村开设“互助孝老食堂”。中央文明办微信公众号、《人民政协报》等媒体先后刊登古田“互助孝老食堂”创新做法。2020年10月，古田县在利洋村举办宁德市“互助孝老食堂”现场会。

【养老工作】 2020年，在建农村幸福院27个，其中在施工11个、完工16个。鹤塘镇农村区域性养老中心进入招投标程序。具有本地户籍，年满60周岁及以上的最低生活保障对象、计划生育特殊家庭中的老年人，参照《特困人员认定办法》，对其生活自理能力实行简易评估，确认失能情况。针对低保、计生特殊家庭对象政府兜底的特殊性，护理补贴发放标准原则上每人每月不低于200元，每季度发放一次。不再执行每所农村敬老院每月财政普惠补助的方式，改为通过质量考评，采取以奖代补的方式发放财政补助。每所每季度最高补助额为15000元。扩大政府购买居家养老专业化服务的覆盖面，按照每人每月30元标准，将7类特定对象老年人全部纳入购买服务范围。2020年，该项目列入县财政预算，进入招投标程序。新冠肺炎疫情防控期间，累计发放口罩9300个、防护服600件、消毒粉400包、浓缩“84”消毒液50公斤、非接触体温枪11把。

【社会救助】 加大农村低保兜底保障提高低保覆盖面，对建档立卡贫困户、因疫致（返）贫、“边缘户”困难群众、支出型贫困的群众（因病、因残、因学）、近年退保对象、近年申请未通过对象等逐户逐人摸底排查，所在乡镇（街道）建立工作台账。对经排查符合救助条件的对象，及时落实兜底保障措施。确保贫困人口应保尽保、应补尽补、应救尽救，“不漏一户、不落一人”。及时将符合低保条件家庭纳入保障，对于家庭人均收入超过当地低保标准的，给予12个月渐退期保障稳定脱贫，做到“脱贫不脱保”。核查认定新申请对象，做到“应保尽保、应养尽养、应退则退”。提高城乡低保及特困补助标准。农村低保标准从家庭人均年收入6960元提高到7152元。2020年，全县城乡低保和特困人员总人数7541人，累计发放救助金3750.71万元。其中，城市低保对象665人，累计发放救助金267.49万元，月人均补差为392.2元；农村低保对象5792人，累计发放救助金2234.06万元，月人均补助水平为389.2元；城乡特困对象1084人，累计发放救助金1249.16万元，月人均供养额为1088.9元。将城乡低保、城乡特困对象纳入“古田县建档立卡贫困人口重大疾病医疗救助基金”救助范围。城乡低保对象及特困人员患者在县域内定点医院住院实行先诊疗后付费，实现基本医疗保险、大病保险、医疗救助、医疗叠加保险等“一站式”信息交换和即时结算，患者只需在出院时支付自付医疗费用。集中供养生活不能自理特困人员。全县共有特困人员1084人，其中生活不能自理（半护理和全护理）对象 96 人，集中供养 92 人，集中供养率 95.83%。启用全国残疾人两项补贴信息系统，与县残联配合指导 14 个乡镇街道做好新系统的录入工作。10 月底，两贴共发放 725.95 万元，其中生活补贴 4521 人，发放补贴 358 万元，护理补贴一级 1144 人，二级 2864 人，发放补贴 367.95 万元。2019 年 5 月起，食品类价格指数连续上涨。2020 年，共发放价格临时补贴 292.68 万元。2020 年，全县共有事实无人抚养抚养儿童 147 人，发放保障金 63.81 万元。共有孤儿 23 名，其中集中供养孤儿 9 人、社会散居孤儿 14 人，共发放基本生活保障金 25 万元、发放孤儿助学金 3.75 万元。通过比价确定古田县仁济社会工作服务中心为古田县敬老院残疾人社工服务项目运营机构。

【社区建设】 各村（居）完善村（居）民自治章程，实行村（居）经济及村（居）务公开。2020 年，城西街道新成立社区 4 个。健全城乡社区建设联席会议制度，加强社区工作者队伍建设，拟定《古田县城市社区工作者职业体系建设实施意见》，着力解决社区工作者身份定位、报酬待遇、发展出路等方面问题。推进社区办公用房建设。12 月，共落实开发商提供社区用房面积 3390 平方米。

【殡葬事务】 成立古田县城市公益性公墓建设工作领导小组，完成古田县城市公益性公墓建设项目立项前期工作总平图、红线图、村规调整、可研立项、自然资源用地预审和选址意见书、开设项目银行专门账户；编制完成林业可行性研究报告及水土保持方案；启动设计招投标前期工作；上报省民政厅审批。提倡移风易俗，丧事简办，巩固殡葬改革工作成果，杜绝违规违建坟墓。

【婚姻登记】 2020 年共办理结婚登记 1723 对，补领结婚登记 379 对；办理离婚登记 841 例，补领离婚证 89 份。配合卫健部门开展婚检工作，完成婚检任务以确保优生优育，办理收养登记 44 例。

【地名管理】 根据《福建省第二次全国地名普查档案验收规范的通知》要求，完成地名普查档案按新的规范进行归档。《古田县地名志》进入出版印刷阶段。

【安全生产】 重点检查养老机构内消防设施设备、电线线路、中控室及安全台账等情况，并对灭火器进行检测，加强对老人房间内安全隐患的排查力度。对电线线路老化及室内物品杂乱等安全隐患进行登记建档，要求在规定期限内进行整改，并责成专人对隐患整改情况进行检查，形成“动态隐患整改工作台账”，杜绝安全事故的发生。

【扫黑除恶工作】 2020 年召开扫黑除恶工作专题会议 3 次。对殡葬、养老、社会救助、社会组织、基层政权等民政扫黑除恶五大重点领域进行行业监管。加大涉黑涉恶线索排查力度，对软弱涣散基层组织的治理；并联合有关部门对老年保健品中介、殡葬服务市场等关键领域乱象开展整治。进一步规范扫黑除恶专项斗争档案和台账，规范信息报送和线索核查制度。

（撰稿：叶江华）

人力资源和社会保障

【概况】 古田县人力资源和社会保障局为县政府工作部门。内设 11 个职能股室，即办公室、政策法规股、财务和基金监督股、就业促进股、人才开发股、职业建设股、人事管理股、表彰与任免股、劳动关系股、工资福利股和养老保险股，核定编制 18 名（其中：行政编制 16 名、机关工勤人员事业编制 2 名），配备局长 1 名，副局长 2 名，股级干部职数 14 名，实有在编 18 名（其中副科及以上人员 8 名，科员 8 名，机关工勤人员 2 名）。直属事业单位 7 个：古田县劳动保障监察大队（单位建制参公事业，核定编制 6 名、实有在编 6 名），古田县劳动就业服务中心（核定编制 9 名、实有在编 9 名）、古田县社会保险中心（核定编 9 名、实有在编 8 名）、古田县机关事业社会保险中心（单位建制副科级，核定编制 13 名，实有在编 11 名）、古田县城乡居民养老保险中心（核定编制 8 名、实有在编 8 名）、古田县人事人才公共服务中心（单位建制副科级，核定编制8名，实有在编7名，其中3名为自收自支编制）、古田县劳动人事争议仲裁院（核定编制5名、实有在编4名）。下属事业单位1个：闽东中等技术学校古田分校（核定编制15名、实有在编15名）。

【就业创业】 2020年城镇登记失业率控制在4.12%，低于控制指标0.88个百分点。出台《应对新冠肺炎疫情服务重点企业复工稳岗用工奖补措施》，着力强化线上线下招聘活动和“点对点”劳务对接，为企业从江西、湖北、云南等地招聘省外人员313人；举办高校毕业生专场招聘会1场。疫情期间共发放一次性稳就业补助864560元、“留岗留薪”补贴10650元、疫情防控急需物资生产企业一线职工生活补助27000元，普惠性稳定岗位补贴共发放68家企业，金额171.99万元，面临暂时性生产经营困难且恢复有望企业返还失业保险金共发放9家企业，金额83.1万元，为就业困难人员发放失业保险金55.36万元、医疗补助10.5万元、社保补贴812.5万元。扶持高校毕业生返乡就业创业。2020年招聘机关事业单位工作人员271人，吸纳回乡见习大学生86名；出台《古田县大学生公益性岗位管理办法》，近五年共招聘361名大学生返乡就业创业；2020年新开发服务基层大学生专岗，首批试点招聘30名服务社区大学生专岗；扶持高校毕业生自主创业，2020年共有创业高校毕业生95人，创业项目89个，带动就业人数902人，发放2018—2019年古田县自主创业高校毕业生启动资金补助、一次性开业补贴、生活补贴、场租补贴等县级补助31.86万元。共发放创业担保贷款427笔，金额9385万元，带动创业、就业人数1500多人，名列全省县域“创保贷”发放量第一名。

【社会保障】 2020年，全县城镇职工养老、工伤、失业保险分别参保29628人、28004人、8602人，建筑施工企业工程项目参保206个；机关事业单位养老保险参保13334人；城乡居民养老保险参保17.0594万人；全县机关事业单位养老待遇支付共计5069人，发放养老金20733.18万元；为全县71914名城乡居民发放基础养老金6670.71万元，为全县3188名60周岁以上被征地农民发放养老金409.62万元，为全县8795名80—99岁参加城乡居民保的高龄老人发放高龄津贴353.76万元，为1059名符合条件的死亡人员家属发放丧葬补助金260.53万元。为全县9992名离退休人员发放养老金27126万元，人均每月退休费2262元。为100名工伤保险参保人员支付工伤保险基金1317.5万元。企业职工退休人员每人每月平均增加养老金133.09元，2020年古田县完成基本养老保险减免退费企业487家，退费金额为327.27万元；完成工伤保险减免退费企业252家，退费金额27.。3万元；阶段性减免企业失业保险123家企业126笔，共计116685.36元。

【人事管理】 加强人事人才服务管理，开展事业单位各类招聘考试，完成全县415个事业单位岗位设置工作，签订聘用合同人员数6622人，推动完成教育、卫生两个系列的职称深化改革工作，规范全县事业单位职称评聘工作。

【人才振兴】 开展创新创业、手工艺师、创业能手、乡土人才认定工作，带动乡村振兴战略的实施。第二批认定黄文清、张金油、朱华武等5名宁德市特支人才“百人计划”和宁德市乡土人才；第一批认定林孝久、陈晓锋、林文豪等8名古田县翠屏英才；开展技能大师工作室申报工作，谢瑜津被评为省级技能大师。大力开展各类就业创业技能培训，提高劳动者就业创业能力，加快高技能人才队伍建设，全年共开展各类就业创业技能培训3129人次、“春潮行动”2873人次，共发放各类培训职业技能提升专项资金共231.103万元，全年新增培养高技能人才70人。全面落实职业资格许可制度，依托技校鉴定站，全年鉴定591人，取得相关等级证书521人（其中初级130人、中级344人、高级47人）。做好2020年机关事业单位工勤人员技能等级岗位考核申报工作，通过考核取得相应等级证书21人（其中初级2人、中级8人、高级9人、技师2人）。做好2020年事业单位招聘工作，为乡村振兴提供人才支持。2020年古田县共征集77个事业单位岗位，拟聘113人，聘用85人。2020年共征集34个教师岗位，拟聘105人，聘用68人。开展紧缺急需专业人才招聘，共征集24个岗位，拟聘45人，使用网络公开招聘、校园现场招聘等方式，聘用5人。严格执行人事调配制度，共调动人员23人。持续深化职称制度改革。按照上级人事部门的统一要求，全县应纳入岗位设置总单位415个，应纳入岗位设置管理人员6982人，岗位聘用人员数、签订聘用合同人员数6947人，占总人员数比例99%，完成全县事业单位岗位设置工作。根据《宁德市深化中小学教师职称制度改革实施方案》《福建省基层医疗卫生计生机构人员卫生专业技术职务评聘工作实施办法（试行）》，推动完成教育、卫生两个系列的职称深化改革工作。规范全县事业单位职称评聘工作，2020年1—12月全县专业技术人员申请评审各类专业技术职务任职资格176人，其中高级91人，中级43人，初级42人；取得各类专业技术职务任职资格243人，其中高级45人，中级76人，初级122人；聘任各类专业技术人员313人，其中高级62人、中级189人，初级62人。

【劳资关系处理】 2020年，共协调处理工资纠纷9起，涉及工人12人，督促发放工资13.13万元；投诉举报0人，立案0件，协调处理信访46件。

【农民工工资支付保障】 坚持标本兼治，促进劳动关系和谐稳定。劳动保障监察大队深入贯彻实施《保障农民工工资支付条例》，进一步畅通欠薪举报投诉渠道，加强与公安等部门联动，及时处置欠薪讨薪警情，将问题化解在当时当地，落实保障农民工工资支付各项制度，加强欠薪源头治理。2020年，协调处理工资纠纷9起，涉及工人12人，督促发放工资13.13万元；投诉举报0人，立案0件，协调处理信访46件，开展欠薪违法问题专项整治，落实“工程建设领域工资保证金”，建筑领域农民工工资保证金累计预存现金4家预存金额106.39万元，保函担保37家，担保金额3668.65万元。推进“工程建设领域农民工专用账户”工作，12月，共督促施工建设企业设立农民工工资专用账户46家。

【劳动仲裁】 加强劳动关系工作能力建设，加强调解仲裁队伍和劳动保障监察执法队伍作风建设，严格执行廉洁自律有关规定和中央八项规定精神，依法办案、廉洁办案。劳动人事争议仲裁院共接收劳动人事争议案件32件，作出不予受理案件5件，案件调解率66.7%，共维护当事人合法权益215.58万元，按期结审率100%。

【自身建设】 健全人社领域意识形态责任制，加强舆情监控与宣传工作。2020年，为14个乡镇街道289个村居发放绩效评价补助资金131.36万元，为基层平台工作提供经费保障。深化“放管服”改革。结合全省“五级十五同”行政审批细化梳理工作，2020年共绑定141项行政审批与公共服务事项，实现全流程网办事项占比70.2%，“一趟不用跑”事项占比85.8%，着力解决行政审批制度改革政策举措落实“最后一公里”问题。组织开展人社业务技能练兵比武活动，获得优秀组织奖，代表全市人社系统参加省级比武练兵活动。全系统全员参与“日日学、周周练、月月比”在线练兵，培育更多人社“知识通”，业务“一口清”。

（县人社局　供稿）

医疗卫生

【概况】 2020年，全县共有各级各类医疗机构424个。其中，县直医疗卫生单位县总医院、县第二医院、中医院、疾控预防控制中心、妇幼保健院、卫生监督所、皮肤病防治院、精神病防治院、卫生进修学校共9个；乡镇卫生院12个，其中中心卫生院鹤塘、大桥、平湖3个，社区服务中心3个，民营医院1个，民营门诊部、个体诊所35个，村级卫生所（室）344个。全县卫生计生系统核定编制数1172人，其中卫技人员1603人，研究生以上学历8人，本科学历501人，大专学历及以下学历570人；高级职称129人，中级职称272人，初级职称678人；执业医师597人，注册护士667人。每千人均拥有卫技人员数4.86人。各公立医疗机构实有床数1467张，其中县直医疗卫生单位1095张，基层医疗卫生单位972张，每千人均拥有床位数4.45张。

【新冠病毒肺炎疫情防控】 2020年1月初，疫情发生，县卫健局成立疫情防控领导小组，积极参与筹建指挥部前期工作，制定指挥部工作方案，及时转发相关诊疗、防控方案、技术指南等，组建专家组、防控组、救治组等三支队伍，抽调25名干部参与指挥部综合协调组、疫情防控和学校组、医疗救治组、宣传组、前方和交通检疫组、督查组、医疗物资和市场保障组等7个组日常工作。总医院建立起普通预检分诊、县级筛查隔离、市级集中救治、省级远程会诊的分级诊疗机制。严格落实院感管理措施，启用县医院、二院发热门诊以及安康医院发热患者治疗点，2020年2月13日至12月31日，共筛查发热/呼吸道症状病人3554人。通过流行病学调查发现疑似病例22例，其中11例转为确诊病例，流调发现密切接触者和一般接触者608人。实施11例确诊病例疫点消杀31个（14624平方米），完成25个疫点空气消杀（8497平方米）。以县医院为定点医院，组建3个临床专家组共30名专业人员，设置46张床位，新增2辆负压救护车，新建2间负压隔离病房。2020年，共救治疑似病例22例（其中11例转为确诊病例，均治愈出院）。总医院派驻集中隔离点医护人员1466人次、居家医学观察的医护人员338人、各个卡口336人、临时校医43人。一个月时间实现无新增本土病例，43天时间实现本土病例“清零”，县境内确诊病例零死亡、医护人员零感染、境外输入零传播。2月底，完成县医院和县疾控中心PCR（肿瘤基因）实验室建设工程。从2020年3月起开展重点人群核酸检测至2021年3月24日，共检测102342人次，检测市场及冷库环境、食物样本3978份，核酸检测结果均为阴性。稳妥推进疫苗接种工作。2020年12月开展第一轮五类重点人群疫苗接种。开设城东、城西社区卫生服务中心及县二院3个接种点。成功举办秋冬季疫情防控应急防控演练和大规模核酸检测应急演练。

【医疗卫生体制改革】 2018年12月，成立古田县总医院，完善“八个统一”运行机制，推进总医院改革。2019年，古田县代表福建省顺利通过2018年国家卫健委世行贷款医改促进项目指标现场验证。2020年，县医院、中医院按病种付费的出院人数占总出院人数57.69%，基层医疗卫生机构门诊量占比70.20%，使用一体化慢病服务包管理的Ⅱ型糖尿病患者数目标值占比39.95%，县域内住院量占比55.99%，医疗服务收入占比30.90%。2020年实行基层医疗机构院长目标年薪制，全面落实一体化村所村医薪酬制度。实行医保总额打包付费，由总医院统筹使用。推进药品供应保障制度改革，实行药品带量集中采购试点工作。

【医疗机构基础设施建设】 2020年县医院迁建项目完成大部分结构封顶；同仁医院建设项目主体结构封顶；县精神病防治院迁建工程进入竣工验收阶段；凤都、卓洋、杉洋卫生院职工周转房完成结构封顶；启动县疾控中心迁建项目前期工作。

【医疗设备】 2020年，完成177个一体化村卫生所标准化建设，实施城区预防接种门诊规范化建设项目，建成基层医疗机构中医馆8个，建成医疗污水处理池6个。补齐县医院“六大中心”设备和配齐基层医疗机构“新六件”医疗设备；购置救护车4辆、疫苗冷藏车1辆、中型医疗废物专用运送车1辆，完成县卫监所卫生安全快速检测设备。完成宁德市区域卫生信息化平台项目建设；177个一体化村卫生所及71个贫困村全部实现医保“村村通”。

【临床重点专科建设】 2018年8月6日，县医院建成“胸痛中心”并通过有关部门认证，成为全省仅有的两家通过胸痛中心认证的县级医院之一，为宁德市首家。2020年8月，县医院“心衰中心”

通过中国心衰中心认证，成为宁德市首家基层版心衰中心，DSA（血管造影）开机启用，冠脉介入诊疗技术成功开展。“三大中心”的建成，进一步提升县医院心血管疾病诊疗水平。

【信息化建设】 2020年10月统一使用新基层卫生信息系统，完成15个乡镇卫生院（社区卫生服务中心）新基卫系统运行工作。统一建立医疗服务平台，完成远程会诊系统、远程心电系统、远程影像（DR）系统、远程会议、远程培训系统建设。统一使用双向转诊平台，通过卫宁系统双向转诊平台，县医院和基层各医疗卫生机构实现双向转诊。

【公共卫生服务】 艾滋病、结核病等重大传染病防治成效显著，境内登记满一年活动性肺结核患者成功治疗率99.22%，存活的艾滋病治疗覆盖率90.80%。2020年，全县无甲类传染病报告，连续26年未发生霍乱疫情，16种乙类、丙类传染病总发病率308.38/10万人，继续维持无脊髓灰质炎状态，血吸虫病处于消除状态，职业病诊断病例数呈逐年下降趋势，未发生群体性职业病事件。2020年，全县适龄儿童免疫规划接种率99.89%，疾控机构和预防接种单位实现免疫规划信息化建设全覆盖。推进爱国卫生运动，“十三五”期间创省级卫生乡镇5个；创建省级卫生村（社区）120个。2020年8月，泮洋乡创建国家级卫生乡镇工作通过省爱卫办初步验收。落实母婴安全“五项制度”，健全产前筛查诊断网络。2020年，境内妇儿“两纲”涉及卫健部门的核心指标孕产妇死亡率0、婴儿死亡率3.43‰，分别控制在指标值16/100000、7‰以下。2020年，基本公共卫生服务项目补助标准提高到每人每年74元。0—6岁儿童中医药健康管理率、65岁以上老年人健康管理率、高血压患者健康管理率、Ⅱ型糖尿病患者健康管理率、孕产妇健康管理率等五项相对薄弱的基本公共卫生服务项目指标值持续提高。2020年，完成国家双随机监督抽检任务，依法开展公共场所卫生、饮用水卫生、医疗卫生、传染病防治等综合监督工作，共监督检查各类单位2093户次，下达卫生监督意见书989份，任务完成率100%；共立案查处57起，罚没金额61.6万元；查处非法行医案件31起，罚没金额60.05万元。

【老年健康服务体系】 2020年境内65岁及以上老年人群体签订家庭医生签约服务共2.404万人，建立健康档案共3.2969万份，老年人健康管理率58.59%。2018—2020年，开展医养结合试点单位6个，医疗机构与养老机构签订医养合作协议12个，开展安宁疗护试点工作，推进医养深度融合发展，民营康乐家养老院被定为省医养结合试点单位。实施银龄安康工程，由县政府全额统一出资为境内80周岁及以上老年人投保，实现80周岁以上老年人全覆盖参保。

【人口与家庭】 依法落实计生家庭奖励扶助政策，做好计生特殊家庭关怀工作，共结对帮扶计划生育特殊家庭59户共89人。落实两孩政策，进一步转变计划生育服务理念，不断完善配套政策措施。做好常规人口计生统计、计划生育情况核查、人口计生管理服务。

【党建工作】 2020年，相继开展扶贫领域作风问题、民生领域突出问题、涉黑腐败问题、移风易俗问题、形式主义和官僚主义问题等专项整治工作。2020年，县委巡察工作反馈的4个方面共53个问题基本整改到位。规范党内政治生活，认真开好年度民主生活会、组织生活会，坚持“三会一课”制度，“三重一大”事项均由党组班子集体研究决定，实行党组书记末位发言制度，防止产生“一言堂”现象。

【健康扶贫】 “三个一批”（大病救治一批、慢病签约一批、重病兜底一批）救治率均超过市平均值。做实做细建档立卡农村贫困人口家庭医生签约履约服务，认真落实建档立卡农村贫困人口大病专项救治工作，大病救治从13种提高到31种。基本医疗可及性得到保障。即实现医疗卫生机构“三个一”、医疗技术人员“三合格”、医疗服务能力“三条线”。2020年普通人群签约14.24万人，签约率42.76%。重点人群签约6.9

万人，签约率61.8%。农村建档立卡贫困人口（包括省定扶贫标准下的低保对象）签约9367人，签约率100%。

【队伍建设】 享受县卫生人才优惠政策的73人，其中紧缺急需专业人才38人，柔性引才8人，认定宁德市“天湖人才”5人。

（县卫健局 供稿）

医疗保障

【基金征缴】 2020年，古田县城镇职工基本医保参保单位694个，参保职工31151人，其中在职参保人数18243人，退休参保人数12908人（供养比为1.41 ：1）；城乡居民基本医保参保337867人；生育保险参保17219人。2020年，古田县城镇职工基本医疗保险统筹基金总收入17979.97万元，总支出17798.21万元；城乡居民医疗保险统筹基金总收入32440.81万元，总支出28442.97万元；生育保险上级补助收入700万元，总支出396.79万元。为切实减轻企业负担，有效支持企业复工复产，宁德市古田医疗保障局贯彻落实职工医保企业单位缴费阶段性减征缓征政策，2020年2月至6月共计减征306个企业，减征39073人次，其中职工医保减征共计688.61万元，生育保险减征共计25.83万元。

【脱贫攻坚】 县医疗保障局着力推进医保“村村通”建设，通过前期摸底落实的村所情况和医保系统的既有账号进行比对，2020年8月12日，县内177家标准化建设村卫生所全面完成医保系统和实际刷卡“双开通”；8月24日，177个完成标准化建设的村卫生所纳入医保定点协议管理，村所协议签订全面完成。标准化村卫生所建设和医保“村村通”工作作为进一步增强医保服务水平的重要抓手，打通医保报销“最后一公里”，实现医保“村村通”或“就近通”目标。

【基金监管】 探索医保基金监管机制，建立与古田县总医院定期协调联络机制工作方案，参与公立医疗机构绩效考评等。配合省、市交叉联合检查，加强与市场监督、卫健、公安等部门的协作，尝试跨部门协同监管，建立“双随机、一公开”监管工作实施细则，对全县二级以下共计21家医疗机构进行全面现场巡查三轮以上的日常巡查，对全县共计31家定点零售药店进行三轮以上的日常巡查。

【行风建设】 围绕25项评价指标，逐条分析，查找问题，研究方法，顺利完成行风建设专项评价工作。在服务大厅设立意见箱、意见簿，配备“引导员”“值班员”“咨询员”，设立“引导台”“咨询台”“监督台”，着力打造“便捷、高效、温馨、优质”的医保经办服务品牌。

【党建工作】 制定《古田县医保系统廉政风险防控工作实施方案》，开展形式多样的主题党日活动，先后开展“健康扶贫，情系老区”暨“结对子、种文化”“传播文明、党员先行”“走党群连心路、展医保新作为”等一系列主题党日活动。

（县医保局 供稿）

外事侨务工作

【概况】 2020年，县外办坚持服务大局、创新工作机制、突出服务功能，发挥统筹引领作用，有力有效服务党和国家总体外交战略以及县委县政府中心工作。

【外事审批】 全年共取消原计划赴海外出访的团组2个，无报批因公出国活动。

【涉外服务】 配合有关部门做好外籍人员在古田县服务管理工作，指导督促各乡镇街道落实外籍人员在古田县的服务管理工作。到鹤塘、卓洋、凤都外籍人员较为集中的乡镇，开展入户调研，进一步掌握外籍人员在古田县活动情况，了解其生活状况并做好疫情防控政策宣传。对县内国有民营企业在境外设立的分公司、派驻机构、人员以及本地籍留学生进行排查摸底，共上报留学生23名。

【涉企服务】 向进出口业务企业推广APEC商务旅行卡，实地走访了解企业在疫情常态化下的困难点，助力企业“走出去”。联合县商务局摸底筛查出全县对外贸易企业的花名册，向有意向企业详细介绍商务旅行卡的申办资格、申办流程和使用范围等具体问题。为古田县同进食品有限公司、福建省三友食品有限公司提供APEC商务旅行卡的业务申办咨询服务。

【挂钩帮扶活动】 12月23日，省外办、市外办、省广播影视集团、厦门航空有限公司、澳门数字中国科技联盟、澳门新大陆万博科技有限公司及古田县委、县政府相关领导共计60余人参加挂钩帮扶系列活动。该活动包含古田县十方田产品上线澳门电商平台启动仪式、古田县专题宣传片拍摄开机仪式、厦门航空助力古田对外宣传活动。

（县外事办　供稿）

民族宗教

【概况】 2020年，县民族宗教局严格落实疫情防控、民族地区专项资金、安全隐患大排查大整治、民族宗教政策法规宣传等工作，推动民族经济和社会事业稳步发展，宗教场所和睦和顺，达到既定工作目标。

【民族工作】 上级下发民族补助资金114万元，用于6个民族村与偏远少数民族自然村基础设施、社会事业、村财增收和特色村寨建设等9个项目；新建村、际下村建设完成畲族展览馆、樟厅村建成畲族展示平台；举办“三月三”畲族文化周微作品征集活动，共征集摄影作品20份，短视频1份；融合各民族村及畲族自然村文化特色，拍摄制作《古田醉美畲村》宣传片；开展高教助学活动，落实少数民族贫困学子助学资金6.4万元，资助人数18人次，其中市级以上帮助12人次4.6万元，工商联、古田县天王禅寺等资助6人次1.8万元；组织少数民族群众4人参加宁德市畲族民歌歌手培训班。

【宗教工作】 确定古田天仙府等6个县级民间信仰活动场所联系点，对所有联系点采用备案登记，方便场所开设银行账户以加强资金监管；完成天主教爱国会换届选举工作；在2020年陈靖姑文化节网络直播活动中，推出临水文创产品“买买买”活动；动员县宗教界为支援外省市抗击新冠肺炎疫情捐款，县佛教协会、基督教两会、天主教爱国会及时响应，发动各宗教活动场所和广大信众踊跃捐款，累计筹集款174896.66元。疫情严重期间，域内宗教活动场所实施“两暂停”。疫情趋缓，逐步有序开放。

（民族宗教局　供稿）

行政服务中心工作

【概况】 2020年，古田县行政服务中心管理委员会以深化“放、管、服”改革为主线，以优化政务服务环境为目标，统筹抓好疫情防控和服务保障经济社会发展工作，大力推进政务服务“网上办、掌上办、邮寄办、自助办”不见面审批服务模式，高效服务企业复工复产。2020年，县行政服务中心日均办件近160件，所有事项的审批环节压缩至三个环节以内，承诺时限压缩到法定时限的23%，平均即办率91.98%，提前办结率99.99%，群众满意率99.9%。公共资源交易中心完成交易项目376宗，节约财政资金8900万元，实现国有资产增值885万元。

【服务质量】 以开展提升审批效率、提升服务质量、优化营商环境为主要内容的“双提升一优化”活动为载体，着力创新审批服务运行机制，深化“放管服”改革。实行开办企业“一窗通办”政务服务模式。通过精简材料、优化流程、业务协同、信息共享等方式，整合开办企业涉及的市场监管、公安、税务、人社、医保等部门行政审批服务环节，实现“一窗通办”综合服务窗口统一收件、后台流转、统一出件“一站式服务”。将企业开办时间压缩至1个工作日内。推行“一件事”套餐服务。围绕企业和群众关注的行政审批领域，梳理编制“一件事”集成套餐，实现不同部门关联事项的集成套餐式服务。2020年，共推出公司设立、经营艺术品企业18件“一件事”套餐。构建“最多跑一趟”服务机制。2020年，中心实现省网上办事大厅“一趟不用跑”比例达到77%，全流程网办事项达到56%。率先推出为新开办企业提供免费公章刊刻服务制度。为进一步推动县行政服务中心企业开办便利化改革，对企业开办环节“减环节、减材料、减时间、减成本”，2020年，古田县在实现企业开办压缩至两个环节、开办时间压缩至法定时间的30%以内的基础上，进一步为中小企业开办提供免费公章刊刻服务，再次降低企业开办成本。

【制度建设】 多措并举，强化机关作风建设，提升服务管理监督，群众满意度一直保持在99%以上。强化监督管理，推行一线工作法，选派专人下沉大厅抓管理，每天对窗口纪律、工作状况、服务态度等进行巡查，一旦发现问题，立即纠正查处，有效杜绝各窗口人员空岗、串岗、迟到、早退现象的发生。开展创优争先活动。每月开展红旗窗口、服务标兵评比。2020年，共表彰70个（次）窗口190人次。修订和细化绩效考核、考勤签到等相关制度。在服务大厅醒目位置摆放监督投诉牌、意见簿，公开投诉监督电话、网站，安排专门股室和人员及时受理群众投诉。多渠道受理群众的咨询和意见建议，不断改进工作方式方法，提高群众对政务服务工作的满意度。

【公共资源交易平台建设】 不断规范公共资源公开交易平台运作，营造公开、公平、公正的交易环境。完成对评标室的改造，使评标专家在封闭的区域内进行评标，杜绝评标信息的泄露。进一步完善软硬件配备和相关管理制度、交易规则配套工作，促进公开交易平台运作更加规范。2020年，县公共资源交易中心完成县委办、政府办的两个安可替代项目涉密采购工作并开展远程异地评标3场，实现评标专家资源共享，减少现场干扰，同时监管人员实时在线监控。

（撰稿：赖晓芳）

中国人民政治协商会议古田县委员会

重要会议

【概况】 中国人民政治协商会议古田县委员会（简称县政协）为古田县领导机构之一，由主席、副主席、秘书长、常务委员、委员组成，实行届别制，每届任期5年。常设机构有常务委员会，下设办公室和若干个专门委员会。2020年，县政协共召开全体会议1次、常委会议3次。

【全委会议】 2020年12月27日至30日，召开政协第十四届古田县委员会第六次会议，听取并审议政协第十四届古田县委员会常务委员会工作报告和提案工作报告，形成会议决议；听取委员和提案承办单位发言；列席县人大十七届六次会议。

【常委会会议】 2020年，因疫情原因，仅召开3次县政协第十四届常委(扩大)会议。7月1日，召开第十五次常委（扩大）会会议，传达学习全国“两会”精神，听取民生项目发展情况汇报，安排部署县政协2020年有关工作。9月29日，召开第十六次常委（扩大）会会议，学习《中华人民共和国公职人员政务处分法》，协商通过政协有关人事事项，听取县法院、县检察院工作情况通报和县政府关于县政协十四届五次会议提案办理情况报告。12月22日，召开第十七次常委（扩大）会会议，学习中共十九届五中全会精神，研究政协第十四届古田县委员会委员调整事宜，通报县政协十四届六次会议筹备情况，协商通过县政协常委会工作报告、提案工作报告和召开县政协十四届六次会议的有关事项。

参政议政

【概况】 全年组织委员调研共6个课题,委派单位监督小组4个，登门走访400多人次。

【重点协商课题】 与县委、县政府及相关党政部门开展协商课题6个，其中与县委协商课题为《关于我县教育布局规划调整的建议》、与县政府协商课题为《关于宁古高速公路沿线产业布局的建议》。

【基层民主协商】 出台《关于规范基层民主协商工作的通知》；调整基层民主协商议题，确定乡村振兴与脱贫攻坚、工业发展与食用菌产业提升、城市管理、民生事业4个方面作为2020年基层民主协商工作重点内容。2020年累计开展登门走访400余人次，集中协商11场。

【民主监督】 2020年，分别向县司法局、文旅局、商务局、食用菌产业发展中心4个单位委派民主监督小组，对派驻单位贯彻执行县委、县政府重要决策部署、依法行政、工作作风、服务水平、责任制落实等情况进行民主监督，对委员提案落实办理情况进行督办。

提案 文史

【概况】 全年共收到委员提案65件、收集编写社情民意信息48篇，编撰出版文史资料1部。

【提案工作】 县政协十四届五次会议及闭会期间，共立提案65件。其中，经济管理和交通建设类22件、社会管理与法制建设类23件、科教文卫体事业发展类7件、城乡建设管理类11件、其他类别2件。转发各有关单位办理、解决53件；列入工作计划并逐步解决的10件，因条件限制或其他客观因素暂时不能解决的2件。

【社情民意】 2020年上报社情民意信息48篇，被市政协采用22篇，其中《闽东社情民意》采用3篇；被省政协采用3篇。

【文史工作】 发挥人民政协文史资政作用，组织编撰文史资料《古田历代诗词选》，对代表传统文化的古田古诗词进行全面的收集、梳理和编撰。全书约13万字，共收录五代到现代近四百位作者诗词近千首，展现古田历代诗词大观。

（县政协办公室 供稿）

军事　法治

人民武装

【概况】　2020年，古田县人民武装部围绕辖区担负的国防动员、后备力量建设、兵员征集、国防教育等重点任务，按照“抓学习统思想、抓主业谋主责、抓安全保稳定”的工作思路，坚持稳住思想、稳控全局、稳住底线、稳中求进，全年各项工作有序展开。

【思想政治建设】　第一时间跟进学习贯彻习近平主席最新指示论述和重要讲话精神。突出抓好党史学习教育。在民兵整组训练期间，严格落实16课时思想政治教育课，部党委书记、副书记带头组织上党史课。统一组织学习《中国共产党章程》《中国共产党廉洁自律准则》《中国共产党纪律处分条例》《严格军队党员领导干部纪律约束若干规定》等党内法规，督导基干民兵分队预建支部、党小组，在民兵整组参训期间，组织参观平湖黄孝敏烈士纪念馆、杉洋廉政教育基地。

【巡查整改】　根据上级反馈的55个问题，结合自身实际，举一反三，逐一对照查找存在的问题进行梳理，并研究制定对策措施。同时，按照科室职责分工责任到人，明确整改时限和整改要求。及时做到问题的挂单销账。

【战备训练】　把民兵调整改革列为年度重要工作，先后召开军地会议，把整组工作与各基层武装部部长的晋升、调任等挂钩，作为干部使用的重要依据。完成民兵整组任务。组织现役干部重点对指挥控制系统平台操作等内容进行学习和训练。11月中旬，组织参加宁德市国防动员行动演练实兵拉动，坚持每季落实1次战备教育和战斗精神教育。

【国防动员】　坚持整体筹划、军地协同、按级负责的原则，在做好基础潜力数据核准核实，重点抓好国防动员数据的核准、更新、补采。落实预编预备役兵员。

【征兵工作】　采取定点设站与上门服务相结合的方式，完成全县兵役登记工作，完成率100%；通过电视、网络、报纸等媒体宣传报道，发放宣传手册，督导各乡镇（街道）利用大学生寒暑假，组织专武干部走村入户开展面对面、一对一、实打实的宣传发动。部机关统一在各村（居）印制张贴《致广大应征青年的一封信》，通过“古田发布”官方微信公众号等方法有针对性地进行征兵宣传。按照公开、公平、公正的原则，对预定兵员进行量化打分排名，按程序要求召开定兵会议，将拟定兵员名单进行张榜公示。

【基层模范建设】　制定人武部“四个秩序”规范建设方案和制度运行、设施建设“两项清单”，补充物资器材类。重点对基层武装部和民兵营连部进行规范化建设，管理维护，定期检查，整改、更新经常性软件内容和登计表、统计表。

【安全管理】　开展政策法规和安全形势教育。采取部领导引读，各科室骨干进行串读的形式抓好

"酒色财气枪网车"学习教育，展开自查自纠；组织学习《中华人民共和国民法典》和典型性涉案人员的案情回放、罪犯忏悔，引导全体干部、文职、职工及临聘人员增强警惕意识、掌握法律知识、筑牢安全防线。突出日常管理和保密重点，对照国防动员部《安全管理检查考评细则》，逐条逐项抓整改落实，从完善硬件、规范秩序，抓好养成做起，严密组织"军车交通安全月""百日安全"等活动。

【后勤保障】 开展资产原始账的登记录入、资产清查的现地盘点核查、根据文件要求进行计价核算、根据要求进行数据的核查会审。对本部的经费使用情况、采购计划的审批、军车整治等后勤重点行业进行自查自纠。严肃处理排查出的问题，做到军车零违规，经费使用合法合规，采购从严审批。

（县人武部　供稿）

武　警

【概述】 中国人民武装警察部队宁德支队执勤一大队古田中队（以下简称中队），隶属于武警福建省总队宁德支队。主要担负古田县看守所外围武装警戒，参加处置暴乱、骚乱、恐怖袭击事件等其他社会突发事件以及抢险救灾任务。

【队伍建设】 2020年，中队支委成员调整次数多、调整面较大。班子调整后，每名支委成员迅速转变角色、适应岗位，讲政治、顾大局，讲奉献、尽职责，讲团结、重感情，讲自律、树表率。确立"稳中求进、固本夯基"年度目标，搞建设结成一条心，干工作拧成一股绳，抓落实形成一股劲，不断激发创先争优的工作热情。发挥"三支队伍"在思想教育、军事训练、安全稳定中的"辅导员""教练员""管理员"作用。军人委员会制度落实、活动经常，经济民主组发挥职能，每月征求官兵意见建议，每天坚持食物验收，助手作用发挥明显。设立打骂体罚举报箱，公示心理服务热线和举报电话，杜绝身边的"微腐败"。以条令为切入正秩序。疫情期间，每天利用看新闻时间，各班组织"条令""条例"学习，把人人学条令、人人用条令、人人遵守条令贯穿始终。坚决摒弃粗放式、突击式、应急式、迎检式抓工作的做法，坚决纠治"随意""随便""随性"现象。全面落实武警部队《人员行为手册》，清除土政策土规定，严格日常养成，加强"八小时"以外人员管理，从一日生活制度严起，正规四个秩序，落实点名、查铺查哨、请假销假等制度，坚持每日检查内务卫生，每周军容风纪检查，每月分析中队日常管理形势。在正规秩序、落实制度、持久养成上狠下功夫，认真地对墙上挂的、桌上摆的、门上贴的、床上铺的、地上放的进行重新规范，建设水平明显提升。疫情发生后，中队党支部坚决贯彻上级各项指示精神，按要求落实各项疫情防控工作，学好武警部队、总队和支队关于疫情的教育提纲和指示精神，坚持疫情防控十二条刚性规定等疫情防控措施，坚决实现"零输入、零感染"防控目标及营区。突出"人车枪弹酒、水火电毒密、贷赌黄游群"重点，常态进行翻安全计时牌、呼喊安全口号、组织安全检查、开展安全训练等活动。及时堵塞安全漏洞，消除安全隐患，实现全年"六无"的目标。

【理论学习】 运用军职在线、手机"云梦课堂"等载体，针对中队勤务包值紧张、在外人员多、集中难度大、教育难落实的实际情况，严格落实补课制度，在上好教育课的基础上，组织扎实开展好配合活动，在深化转化上下功夫、下足功夫，确实强化中队官兵政治能力。坚持习近平新时代中国特色社会主义思想必学、习近平强军思想必学、法规制度必学、上级决策部署必学、首长指示要求必学，同时引导官兵学文化知识、法纪知识、心理知识，当一个合格的兵，成为一个聪明的人、守纪的人、坚强的人。稳步推进"暖心工程"活动，抓好惠兵爱兵具体事，强化支队保委委员培训成果转化，认真吸取其他单位事件教训，常态抓好安全工作，防止问题发生。扎实开展任务中官兵政治考核、心理测查和"学法规、正秩序、促稳定、保安全"作风教育整顿等活动。

【练兵备战】　坚持以落实习主席训词训令为指引，强化军事训练鲜明导向。严格依据《军事训练大纲》和各级训练指示，科学制订中队训练计划，细化周工作安排表并严格执行力争把内容训全，把时间训够，把人员训齐，把效果训实，结合中队实际，军事主官亲抓，每月进行一次军事训练形势分析，制订军事训练计划和具体措施，落实官兵分训、警士组训和分层次训练，结合课目转换普考和每月军事会操，设立军事训练“龙虎榜”，评选“训练标兵”，树立训练典型。

【安防执勤】　健全看守场所、AB门人脸识别系统、黑白名单库，出所人脸抓拍对比系统、车行通道翻转式阻车装置投入使用，在目标周界、要害部位和主要通道安装高清摄像头，安装周界电子哨兵。根据支队“学规范、查隐患、补漏洞、保安全”执勤安全教育整顿活动，中队成立执勤安全教育整顿活动领导小组，制订配套方案，搞好教育整顿，抓好执勤隐患整治。结合当前执勤工作特点规律，安排形势任务、案例警示和法纪教育，扎实抓好形势任务、政策法规和执勤规定学习教育树立“哨位就是战场、执勤就是打仗”的观念，不断加强官兵忧患意识、使命意识和奉献意识。着眼把平时状态调整到常态准备打仗状态，把准备打仗状态抓到打仗程度，以重大节日、重要节点、重点时段为重点，以完成抢险救援等任务为牵引，常态开展“修方案、学方案、推方案”活动，及时修订、完善执勤战备方案和各种保障预案，做到筹划在先、一情多案、一案多变。结合执勤安全教育整顿，常态开展隐患排查治理，坚持软硬兼治，强力纠治执勤问题。

【服务保障】　修订完善各类后勤保障预案，认真拟制后勤训练计划，每周定时开展后勤专业训练，提高专业兵业务技能。及时完善各类应急保障物资，加强后勤库室规范设置，定期进行检查。突出抓好疫情期间个人防护、营区消杀、换季防病工作，确保执勤一线官兵“零感染、零输入”。

（撰稿：何建琪）

政法综治

【概况】　2020年，全县成立平安志愿者队伍271支，人员6316人；治保会290个，干部1178人；治安巡防队伍14支，人员641人；综治协管员321人，平安中心户长1197名。致力开展更高水平平安古田建设，扎实推动平安建设、安保维稳、疫情防控和社会治理创新等各项工作落实，营造和谐稳定安全的社会环境，提升人民群众安全感和满意度。疫情防控期间，共摸排各类入古田人员信息51543个，落实管控措施11781人。

【综治责任】　县委书记、县长与各乡镇（街道）签订颁发平安建设（综治工作）领导责任书14份，各乡镇（街道）也将平安建设（综治工作）各项任务层层分解落实下属各村（社区）。按照《古田县综治平安建设考评奖励办法》，严格兑现奖惩措施，并落实约谈、通报、挂牌督办等措施，推动压力层层传导，压实综治责任。

【重点整治】　结合实际，将2020年省平安建设（综治工作）责任书指出问题和2019年落后指标具体化，细化责任单位，明确整治要求，确保整改到位。针对赌博、缉枪治爆人数较多等省级重点整治点，制订相关工作方案，成立整治工作领导小组、整治工作队等。开展扫黑除恶专项斗争，严厉打击赌博和涉枪涉爆违法犯罪行为，确保整治活动稳步有序推进。夯实“三不漏”（镇不漏村、村不漏户、户不漏人）和“六到位”（责任落实到位、治安巡防到位、民忧解决到位、精准宣传到位、进村入户到位、督导检查到位）长效机制，促进平安“三率”水平的提升。

【扫黑除恶专项斗争】　按照“一十百千万”行动目标，组织开展“六清”行动和重点行业领域突出问题专项整治行动，发挥“三书一函”作用，用足用好行政执法和刑事司法手段，加大黑恶线索排查和乱象整治，不断完善纪检监察、刑事司法和行政执法衔接机制。谋划六建工作，从源头上完善制度，堵塞漏洞，铲除黑恶势力滋生土壤。2020年，共侦破九类涉恶案件27起，九类涉恶团伙8个，摧毁黑社会性质组织1个，套路贷恶势力集团2个，扣押涉案资金总计1.0405亿元。

【公共安全领域整治】 全年无严重精神障碍患者肇事肇祸致人死亡案（事）件；无社区服刑人员、刑满释放人员等脱管漏管情况。建设完成古田县“关爱之家”，成功教育转化8人。校园、医院未发生失控漏管造成现实危害情形；辖区内铁路沿线重点区域、重点路段、重点部位未发生危及铁路行车安全的案件、事件。破获涉枪刑事案件16起，检查涉爆企业31家次，发现安全隐患19处，全部督促整改到位；全面落实寄递物流“三个100%”和“两个100%”制度，未发现寄递企业违法违规行为。各类人民调解组织共排查调处民间纠纷2163件，调处率100%，化解省级信访积案3件，市级信访积案3件。全国“两会”、十九届五中全会等重点时段无案情发生。

【社会共建共治共享】 推动大数据、人工智能、区块链等现代科技与社会治理有效融合，县网格化服务管理信息平台按时完成与市级平台数据对接。大力推进“雪亮工程”建设，实现千人以上行政村覆盖率100%，千人以下行政村覆盖率82%。持续推行社会治安综合保险，为县内综治人员投保7个险种，投保金额49万元。

【社会治理创新】 创新实践“晨巡晚议”基层治理新模式，建立凤埔乡苏墩村“议事长廊”、吉巷坂中村“围桌茶谈”、黄田金翼村“乐龄学堂”等群众议事点、联系点，有效梳理、解决基层矛盾纠纷，实现群众自我管理、自我服务、自我教育、自我监督，做到“小事不出村、大事不出乡、矛盾不上交”。抓住“基层党建+社会治理”主线，推进中心村“大党委”建设，构建党建引领的社会治理新格局，凝聚基层党组织“同心力”，壮大社会治理的“朋友圈”。

（撰稿：黄锐）

公　安

【概况】 2020年，古田县公安局按照“忠诚核心护稳定，主责主业争先进，围绕大局敢担当，严管队伍树形象，整体工作创一流”总体思路，以扫黑除恶专项斗争为载体，以绩效考评为导向，全力以赴防风险、保平安、护稳定、战疫情，有效推进全县公安各项工作措施落到实处，进一步提升驾驭动态社会治安能力和平安建设水平。

【疫情防控】 新冠肺炎疫情发生后，县公安局快速响应，全警动员，共推送各类研判数据958批次10559条，协助查找密切接触人员共1000余人。共排查出境未归人员15万余条信息，梳理出5700多条有效信息，处置涉疫情警情409余起，全县各卡点共检查车辆4万余辆次，核查人员9万余人次。防控期间，犯罪嫌疑人林某珍在“陈天宜农药店”组织人员聚众赌博，致多人因聚集交叉感染新冠肺炎病毒，县公安局第一时间开展密切接触者排查和案件调查取证工作，追踪排查密切接触者695人，均得到有效隔离。县公安局对犯罪嫌疑人林某珍采取强制措施，于4月28日被判处有期徒刑一年，并处罚金12000元。

【维稳工作】 组织警力到辖区开展矛盾纠纷排查调处活动，针对企业改制、征地拆迁、环境污染、非法集资、安全生产、涉校涉医等可能影响社会稳定的突出问题开展重点排查，摸清矛盾纠纷和人员底数，登记造册，落实责任，联合相关部门开展源头化解，确保将矛盾化解在基层，将人员管控在当地。全年共排查矛盾纠纷1750起，化解1640起，其中行政调解517起。强化社会面巡逻防控，全年共开展武装联勤10次，出动警力1608人次、武警585人次，最大限度挤压违法犯罪空间。

【交通安全】 强化道路交通安全监管，结合“减量控大”“一盔一带”，加大道路交通路面执法。全年共查处各类交通违法行为156129起，其中重点违法98269起，拖拽“僵尸车”350

余起，拘留无证驾驶人员16人次。全年辖区发生道路交通事故3768起，死亡21人，受伤173人，直接经济损失11.928万元，四项指数与上年同期相比2升2降，全县未发生较大以上道路交通事故，未发生较长时间的道路拥堵。

【案件侦查】 全年全县共立各类刑事案件926起，同比下降20.24%，破560起（另破获年前隐积案121起），同比下降1%，破案率60.47%。刑事拘留各类犯罪嫌疑人205名，同比下降30.97%，起诉426名，同比下降8.58%，共抓获各类网上在逃犯187名。

【扫黑除恶】 开展扫黑除恶专项斗争，古田县公安局共打掉黑社会性质组织团伙1个，恶势力犯罪集团5个、恶势力犯罪团伙3个；侦办九类涉恶案件113起，九类涉恶团伙28个（农村地区19个）。抓获涉黑恶犯罪嫌疑人（含九类涉恶）365人，扣押涉案资金总计1.3647亿元。

【打击电信网络诈骗】 2020年共立新型电信网络诈骗案件194起，同比下降8.92%，破50起，同比上升42.85%，破案率25.77%；抓获107人，同比上升200.6%，电诈损失数为189.14万元，同比下降2.06%。

【命案侦破】 2020年共侦破命案积案8起，其中，30年以上1起，20年以上5起，17年以上2起，破案数暂列全省第二、全市第一。其中，成功抓获潜逃17年之久的公安部命案积案目标逃犯、省十大要犯叶某坡，成功侦破省厅挂牌督办的命案积案1起；侦破1990年命案1起，该案系福建省开展“云剑—2020”侦破命案中告破的历时最长的命案积案。

【打击赌博违法犯罪】 持续开展打击赌博违法犯罪工作，共破赌博刑事案件28起，受理查处赌博行政案件202起，抓获违法犯罪嫌疑人817名。赌博刑事案件破案数同比上年上升100%，行政案件查处数同比上年同期上升50.7%。共破网络赌博案件13起，抓获犯罪嫌疑人48人，查扣涉案电脑24台、手机181余部，查扣冻结资金539余万元，冻结涉案账户88个，涉案金额达1.7亿元。

【打击毒品犯罪】 全县共破获毒品刑事案件12起，抓获犯罪嫌疑人16名，移送起诉毒品犯罪嫌疑人20人，缴获各类毒品60克，查获吸毒人员95名。

【打击经济方面犯罪】 全年共破各类经济犯罪案件16起，抓获违法犯罪嫌疑人13名，刑事拘留12人，逮捕4人，起诉7人，立非法买卖成品油案件6起，其中治安案件5起，刑事案件1起，扣押车辆7辆，成品油60多吨。

【为民服务】 深化公安“放管服”改革，以“创四优窗口、提服务效能”为契机，完善户籍窗口警务公开制度，统一六项便民设施，明确六项服务制度，简化优化手续，认真梳理权责清单，多渠道公告公示，对符合落户政策条件的三星级及以上志愿者优先办理落户，情况特殊的，提供预约办理服务。启动2020年度高考学生办理居民身份证绿色通道。推行临时居民身份证全省通办便民服务，极大方便群众。完善道路交通管理。两次升级交通违法窗口线上线下缴款平台，实现全国任意窗口都可以处理交通违法。全年违法处理窗口共接待群众量达3万人次，窗口电子违法行为处理量约3万条，网上预约处理电子违法行为1.5万条，窗口处理现场违法行为近1500起；加大驾驶证“送考下乡”力度，为偏远乡镇群众解决“出行难”的问题，全年8个乡镇1328人通过“送考下乡”考试取得驾驶证。

【荣誉表彰】 全年共1个单位获集体二等功，3名民警荣立个人二等功，3个单位获集体三等功，12名民警荣立个人三等功，2个集体受省厅通报表扬，1个集体和1个个人受到市委市政府通报表扬，12个集体和6名个人受到市局通报表扬，1个集体和1名个人受县委县政府通报表扬，3个集体和7名个人受到县局通报表扬，71名民警及8名文职干部获嘉奖。其中，出入境管理大队获得集体二等功；郑小春、徐耀龙、林皓获得个人二等功。此外，黄晓雅、唐为夫妻获评“福建最美抗疫家庭”；出入境管理大队获得宁德市三八红旗集体称号；刑侦大队获“古田青年五四奖章”；林皓获“古田青年五四奖章”；余烁华获“宁德市6月身边好人”称号。

【警务改革】 根据中央和省、市关于森林公安机关管理体制调整工作部署，在规定时间内完成古田森林公安体制调整工作，转隶完成后，及时开展建转隶人员的职级重新确认，在第三季度开展森林公安停滞两年的警衔晋升工作；落实两个序列改革，开展警员职级的常态晋升工作，落实职级相关待遇。完善辅警人员的各项保障机制。

【警务宣传】 一批维护社会正义、保障社会安宁以及抗击疫情工作的先进集体和个人先进事迹先后被《人民公安报》《清朗天空》《闽东日报》《宁德公安》等传统媒体和新媒体刊登推送，总阅读次数超100万次。自办《玉田警讯》月刊。开展“公安局长微访谈”“110警营开放日”“开学第一课”等一系列线上线下警民互动活动。

【警察待遇】 推动各项惠警爱警政策落地落实，完成职级套改、晋升后工资调整以及职级待遇落实；开展节假日慰问，困难帮扶等活动；投入28万余元为全局民警、文职、职工统一办理重大疾病保险；投入8万余元为在职辅警、60周岁以上退休干部办理补充医疗保险、意外伤害保险，提高民警、辅警的职业健康保障。通过增加辅警政府财政保障、发放工龄工资、完善绩效工资和奖励等措施，切实提升辅警工资待遇。成立疫情“心理应援巾帼志愿服务队”，开展专业化、便捷化、实用化心理服务。成立古田公安“翠屏蓝”警官俱乐部，进一步激发广大民警增强体质、愉悦身心的主动性和积极性，着力打造健康警队、活力警营。

（县公安局　供稿）

检　察

【概况】 全年共受理审查逮捕案件135件175人，决定或批准逮捕119件151人，受理审查起诉案件366件443人，提起公诉295件345人，办理各类监督案件53件次，公益诉讼案件18件。共有7个集体和个人受到县级以上表彰。

【刑事检察】 保持打击严重刑事犯罪的高压态势，惩治故意杀人、抢劫、强奸、拐卖妇女儿童等犯罪12件12人。联合开展“云剑—2020”命案攻坚行动，批捕5件5人。联合开展“飓风肃毒2020”专项行动，批捕毒品犯罪8件11人，起诉9件10人。专项开展“严惩套路贷检察在行动”工作，批捕“套路贷”案件4件11人，起诉4件10人。落实“少捕慎诉”司法理念，对无社会危险性作出不批捕决定的25人；对犯罪情节轻微、不需要判处刑罚作出不起诉决定的49人，帮助其回归社会。

【扫黑除恶专项斗争】 严格依照法定标准认定黑恶犯罪，开展“六清”行动，提前介入涉黑恶犯罪案件5件次，批准逮捕4件11人，提起公诉4件10人。建立“跨区域协同办案”机制，助力福安检察院办理平湖镇李某等人组织、领导、参加黑社会性质组织案。注重“打财断血”，做到案件查透、财产见底，提出财产刑量刑建议10件次，督促执行财产刑6人。注重长效常治，认真落实“边打边治边建”的要求，对发现的基层管理等深层次问题，通过公开送达方式提出检察建议10件，相关部门均及时整改落实。注重“打伞破网”，健全完善与县监委职务犯罪案件提前介入、协商通报、信息共享等机制，提前介入平湖镇原镇长江某涉嫌受贿、充当涉黑保护伞一案，并从快起诉宣判。加大查办司法工作人员相关职务犯罪力度，以涉嫌徇私枉法罪对为赌场充当“保护伞”的庄某立案侦查，系全市检察机关立案侦查的首例司法人员职务犯罪案件。

【刑事检察监督】 成立派驻公安机关执法办案管理中心检察室，强化刑事立案、侦查活动监督，纠正违法6件，建议移送案件3件3人，办理立案监督11件15人，监督立案3件3人，监督撤案3件7人，追捕漏犯10人，追诉漏罪4人、漏犯2人。强化刑事审判监督，提出抗诉3件3人，检察长列席审委会3次4件。开展重大案件侦查终结前讯问合法性核查工作，核查7件7人，防止冤假错案。开展核查纠正监外执行罪犯脱管漏管专项检察监督，排查社区矫正对象350多人次，所办理何某社区矫正监督案，被最高检评为刑罚执行监督精品案件。

【民事行政检察监督】 宣传贯彻落实好民法典，畅通司法救济渠道，不断健全完善多元化民事行政检察监督格局，聚焦劳动合同纠纷、民间借贷纠纷、房屋买卖等领域，办理各类民事行政检察监督案件13件，提请抗诉2件。加大对民事审判、执行过程中违法行为监督力度，提出检察建议6份，依法促请、监督法院及时纠正。针对违章建筑行政执行中存有怠于履职情形，通过检察建议督促相关部门履职、整改。加大对深层次违法问题监督和惩治虚假诉讼力度，开展“行政争议实质性化解”“行政非诉执行监督回头看”“虚假诉讼领域深层次违法行为监督”“解决农民工讨薪问题”等专项活动，制发检察建议促进行业治理。与县自然资源局《建立自然资源行政执法与行政检察相衔接工作机制的实施意见》，增进检察机关和行政执法部门的良性互动。

【公益诉讼检察】 按照“积极、稳妥”的要求，发挥政治智慧、法律智慧、检察智慧做好公益诉讼工作。针对耕地保护、矿产资源开发等领域违法犯罪行为，发出诉前检察建议5份。建立“河（湖）长+检察长”公益诉讼保护制度，拓展“府检”协作方式，促进翠屏湖非法采砂、敖江流域矿山整治以及闽江流域古田段养殖网箱的综合治理，形成1+1>2的生态保护效应，经验做法被最高检和水利部推广。针对群众反映强烈的国有资产保护领域，开展专项公益监督，依法追回服刑人员违规领取的养老金，清退廉租房违规户25户，确保国家利益不受侵占。与退役军人事务局等共同设立“黄孝敏烈士故居公益保护点”，形成保护英烈合力，更好地传承革命红色基因。

【认罪认罚从宽制度】 整合刑事检察部门，推行案件繁简分流、快慢分道，提升工作精细化水平。扎实推进认罪认罚从宽制度，主动开展对犯罪嫌疑人的教育转化，做好被害人的释法说理，最大限度地化解社会矛盾，提高诉讼效率。全年共适用认罪认罚制度293件341人，审结时适用率88.3%；提出量刑建议279人，其中确定量刑建议163人，法院采纳率98.9%。

【构建与律师互相监督机制】 保障律师执业权利，在县委政法委、司法局等单位支持下解决法律援助值班律师等问题，构建互相监督、良性互动的新型检律关系。

【未成年人犯罪检察工作】 从重从严惩处侵害未成年人权益犯罪10件12人，对成年人拉拢、迫使未成年人参与犯罪组织的，一律从严追诉、从重提出量刑建议。同时对涉罪未成年人不捕不诉2人，提供法律援助4人次、安排亲情会见、帮教8人次。三级检察机关跨市协作，对2名“问题少年”开展临界预防，制发督促监护令，使其重回正常人生轨道。在县委政法委主导下，推动成立未成年人综合保护联盟，通过古田检察“守护公益”讲师团，举办“远离酒驾，安全驾驶”“未保联盟进校园，携手关爱特教学生”“增强自我保护，防范校园欺凌”“让民法典走进学校”系列活动，累计开展法治讲座50多场，覆盖全县45所中小学校，努力让法治意识在孩子们心中扎根。

【构建“阳光检务”】 更加重视与县人大代表、县政协委员的经常性联络，建立“一代表一联创”机制，设立钟冬季、阮毅代表检察联络室，吴明代表未成年人检察观察保护帮助教育教基地，邀请代表委员参加专题视察、公开听证等活动5场次；更加重视面对面的真诚沟通和交流，每月发送检察动态彩信，班子成员、部门负责人定向联络、定期入户走访，共走访代表委员200多人次，征求意见建议30多条，运用代表委员们的专业知识，帮助检察机关提升自身能力；更加重视深化检务公开，加强检察宣传，邀请社会各界人士参加检察开放日活动300多人次，依法公开重大案件信息6条、程序性信息996条、法律文书341份，让公平正义更加可触、可感、可信。

【队伍建设】 省市县三级检察机关联合开展“重走红色之路，筑牢从检初心”主题党日活动，举办“学习强国”知识竞赛。全面落实意识形态工作责任制，重大事项、重大案件向县委和上级院请示报告16件次，以实际行动诠释对党绝对忠诚，确保党对检察工作的绝对领导。打造特色青年干警培养平台，成立检察志愿服务队、新媒体创作室、检察理论研讨小组等，微信报道被市级以上媒体采用109条、中央级媒体采用5条，论文被市级以上刊物采用4篇；择优选升三级、四级高级检察官3人，选任部门正副职11名，选拔员额检察官2人。通过流程节点监控、业务数据核查、案件质量评查等方式，促进司法规范化建设。研究制定《检察官业绩考评工作实施细则》《规范刑事案件办案权限的补充规定》等，促进检察官严格自律、担当作为、坚守法治。

（县检察院　供稿）

审　判

【概况】 2020年，古田县法院受理各类案件5636件，同比下降17.99%，结案5405件，未结231件，结案率95.9%，位列宁德市基层法院第二。

【刑事审判】 共审结各类刑事案件319件424人，同比下降21.62%。疫情期间，从严惩处曾某虚构口罩出售等一批妨害疫情防控犯罪，7天审结全省首例开设赌场致多人聚集感染新冠病毒案。扫黑除恶专项行动中，审结涉黑恶犯罪案件9件36人。坚持“黑财清底”，出台“打财断血”专项执行行动方案，涉黑恶财产执行到位382.07万元。惩治并举延伸司法职能，针对行业突出问题发出司法建议4件。审结危险驾驶案件115件，创新醉驾被告人缓刑交通志愿服务。重拳打击“黄赌毒”，审结开设赌场、毒品犯罪案件20件25人。

【民商事审判】 审结民间借贷纠纷、商品房买卖合同纠纷等各类民商事案件2806件。认真贯彻落实《优化营商环境条例》，成立“营商办”，健全法官挂钩企业制度，走访企业76人次，排查涉企纠纷，提前介入化解涉企业提供劳务者受害责任纠纷5件。联合县工商联出台《关于共建服务保障全县民营经济高质量发展协作机制的实施意见》，设立“法商园地”，保障民营经济发展。规范金融市场秩序，创设金融领域矛盾纠纷化解机制，成立“菌银多元调处中心”，加强诉前指导和纠纷化解，召开联席会议，发送司法建议9份，防范化解金融风险。

【执行工作】 推进全流程解决执行难，执结各类执行案件2195件，到位标的1.4949亿元。着力执行源头治理，成立执源治理中心，靠前化解矛盾纠纷，逐案做好首次约谈，发放《执行督促履行通知书》247份，自动履行率上升9.29个百分点，执行案件同比下降22.55%。加快财产变价流程，网拍成交59件，成交金额7579.35万元。开展服务“六稳”“六保”“亮剑八闽”等专项行动9场，司法拘留13名拒不履行生效裁判文书的被执行人，依法追究7名被执行人刑事责任。落实信用修复激励机制，依法及时删除失信名单3112人次，信用修复47人。

【诉源治理】 成立诉非联动中心，对接24家部门、行业，全面推进一站式多元解纷和诉讼服务体系建设。设立青云社区、文兴社区等14个诉非联动工作站，完善“法官+社区+小巷管家”服务模式，推动纠纷“源头+就地+分流”化解。在水口镇溪岚村成立首个“无讼村居”创建点，建立百姓说事法官说法工作点。

【生态司法】 依法保障生态振兴，严惩涉生态刑事犯罪27件54人。坚持“生态+文态”保护并重，成立临水宫非物质文化遗产司法保护基地、金翼民俗文化司法实践基地等，加大文物安全和环境公共利益司法保护。推进翠屏湖、闽江、敖江上游等重点流域协同治理，成立生态司法实践（教育）基地示范点、翠屏湖流域生态保护巡回法庭，开出“补植令”“管护令”，责令被告人补种、管护林木。护航污染防治攻坚，出台《关于服务保障闽江（古田段）养殖网箱综合整治工作的意见》，开展生态巡航向非法捕捞“亮剑”，联合水利局、水产事务中心等有关职能部门成立综合整治工作司法行政多元调处中心，就地排查、化解争议。

【民生保障】 着力解决基本民生诉求，持续巩固脱贫“摘帽”成果，坚持“脱贫不脱钩”帮扶29户，走访慰问350次，发放司法、保险救助款161.78万元。畅通贫困户果蔬、食用菌等销售渠道，协助解决产业薄弱村林权纠纷，助力帮扶对象“自我造血”。联合县妇联、预青办等部门健全妇女儿童权益保护机制，坚决为妇女儿童撑腰维权，审结涉强奸、猥亵妇女、儿童犯罪案件9件9人。认真落实回访制度，为服刑人员陈某无人抚育的2名未成年子女提供司法救助，协调解决监护、就学等问题。落实“谁执法谁普法”要求，设立“司法夜谈”工作点，开展女法官快板宣讲、“走百乡进千村访万户”等活动43次。

【司法改革】 构建“六位一体”的审判监督管理体系。落实目标管控，发挥院庭长“头雁”作用，带头审结案件2658件。发挥审管办职能作用，科学研判审判态势，下发通报12期，评查发回、改判、长期未结等重点案件56件次。优化结构管理效能，建立繁简分流和随机分案机制，专业法官会议、审判委员会集体把关研究重大敏感、疑难复杂案件38件。拓宽绩效考核管理维度，落实法官权益保障、奖惩、“红黄牌”等机制，激发自主管理动能，进一步规范审判权力运行清单，员额法官年人均办案174.35件。构筑督查管理防线，审务督察27次，实时动态监管全院、全员、全过程，坚持“放权”与“监督”相结合。

（撰稿：郑晓燕）

司法行政

【概况】 2020年，古田县司法局履行工作职责，完成司法行政工作任务。疫情防控期间，摸排古田县在册刑满释放人员1721名。共排查化解涉疫矛盾纠纷34件。2020年，县司法局被中华全国人民调解员协会评为“组织宣传人民调解工作先进集体”；《强化普法依法治理、推进法治乡村建设》典型经验被中国法律服务网刊登；“晨巡晚议”新时代基层人民调解模式被省司法厅推广；城东、吉巷司法所人民调解典型案例被司法部采纳；《创新一二三调解模式、护航古田经济社会发展大局》在宁德市司法行政工作会上作典型经验介绍；县法律援助中心主任郑玲娟被司法部评为“全国法律援助工作先进个人”。

【人民调解】 全县共排查化解社会矛盾纠纷2272起，调处成功率达100%；驻法院调解工作室成功调处各类纠纷101件；医患纠纷人民调解委员会成功调解医疗纠纷3件。培育行政调解组织，市场监督管理局等7个重点部门相继成立行政调解组织、退役军人事务局成立退役军人权益纠纷人民调解委员会，华洋制衣有限公司、恒源食用菌合作社成立法人企业人民调解委员会。举办人民调解培训会，共组织87名人民调解员代表参加培训。

【普法宣传】 完成全县“七五”普法考核验收。组织开展法律进机关活动，共组织开展干部任前宪法法律考试82人次。开展“三下乡”、“4·15”国家安全日、“6·5”环境日主题法治宣传活动，宣传社区矫正法、森林法、民法典等法律法规。共开展主题宣传活动500次，法治讲座230场，分发《中华人民共和国宪法》《中华人民共和国民法典》《中华人民共和国预防未成年人犯罪法》《百姓法治宝典》等书籍15000份，宪法宣传袋8000只，普法扇10000个，普法小脸盆2500个，开展民法典学习宣传300余场次。

【政府法制】 履行参谋助手和法律顾问职责，做好政府常务会议议题、各类重大合同（协议）等审查工作，降低决策法律风险，共审查会议议题146个、各类行政合同（协议）20份，提出意见建议116条。对以县政府、县政府办名义制发的规范性文件进行事前严格审查，共审核《古田县人民政府关于印发关于加强古田县中心城区公共场所养犬管理通告》等各类规范性文件12件，向市政府和县人大常委会备案12件，报备率100%。共办理行政复议案件22件。其中，不予受理3件、行政复议终止6件、维持4件、撤销4件、责令履行法定职责3件、驳回复议申请2件。

【社区矫正】 5月，成立县社区矫正委员会。7月，建立社区矫正管理局，严格贯彻落实社区矫正法、社区矫正法实施办法、福建省贯彻社区矫正法实施细则。开展社区矫正法宣传，推进社区矫正工作规范化。累计接收社区矫正对象2064人，解矫1906人，在册158人，未出现社矫对象脱漏管和重新犯罪情况。

【安置帮教】 配合监狱做好刑满释放人员衔接工作，确保重点刑满释放人员必接必送、无缝衔接，共衔接刑满释放人员408名。设立福建桃溪古村文化旅游有限公司和福建天天源生物科技有限公司2个县级曙光安置就业基地。

【法律援助】 县法律援助中心实现“应援尽援”，让每一个困难群众都能平等地享受法律保护，“12348”服务热线平台共解答各类咨询电话479次，受理法律援助案件104件，其中民事57件，刑事47件，涉及婚姻家庭的12件，为贫困户提供法律援助11件。

【公证事务】 县公证处持续推进“互联网+公证”服务新模式，开通公证网上申办、微信服务公众号，全面推行公证事项证明材料清单制度和“最多跑一次”服务，推行公证减证便民多项举措，开辟困难群众和退役军人绿色通道，共办理各类公证2124件，其中内地公证1711件，涉外324件，涉中国港台澳地区89件。

【律师事务】 推进律师参与化解和代理涉访涉诉工作、参与民营企业法治体检活动，各律师事务所共办各类案件595件，其中办理刑事辩护案件56件，民事案件481件，行政诉讼代理21件，经济代理37件，非诉讼事件21件，担任法律顾问48家，代书361件，法律咨询1226人次。

【党建工作】 共开展42次集中学习、专题学习研讨10次。制定完善廉政风险防控机制，强化权力监督制约，开展执行防止干预司法“三个规定”情况专项活动，压紧压实干预司法活动记录责任。提升服务实践能力，共有党员85人次到一线开展疫情防控工作，助力完成省级文明城市创建、决战脱贫攻坚、产业薄弱村共建、乡村振兴等中心任务，定期开展挂钩贫困户、残疾户、计生困难户、困难群众等走访慰问活动，不断引导干部做维护稳定的先锋、服务大局的表率、促进发展的模范。

（县司法局　供稿）

应急管理

生产安全

【概况】 2020年，县应急局紧紧围绕安全生产年度工作目标任务，健全责任体系，强化隐患排查，狠抓专项整治，推动安全生产形势持续稳定向好。

【生产安全事故】 全年共发生生产安全事故2起，死亡2人，其中十二类车辆道路交通事故1起，死亡1人；再生物资回收与批发企业事故1起，死亡1人，同比上年度死亡人数持平，安全生产形势持续稳定。

【安全隐患排查】 重点排查涉疫医疗、观察、检测场所、房屋及工程施工、人员密集场所、危险物品、工矿企业、交通运输、消防安全、自然灾害等8个方面安全隐患；组织专业技术服务指导组7个，检查指导乡镇（街道）落实大排查大整治、汛期安全等工作。2020年，共组织开展安全检查、指导服务1.76万余人次，检查单位和场所11.18万家次（其中排查各类房屋10.33万栋，生产经营单位0.85万家次），发现并督促整改2315项，其中重大隐患344项（为房屋安全隐患，其中加固188栋，拆除156栋），查处各类违法违规行为152起，停产停业整顿8家，关闭取缔1家（无证经营柴油），罚款81.49万元。

【非煤矿山及尾矿库整治】 开展非煤矿山检查指导29家次，出动83人次，发现隐患32条，全部整改完成。立案2起，结案2起，罚款2.3万元。做好赖溪尾矿销号工作。11月24日，县应急局联合县自然资源局、县工信局、县发展改革局等8个部门对古田天宝矿业有限公司赖溪尾矿库进行销号现场核查，复核销号条件后，12月1日县政府在古田政府网发布销号公告。2020年12月8日，通过销号验收。

【危险品化学品】 2020年，县应急局危险化学品安全监管工作共出动检查人次111余人次，检查企业53家次，排查发现问题隐患39项，全部完成整改，责令限期整改18家次，行政处罚3起，共罚款0.9万元。强化烟花爆竹源头管理，严把产品质量关、数量关，加强批发企业产品流向登记管理，健全产品流向登记管理台账，使烟花爆竹流向清晰，有效跟踪到消费者环节，建立起全程可追溯的安全监管机制。探索推行烟花爆竹“价格竞争”机制，对接湖南浏阳市应急局，联系当地烟花爆竹生产企业湖南浏阳市红玉烟花制造有限公司到古田直销经营，减少烟花销售中间环节，降低零售价格25%。非法烟花爆竹经营者无价格优势，无法生存，达到从源头上遏制烟花爆竹违法经营行为的发生。严格审批、控制零售经营企业，杜绝零售经营场所存在前店后宅、下店上宅和连片经营现象，全县共规划烟花爆竹零售店（点）69家，其中乡镇长期零售经营店61家、城区零售经营点8家。严格依照相关规定主要负责人必须经过安全培训合格，取得资格证书方可经营。2020年，古田县取得烟花爆竹负责人资格证共69人。加大对非法生产经营行为的处罚力度，加强行政执法与刑事司法衔接，提高防范意识，强化防范措施，严防非法经营烟花爆竹行为死灰复燃。共开展联合和专项检查49家次，行政处罚立案4起，罚款1.8万元，有效规范烟花爆竹从业人员的经营行为。

【工贸企业安全生产】 开展工商贸行业安全生产执法检查，共检查指导企业65家次，出动执法检查人员211人次，发现问题隐患82项，现场整改13项，责令限期整改69项，至12月，完成整改82项。查处违法行为14起，共处罚款7.5万元，停止建设2家。县应急局对发现的问题隐患，建立“三项清单”，由专人负责督促整改，确保企业在规定时间内整改到位。推进“131精准工作法2.0版”，采取以点带面的方式，从全县各企业中选取具有代表性的9家企业作为试点，涉及7个行业，到企业调研指导，为企业完善“四类清单”。

防灾救灾

【概况】 2020年，古田县实行以防为主的救灾方针，提前做好防汛抗旱人员准备和物资准备，各行政村全部建立避灾点。广泛宣传防灾减灾，全年举办各类安全防汛培训班，共培训防灾减灾人员490人。

【防汛抗旱】 开展汛前检查，县防汛办对各乡镇（街道）预案修订情况以及防汛物资仓库储备情况进行指导检查。做好抢险救援力量和物质的储备，共组织抢险队伍77支1460人。防汛抢险物资方面共储备橡皮舟2只，防汛冲锋舟5艘，救生衣200件，救生圈100个，编织袋6.72万条，应急手电50只，雨衣300件，雨鞋200双。应对汛期台风及强降雨，避免人员伤亡，减轻经济损失。2020年10—12月，出现连续晴热少雨天气，气象灾害等级达到重旱级，0.38万人饮水出现困难。县防指共开展人工增雨作业22次。

【防灾救灾】 共发放冬春救灾款13万元，计286户1037人。2020年建成避灾点提升建设项目共7个。全年排查避灾点320个，发现21个问题，全部整改完成。开展内容丰富、形式多样的“5·12”防灾减灾日宣传活动，开展应急避灾转移演练，提高应急避灾能力。

【节假日安全】 在汛期及重点节假日期间，提前部署落实重点行业领域的防汛抢险工作，发挥综合协调作用，加强监测预警，通过短信、微信等平台及时将汛情险情传达到基层及企业，认真做好应急值班值守，一旦发现险情或出现突发情况，及时、准确上报，确保第一时间响应、有序有力有效应对处置。

【安全宣传】 在城区各个公交站设立安全生产宣传展板，发挥公交站牌阵地优势，通过身边具有教育意义的安全生产事故案例以及全国典型的事故案例，起到警示宣传教育作用。利用手机短信宣传覆盖面广、经济实用的优势，定期向手机用户发送安全生产宣传标语，重要节假日发送“平安过节”温馨提示。利用电视、报刊、微信等宣传媒介，及时传达国家省市县有关安全生产方面的决策部署，营造人人懂政策，人人懂安全氛围。2020年是第19个“安全生产月”，开展安全生产专项整治和各领域安全隐患大排查大整治工作。

【安全培训】 全年共举办安全生产专题培训4场。累计培训乡镇（街道）、县直部门和相关企业安全生产工作负责人或经办人200多人次。

【应急救援体系建设】 将应急救援队伍建设纳入政府统一管理的应急体系范畴。2020年组建应急救援队伍15支，其中翠屏湖应急救援队伍12人；14个乡镇（街道）各1支综合应急队伍，共290人（其中大桥镇30人，其他乡镇（街道）20人）。充实完善救援装备。为翠屏湖应急救援队配备救生艇两艘，救生衣等救援装备；14个乡镇（街道）应急救援队配备高压水泵12台、290套防火服（含头盔、阻拦服、防刺鞋），备足配齐扑火物资，加强扑火力量。督促各乡镇（街道）、国有林场对灭火装备进行检查维护，加强应急物资储备。开展应急演练工作。2020年，及时将非煤矿山、危化、防汛抗旱、森林防灭火等相关应急预案进行初步修订，并于2020年9月9日对非煤矿山应急预案进行演练。

（县应急局　供稿）

消防救援

【概况】 2020年，共接警154起，抢救财产价值2200余万元。大队在支队组织的各类比赛项目中先后获2020年度应急通信比武竞赛团体第二名、支队“小革新小发明小创造”评比活动暨装备比武竞赛团体第一名，大队1名干部在支队冬训考核中获个人总分第一名。在全省高层建筑跨区域灭火救援实战演练暨比武竞赛中，大队2名指战员领衔参加绳索救援操项目获得全省第一名。

【火灾接警出警】 全年共接警154起，其中火灾23起，死亡1人，直接经济损失400余万元，抢救被困人员25人，疏散人员305人，抢救财产价值2200余万元。与上年相比，火灾起数下降12.5%，全县未发生较大及以上火灾事故。农村居民住宅火灾数量占全年火灾总量的70%；私拉乱接电线、超负荷使用电器等原因造成火灾占到火灾原因总量的62%。

【火灾防控】 县委、县政府先后3次召开消防工作联系会议部署全县消防工作，先后2次组织消防安全专项督导检查，推进消防工作落实。落实《福建省消防安全责任制实施办法》，教育、公安、应急、卫健、文旅、民政、消防等部门组织开展人员密集场所、医疗卫生机构、文物建筑、养老机构、危化品等联合消防检查，逐步形成监管合力。落实社会单位主体责任，集中约谈消防安全重点单位消防安全责任人、管理人，推动社会单位开展“三自主两公开一承诺”活动，主动排查消除火灾隐患。加强消防安全综合治理。县政府先后下发《关于开展打通“生命通道”集中治理工作的通知》《关于进一步加强消防车通道管理的通知》《全县高层建筑综合治理三年行动》等文件，消防救援、公安、住建、高速交警等部门建立健全定期会商、分析研判、联合执法等工作机制，全县有物业管理的住宅小区消防车通道实行标识化网格化管理，画线率达100%，全县180余栋高层建筑开展自查整改。文旅、工信、教育、应急、民政、邮政、消防救援等部门开展文物保护单位、校园及培训机构、危化品重大危险源、物流仓储企业、养老机构、星级旅游景区及周边环境消防安全自查。完成古田县定点收治医院、疫情隔离点、集中观察点的消防安全大排查，复工复产企业单位的消防安全技术服务指导和消防安全体检，督促加强消防安全管理，提供消防安全保障；市消防工作联席会议办公室通报督办古田县突出火灾隐患8处，古田县政府下发《关于做好突出火灾隐患整改工作的通知》，召开专题会议研究消防安全隐患问题，部署开展古田食用菌等特色产业专项整治，逐步实施现代化菇棚改建工作。在开展三年行动和安全大排查大整治工作中，各部门共联合检查单位2424家，排查并督促整改到位隐患441项，临时查封6家，“三停”3家，通报、行政处罚未履职物业管理公司3家，召开重点行业领域的约谈通报会5次。

【宣传教育培训】 通过“全国中小学生安全教育日”、全国“防灾减灾日”、“119宣传月”等，开展消防宣传“五进”工作。县政府将消防安全宣传教育纳入普法教育、职业培训、干部培训必修课程；完成全县消防安全工作视频培训、全县文博单位消防安全大培训、全县民政和医疗卫生系统消防安全培训、全县规模以上企业消防安全大培训以及农村弱势群体消防安全培训；并结合创城工作广泛发动基层力量开展入户宣传。完成辖区各高中院校“消防进军训”活动，1800名师生受益；发挥媒体的传播和导向作用，利用广播、电视、报纸、网络及楼宇电视等各类媒体和阵地进行宣传，累计组织开展消防培训讲座30余次，培训各类人群1万余人次，印制、发放宣传材料5万份，发送短信16万条，受益群众15万余人。

【消防演练】 制定“健身教练视频指导、训练骨干针对帮扶、素质强练专项、素质弱打基础”的组训办法，提升新入职消防员及新入职合同制消防员的体能基础。设计减脂餐，制订专项训练计划，对体脂较高、影响训练成绩骨干消防员减脂提能。坚持每月“议战议训”，及时分析队伍作战训练中存在的问题，对处置的典型代表性救援事故及时组织复盘研讨、剖析不足、完善战术。实行“能者上、庸者下”的选拔考核导向，组织专职消防员开展全员岗位练兵考核4次，阶段性考核8次，表彰奖励10余名合同制消防员，选拔任用、选送培养6人次。

（撰稿：张鹏）

森林消防

【概况】 2020年，古田县森林防火注重宣传工作，把森林火宅控制在尚未萌芽状态。保护森林防火设施，保证森林防火道路畅通。县公安局成立森林警察大队，明确责任，严格执法，最大限度地减少森林火灾发生。

【森林防火智能广播系统建设】 古田县林业局在常规的出专栏、拉横幅、张贴标语、发放宣传单、出动宣传车等宣传基础上，利用现代化数字通信手段创新宣传方式，投入资金40.06万元，建成集“定时播放、紧急切换、数字放大、远程扩音”等多种功能于一体的远程超大功率森林防火智能广播系统。12月建成。该系统由一个县级中心平台（设在古田县林业局播控指挥中心），14个乡镇街道分平台和56个音柱平台组成，用于日常森林防火政策宣传、进入林区的防火安全提醒以及森林火灾突发事故的紧急广播等，也可以用于国家政策宣传、党建宣传、时事政策推送、公益服务、防汛抢险等的广播。

【森林防火】 2020年4月14日至17日，县森防指抽调县应急局、林业局、农业农村局相关人员组成的3个服务指导组，14个乡镇（街道）森林防火隐患整治工作进行服务指导。抓好火源管理。组织力量加强巡山护林和违章用火的查禁，对确需生产性用火的，严格执行野外用火审批制度，乡镇野外用火审批1次。对14个乡镇（街道）应急救援队伍人员共290人进行为期5天的理论与技能培训。

【县森林警察大队揭牌】 5月27日，古田县公安局举行森林警察大队揭牌仪式。古田县副县长、公安局局长黄忠钦，古田县公安局党组副书记林应寿，党组成员、政工室主任林万秀及森林警察大队全体民警、辅警参加揭牌仪式。

【国有林场森林防火】 建立森林防火场长负责制，因地制宜加快生物防火林带建设，建立森林扑火队，提高政治站位，强化领导带班和24小时值班值守制度，通过微信、短信平台、宣传标语、现场劝导等“线上+线下”相结合的方式，营造防火高压氛围，着力增强群众安全意识，群防群策，连续多年实现森林无火灾。

（撰稿：郑鹤龄）

群众团体

册近万份。

古田县总工会

【概况】 2020年，古田县基层工会换届选举工作按计划顺利举行，共完成换届选举52家，新建工会组织71个，发展新会员3211人。县文化宫二期项目工程开工建设。开展先进职工之家评选活动，共获省级荣誉8家，获县级先进荣誉33家。疫情防控期间，组织志愿宣传服务16人次。全县劳模、支部党员捐款计13370元，自筹资金5万多元慰问县医院、县疾控中心一线防疫工作人员。

【工会宣传】 运用报刊、微信公众号、门户网站等平台，有针对性地做好职工舆论引导，把握职工群众动态，畅通工运信息，传播工会声音，培育和践行社会主义核心价值观，引领职工群众坚定不移听党话、跟党走，厚植党执政的群众基础。2020年度，县总工会发布、转发各类信息120余条，组织各类宣传、宣讲活动15场次，发放各类宣传手册近万份。

【职工之家建设】 全年共计下拨40多万元支持基层工会开展建家工作，被省总工会评为福建省模范职工之家2个、模范职工小家2个、优秀工会工作者3名、党建带工建示范单位1个；被县总工会评选命名古田县先进职工之家15个、先进职工小家16个；指导建设网上职工之家2个。通过与各级党组织共同建设、共同管理、共享活动场所。共设立3个共享场所试点：古田县城西街道青云社区共同建设的青云社区党群活动中心、古田县卓洋乡党委政府共建的卓洋乡职工活动中心、大甲镇党委政府共享的大甲工业区职工文体中心。

【普惠服务】 全县参与医疗互助职工14598人，缴纳互助金142万元，截至11月13日享受第十期职工医疗补助589人次，补助金额61.12万元。7月，县总工会筹集资金近10万元，购买绿豆、花生、药品等慰问品，走访慰问环卫工人、道路养护工、工程建设者等1400多位在酷暑下坚守岗位的一线劳动者。开展“金秋助学”活动，通过主动联系、逐户入户排查、接受社会监督等流程，确定帮扶对象38人，发放助学资金14.4万元。

【会费管理】 坚持“审帮促”原则，组织审计小组，对3个乡镇（街道）工会联合会2018—2019年度工会经费收支情况和3个机关事业单位、国企等基层工会经费收支情况进行审计，提出审计意见，督查审计整改。落实县委办公室《古田县贯彻落实“1+X”监督机制实施方案》（古委办发〔2020〕2号）文件精神，采用集中报送、电话随访、上门抽查等方式开展专项督查，为县纪委报送相关线索。2020年，共计对25家机关企事业单位开展专项督查，向县纪委报送问题线索1条。

（撰稿：江文渊）

共青团古田县委员会

【概况】 2020年，全县共有基层团委43个，其中乡镇（街道）

团委14个，学校团委24个，机关团委2个，机关团工委1个，驻外团工委2个。疫情防控期间，各级团干部、青年志愿者开展宣传工作，帮助乡镇（街道）悬挂横幅560条、张贴宣传海报1600多张、分发防疫科普知识和倡议书等共8000份。组建疫情心理危机干预志愿者服务队，招募心理咨询师、社工和志愿者。动员各界团组织和创业青年捐资捐物，累计筹集善款5.91万元以及隔离服、口罩、消毒液等物资。2020年，获得第七届“创青春”中国青年创新创业大赛农业农村组银奖1个、福建省青年创新创业大赛暨福建省第二届返乡大学生创新创业大赛创想大樟溪组三等奖1个、农业农村电商组三等奖1个。获得省市“两红两优”和“五四奖章”荣誉表扬个人与集体共计29个，其中获得福建省优秀共青团干1名，福建省五四红旗团支部1个，第十六届福建省青年五四奖章个人和集体各1个；市级个人和集体荣誉共计25个。

【青少年思想引领】 开展形式多样的青少年学习活动，习近平总书记五四寄语精神、《习书记180余字寄语闽东大学生》采访文章，召集团干和创业青年代表、古田籍大学生、五四奖章获得者、十三届全国青联常委等青年先进典型，开展学习与讨论，结合青春奋斗故事，以青年人讲、身边人说的方式，以小见大解读贺信和全会精神，提升宣讲温度。在建党、“六一”儿童节、“10·13”建队日等重要时间节点，在全县少先队员中开展“迎接少代会争做好队员”主题队日、“牢记习爷爷教导争做小小追梦人”“争做防疫小卫士”等系列主题活动，以少先队仪式、主题队会、国旗下的讲话、手抄报等各种形式，灌输培育少年儿童对党、对祖国的朴素感情，唱响时代主旋律。全年围绕主题主线开展青少年学习教育活动47场。加强网络思想引导，发挥新媒体等网络阵地优势，在团属微信公众号开设青年大学习、《习近平在宁德》采访实录等学习专栏，制作发布原创诗歌朗诵作品《青年的力量》，及时向机关、街道、学校团员团干推送“青年大学习”网上主题团课。

【助学助困】 以“领头雁＋贫困户”的扶贫模式，创业青年林翔建立宇航林翔家庭农场、建立麦悠悠农场，成为县青春扶贫示范项目。团县委机关共结对帮扶建档立卡贫困户8户。助学扶贫、“阳光助学”、圆梦行动等青年扶贫志愿服务活动与项目，全年共筹集助学金29.9万元，帮扶贫困生人数65人，其中建档立卡贫困户学生6名，资助金额3.7万元。联合爱心公益联合会为困境儿童等发起温暖包爱心捐赠活动，募集善款16566元，为8所农村小学儿童争取温暖包150个。8月与山海协作单位南安团市委联合开展农产品直播带货活动。

【青年志愿者行动】 青年志愿者围绕创建文明县城、生态环境等重点工作，开展“青年先行为古田创城添彩”“和我一起守护碧水”等主题志愿活动，到街道、社区开展义务护绿、环境卫生清理、创城宣传等活动，倡导青年践行文明风尚，投身新时代文明工程公益活动。“志愿汇”App服务全年累计时长6762小时。

【青年就业创业】 2020年共为青创企业提供1050万元信贷支持。对接省农科院研究所分别在古田县青年创业企业李氏茶叶家庭农场、鹤塘明艳茶叶专业合作社设立青年科技志愿者服务点，共开展10次技术指导，参与人数120人次。开展“创新创业青年当先”古田莆田跨地市青创企业交流活动，以“请进来”“走出去”的方式搭建起共同发展平台，帮助本地青创企业提升创新创造能力。全年举办短视频、电商等创业、就业类培训4场，参与青年130余人。在古田城区首批设立6个“小蜜蜂”青年驿站，为快递（外卖）人员免费提供休息、饮水、手机充电等关怀服务。

【青年人才发展】 加强与省内十所高校、省外“211”高校古田籍在校大学生联系，抓好优秀大学生信息摸底收集，建立人才信息库，共收集335名优秀学子信息，助力古田人才信息储备。对接宁德籍在校大学生到乡镇（街道）兼职组织干事和团委副书记工作，提供36个挂职锻炼岗位。举办第三届古田籍在校大学生暑期返乡社会实践活动，共有29名学子通过短期社会实践、实地参观学习、参加志愿服务活动、座谈交流等多种实践锻炼形式，提升能力、收获成长，进一步加深古田籍在校大学生的家乡情怀。推荐16名优秀大学生参加宁德籍在外大学生骨干实践营、宁德市优秀青年学子成长营活动等活动，帮助增长见识。承接“北京大学力行实践队”共11名青年到古田县4个乡镇（街道）5个村（居）开展专题调研实践。推荐2名青年人才参与申报宁德市“青年拔尖人才”遴选。选树青年典型，在“五四”期间联合县委人才办开展第二届“古田青年五四奖章”集体和个人认定表扬活动。

【未成年人保护】 大力开展“民法典”、禁毒知识等宣传，全年累计开展各类普法宣传活动50余场，发放法制宣传材料6000余份，引导青年树立法治观念。开展中高考减压、青春自护教育等系列活动，缓解中高考考生的心理压力和考前焦虑情绪，增强青少年的自护意识和能力，全年累计开展青春自护活动19场，覆盖人数2200余人次。7月，与福建信息职业技术学院团委形成结对，建立校地交流长效机制关爱农村留守儿童，组织青年志愿者开展“情暖童心——共青团关爱农村留守儿童行动”，围绕学业辅导、爱心捐赠等内容关心关爱留守儿童，共有44名留守儿童参与。围绕“预防校园欺凌”“文明交通”等系列主题开展“法治进校园”巡讲，全年累计开展法治讲座200余场，覆盖全县45所中小学校，受教育4万余人次。

【基层团组织建设】 完善基础团务管理。强化“智慧团建”管理，推动团员报到、软弱涣散团组织整顿、星级团支部创建等工作，不断推进基层团组织标准化、规范化建设。同时协调各级团组织做好毕业生团组织关系转接工作，接受从各地高校转出转入的毕业学生团员，让毕业的学生有转接团组织关系的去处，发挥基层共青团组织凝聚力。2020年，全省“智慧团建”推广运用综合排名全省前茅。认真做好团员发展工作，指导所属团组织规范发展程序，严格落实团员编号，严格控制团员增量，降低团青比例，2020年发展团员700名，并根据有关要求做好团员信息录入工作。

【少先队工作】 41所中小学全面成立学校少工委。申报课题“基于家国情怀素养下弘扬闽东红色文化的实践研究”获市级立项。定期评选一批优秀少先队集体和先进个人，并向上级少工委推荐。2020年，荣获全国优秀少先队员称号1名，表扬县级优秀少先队集体61个，优秀少先队工作者62名，少先队员105名。

（撰稿：黄新虹）

古田县妇女联合会

【概况】 2020年，古田县妇女联合会共有编制7名，其中行政编制5名，事业编制2名。在职实有人员9人，其中行政6人，事业2人，劳务派遣1人。行政人员中，主席1人（兼任党组书记），副主席2人。共有内设机构4个：办公室（组织部）、宣传权益部、发展联络部、家庭和儿童工作部。2020年5月8日，古田县妇女儿童活动中心荣获全国妇联办公厅、教育部办公厅颁发的“全国家庭教育创新实践基地”荣誉。县妇联荣获2020年度宁德市“关爱女性健康”活动先进单位称号，妇女儿童活动中心被评为全国家庭教育创新实践基地。

【十五届四次执委扩大会议】 2020年10月，县妇联十五届四次执委（扩大）会议召开，会议增（替）补妇联执委6名，选举产生常委、挂职副主席各1名。至此，县妇联共有常委10名，执委32名。

【两纲实施】 实施《古田县妇女发展纲要（2011—2020年）》和《古田县儿童发展纲要（2011—2020年）》，采取有效策略措施，着力解决妇女儿童事业在发展中的重点、难点问题，创造有利环境，有效保障妇女儿童合法权益，促进妇女儿童事业的健康发展。“妇女纲要”设有54项可量化指标。根据监测统计数据分析，2020年，有50项达标，占92.6%；有4项未达标，占7.4%。监测结果显示：女性健康水平明显提高，性别平等在教育各阶段得到落实，女性在经济社会发展过程中的地位逐步提高，生存与发展的社会环境不断优化。“儿童纲要”有49项指标。古田县所有指标全部达标。监测结果显示：古田县儿童健康状况持续改善，受教育权利得到保障，儿童保护工作持续加强，儿童发展环境进一步优化。

【志愿服务】 在巩固原有200名线下志愿者队伍的基础上实现“线上”管理，整合各地、各部门、各系统巾帼志愿服务资源。12月，“古田县巾帼志愿服务队”团队在册成员630名，招募规模还在不断扩大中。巾帼志愿服务队拓展垃圾分类、创新创业、两岸交流、传承文化、医疗助老、家庭教育、家庭矛盾纠纷、政策法规宣讲、文艺和科普等相关内容，广泛开展各具特色的巾帼志愿服务活动，共开展各类大型志愿服务活动6场次，参与志愿者近300人，受众达3000多人。

【阵地建设】 县机关单位及“四新”组织拓展建立妇委会6家，探索建立全县首个“巾帼创业·妇女微家”，通过加强“线上”“线下”互动交流，更好地为妇女群众提供多种形式的示范带动、扶贫济困、创业创新等服务。先后成立城东沙布洋中药材种植专业合作社、黄田锦泰食品公司、贝贝幼儿园等3家“四新”妇联组织政法口妇委会。在全县率先启动“妇女微家”项目建设，政法系统公检法司各单位依托机关妇委会、三八红旗手（集体）、妇联执委等团体和个人，陆续建设政法圆梦、女警芳华、检护筑梦、法证先锋、普法先行等一批各具特色的妇女微家，打造特色鲜明、妇女信赖的贴心阵地。

【巾帼宣讲】 统计局妇委会、文安社区妇联以及巾帼志愿者开展“抗疫宣讲进社区”活动；国庆前夕，县妇联邀请县委宣讲团成员、县妇联特聘法律顾问、古田县宽行律师事务所律师程巧平为社区居民讲解“民法典”相关知识。纪念“三八”国际妇女110周年，县妇联推送市级三八红旗手（标兵）4个，表彰县级三八红旗手60个，三八红旗集体15个。常态化开展寻找“最美家庭”等活动，共有9户家庭获得省、市抗疫最美家庭称号，1户获得省级最美家庭称号，3户获得市级文明家庭称号，1户获得市级五好家庭称号。

【巾帼扶贫】 全县共有5300多个女性购买女性安康保险，其中县财政出资为1218名建档立卡贫困妇女购买保险；开展两批“两癌”贫困妇女救助活动，为21名贫困母亲发放救助金共计8万元；开展“母亲健康1+1”公益募捐活动，共募集捐款87050元。召开2020年“春蕾计划”助学金发放座谈会，为18名贫困女生共计发放“春蕾计划”助学金18000元，2000—2020年，古田县“春蕾计划”活动累计收到社会各界捐款80多万元，共资助600多名女童继续完成学业。

【巾帼维权】 持续推进古田县“平安家庭”建设，成立287个婚姻家庭纠纷人民调解室，统筹处理好婚姻家庭矛盾纠纷大排查、大化解、大整治攻坚行动。发挥维权窗口，常态化做好婚姻家庭矛盾排查梳理工作，对于来信、来访、来电，逐项登记、建立台账。2020年共接待处理群众来信、来访、来电30件，其中来访15件，来电4件，来信1件，网络来信10件。持续开展普法维权宣传活动，通过咨询、分发宣传材料、横幅标语、微信、签名活动等形式，重点宣传婚姻法、妇女权益保障法、反家庭暴力法，使广大妇女和家庭学法、懂法、守法、用法。结对帮扶一名曾经吸毒少女，帮助其向省妇联申请1000元的困难补助金。开展以“关注妇女儿童健康，建设平安无毒家园”为主题的禁毒宣传月系列活动，参观县禁毒警示教育基地，并在现场发出倡议，进行禁毒承诺签名交流参观心得，引导全县妇女建设无毒家庭。

【党建工作】 运用“学习强国”“党员e家”、干部网络学院、“妇联通”等载体平台，组织全体党员干部和妇联系统干部、乡村两级执委加强学习。共举办全县执委履职培训班4期，开展干部现场“领学”2期，组织80多名县、乡、村三级妇联执委参加省、市妇联举办的服务乡村振兴带头人、基层妇联领头雁等线上、线下培训班。通过城乡联建、系统共建等方式，推动“党建带妇建、妇建促党建”目标实现。组织支部全体党员到平湖镇达才村黄孝敏爱国主义教育基地，开展“坚决维护核心、践行初心使命”主题党日活动共计4场次。在微信公众号连续推出“抗击疫情，古田巾帼在行动”系列8期，“立足岗位，争做最美巾帼奋斗者”专栏11期。联合城东街道文安社区开展“清洁家园共抗疫情”爱国卫生主题活动。开展“军民团结一家亲，群团携手促和谐”八一拥军慰问活动。县、乡、村三级妇联执委开展“清洁家园、美化环境——巾帼在行动”主题党日活动。在县融媒体中心、微信公众号等网上平台开展“我是执委，我为群众办实事”系列专题宣传5期，点击率、关注度共达3000多人次。

【乡村振兴】 继续依托“福大姐”巾帼示范工程，持续实施巾帼示范基地与建档立卡贫困户结对帮扶奖励机制，发挥巾帼示范基地作用，辐射带动200多名贫困妇女就近、就地创业就业。扎实开展“农村妇女素质提升计划”，推荐2名乡村经济带头人参加省妇联举办的巾帼致富种子工程培训班，组织200多名乡村妇女群众参加省、市妇联主办的专家快车农村行网络课堂及高素质女农民电商培训，学习油茶树、百香果、芙蓉李、杂交水稻、铁皮石斛种植及盆景设计等农业专技课程。

（县妇联　供稿）

古田县科学技术协会

【概况】 2020年，古田县科学技术协会（简称县科协）着力科普宣传，促进青少年科技教育，开展全民科学素质网络竞赛活动，参与县委宣传部组织的文化医疗科技“三下乡”活动，建好科技工作者之家。

【科普活动】 1月14日，参加在平湖镇达才村举办的文化科技卫生“三下乡”活动。活动中，县科协向村民发放《预防疾病》《生态果园》等科普宣传资料，普及科学知识，并为该村筹集经费5000元。8月24日，围绕“科技战疫·创新强国”主题在县文化广场开展科技活动周活动。科普志愿者向群众分发科普知识读本，接受群众咨询；应用展板向群众宣传主题为“科学防护疫问医答”流行性疾病家庭科学预防知识。9月22日，联合县卫健局、县应急管理局等9个部门在县文化体育广场举行2020年古田县全国科普日主场活动，分发各类科普资料1000多份，免费接受群众咨询200多人次。

【青少年科技教育】 组织中小学校开展青少年机器人活动，组建古田一小、玉田中学、古田一小等机器人兴趣活动小组。开展科普报告进校园活动100场。

【新时代文明实践】 开展新时代文明实践活动。共协调成员单位开展科技科普志愿服务活动20多场次，120多人次科技人员参与志愿服务活动。组织参加新时代文明实践系列活动，主题分别为“文明创城志愿同行”“倡导绿色生活反对铺张浪费”“理性消费、文明用餐、绿色生活”“坚持扫黄打非，共建文明古田”。

【全民素质网络知识竞赛】 开展全民科学素质网络竞赛活动。7月至9月县科协联合县委文明办、县教育局组织开展全民科学素质竞赛活动，下发《2020年古田县全民科学素质竞赛活动的通知》（古科协〔2020〕3号），广泛动员社会公众参与全民科学素质网络竞赛活动，提高公众科学生产、科学经营、科学生活等方面的知识和能力，引导广大人民群众树立科学文明的健康生产生活方式。

【科普宣传阵地建设】 征订农村科普挂图76份，宣传农村科普，内容涵盖种植技术、禁毒宣传等方面；与县邮政局签订合作协议，把每期挂图及时分发派送到有关乡镇村科普宣传栏张贴。投资1.3万元购置青少年课外科技活动场所科普设备；投资10万元建成城西街道罗峰村建成青少年科学工作室。

【科技工作者之家建设】 开展2020年“最美科技工作者”组织推荐工作，动员科技工作者和干部群众参与，挖掘身边科技人员感人事迹，推荐申报高级农艺师丁湖广参与遴选，努力做好广大科技工作者的政治引领和政治吸纳，激发科技工作者的荣誉感、自豪感、责任感。开展遴选第三批闽江科学传播学会活动，向上级科协推荐申报1名学术造诣高、热爱科普工作，有一定社会影响力科技工作者参与遴选。指导成立福建古田药业有限公司科学技术协会。

（撰稿：陈声勤）

古田县归国华侨联合会

【概况】 古田县侨联成立于1951年，编制4人，2020年在岗3人，有14个乡镇（街道）侨联14个、教育系统侨联1个、社区侨联1个，村级侨联5个，村侨联联络小组113个。2020年11月、12月，新成立大桥镇钱厝村、城西街道康斯丹郡小区等基层侨联。疫情初期，发动海外侨胞捐赠抗疫物资。古田籍华侨为古田、全国各地捐资捐物600多万元。境外疫情发生后，县侨联紧急采购口罩2.5万个、护面罩100个支援侨胞集中的国家与地区。帮助侨企复工复产，并为回乡华侨华人提供人文关怀服务工作。2020年被中国侨联授予“全国侨联系统抗击新冠肺炎疫情先进集体”称号。古田县侨联、大桥镇侨联被评为省级示范“侨胞之家”，吉巷乡坂中村侨联、大桥镇高洋村侨联获省级“侨胞之家”称号。

【基层建设】 2020年，完善提升乡镇、村基层侨联的办公场所和侨胞之家的内部设施4家，即大桥镇、吉巷乡、大桥镇丘地村、吉巷乡坂中村。10月17日，举办古田县侨联系统干部培训班，三级侨联系统干部等40人参加。

【参政议政】 县侨联发挥侨界人大代表、政协委员作用，围绕县委、县政府重大决策部署，开展调查研究，建言献策，反映侨界呼声。2020年，侨界政协委员参与关于加强与台港澳各界人士交流、加强古田县老旧小区整治与管理、凤都镇新建村（少数民族）、家庭医生签约服务情况、福建铁王等课题研究，参与关于组织退休人才服务乡村振兴的建议、关于建设古田县基督教育爱国主义教育基地的提案、关于进一步推进农村河长制落实的建议、关于加大对家庭农场扶持力度的建议等政协提案研讨。

【维护侨益】 国庆中秋“两节”期间，组织开展“送健康，送温暖”侨法宣传暨义诊活动，为归侨侨眷进行健康检查及一些普通病症的诊疗，并为老归侨赠送价值3万元的居家常用药品及中秋月饼，为基层侨界群众送政策、送温暖、送服务。筹集20万元资金，建成古田县华侨医疗服务中心，为回国侨胞与归侨侨眷提供健康体检与看病就诊服务。7月12日，县侨联联合福州市鼓楼区侨联和闽江学院侨联举行“校地携手”涉侨维权工作经验交流活动，分享在维护侨益方面的经验成效，以及涉侨就业、劳动、债务、产权纠纷调解等方面的重点案例，提高两地侨联干部维权工作能力。办理海外侨胞和归侨侨眷来信来访求助26件次。

【侨情宣传】 全年开展进社区、进侨村、入侨企宣传侨法、咨询侨情活动5次。拍摄《古田县侨情简介》宣传片、与北京电视台合作拍摄《魅力侨乡古田行》宣传纪录片，宣传侨乡古田。

【脱贫攻坚】 2020年，发放慰问金0.85万元；申请福建侨联系统“百侨帮百村——联村助户”结对帮扶贫困侨眷2户，发放补助资金0.5万元；调查摸底32户贫困归侨，申请省级财政补助资金7.36万元；支持困难侨村基础设施建设资金5万多元；为15户因病、因学导致生活困难的归侨侨眷和困难家庭发放临时救助资金7.7万元。

（撰稿：周锦杰）

古田县工商业联合会

【概况】 古田县工商业联合会（总商会）有驻会干部4人，其中主席1人、副主席1人、党组副书记1人、综合股股长1人，党组书记由统战部副部长兼任。兼职副主席6名，兼职副会长6名，执委会成员75名。下属商会14个，即城东城西外的12个乡镇商会及古田县创业者商会、鹤塘石材行业矿山协会。此外，另有由古田县工商联合会发起成立的9个异地古田商会，归属地管理。

【参政议政】 工商联参与工业发展与食用菌产业提升民主协商活动，从7月份开始，陆续组织工商联界别政协委员开展招商引资项目落地情况跟踪、完善工业园区物业管理、银耳烘干厂生产环境改善为主题民主协商小组活动,带领小组成员走访久昌宏食品、煜林食品目、黄田工业集中区等开展调查研究。帮助项目单位制定项目工作实施方案，分解确定切实可行的节点目标，督促落实，确保整体目标任务的实现，进一步发挥工商联桥梁和纽带作用。

【党建活动】 坚持党组理论学习中心组学习制度，制订学习计划，开展警示教育，通过召开会议学习典型案例通报、组织集中观看警示片，使全体干部从违法案例中吸取教训，警钟长鸣。联合文兴社区开展“健康人生、绿色无毒”禁毒宣传教育和以“防疫有我爱卫同行”为主题的党日活动以及“践行勤俭节约新风尚党员先行”志愿服务活动。联合南平市古田商会支部委员会开展“不忘初心缅怀先烈”主题党日活动。

【法律服务】 联合检察院创新开展“护航民企发展、促进‘两个健康’”系列活动。工商联联络检察官制度，一人对一企，问需求、听建议，着力为企业解决涉法问题，并向企业宣讲防疫、助企政策，切实做好对接帮扶和服务保障。2020年4月，由工商联联系邀请古田县检察院检察官，为企业家面对面解答法律问题，有效发挥工商联在服务保障民营经济健康发展中的桥梁作用。10月，工商联、检察院联合开展“服务‘六稳’‘六保’护航民企发展”检察开放日活动，组织民营企业家参加民企租赁纠纷的信访案件公开听证会，有效提升法律素养，防范法律风险，维护人民合法权益。12月，联系法院，协商建立服务全县民营经济高质量发展超越工作机制，在工商联二楼设立法官工作室和“法商园地”，法官定点驻扎。与法院共同下发《关于共建服务保障全县民营经济高质量发展超越的实施意见》，发挥商会调解优势，推进民营经济领域纠纷多元化解机制建设，营造良好的法治营商环境。

【服务会员】 拓宽会员的信息来源，利用会员群，及时上传党的政策方针，防疫的工作部署、工商联动态等。继续为民营经济人士征订《闽商报》《中华工商时报》，加强民营经济人士政治理论学习。前往广东省福建古田商会、福州古田商会、厦门古田商会、南平古田商会开展调研指导。为民营经济人士上报职称评定材料，共为5人上报评定初高级工程师职称。11月，品品鲜公司、益利公司、日出东方净化工程有限公司等前往厦门参加2020食用菌全产业链（厦门）创新博览会。其间，县工商联走访厦门古田商会，交流学习。12月23日，县工商联邀请县纪委监委、县法院、县检察院、县工商联常执委、部分乡镇商会会长、行业协会会长召开亲清政商关系恳谈会暨2020年工商联常执委会议。会议通报工商联亲清新型政商关系工作情况、部署移风易俗、疫情防控工作。

【履行社会责任】 疫情初始阶段，发动民营企业、异地商会通过工商联、红十字会等渠道捐款共计20.8166万元，捐赠口罩4.97万个，护目镜500个，金针菇15吨（武汉）。上海古田商会、厦门古田商会、广东省福建古田商会、福建古田药业股份有限公司等本地和异地古田籍企业承担社会责任，踊跃捐款捐物，奉献爱心。2月，县绿美食用菌有限公司运送750箱15吨食用菌驰援武汉，中天华侨酒店主动请援，为古田抗疫一线人员提供饮食保障。9月，为打造工商联系统助学品牌，工商联承办2020年宁德市“同心·光彩助学”古田县专场捐赠仪式，给50名贫困家庭新入学大学生每人颁发3000元助学金。

【“五好”县级工商联建设成果】 工商联连续多年获“全国‘五好’县级工商联”“福建省‘五好’县级工商联”荣誉称号。2020年继续开展“五好”县级工商联建设工作，探索新形势下工作的新举措，不断加强在领导班子好、会员发展好、商会建设好、作用发挥好、工作保障好等方面的建设。切实发挥先进典型示范引领作用，8月19日，宁德市工商联组织工作暨镇街商会建设工作推进会在福安市召开，古田县工商联在会上就创建全国“五好”县级工商联进行典型经验交流。8月和10月，工商联主席余麟和党组书记黄建平先后在《中华工商时报》发表署名文章《树“五心”创“五好”向“五有”》《引导企业家与党和政府“同频共振”》。

（撰稿：兰丽云　审稿：余麟）

古田县文学艺术界联合会

【概况】　2020年，县文联以“加强各文艺家协会工作，加强对外文化交流，出人才出精品”为重点，团结县文学艺术界，调动全县广大文艺工作者的积极性与创作热情。疫情防控期间，古田县委宣传部官方微信公众号“古田发布”抗役专栏“抗击疫情，我们在行动”刊播古田作家“抗疫”诗词楹联100多首（篇）、书画作品24幅、摄影作品272幅。

【文学创作】　2020年12月，《古田故事》由海峡文艺出版社出版发行。李日伟共发表寓言、闪小说、漫画脚本共48篇于《青年文学家》等全国各地15种CN报纸杂志；依寒《柚饺》发表于《福建日报》；在升级网络上发表诗、散文的有黄友舜（竹心）、陈兴锦；在省级单位主办的刊物上发表作品的有陈枫、魏庆辉、朱晓霞；作品被收入结集出版的文集、诗集的有林兴华、黄友舜、张炜玲（依寒）、吴谨、朱晓霞、陈枫等。全年共发表文学作品84篇（首）。陈兴锦的《蝶恋花·赏桃花》获第七届中外诗歌散文邀请赛中获一等奖（中国散文网组织），《鹧鸪天·庚子年双节》获第六届“中华情”全国诗歌散文联赛一等奖；李日伟的闪小说《空心菜的骄傲之旅》获第一届“三湘文学奖”。

【摄影创作】　2020年，县摄影协会会员作品中获得全国奖项24幅、省级奖项35幅、市级奖项25幅。举办“寻梦金翼，走向小康”摄影大赛优秀作品展，展出金翼风貌和乡村振兴作品80幅；开展“利洋好柿，振兴乡村”摄影大赛及古田县职工摄影比赛；汇编完成《乡村振兴·古田风采》画册。开展讲座4场。

【书法创作】　胡起贺书法作品分别入展第四届王羲之奖全国书法作品展、入选首届“祈贤杯”全国书画作品大赛、“中国梦·翰墨朝阳”第四届全国书法大赛、井冈源杯全国书法大展、首届“张弼杯”书法篆刻大赛，获第七届“丰庆杯”全国书画艺术展优秀奖；林义俊书法作品获第二届“民间高手杯”书法全国大奖赛纪念奖。

【朗诵活动】　6月29日，县朗诵协会承办第六届“花样少年语言艺术展演”活动，22人晋级省赛。在全省总决赛中，获特金奖6个，金奖9个，银奖5个，铜奖2个，4人晋级参加花样少年全国总决赛，获金奖3个，银奖1个。

【音乐活动】　参加“宁德市民营企业主题文艺会演”；举办“情牵故土守望乡愁”——古田县乡村文化振兴文艺会演；参加第六届“十邑春晚”；在新型冠状病毒疫情防控期间，协会会员吴锦锋创作歌曲《让我看看你的脸》，由古田一中学生演唱，形成云合唱；参加“千年临水情健康古田行”——2020年陈靖姑文化节网络直播活动。组织的“学习雷锋”志愿者活动、“禁毒宣传”活动、“清明节网上祭扫”活动各1次。组织会员投身艺术扶贫、戏曲进校园、广场文化推广等活动。

【采风活动】　联合县纪委监委开展“正风肃纪基层行”主题活动，邀请中央、省级新闻记者与各级文联、摄影家协会、作家协会成员到基层收集新闻宣传素材，采写纪检监察干部助力乡村振兴，落实“六保”“六稳”的工作亮点与成效。5月，福安市文联文艺采风队到古田县“中国历史文化名村”“中国传统村落”古田县卓洋乡前洋村开展文艺采风交流活动。通过微党课视频拍摄讲述罗峰村帮扶故事，展现纪检监察干部的精神状态，5月15日，县作家协会组织会员到罗峰村采风。开展“弘扬金翼文化助力乡村振兴”文学采风创作活动，30多位中国作协和省作协会员到古田县黄田镇开展基层采风活动，创作出一批反映黄田镇库区风貌和金翼文化为主要内容的文学作品，推出《翠屏湖·金翼专刊》。县摄影家协会组织会员到柘荣、霞浦、东北雪景、川西高原、东山岛、长乐、南平巨口、泉州永春、长汀等地采风，组织航拍古田县286个社区行政村。

【文艺惠民】 全年开展农村书屋书籍捐赠、小学生书法创作指导、摄影技巧讲堂、经典诵读进校园、舞蹈美育进校园、戏曲演出进基层等百支文艺小分队下基层活动13场。走进鹤塘镇古田县图书馆南阳（村）分馆开展“下基层，送文化”活动。县蓝之田艺术培训学校成为“新时代、新美育、结对子、种文化”福建省少儿舞蹈美育工程公益教学基地，9名舞协会员成为省舞蹈美育志愿者。

【队伍建设】 2020年，钱陈翔加入中国美术家协会；张炜玲加入省作家协会；黄文清、何美金加入省美术家协会；李玲、熊晓东、曾子欣、黄慕芳、卓丽美、张明亿、吴庆锋、倪巧屏加入省摄影家协会；蓝凌丽、曾蕊、曾莉、曾央加入省舞蹈家协会；曾烨、张亦舒、余会康、朱文丹、钟少榕、俞长生加入市作家协会；黄维文、汤碧林、阮养进、陈灼豪、魏霖旺加入省民间文艺家协会。6月7—9日，李日伟参加中国儿童文学研究会、中央文化和旅游管理干部学院举办的第七期儿童戏剧教育（儿童文学、戏剧创作）培训班。10月27—31日，作协会员张炜玲和林丽琴赴松溪县参加由诗刊社和福建文学社主办的为期五天的新时代福建诗歌创作高研班。黄谷上参加省文联、省摄影家协会主办的基层摄协骨干和新文艺人才培训。

（撰稿：朱文丹）

中国国际贸易促进委员会古田县委员会

【概况】 中国国际贸易促进委员会古田县委员会（简称古田县贸促会）是由古田县经济贸易界有代表性的人士、企业和团体组成的全县民间对外经济贸易组织。2020年，落实统筹推进新冠肺炎疫情防控和经济社会发展工作的决策部署，共组织企业参与线上展会、交流活动8场次，国内大型博览会、论坛活动4场，专题培训7场。

【推广线上展会服务模式】 2020年3—12月，古田县贸促会共组织10家企业参加“全球化在线起航——2020外贸企业出海论坛”“闽礼汇——福建省首届礼品采购网贸会”“福建省县域优选产品经贸对接会”“第十一届海峡两岸电机电器博览会线上展会（云电博）”“福建——海上丝绸之路国际经贸合作对接会”“2020第十二届海峡论坛·第二届海峡两岸工商合作论坛”“优化营商环境政企对话会（福建专场）”“第四期‘海丝国际经贸沙龙’活动”等线上展会、交流活动8场次。

第六届中国（泉州）海上丝绸之路国际品牌博览会 2020年10月30日至11月1日，古田县贸促会组织5家企业参加第六届中国（泉州）海上丝绸之路国际品牌博览会（简称海丝品博会）。该博览会有31个国家和地区的418家企业参展。福建古甜食品科技股份有限公司在活动中被评为“最受欢迎预包装食品供应商”。

首届（2020）海南国际餐饮食材博览会 2020年11月19—22日，古田县贸促会组织闽越食品、锦泰食品、茄宝食品、屏湖红4家规上食品加工企业参加首届（2020）海南国际餐饮食材博览会，开展主题为“国际食材盛会·品味山海宁德”的特色产品展示、供需对接活动。

【商事法律服务】 6月12日、7月6日、7月22日、12月8日，分别组织企业业务骨干使用腾讯会议、小鹅通软件参加闽港创新会展模式培训会、福建省国际商会会员企业茶叶出口专题培训、互联网+福建省贸促会“涉外商事法律服务八闽行”活动、中国贸促会RCEP政策解读及应用在线培训。11月19—20日，组织企业前往福州参加中国贸促会经贸摩擦应对和法律风险防范培训班。

（撰稿：张琳）

古田县残疾人联合会

【概况】 古田县残联是由县委县政府领导的、参照公务员管理的群团组织，业务上受省、市残联指导，主要职责是履行“代表、服务、管理”三种职能：代表残疾人共同利益，维护残疾人合法权益；开展各项业务和活动，直接为残疾人服务；承担政府委托的部分行政职能，发展和管理残疾人事业。县残联为正科级单位，核定行政编制4名；下属事业单位1个：古田县残疾人就业服务中心，核定事业编制3名；实有干部8名，其中科级以上6人，事业编制2人，劳务派遣人员5人。2020年，古田县现有领证残疾人9575人，其中重度4360人，轻度5215人。

【残疾人保障】 共发放困难残疾人生活补贴4504人；发放重度残疾人护理补贴4001人；享受城乡残疾人基本医疗保险政府代缴费8897人；发放“一户多残”残疾人家庭生活困难补助986户2027人；完成“一助一”爱心助残挂钩帮扶417人，每个残疾人扶助金额不少于1000元。共有享受最低生活保障的残疾人2163人，享受特困供养的残疾人404人；全县列入建档立卡的贫困残疾人为389户467人，均全部脱贫。全县建档立卡贫困残疾人享受各项助残惠残项目资金达824人次、114.18万元，实现项目资金全覆盖。

【“福乐家园”】 全面完成县福乐家园项目建设工作，该项目占地面积5亩，建筑面积3326平方米，总投资1200万元。12月，主体和配套工程均竣工。制定《关于古田县“福乐家园”引进儿童康复机构的实施方案》，并通过县政府常务会议，拟采取公建民营方式，通过委托第三方代理机构启动公开招标引进一家专业化的自闭症儿童康复服务机构，将“福乐家园”2—3层（总建筑面积1332平方米）有偿提供给康复机构作为儿童康复使用，方便残疾儿童就近康复，减轻残疾儿童家庭经济和生活负担。

【残疾人康复】 完成残疾儿童抢救性康复项目71人；完成精神病患者住院救助及服药康复人数661名；落实聋儿（人工耳蜗）康复救助项目3人；落实辅具适配补贴258人，残疾人家庭无障碍改造省级项目80户，中央彩金项目61户；完成农村重度肢残和智力、精神贫困残疾人居家托养补助237人。抓好残疾人精准康复工作，推进老年残疾人精准康复服务试点工作，完成老年残疾人精准康复服务100人。

【残疾人教育】 落实扶贫助残大学圆梦行动22人；建档立卡残疾人子女上大学18人；彩票公益金“学前教育”助学5名。

【残疾人就业】 加强对县、乡、村经办人员的分类分批全覆盖培训，先后举办乡镇残联理事长、联络员及村级残疾人联络员三类人员培训班，共培训692人次；举办残疾人实用技术培训班1期，培训70人；落实残疾人自主就业创业社保医保补贴111人，补贴金额40.37万元；完成贫困残疾人创业就业补助141人；征收残保金326.755万元。

【关爱残疾人】 “两节”和“全国助残日”期间，于宁德市特殊教育学校举办法律知识专题讲座活动1次，组织全县残联干部看望慰问贫困残疾人和贫困残疾学生400多人，为残疾人送去慰问金20万元；配合省残疾人福利基金会在宁德市特殊教育学校和明智学校举行大礼包发放仪式，为全县残疾学生发放爱心大礼包80个。

【宣传报道】 以“爱耳日”“全国助残日”“残疾预防日”等重大节日为契机，发挥电视、报刊等新闻媒体的作用。继续开通古田电视台残疾人专题手语节目，向市残联等单位报送稿件，通过古田县残疾人服务在线微信公众号，向残疾人宣传党和政府有关残疾人的方针政策、法律法规，加强助残惠残政策宣传，发现挖掘文艺体育人才，关爱残疾人家庭。鼓励残疾人自尊、自信、自强、自立，大力弘扬助残风尚，讴歌自强精神，营造良好的社会助残氛围。

【信访维权】 坚持班子成员信访接待制度，妥善化解处理信访积案，切实解决残疾人的实际困难，为残疾人提供法律援助服务，维护残疾人的合法权益。全年无发生重大案件和残疾人进京，赴省、市，集体上访案件。

（撰稿：王沁铮　审稿：李扬盛）

古田县计划生育协会

【概况】 2020年，古田县计划生育协会（简称计生协）实行机构改革，提高村（社区）级小组长补贴待遇，关怀生育，加大计生户项目扶贫力度，共发放贴息贷款23899万元，发放贴息资金889万元。

【组织建设】 2020年5月，成立古田县计生协会党支部。6月12日印发《古田县计划生育协会改革方案》（古委改办〔2020〕2号文件），编制部门调整更改机关内设机构。下发《关于做好乡（镇、街道）计划生育协会换届选举工作的通知》，推进乡级计生协会根据改革方案的要求，开展换届选举工作。乡级计生协会的会长由计生分管领导兼任，副会长由卫计办主任兼任，秘书长由专人担任。2020年12月底，完成乡镇街道计生协会换届选举工作，村级计生协会小组由1167个优化减编至596个。疫情期间，县计生协会参与防疫防控的县、乡、村计生协会会长234人，县、乡秘书长、工作人员19人，小组长381人，协会会员430人。各级计生协会通过QQ群、微信群、张贴宣传大字报、分发宣传单等做好疫情防控的宣传工作。共有12059名会员筹集爱心资金93753.68元，捐给县红十字会用于当地的疫情防控工作。

【生育关怀】 2020年，全县紧急救助计生困难家庭175户，发放救助金11.73万元。县副科级以上干部挂钩帮扶计生困难户，每年予以1000元慰问金、帮助挂钩户解决生产生活上的难题；金秋助学行动共资助受助学生28个，省级7个，市级15个，县级6个。助学标准为连续资助四年，省级每年5000元，市县级每年3000元。其中，低保和精准扶贫家庭的学生有26名。县、乡两级计生协会补助37.4万元为7482个计生家庭参加家庭意外伤害保险，每年的理赔率70%。完善计生法律援助体系。推进省级计生法律援助示范县的创建工作，联合司法部门实施法律援助维权，加强维权载体和能力建设。完善县、乡、村计生法律援助网络，便利有需要进行权益维护的计生家庭，宣传普及计生法律知识，为计生家庭提供法律咨询服务，维护他们的合法权益。关爱计生特扶家庭。2020年，投入6.5万元对全县所有特扶家庭进行全面慰问。为全县所有计生特扶家庭免费办理计生家庭意外伤害保险和住院护理补贴保险。

【项目帮扶】 2003年始，实施幸福工程项目。坚持宜种则种、宜养则养、宜工则工、宜商则商等因地因户制宜选择“短、平、快”的发展项目，不千篇一律，不搞一刀切，受助对象出其力、尽其才，施展一技之长。2020年，收回项目资金310万元，重新分配，统一签订借款协议后，再开展新一轮的项目帮扶。立足本地资源开发和传统产业优势，以投资少、见效快、效益高、风险低的“水果、网箱养殖、食用菌”三大产业为主要发展项目，帮助贫困母亲脱贫致富。帮扶鹤塘镇试点“合作社/公司+幸福母亲”模式。鹤塘的合作社负责人余海燕为幸福工程帮扶对象。采取转账的方式，到期及时兑现贴息，保证资金安全，专款专用。规范项目管理，注重项目信息管理，开展项目跟踪服务、检查评比，促使小额贴息贷款项目健康发展。2020年贴息457户，到期一户，发放一户，共发放贴息资金54.97万元。累计贴息贷款帮扶的有13147户，贷款23899万元，共发放贴息资金889万元。为计生无房、危房家庭解决住房安居问题。2015—2020年，省、市、县计生协会总共投入96万元，为16户计生特困户解决住房安居问题，其中13户为计生低保户。

【家庭健康】 2020年，有农村儿童早期发展示范点5个，每个示范点共开展早教课12节，给予补助1万元；乡镇开展早教课6节，补助5000元。2020年11月，与妇幼保健院联合在城东街道桃溪村、双山村、坑里村、仕坂村、罗坑村为49—60周岁共计120余名的中老年妇女开展免费生殖健康检查，包括“两癌”筛查、妇科病普查等多项免费妇科检查项目，为被检者建立健康档案。

（撰稿：陈婧蓉）

农村经济

农业农村

【概况】 2020年，古田县农业农村局全面实施乡村振兴战略，持续巩固脱贫攻坚成果。全县农业农村经济持续保持“稳中有进”的良好态势，农林牧渔业总产值85.2亿元，同比增长5.2%；农民人均可支配收入20262元，同比增长7.2%。

【粮食生产】 出台《古田县进一步加强粮食生产安全的九条措施》扶粮惠农政策，“稳稻谷、增旱粮”，优化种植结构，稳定稻谷种植面积，扩大薯类、玉米、马铃薯、大豆等旱粮作物种植面积，通过粮食产能区建设和优质稻示范，提升稻米产业，提高古田县粮食综合生产能力。年粮播面积29.9万亩、总产量11.6万吨。发放耕地地力保护补贴资金2807万元，实施水稻种植保险、农机购置补贴等惠农支农政策，建设高标农田。2020年，完成高标准农田2.25万亩建设立项。

【“菜篮子”工程】 制定出台《古田县关于稳定生猪生产市场供应三年行动方案（2019—2021年）》，加快恢复生猪生产。方案要求，允许规模养猪场在环境承载能力范围内依法增养补栏，实现满栏饲养，并将生猪养殖任务细化到场，确保生猪存栏稳定，做到自给有余。2020年，全县39家生猪养殖场存栏生猪共11.84万头。发展高山冷凉蔬菜，补上“夏淡”短板，新增高山蔬菜面积600亩。培育新兴水果产业。制定出台《古田县扶持猕猴桃产业发展实施办法（试行）》，新增猕猴桃种植面积773亩。

【农产品质量安全监管】 创建国家级农产品质量安全县，大力开展农资监管信息平台线上大巡查和现场大检查，坚持问题导向，完善检打联动机制，切实做到及时发现问题、有效解决问题。推进农产品合格证与“一品一码”有机衔接，推行食用农产品赋码出证、凭证销售、全程追溯，确保农产品质量安全。2020年，纳入监管平台生产主体483家，建立生产档案3005个，年度农产品赋码10749批次，使用追溯标签534690张，线上问题处置430条；试行农产品散户“合格证”制度，建立试行名录36家，散户开具合格证1789张。新增认证“三品一标”企业6个，新增“三品一标”农产品7个，完成“三品一标”企业及农产品年检。创建优质农产品标准化示范基地。对创建主体进行登记造册、树牌亮相，开展创建宣传培训。2020年，创建优质农产品标准化示范基地7个。其中，生猪养殖场1个、食用菌生产企业4个、茶叶生产企业2个。

【农药兽药整治】 检查农资经营主体103家次，出动执法人员412人次，抽检农资产品35个，发放整改通知书16份，立案查处5起。移送公安机关农产品质量安全案件1起。禽蛋兽药残留及兽药专项整治行动，检查养殖企业22家次，出动执法人员78人次，抽检禽蛋禽肉样品8批次，检测结果合格。开展禽蛋质量安全培训1期，培训人员30人。生猪屠宰专项整治，检查屠宰企业12家次，出动执法人员36人次。

【农业科技创新】 5月，古田县入选农业农村部“互联网+”农产品出村进城工程试点县。根据《农业农村部办公厅关于公布“互联网+”农产品出村进城工程试点县名单的通知》（农办市〔2020〕12号）要求，县农业农村局将进一步细化实化试点工作计划，建立试点工作台账和跨部门推进机制，加快组建县级产业化运营主体，集聚相关政策和资源，完善相关管理制度，有序推动试点工作达到预期效果。

【农村人居环境】 以建设美丽宜居村庄为导向，突出“一革命四行动”，完成所有行政村改水改厕；建立“村收集、镇中转、县处理”长效保洁机制，引入社会资本，与光大集团合作，通过PPP模式实现乡镇垃圾转运市场化和资源化利用；“两高”沿线累计投入5000多万元，两侧及村庄绿化种植20.4万平方米、拆除违建临搭约3.7万平方米、房屋立面整治9.9万平方米、平改坡8950平方米、拆除安全隐患9881平方米。

【农村重点领域改革】 土地确权颁证工作扫尾。全县279个农业村，其中，无地村5个，暂缓确权12个（城西9个，城东3个）。截至12月底，12个乡镇（街道）完成证书修改，平湖镇、吉巷乡尚有在修改村10个。全县应颁发承包经营权证书农户数6.7713万户，实颁发承包经营权证书农户数6.5331万户。农村集体产权制度改革。全县280个村（居）均完成赋码登记，其中，243个村（居）登记为股份经济合作社，37个村登记为经济合作社，并发放“农村集体经济组织登记证书”。

【乡村振兴】 坚持试点示范村、产业薄弱村和示范线创建同步抓、同推进，既抓1个省级特色乡镇、10个省级乡村振兴试点村和15个县级乡村振兴重点培育村示范建设，扶持促进46个产业薄弱村发展和全市重点打造乡村振兴示范线创建，点面结合带动全县275个乡村产业振兴。10个省级乡村振兴试点村实施项目28个、总投资5697万元；46个产业薄弱村实施项目148个、总投资11232万元，其中农业产业项目88个；全县重点打造乡村振兴示范线实施项目56个、总投资9266万元，其中农业产业项目17个。

【巩固脱贫攻坚成果】 严格落实党中央关于做好疫情防控期间精准扶贫工作要求，持续加大帮扶力度，累计发放救助、慰问、补助金197.9万元。通过为外出务工返岗人员提供便利，搭建贫困户就业推荐平台和公益性岗位等方式，返岗复工、新就业1917人。同时鼓励发展种养加短平快项目、消费扶贫等方式，确保群众收入来源稳定。建立健全防止返贫监测和帮扶机制，精准落实落细医疗、教育、低保等各类兜底保障政策措施。

（撰稿：吴建华）

林　业

【概况】 2020年，全县共完成造林绿化13696亩、森林抚育41538亩、封山育林41557亩。森林覆盖率72.14%，比上年高4.25%；林地面积266.81万亩，比上年高0.43万亩。国家级生态林保存面积38.48万亩，省级生态林保存面积40.17万亩，森林资源保护成效指标数据大于宁德市标准值。林分结构进一步优化，森林质量和生态系统功能得到明显提升，优质生态和林产品供给能力显著增强，森林资源保护发展体制机制更加完善，初步建成以林业生态建设为基础的自然保护地体系。继续做好创建省级森林城镇和省级森林村庄工作，水口镇被命名为2019年度福建省森林城镇，平湖镇富达村、大桥镇牛峰村、黄田镇金翼村、凤埔乡官亭村、城东街道桃溪村、卓洋乡庄里村、泮洋乡中直村7个村庄被命名为2019年度福建省森林村庄。完成2020年度省级林下经济专项补助资金50万元，完成森林生态效益补偿资金拨付1334.87万元。疫情防控期间，共发放张贴关于禁止野生动物交易的公告和宁德市林业局通告300多份，通过移动短信发送防控宣传及举报信息5万条。

【“十三五”林业规划实效】 2016—2020年，古田县完成“十三五”规划中的林业各项规划。实施林业生态建设，共完成植树造林4.24万亩，其中“三沿一环”森林景观带125亩，森林生态景观带662亩，乡村生态景观林610亩，村庄绿化1240亩，营造生物防火林带1.38万亩，珍贵用材树种造林2610亩，林分修复3401亩，建立木本油料示范基地2920亩，其他人工造林1.71万亩；完成森林抚育20.08万亩；完成封山育林9.63万亩；完成义务植树445万株。创建省级森林县城和一批森林城镇、森林村庄。城西罗峰、卓洋前洋、水口溪岚、吉巷坂中、城东桃溪、黄田凤亭（金翼）、鹤塘溪边7个村荣获国家级森林乡村称号。年末，森林蓄积量1047.18立方米，位居全市第一；森林覆盖率72.14%位居宁德市前列。林地保有量266.82万亩，湿地保有量12.92万亩，自然保护区（含保护小区）面积32.73万亩。2020年，实施天然林保护工程面积30.07万亩。

“十三五”期间，实施现代农业（竹业）生产发展资金项目，共完成竹林抚育施肥1.60万亩，竹山便道建设211.7千米；实施竹业开发富民工程，完成竹林抚育施肥1500亩，竹山便道建设118.3千米；实施竹林生态化改造项目，完成竹林抚育8170亩，竹山便道建设123.6千米。

【林业病虫害】 县域内林业有害生物均为轻度发生，成灾率控制在3‰以下。其中，2016年林业有害生物发生面积为1.74万亩；2017年林业有害生物发生面积为1.72万亩；2018年林业有害生物发生面积为1.62万亩；2019年林业有害生物发生面积为1.33万亩；2020年林业有害生物发生面积为1.57万亩。无公害防治率85%以上；测报准确率达86%以上；种苗产地检疫率100%。

【林下经济】 2016—2020年，古田林下经济得到发展。全县先后成立“古田县陈氏林下湖羊养殖专业合作社”“古田县富全林业专业合作社”“古田县景峰林下山羊养殖合作社”“古田县胡老憨林下土鸡养殖合作社”“古田县徐纯林下蜜蜂养殖合作社”“古田县林仰华林下养蜂专业合作社”“古田县绿缘林洋养羊专业合作社”等7家涵盖林下经济产业的林业专业合作社，经营林地面积275亩。“十三五”期间，全县累计林下经济省级补助资金发放148家，市级林下经济补助资金发放6家，发放的补助资金总计718.79万元。其中，省级补助资金704.06万元，市级补助资金14.73万元。

“十三五”林业发展规划主要目标完成情况表

表3

指标名称	计量单位	2015年年末现值	2020年年末现值	较2015年增长（%）
森林覆盖率	%	68.89	72.14	3.25
森林蓄积量	立方米	9441227.00	10475670.00	10.96
林地保有量	万亩	268.00	266.73	–0.47
湿地保有量	万亩	12.92	12.92	0
林业自然保护区面积	万亩	32.73	32.73	0
天然林保有量	万亩	65.59	83.595	—
林业产值	亿元	3.70	5.10	37.84

【森林资源培育】 2020年，共完成造林绿化13696亩，占任务的106.3%；完成森林抚育41538亩，占任务的103.8%；完成封山育林41557亩，占任务的103.9%；完成营造生物防火林带790亩、珍贵用材树种造林980亩、木本油料示范基地2920亩、林分修复2600亩，完成任务的100%；完成中央财政造林4065亩，完成任务的100%；完成中央财政森林抚育任务1300亩，完成任务的100%；完成省级财政森林抚育任务2520亩，完成任务的176.2%；完成沿路森林景观带造林60亩，完成任务的100%；完成村庄绿化530亩，完成任务的100%。

【林木种质资源普查】 认真做好古田县林木种质资源普查，年内共计完成野外线路调查237条、长度285千米，标准调查100个、优良单株10处，制作标本809份。

【义务植树】 3月14日，在翠屏湖古田国有林场凤梅亭工区开展以“创建国家森林城市，建设生态翠屏湖”为主题的全民义务植树活动，县委书记钟昌华、县长党帅等县领导带领县直机关各口党委书记、林业局及国有林场干部职工参加义务植树活动，共种植胸径8厘米的枫香、乌桕等有色树种300余株。全县城乡各地开展“春节回家种棵树活动”，共种植枫香、乌桕、香樟、杜英、杉木等树种89万余株，提供绿化苗4000余株。

【松材线虫病防控】 古田县人民政府办公室印发关于《古田县2020年松材线虫病防治年度实施方案》的通知，并成立“松材线虫病防治工作领导小组”，要求各有关部门单位提高对松材线虫病的认识，增强防控松材线虫病的责任感和使命感，密切部门间的协调与配合，建立健全松材线虫病防控体系，确保防控工作落到实处。林业局多次召开专题会议研究部署，全县共清理松枯死木911株；在重点防控区域完成诱捕器挂设75套，绿僵菌防治4300亩；除治性采伐松林152亩。

【技术指导】 为扎实推进2020年木本油料示范基地项目建设，11月12日，古田县林业技术志愿服务队一行5人到凤都镇长坑村，为林农做油茶丰产栽培技术指导。长坑村种植油茶林1180亩，树龄达10年，县林业局将该村油茶林列为2020年木本油料示范基地补助项目，增加林农经济收入，加快山区群众脱贫致富步伐。为进一步提高林农种植技术，扎实推进油茶低产林改造建设，技术服务队员在油茶种植山场对林农在垦复、施肥、修枝整形、病虫害防治等方面存在的技术短板进行科学指导。

7月10日，县林业局绿化办技术服务队前往大甲乡前桃村岩富自然村开展保护古树技术指导。岩富自然村生长着一株树龄千年以上的古罗汉松和一株树龄800年以上的古红豆杉，均为国家一级保护古树。技术人员向村民宣传保护古树名木的法律法规，并对古树的生长环境、病虫害情况和自身生长情况进行察看，提出病虫害防治措施、复壮意见。

【技术培训】 10月29日，县林业局组织林业技术志愿服务队和林业科技特派员前往黄田镇，为该镇42名林农传授“香樟丰产栽培技术”。香樟树是用材林、特用经济林（香料林）、四旁和园林绿化的优良树种，2018年被评为古田县“县树”，深受市民的喜爱。本次培训对樟树的造林施工、幼林抚育及抚育间伐、病虫害防治等方面进行讲述。

【野生动物保护】 2月，新冠肺炎疫情发生，林业局迅速联合市场监管、公安、农业农村等部门，采取“管住山头、管住养殖场、管住市场、管住嘴巴、严厉打击”的“四管一严”措施，对野生动物开展“点、线、面”结合的全方位监管行动。全县共组织42877人次参加野外巡护监测，共组织1565人次参加执法检查，检查商铺、市场、餐饮等场所863家，查处非法猎捕非国家重点保护野生动物林政案件1起，查没野生动物野兔1只；累计派出132个小组296人次开展明察暗访，检查农贸市场、商铺234家，餐饮单位1家，养殖场2个，拯救受伤或病危的保护野生动物白鹇1只、雕鸮2只，放生穿山甲1只、斑头鸺鹠5只。通过手机运营商向全县人民发送防控宣传及举报信息5万条，发放宣传资料2089份，张贴标语、横幅等共8条，让公众认识滥食野生动物的健康风险，不碰不吃“野味”。向社会发布破坏野生动物资源监督举报电话，发动广大群众监督举报，对收到的举报线索从严查处。扎实推进以食用为目的野生动物退养转产转岗工作，落实全国人大常委会《关于全面禁止非法野生动物交易、革除滥食野生动物陋习、切实保障人民群众生命健康安全的决定》和福建省人大常委会《关于革除滥食野生动物陋习、切实保障人民群众生命健康安全的决定》，县政府召开以食用为目的野生动物养殖场退养转产转岗工作专题会议，成立以食用为目的野生动物养殖场退养转产转岗工作领导小组。有序与各责任部门衔接，对全县以食用为目的野生动物养殖场进行现场清点核查。经核查，全县符合退出补偿政策范围的养殖场有7家。其中，豪猪1家，存栏数260只；竹鼠6家，存栏数1514只。7家野生动物退养处置工作全部完成，处置率100%。

8月24日，县林业局工作人员在野外救回一只肢体受伤的国家二级保护动物——黑耳鸢。经过两天养护，确认达到放归自然条件。8月26日，该黑耳鸢被放归大自然。

11月9日，在鹤塘镇溪边村蓝溪发现两只白天鹅。白天鹅是国家二级保护动物，全球易危物种。溪边村长期树立“金山银山不如绿水青山”的理念，不断加强生态环境保护工作的力度，蓝溪河谷生态环境不断改善，吸引更多的白天鹅到蓝溪越冬。

【普法宣传】 结合全国科技宣传周活动，县林业局开展林业普法宣传工作，志愿者服务队8月24—25日在古田县体育馆广场，8月26日前往平湖镇富达村，8月27日到胜利社区，开展进社区、进农村、进家庭系列宣传。在活动中，分发宣传提纲与手册，志愿者讲解新森林法、野生动物保护法、种子法、森林防火条例等内容，促进民众树立人与自然和谐共存的生态文明理念，养成保护自然环境的良好风尚，自觉抵制乱捕滥猎、滥食野生动物的不文明行为。9月8日，县林业局普法志愿者服务队到杉洋镇岭里小学开展“五进”系列宣传活动。组织学生有序观看普法内容，分发新森林法、野生动物保护法、森林防火条例等宣传手册和提纲，教导小学生们从小树立人与自然共存的和谐理念，爱护自然、保护野生动物。

3月25—31日是福建省第38届爱鸟周。29日，县林业局开展以“同心呵护鸟类，共建美好家园”为主题的“爱鸟周”宣传活动，在县体育广场、印石公园、悬挂“爱鸟周”活动横幅4条，在乡镇主要地段张贴宣传标语100多张。

10月26日，县林业局联合县市场监督管理局、县农业农村局、县法院生态庭和县公安局森林警察大队在城区文化广场，举办以“保护野生动植物，养成文明卫生饮食习惯”为主题的“第三十届保护野生动物宣传月活动”。活动现场通过摆放图片展板、发放宣传材料、播放滚动视频，结合以案说法，向广大群众宣传保护野生动物的重要意义，引导群众自觉遵守野生动物保护的法律法规，抵制乱捕滥猎野生动物的违法行为，革除食用野生动物的陋习。

【林业执法】 先后出台《古田县林业局乡镇片区管理方案》《古田县林业局使用林地日常监管管理制度》，进一步明确责任、落实措施。12月，县林业局综合巡查2020年审核的林地项目、木材加工企业，抽查审核项目是否有超审核范围使用林地及木材加工企业有无擅自出售、收购、存放、处理、加工和利用松疫木及其剩余物。对部分审核林地项目存在上述违法行为提出整改意见、立案2起。开展打击破坏森林和野生动植物资源违法犯罪等专项行动，严厉打击一切涉林违法犯罪活动。全年共立刑事案件41起，受理林政案件146起，处罚146人次，罚款334.49万元。严格落实林地保护利用规划。全年共获批征占用林地项目34宗，总面积850亩。

【党建活动】 8月18日，省世行办党支部与宁德市林业局机关第三党支部、古田县林业局第二党支部、凤埔乡机关党支部、凤埔乡林场党支部共19位党员在凤埔乡林场联合开展以“助力脱贫攻坚，提升森林质量”为主题的党建“五级联创”活动。5个支部签订《党的建设“五级联创”活动备忘录》，建立各支部今后联创共建工作机制；参加活动的党员到凤埔乡林场山场，实地调研国家储备林基地建设，考察了解林场森林培育经营存在的困难和问题，商讨森林质量提升对策，进行技术指导与项目支持。

【科技“三下乡”活动】 1月14日，县林业局林业科技志愿服务队在平湖镇达才村开展“促进新时代古田林业新发展”为主题的科技“三下乡”活动。活动现场，林业科技志愿服务队回答林农咨询的营造林技术问题，接待林农20余人次，发放《林农手册》《油茶栽培技术》《竹业栽培技术》等书籍50余册，并向林农宣传林业惠农政策、《中华人民共和国野生动物保护法》、森林防火常识等。

【窗口服务】 深化“放管服”改革，落实“马上就办，真抓实干”。县行政服务中心林业局窗口全年受理行政审批和公共服务事项受理1553件（其中11件为工改收件），办结1547件（其中工改办结8件），即办率97.2%。在八小时上班时间以外，延时服务、预约服务、应急服务总共67人次，为企业和群众办理证件291件。在1—11月县行政服务中心月度评比中，10次获评“红旗窗口”，10人次被评为“服务标兵”。

【存在问题】 野外用火管控难，火源管理还存在盲区，个别农民防火意识差，野外随意用火，在气候干旱、森林火险气象等级较高情况下容易跑火引发山林火灾。机构改革后，森林火灾预防和扑救工作分属林业和应急管理部两个不同的部门，存在职责细化不到位、责任不明确等问题。森林资源监测技术与设备落后，基层林业站人员少，交通工具配备不足，巡查力量薄弱，第一时间发现和制止违法占用林地行为难度大。森林公安转隶到地方公安，沟通协调难，案件移交难。林业执法人员不足，林业执法大队有执法人员19人，外单位借用3人，实际在岗16人，队伍老龄化现象严重。林地保护难。用地单位依法审批意识淡薄，未批先动工占用林地违法违规使用林地的行为还不同程度的存在。发展食用菌产业和水果种植与林地保护存在矛盾。在办理擅自改变林地用途案中涉及有“责令期限内恢复原状”的处罚款项，林业部门没有强制执行权，“复绿”工作成为林业执法工作的一大难题。

（撰稿：郑鹤龄）

国有林场

【概况】 2018年6月28日根据省委编办《关于贯彻省属国有林场改革实施方案有关机构编制问题的意见》精神，福建省古田水库国有防护林场和福建省古田黄田国有林场优化整合为福建省古田国有林场，属于公益一类事业单位，场部设在古田县城东街道湖滨村68号，经营总面积79111亩，下设7个森林管护站、6个管护点，人员编制105人。

【森林资源管护】 2020年，国有林场完成植树造林450亩，占总任务111.56%，森林抚育4384.6亩，占总任务101.07%，森林防火林带128.6千米，占总任务100%，木材生产4153立方米，占总任务量156.71%，封山育林4000亩，占总任务100%，森林蓄积量622869立方米，森林覆盖率92.48%。

【省级森林公园建设】 林场辖区内有古田溪和鼎古云两个省级森林公园。古田溪省级森林公园地处翠屏湖周边，平均海拔460米，最高峰王公山海拔797米。公园内翠屏湖中拥有大小岛屿36座，属中亚热带沿海季风气候区，气候湿润，雨量充沛，无霜期长。森林公园植物种类繁多，植被资源丰富。2020年完成省级森林公园勘界立标工作，其中古田溪省级森林公园确界核实后面积6185.4公顷，鼎古云省级森林公园确界核实后面积733.5公顷。

（撰稿：江艇）

食用菌

【概况】 2020年，全县食用菌总产量90.14万吨，全产业链总产值近200亿元，全县农民人均可支配收入达20216元。落实食用菌生产优惠政策。根据《古田县促进食用菌全产业链发展十五条措施》，2020年奖励资金拨付50.93万元。

【科研成果】 古田县食用菌科研工作主要由福建农林大学（古田）菌业研究院进行。主要科研成果有：1.福建省种业创新与产业化工程。完成木生型食用菌品种选育与产业化工程——银耳工厂化专用品种选育与产业化工程课题。2.2019—2020年福建省现代食用菌产业技术体系古田综合试验推广站建设。开展银耳提质增效绿色生产技术熟化试验3项（扩容增效技术熟化、银耳菌棒成熟度体系建设、银耳栽培新原料替代棉籽壳试验），建立银耳提质增效绿色生产技术栽培示范基地2个（建宏农业开发有限公司和天天源生物科技有限公司）、菌棒生产示范基地1个（绿华食用菌有限公司）、菌种试验基地1个（辉祥食用菌研究所）和食用菌废塑料袋100%回收示范基地2个（平湖河头塑料粒子有限公司和凤都凤祥塑料粒子有限公司），举办银耳提质增效绿色生产技术现场观摩会2场、举办培训会1场。3.《冬荪栽培技术研究与示范》项目。福建农林大学（古田）菌业研究院与大桥镇茗洋食用菌专业合作社合作申报县科技局项目《冬荪栽培技术研究与示范》，从菌种配方优化和生产方式探索，栽培原料和处理方式、生产季节等方面探索一套冬荪栽培技术，并在研究院花圃试验种植，在大桥镇明洋村开展示范生产，均长出冬荪，通过县发改局组织的专家验收。福建农林大学（古田）菌业研究院协助体系首席专家工作站完成田园公开课的录制，协助岗位教授孙淑静开展不同因素对银耳生产的影响研究、银耳菌种稳定性试验等，协助岗位专家赖谱富副研究员热泵烘干示范基地和鲜银耳保鲜技术应用示范基地建设和保鲜技术观摩会筹办。4.“6·18”协同创新院食用菌（古田）分院宣传。2020年3月开展产业梳理，向省发展改革委推进处提交“疫情对我省食用菌行业的影响”的报告，详细分析新冠疫情环境下，福建省食用菌面临的困难和企业急需解决的问题，同时从专业角度分析食用菌行业如何在防控疫情的情况下进行复工复产，向“6·18”协同创新院食用菌（古田）分院网站、省发展改革委推送信息动态11篇。承办福建省海鲜菇技术交流及新品种（新菌株）推介会和海鲜菇提质增效技术提升项目对接会。全年接待450多人参观。完成真姬菇新品种“闽真4号”“闽真5号”的测产验收。

【质量检测】 2020年，检测中心共接收1200多批次委托样品，其中协助宁德质检所接受检验样品260多批次，录入省食用菌中心检验系统948批次样品，共出具检验报告927份，其中出具食用菌报告826份，非食用菌报告91份，以上均为委托检验，数量与2019年同期基本持平；同时，检测中心协助宁德质检所科室完成古田县、霞浦县、柘荣县、蕉城区4个县市区农产品兽残部分671批次，完成农产品氟虫腈618批次，ICP-MS（国产实验室分析仪）进样150多批次。2020年6月完成扩项任务，顺利增加102项检测能力，扩大检测中心的影响力；检测还参与古田县域内“两节”及餐饮环节专项抽样、疫情期间抽样、宁德市监督抽检及古田县食品监督抽检任务600余批次。

【国家级现代食用菌产业园项目】 12月，农业农村部、财政部认定福建省古田县现代农业产业园为第三批国家现代农业产业园。该项目3月通过农业农村部组织创建绩效中期评估，8月国家级现代食用菌产业园第二批3000万元资金下达，安排5个项目，分别支持标准菇房、产业园西区标准化厂房、产业园东区提升改造、品牌宣传和食用菌检测中心等项目建设。11月，古田县国家现代农业产业园顺利通过农业农村部组织的视频汇报评审和现场审核。该项目是继江苏省泗阳县现代农业产业园后，全国第二个通过认定的以食用菌为主导产业的国家现代农业产业园，同时也是福建省第三个、宁德市首个通过认定的国家现代农业产业园。

【第四批“中国特色农产品优势区”】 12月，农业农村部等七部委发出《关于认定中国特色农产品优势区（第四批）的通知》（农市发〔2020〕5号），古田县入选第四批中国特色农产品优势区。该项目于6月完成申报工作。

【项目建设】 2020年12月9日，古田县建设的5个2020市级优质标准化基地建成并通过验收。5个基地分别是由县双耳食用菌专业合作社承建的卓洋乡双耳优质金耳标准化示范基地、由县天蓝食用菌专业合作社承建的卓洋乡树兜片区优质香菇标准化示范基地、由县卓成食用菌专业合作社承建的卓洋乡吉洋片区优质香菇标准化示范基地、由县禾兴食用菌有限公司承建的凤埔乡禾兴优质海鲜菇标准化示范基地提升项目、由县民润农业有限公司承建的城东街道民润优质茶树菇标准化示范基地。2020年4月9日、5月26日和11月13日，4个2019年度省级农民食用菌类创业园项目建成并通过验收，4个项目分别是由县包香源菌场承建的城东包香源标准化菌种场建设项目、由县吴世雁菌场承建的城东吴世雁标准化菌种场建设项目、由县吉巷乡坂中村民委员会承建的吉巷乡坂中村银耳观光园项目、由县民润农业有限公司承建的城东旺村洋村民润新型茶树菇示范基地。2020年7月3日，由福建福泉鑫生物科技有限公司承建的2019省级智慧园项目建成并通过验收。2020年，大桥镇横洋村食用菌标准菇房项目建成。

【国家标准制定】 2017年7月，《袋栽银耳菌棒生产规范》国家标准被列入国家标准制定计划；2020年9月29日，国家市场监督管理总局、国家标准化管理委员会批准发布（国家标准公告2020年第20号），标准编号为GB/T39072—2020，2021年1月1日实施。2017年7月，《银耳栽培基地建设规范》国家标准列入标准制订计划；2020年11月19日，国家市场监督管理总局、国家标准化管理委员会批准发布（国家标准公告2020年第26号），标准编号为GB/T39357—2020，2021年3月1日实施。2017年4月，《段木银耳耳棒生产规范》国家标准申报立项，2018年5月列入标准制定计划。2019年5月完成标准征求意见稿，9月完成标准送审稿，11月通过专家审查。2020年4月，报批稿及其编制说明编写完成，上报中华全国供销合作总社，报批资料同步上传国家标准制修订系统，8月供销总社（供销科社标便字〔2020〕14号）正式向国家标准委报批，10月通过国家标准委审评中心专家组审核，11月进入国家市场监督管理总局标准技术管理司农业农村标准处审核阶段。《生鲜银耳包装、贮存与冷链运输技术规范》国家标准立项。2020年4月，《生鲜银耳包装、贮存与冷链运输技术规范》国家标准申报立项，国家标准委审评中心经过初核、立项答辩、国标委审查、计划网上公示等程序，2020年11月19日下达标准制订计划，计划号20203877-T-442。2020年10月，启动《银耳生产废弃物管理规范》国家标准申报工作，经过前期的收集资料，调研，编写标准草案、项目建议书等过程，11月12日上报供销总社审查。

【标准化建设】 参加“2020年古田县文化科技卫生‘三下乡’活动”，共发放145册标准文本等宣传手册；疫情期间，主要领导带队，到银耳生产企业指导企业有序复工复产、共发放银耳国家标准等宣传手册341册。2020年9月4—6日，福州海峡国际会展中心举办标准品牌展示展览会。展馆大屏滚动播放银耳标准宣传片。江悦果蔬专业合作社、富佳食用菌专业合作社、天天源生态农业开发有限公司、夏天食用菌专业合作社、益禾农业发展有限公司、晟农食用菌农民专业合作社、生生专业食用菌专业合作社、双耳食用菌专业合作社等8家食用菌生产企业建成市级优质农产品标准化示范基地、标准实施示范点。建设户外广告宣传牌、拍摄银耳标准品牌宣传推广专题片、在中国食用菌博览会推介古田银耳品牌。2020年12月26日，在古田县食用菌协会换届大会上举办标准化讲座，县食用菌协会会员、食用菌产业重点乡镇村200多人参加。

【安全生产】 疫情期间县内菌种场开展安全生产隐患自查工作，与县食用菌局签订自查自改承诺书。城东、大桥、鹤塘、桃溪、平湖的菌种场开展安全生产隐患大排查工作，排查菌种场生产环境、所用高压灭菌容器、厂房电线线路、消防器材等，发现安全隐患，限期整改。

【菌种质量和生产经营活动“双随机一公开”抽查工作】 5月14—15日，县食用菌局配合省市开展上半年“双随机”“一公开”菌种质量和生产经营活动，对王锦培菌场、余养尧菌场、建富食用菌研究所、程进金菌场开展检查。

【食用菌农业设施两权抵押登记】 办理农业设施抵押登记的食用菌企业有绿华食用菌有限公司、古田县鹭友商贸有限公司，共2家。

【国家级出口食用菌质量安全示范区建设】 共有备案公共基地33家，出口企业53家。

【“一品一码”追溯管理体系建设】 各个乡镇（街道）及食用菌企业举办食用农产品“一品一码”追溯管理培训，纳入追溯平台的食用菌合作社及企业有100家。4月14日，配合县农业农村局到凤都复检采集茶树菇等食用菌样品，进行食用菌质量安全抽样监测工作。

【品牌建设】 做好“古田银耳”中国驰名商标（29类、31类）的授权许可工作及督促“古田银耳”许可备案事项，全年授权20家企业。2020年8月3日，通过省级专家关于“古田银耳”资质审定与感官品质鉴评，并通过农业农村部专家验收。2020年中国（福建）食用菌产业博览会，古田银耳荣获“优质产品奖”。开展29类“古田银耳”商标续展及29类、31类“古田银耳”商标更名工作。

【菇棚改造】 2020年，新建并通过验收的食用菌标准化菇棚共49家，其中，1类菇棚972间、2类菇棚124.23亩。

【“菌都英才”评选】 县委出台《古田县“菌都英才”评选办法（试行）》（古委人才〔2020〕6号）文件，组织开展“菌都英才”评选工作。12月24日，县委常委会通过入选名单审定，同意追授戴维浩杰出人才荣誉称号，确认彭兆旺、姚淑先、高益槐、胡开辉、丁湖广等5人入选杰出人才；姚锦土、阮毅、刘世飞、林春菊、叶建洪、翁赐和、林永安、王祥为、雷春梅、钟霄等10人入选优秀人才；程泳春、钟冬季、陈守辉、姚锡耀、曾信城、熊书胜、余雪仙、王祖干、戴祖进、施爱花、许向秒、姚建炎、杨庭官、陆北路、陈为平等15人入选实用人才。县委县政府下发《关于确认彭兆旺等31人为首届古田县“菌都英才”人选的通知》（古委〔2020〕57号）文件予以确认。

【县长直播带货为银耳代言】 4月24日，由福建省农业农村厅和福建省广播影视集团融媒体资讯中心联合推出的“县长带你买好货”网络直播活动在古田县举行。县长党帅客串主播，向广大网友推荐古田银耳。

（撰稿：程遥佳　龚宽俊）

茶　业

【概况】 2020年，全县茶园面积3.3万亩，采摘面积1.65万亩。其中，新增乌龙茶采摘面积1250亩；茶叶总产量1770吨，比上年增长2.5%;茶叶产值1.29亿元，比上年增长12.2%。其中，茶叶出口300多吨、创汇1000多万美元。按照生态建设模式新开发和改造原有茶园，推广茶树优良品种1000多亩，建立500亩茶园植保无人机防治试点，推广茶园绿色防控1000亩；推广茶园机械化采摘，全县机采茶园面积近4000亩。

【标准化生产】 按照生态建设模式新开发和改造原有茶园，推广茶树优良品种1000多亩，主要引进名优品种集中连片改造种植肉桂、水仙、金牡丹等；在茶园中科学合理间作套种，全面实施“树、草、肥、水、路”配套建设；推广物理、生物等茶园绿色防控技术，减少农药、化肥使用量和农业面源污染，保障产品质量安全。闽土农业发展有限公司、天端茶叶专业合作社建成优质茶叶标准化示范基地，推广茶园绿色防控、增施有机肥减少化肥使用等技术。建立茶园植保无人机防治试点500亩，推广茶园绿色防控1000亩；推广茶园机械化采摘。对适合机采的茶树品种，培育机采要求的茶树蓬面，推广应用茶树机采机剪设备与技术。全县机采茶园面积4000亩。

【低产茶园改造】 按照高标准生态茶园建设规范改造衰老严重的低产、低质、低效旧茶园，实施改植换种，选择与古田县主导茶类和主导产品开发相适应的省优、国优茶树优良品种改造185亩；重点针对树势衰老型的低产低质茶园改造，主要通过重修剪、台刈、清蔸亮脚等技术手段，配合施用有机肥、磷钾肥等农艺措施，更新枝干，复壮树势，恢复茶树生长活力。全县完成低产低质茶园改造243亩。

【安全生产】 组织技术人员下乡进村、进企业宣传发放茶叶质量安全生产相关资料；茶叶企业实施茶叶“一品一码”追溯管理体系建设，实施质量管理体系认证，共有申报SC认证企业5家；鹤塘镇蓝溪茶叶专业合作社完成200亩茶园有机转换认证；全年开展茶叶质量抽查检测4批次、22个样，产品合格率100%。

【品牌建设】 “古田红茶”公用品牌通过县电视台、县报社、宁德市《茶天下》栏目、《深圳特区报》等媒体推介；企业选送20个茶样参加宁德市第九届茶王赛名优茶评比，获得乌龙茶类金奖3个、银奖1个；共有4家企业参加深圳“2020中国（深圳）国际第23届秋季茶产业博览会”展销推介古田茶叶，“古田红茶”在博览会上获评“最受消费者喜爱品牌奖”。

【茶叶销售】 方圆恒达公司、明艳合作社、鑫垅公司等茶叶系列产品入驻县“十方田”运营中心平台，企业在省内外设立销售门店10多家；“翠屏茗星”茶叶入驻阿里巴巴销售平台，白岩峰公司、古田华祥苑等企业产品入驻京东销售平台。福建白岩峰茶业有限公司、古田县方圆恒达农业发展有限公司，通过“公司+合作社”发展模式，建立茶叶出口生产备案基地。全县茶叶出口300吨，价值1000万美元。6月18日，古田县政府与厦门航空有限公司联合网络直播，推介古田优质农副产品。直播采取主副会场相结合的形式，在农副产品体验馆主会场之外，将直播间“搬”到李氏茶叶家庭农场茶园茶山，带领观众到田间地头，体验高品质古田农副产品的溯源生产过程。直播持续2小时，共有在线观看观众1万人，收获音浪2.2万个点赞。

【科技服务】 建立科技特派员制度。通过市、县两级科技特派员挂点茶叶企业，开展科技试验示范、技术咨询、技术培训等技术指导服务，为企业培训技术人员和解决技术难点问题；推动茶叶企业与科研院校合作研究产品深加工的开发利用。明艳茶叶合作社、李氏茶叶家庭农场等市青年农业专家实践基地，由省农科院专家提供技术支持。

（撰稿：张小琴）

水　产

【概况】 2020年7月29日，“古田县水产事业局”变更为“古田县水产事务中心”，属于县政府直属部门、正科级参公单位。2020年，全县养殖水域面积5.343万亩。其中，池塘0.5175万亩，水库4.599万亩，湖泊0.009万亩，其他0.2175万亩；水产品总量18568吨，同比增长0.9%。其中，淡水捕捞2036吨，同比增长9.7%；淡水养殖产量16546吨，与上年度基本持平。

【编制网箱养殖专项规划】 2018—2020年《闽江水口库区古田段网箱养殖规划》的编制到期。9月，完成编制《闽江水口库区古田段网箱养殖专项规划（2021—2025年）》，该规划由古田县水产事务中心委托福建海科勘察设计研究院有限公司编制，县政府批复该规划实施。

【网箱综合整治】 制定《闽江水口库区古田段养殖网箱综合整治实施方案》《闽江水口库区古田段养殖网箱综合整治资金的使用管理办法》《关于开展闽江水口库区古田段养殖网箱综合整治的通知》，县政府组建“闽江水口库区古田段养殖网箱综合整治指挥部”，黄田水口两镇按原计划在各个时间节点顺利完成清退任务。年底，共清退上岸网箱面积21万平方米。

【养殖网箱升级改造试点】 根据省海洋与渔业局、省河长办《关于闽江水口库区水产养殖综合整治行动方案》（闽海渔〔2020〕44号）文件要求，古田县在水口镇完成环保型新材料养殖网箱升级改造试点1万平方米，并通过市海洋与渔业局现场核验。通过试点示范，全面推进水口库区传统养殖网箱的升级改造，实现水口库区网箱养殖的标准化、生态化、景观化。

【“水体修复”项目建设】 翠屏湖水体修复工程为古田县“山水林田湖草”项目下的子项目，项目总投资756万元，建设期限2017年6月至2020年12月，古田县水产事务中心完成项目建设任务，投资率100%。

【项目专项资金扶持】 2020年，共争取项目5个，共计1364万元。

【水技推广体系建设】 辉腾水产养殖公司、溪妃水产养殖公司、天顺水产养殖专业合作社、早春淡水养殖专业合作社被遴选为2020年古田县基层水技推广体系改革建设科技示范基地，每个基地补助3万元。林新金、郑宝灼、蔡义良等10人被确定为科技示范户，每户补助600元。

（撰稿：王进丁）

水利水电

【概况】 贯彻落实上级关于移民管理机构改革的决定，原库区移民开发局行政职能划归水利局，机构名称变更为古田县水利水电工程移民发展中心，原库区移民开发局党支部撤销，党员组织关系迁转县水利局党支部。2020年，县水利局把保障和改善民生作为水利工作的出发点和落脚点，强化措施，突出重点，狠抓落实，各项水利工作有效推进。

【水利工程建设】 2020年累计完成水利建设投资2.1亿元。实施黄田仔水库项目、县城乡供水一体化项目、闽江古田溪（古田段）防洪一期工程、玉源溪平湖段安全生态水系建设项目、杉洋镇油溪溪门段河道整治工程、凤埔乡古田溪凤埔段防洪清淤工程等重大水利项目，提高城镇的防洪排涝能力；实施贫困村安全饮水巩固提升项目15个村，受益人口1.6084万人。实施公益性水库维修养护物业化管理，完成水库除险加固项目1座。

【水资源管理保护】 落实最严格水资源管理制度，确保水生态、水环境治理工作取得成效。严格行政许可制度，加强取水监管工作。受理并办结取水许可变更申请6宗，征收水资源费318万元。严格落实采砂管理“四个责任人”制度、采砂规划许可审批制度和日常监管制度。完成采砂场视频监控、采砂船定位安装，并接入省河长办平台。组织部门联合执法打击非法采砂行动，共组织清“四乱”专项整治工作3次，清理违建1处，取缔非法采砂6处；组织开展2次非法采砂专项清理整治行动，全年完成巡查记录91份，出动执法人员350多人次，解决水事纠纷1起。

【河长制】 健全完善河湖管理保护的长效机制，动态更新一河一策，完善河（湖）长制信息系统。实施“四乱”整治，完成部、省、市交办问题70个，自查销号“四乱”问题44个。完善区域河湖保护议事协调机制、县级河（湖）长办和水文系统联动机制，强化河流生态保护，促进流域保护管理工作规范化、制度化。持续开展“四不两直、明察暗访”，严肃问题整改，县、乡河长巡河共计2199人次，河道专管员巡河共计92473次。全年完成督促整改30处，整改率100%。创新河道专管员物业化管理试点工作。

【水土保持】 审批生产开发建设项目水土保持方案报告书（表）13个，实施省级水土保持生态村项目2个。城东街道利洋村、杉洋镇浮洋村项目建设，综合治理水土流失面积167公顷。实施黄田镇水土流失治理项目建设，综合治理水土流失面积272公顷。征收水土保持补偿费64.707万元。非柴燃料补贴发放建档立卡人口28人、每人200元，共发放资金5600元。

【库区移民开发】 继续核实资金直补移民数据信息，移民直补资金发放常态化、规范化。2020年度全县资金直补对象53355人，省级共下达直补资金3201.3万元。

【库区移民项目管理】 废除县级报账制资金管理方式，项目资金统一拨付到乡（镇）人民政府、街道办事处，实行国库集中支付制。继续实行分乡镇项目指导服务监管制度，严格按规定督促业主单位组织水库移民项目实施，加快项目实施进度，有效清理消化项目结存资金。全年验收完成项目69个，共拨付水库移民项目资金8700多万元。

【库区移民重点项目】 全年争取到位扶持资金1830万元，持续推进购置古田双创示范基地项目。参与省级示范区建设项目评审，争取到省级示范区专项建设资金2000万元，用于泮洋乡新华村、凤埔乡苏墩村桃州自然村两个环翠屏湖村居美丽乡村建设。

【农村水电】 全县189座农村水电站完成生态下泄流量整改工作。2020年，电站水库大坝安全鉴定工作完成批复4座，推进其他电站水库大坝的安全鉴定工作。

【水利安全生产】 每季度都召开一次安全生产暨防范重特大安全事故会议，传达省、市、县安全生产工作精神，研究部署安全生产工作，把安全生产工作列入重要议事日程，集中力量开展水利系统安全生产大检查。坚持“一岗双责”，加强检查指导，落实责任，强化措施。层层压实责任，防范化解危及人身安全的风险隐患。针对洪水预警报系统站点、应急视频会商系统等进行全面维护，做好防汛抗旱物资储备，确保汛期正常运行。

【行政审批】 优化审批流程，公布权责清单，2020年窗口共办结各类行政许可类45件，其中水土保持方案审批8件，水利基建项目初步设计文件审批22件、海堤、河道管理范围内涉河工程的建设方案及防洪影响评价审查5件，水库大坝鉴定3件，建水工程度汛方案审批3件，取水许可申请批复4件。

【水利宣传】 通过“3·22”世界水日、“安全生产月”、“中国水周”、“12·4”法治宣传日、“12·10”水土保持宣传日，以“坚持节水优先，建设幸福河湖”为宣传主题，采取横幅、LED显示屏、下乡宣传等方式，宣传水法律、法规。共发放宣传手册700余份、宣传单600余份，宣传短信24万条，全科普知识220余本。提高全民水法律意识，努力推进依法治水、依法管水的进程。

（撰稿：林志强　彭能勇）

农业机械

【概况】 2020年，全县农机总动力14.96万千瓦，各类农业机械保有量达20259台（套）。其中，有效拖拉机12台、拖拉机配套农机具408部、耕整地机械4692台、种植施肥机械21台、农用排灌机械877台、田间管理机械3210台、收获机械28台、收获后处理机械963台、农产品初加工机械8165台、畜牧机械771台、水产机械462台、农田基本建设机械642台、农用航空器8架。全年完成机耕面积18763公顷、机播面积4864公顷、机械化植保面积2957公顷、机电灌溉面积905公顷、机械收获面积12181公顷、主要农作物耕种收综合机械化率达63.07%、水稻耕种收综合机械化率达67.98%。农机服务组织6家，农机户6002户。2020年12月，荣获农业农村部、应急管理部授予全国“平安农机”示范县称号。

【落实粮食安全责任制】 对水稻生产机械化服务予以补贴，对于粮食作物生产购机户购买列入农机购置补贴目录的水稻插秧机、谷物收割机、谷物烘干机等10种机具给予购机金额20%的县级累加补贴。年完成主要农作物机耕面积28.1457万亩、机插面积7.1466万亩、机收面积18.2723万亩，主要农作物耕种收综合机械化率63.07%，超市下达任务0.07%。其中，水稻机耕面积26.0185万亩、机插面积7.1466万亩、机收面积18.2723万亩，水稻耕种收综合机械化率67.98%，比市下达指标高0.48%。有农机专业合作社6个，共完成作业服务面积3.0149万亩、培育“五有”农机合作社1个（古田县芳海食用菌专业合作社），新增各类农机具3035台（套），其中耕整机械441台，插秧机5台，联合收割机11台，稻麦脱粒机662台。

【农机购置补贴】　加大政策宣传力度。线上、线下同时推进，将农机购置补贴这项强农惠农政策宣传到千家万户。规范操作，完善内控制度。加强对农机经销企业的监管，加强对农机经销商廉政风险教育。全年共受理农机购置补贴申请2805份，其中通过手机App办理240份。累计使用补贴资金553.71万元，其中中央补贴333.70万元、省级补贴220.01万元、补贴各类农机具3035台（套），同比增加2143台（套），受益农户达2476户，同比增加1717户。中央和省级农机购置补贴资金双双提前实现“零结余”。

【农业机械化发展】　结合山区丘陵特色，做好新机具新技术的推广示范，重点推广水稻机插、机收、果树修剪、食用菌自动化生产流水线、果蔬烘干等农产品初加工机械装备和技术。平湖、凤埔、鹤塘等重点乡镇举办新型农机具现场演示、机械插秧现场会、植保无人机现场演示、水稻生产机械化收割现场会等5场次。推广果蔬（食用菌）烘干机和冷藏设备等食用菌装备和新型果树修剪机等新型机具。全年共受理果蔬（食用菌）烘干机补贴57台，果蔬修剪机650台，冷藏设备61台。创建生产全程机械化示范基地。凤埔乡新建1个水稻生产全程机械化试点，2020年机耕2060亩，机种680亩，机械植保2040亩，机收2010亩。在大桥镇建设食用菌全程机械化试点1个，拥有烘干机12台，全自动食用菌包装袋机12台，清洗机6台，年烘干银耳2800吨。城西街道莲桥村华津食用菌有限公司建立银耳热泵烘干示范基地。

【农机安全生产】　全县共设置农机安全警示牌39块，农机安全宣传专栏45个，全年发送安全提醒短信4900条。开展农机安全隐患排查治理。全县共有有效拖拉机12台，其中多功能拖拉机7台，联合收割机22台，拖拉机驾驶员301人，持证率95%。2020年10月10日，县农机局联合蕉城区农机局在蕉城区赤溪镇开展应急演练。组织农机监理人员到田间、果园、场院等场所，开展隐患排查，查处违章，督促整改安全隐患。拖拉机、收割机上牌率达100%，持证率和检验率达90%以上，全年未发生农机安全生产事故。全县创建“平安农机”示范乡镇6个、示范村39个、示范户437户，2020年10月13日顺利通过省“平安农机”示范县创建验收。

（撰稿：郑日凤）

农业信息服务中心工作

【概况】　古田县农业信息服务中心是古田县正科级参公事业单位，市级文明单位，其前身为古田县农村社会服务联动中心。核定编制10人，在编7人。下设综合股、网络技术股、科技信息股、企业服务股4个股室，有挂靠机构老农技专家工作室1个。

【阳光村务】　继续建设“互联网+村级权力运行监督”（简称阳光村务）平台工作。年末，共有288个终端，发布村务公开信息8897条，微信公众号关注人数47337个。

【农技服务】　依托林永安老农技专家工作室，开展农技服务，为群众提供农业生产技术，传授病虫害的防治方法。全年共接待群众来访28人次；开通农技服务热线“3897777”，为解答群众生产中的问题，全年共接听群众来电咨询100多人次；到山间地头现场指导，结合实际情况，开展现场指导教学，现场指导解决疑难农技问题，全年下乡指导20次；对防治脐橙黄化病和黄龙病开展专题研究，并在多个村进行实验，成果明显。

（撰稿：邓斯梅）

工业商贸

工业经济

【概况】 全县工业企业860家。其中，制造业635家；电力、燃气及水生产和供应企业206家；采矿业19家。全县规上工业企业98家，规上工业完成产值64.1亿元，同比增长3.5%，位于全市第四名、山区县第一名。实现税收2.84亿元，同比增长5.5%；其中产值1亿元以上企业10家，农副食品及食用菌加工业企业58家。2020年，电力生产供应业、机械业、新能源三大行业呈上升趋势，冶金、建材、橡胶和塑料制品、医药、轻工业5个行业均呈下降趋势。2020年，全县用电量84581万千瓦时，比上年增长5.72%，其中工业累计数39547.8万千瓦时，同比下降4.31%。规上工业用电19686万千瓦时，同比下降2.7%，降幅收窄2.7个百分点，工业经济朝着绿色高质量发展。

【招商引资】 2020年，参加宁达汽配园招商推介会，参加泉州、广州等地招商引资。完成签约工业项目16个，总投资30.445亿元，完成目标任务121.8%，位居宁德市第三。引进古田盛养食用菌精深加工、福建美佳有色金属有限公司年产10万吨再生铝精深加工、环朝废钢铁加工配送、古田华链铸件及机械加工件、古田药业提取车间生产线改建等项目。对签约的重大招商项目实行“一对一”全程跟踪服务，及时协调解决施工过程中遇到的问题和困难，准确掌握项目建设进度，督促项目建设如期推进。12月，共有开工项目13个，动工率81.25%。

【项目投资】 2020年全县工业投资同比增长4.4%。开工建设项目有古田药业提取车间生产线项目，总投资8亿元；宁达汽配园，总投资6亿元；城西标准化厂房，总投资3.5亿元。完成天天源、恩汇、锐银泵业等10个工业技改项目备案，总投资4.07亿元，其中被列入省市重点技改项目3项，总投资8247万元，全年累计完成投资2726万元；被列入市级重点工业项目8项，总投资10.84亿元，全年完成投资3.17亿元。工业技改投资同比下降18.7%，制造业投资同比增长15.6%。

【复工复产】 疫情发生后，指导企业做好疫情防控、复工复产工作。落实县处级领导和县直部门点对点帮扶全县33家重点企业和11个重点在建项目，成立工业企业复工复产服务小组，按照一企一策原则推动企业（项目）复工复产工作。42家企业获得中小微企业纾困专项资金，41家企业进入纾困企业名单享受低息贷款，15家企业获纾困贷款，共计5627万元。

【服务企业】 强化各项惠企政策兑现，加强专项资金申报指导，2020年度共申请市级工业发展奖励资金90万元，县级工业发展奖励资金285.32万元，房产税、土地使用税“即征即奖”奖励资金134.5万元，享受奖励企业达50多家；推动企业绿色高质量发展，并为11家企业争取节能技改专项补助94.57万元。鼓励企业加大创新，扶持培育“专精特新”企业，其中杉杉科技、福大百特等获批“专精特新”中小企业认定，并得到5万元奖励。扎实推进两化融合，指导企业开展相关申报工作，其中为福建华洋制衣有限公司、宁德市华链机械有限公司、福建古田药业有限公司、福建美佳有色金属有限公司4家企业申报2020年省级两化融合重点项目，古田福兴医药有限公司2月通过国家两化融合管理体系贯标评定。福建古田药业有限公司被评为福建省高新技术企业。

（县工信局　供稿）

电力工业

【概况】 2020年，古田供电工业加大基础投资，建成一批输变电工程。依法广泛宣传电力法，增强用户用电法律意识。加强服务，解决用户实际困难。追补电费及违约电费共计297万元。

【购电业务】 完成自供区接收增供电量2157万千瓦时。完成古田溪、鹤塘、大桥等自供区接收。

【电网建设】 编制“十四五”配电网滚动规划，投运月头山220千伏输变电工程及其110千伏配套送出工程、槐门—凤亭二回110千伏线路工程、凤亭—水口35千伏凤水二回线路等工程。110千伏凤都输变电工程建设有序推进中。

【供电执法】 加大反窃查违力度，追补电费及违约电费共计297万元。

【供电服务】 公司严格执行国家惠民助企政策，坚决落实支持企业复工复产相关政策，阶段性降低企业用电成本，惠及全县非高耗能大工业和一般工商业用户约3万户，公司让利为企业降低成本累计866.55万元。纵深推进“三项制度”改革，强化内模考核结果应用，试点城郊供电所模拟合伙人制，累计创利4.9万元。基本建成食用菌恒温种植及热泵烘干电气化示范区。百万客户投诉量在国网排名第五。43万城乡居民生产生活用电无忧。“百千万”客户大走访196户，解决突出问题21条。

【党建工作】 公司实施“党旗引领·攻坚突破2020”专项行动12项、“三级联创”项目3项，“党建+”项目1个。开展聚焦“双满意、创一流”深化“三亮三比”主题活动。贯彻执行“有事找党组织”工作机制，形成“组织问事、职工说事、支部议事、书记办事、群众评事”五位一体模式。圆满完成“疫情防控”“中高考”“2020年陈靖姑文化节网络直播”等各类重大活动保电任务。组织52批245人次参加创省级文明城市。通过第十四届省级文明单位考评。

（撰稿：周淑容）

古田溪水力发电

【概况】 华电福新能源有限公司古田溪水力发电厂（以下简称古田溪水力发电厂），总装机容量为324兆瓦，由4个梯级电站组成。2020年，职工总数412人。其中，研究生7人、大学本科学历125人、大专文化程度160人。有各类专业技术人才243人，其中高级职称11人、中级职称87人、初级职称145人；高级技师6人、技师50人、高级工116人。获得集团公司“五星级企业”“安全环保先进企业”表彰，继续保持集团公司文明单位称号，荣获福建公司“科学调度经济运行劳动竞赛”优胜单位称号。

【生产经营】 2020年完成发电量7.18亿千瓦时，上缴税费3526.18万元，实现连续安全生产5311天。发挥一级电站龙头水库调蓄作用，做好二、三、四级坝前水位控制，开展人工增雨作业7次，增加入库水量约900万立方米，水能利用提高率达4.2%，共增发电量2885万千瓦时。严格管理检修技改资金、五项费用，减少浪费。争取落实各项费用减免支持，疫情期间获得养老、工伤、医疗生育等五险的减免，争取到房土两税第一季度税额的减免。

【安全生产】 定期排查治理安全隐患，重点整治三级电站进水口闸门漏水偏大、二级2号机组水导轴承甩油等隐患治理。合理安排年度检修技改项目，共下达技改项目27项（不含信息化），检修项目38项，自控零购28项，完成三级2号机、四级1号机B修、1号主变定检预试等8台次机组检修，按进度完成三级电站1、2号机在线状态监测系统增设，数字电厂建设等重特大项目的阶段性工作，实现工程质量与安全双达标。开展生态下泄环保工作，一、二级电站生态泄流监测系统完成安装调试，经过厂内验收投入运行。一级电站生态流量达标率97.01%，二级电站达95.13%，四级电站达97.26%。

【企业管理】 集体企业古田溪电力实业总公司改制更名为华电（古田）供电有限公司，引进3家用电企业，预计后续年度可新增300万千瓦时电量。按期完成退休人员社会化管理移交。结合三项制度改革，开展职位序列管理、全员业绩考核、内设机构四定调整、薪酬制度改革等工作。配合政府有关部门，按时完成第七次人口普查相关工作。拓展新能源项目，重点开展水库光伏一期及工业园区分布式光伏项目选址等前期工作。完成综合调度管理楼项目可行性研究报告编制和审查、施工图设计、招标文件编制以及开工请示上报等工作。制定合规工作实施方案，编制合规管理手册。全面系统开展制度清理优化工作，清理全厂2003年至2020年规章制度目录951件。推进精益管理、档案管理、管理创新、信息化建设，7S管理采取“突出重点、打造样板”的策略，重点打造二级电站7S总体提升方案。完成《智能水力发电经济运行系统技术规范》和《智能水力发电安全防护管理系统技术规范》两个技术规范的编写，各子系统安装调试工作全部完成，由省公司组织验收。重大科技项目“数字电厂建设”稳步推进，数据中心、数字大坝各项工作进展顺利，完成大坝在线监控平台开发，实现对监测数据的管理、监控测点的选取。

【队伍建设】 中层干部和管理人员超职数部分降幅明显，管理岗位降幅超过50%，1名中层副职被提任为中层正职，2名优秀年轻干部人选被提任为中层副职，35岁以下中层干部占比超过10%，向省公司和相关单位输送各类人才5名，人才当量密度持续保持提升。

【党建工作】 夯实支部党建工作基础，运维部党支部获得集团公司第二批示范党支部称号，综合管理党支部选树省公司示范党支部。创新支部党建主题活动，推行“6+X”主题党日模式。党风廉政建设和反腐败工作重点抓好物资采购、招标活动、工程管理、合同谈判等重点领域和关键环节监督。开展劳动竞赛活动，在福建省百万职工“五小”创新大赛中，有三项创新成果分别获得优秀成果一等奖、三等奖。选送宁德市劳动模范、省公司劳动模范各1人。

（古田溪水力发电厂　供稿）

供　水

【概况】 2020年6月29日，古田县自来水公司名称变更为古田县碧源自来水有限公司，是一家小型国有独资企业，位于古田县城东和平路8弄5号，经营范围为集中式供水（生活饮用水），注册资本920.46万人民币，日供水能力5万吨，出厂水水质综合合格率达99.98%以上，供水范围覆盖古田县中心城区，供水区域内供水普及率达98%以上，供水服务人口约10万人，供水管道长度为201.64公里，其中DN75（含）以上供水管道长度为115.68公里。古田县桃溪水库为县城供水水源，水源地库容370万m^3。古田县碧源自来水有限公司2020年被宁德市委、市政府授予市级文明单位。

【企业经营管理】 2020年完成供水量7590千吨，比上年增加320千吨；工业总产值实现1350万元；实现利润330万元；新增用户2020户，其中户表改造283户。

【供水质量管理】 2020年9月，省住建厅在出厂水、管网末梢水安装4台水质在线监测设备，实时监测浑浊度、余氯，水质综合合格率达99.97%。

【供水安全管理】 落实危险化

学品企业安全生产主体责任和安全生产隐患排查治理专项行动、防汛安全隐患“拉网式”排查。在厂区、蓄水池等安装监控探头18处，实施周界入侵报警及110联动一键报警系统工程。在桃溪水库坝头设专人进行24小时值班。每月将各水样送至国家城市供水水质检测网福州水质监测站检测，水质检测结果每日在古田县政府网站公布和公司党务、厂务公开栏、公司收费处张贴公布。

【优化营商环境】 在古田县行政服务中心设供水用水报装服务窗口。

【供水工程建设】 古田县第二水厂完成土建部分建设。2020年计划完成供水管网改造5.0公里，投资估算94万元。已完成大世界、新秀片区、罗华片区、614路东北路、博士华府等供水管网改造5.1公里，造价104.2万元。2020年计划新建供水管网1.0公里，投资估算100万元。已完成两所一队供水管网0.8公里、人工影响天气配套设施建设工程0.4公里，造价100.6万元。完成氯气消毒系统改造成次氯酸钠，并投产试运行。完成城市供水水质监测信息系统在线监测建设和视频监控联网，并试运行。

（撰稿：徐尚鼎）

城镇集体工业

【概况】 2020年。县城联社继续指导监督企业盘活资产，稳定职工收入。支持帮助有技能的职工创办、复办工作室、工厂，保证古田县独特民间传统技艺得以传承。帮扶小微企业，创造条件，帮助其复工复产。帮扶贫困职工，确保职工稳定，共接待来访职工30多人次。

【企业管理】 鼓励企业将闲置办公楼、厂房进行盘活，经过必要的修缮、改造对外租赁。规范租赁招标行为，增加企业收入。加强企业资金监管，通过加强财经纪律落实财务制度，加大对企业财务、资产监管等方式，严控不合理开支，将有限的资金用于提高企业职工收入，改善企业职工生活。

【安全生产】 全年无安全生产事故。城联社不定期组织开展有针对性的安全大检查，做到安全隐患自查，安全隐患自治。加强节假日期间应急值守工作，严格执行领导干部带班制度。

【后期帮扶】 到企业调研，了解企业和职工诉求，协调解决企业和职工反映的困难和问题，为符合条件但还未办理医保、社保的企业职工补缴办理，为无力参保企业困难职工申报老年生活保障金，帮助企业职工解决后顾之忧。全年补办医保6人，申领老年生活保障金43人。

【信访接待】 共接待职工来访10余批次，来访人员30余人次。对收到的各类信访件3件，均全面答复，办结率100%。

【工艺美术行业】 鼓励手工艺者创建个人工作室、申报技能大师工作室；10月，组织企业到福安市参加第十届宁德世界地质公园文化旅游节，推介古田特色文化旅游资源和展销特色文化旅游产品。

【运行监测】 建立乡镇（街道）规下工业和限下商贸样本企业运行监测数据采集队伍，逐步健全样本企业基础数据台账；做好中小微企业帮扶工作，主动了解企业生产经营状况以及存在的困难问题，帮助对接相关职能部门，及时化解企业发展难题；加强与工信、商务、统计以及有关乡镇（街道）的沟通联系，探索建立健全运行机制，及时掌握规下工业、限下商贸经济运行情况。

（县城联社　供稿）

商　务

【概况】 古田县商务局内设股室4个，核定编制22名。其中，局机关行政编制7名、招商中心事业编制9名、商务综合行政执法大队事业编制6名。在职人员17名。其中，局机关6名、招商中心8名、商务综合行政执法大队3名。2020年，社会消费品零售总额累计88.0814亿元，进出口总值9.5亿元，实际利用外资完成2290万元。疫情防控期间，共到重点商贸企业开展防控宣传、服务指导和检查督查工作660多人次、员工核酸检测3000多人次。共减免商户租金500多万元。共采取冻猪肉样本320份、走访城区餐饮住宿、酒店、农贸市场、商超等企业和个体124家，完成申领“八闽健康码”员工2324人。完成大世界市场83名冻品从业人员第一批次的疫苗接种工作；派出干部3—5人驻守隔离点22天98人次；接送境外人员26次79人。2020年，古田县商务局获评“国家外贸转型升级基地”；获评全省“县（市、区）、开发区三年来合同外资到资比例前二十名榜”第十名；全年外企招商成效全市第一，在全市商务工作会议上作利用外资经验交流发言；局机关获评2019—2020年县级节约型公共机构示范单位；在新冠肺炎疫情防控和复工复产工作中，局机关支部被县委、县政府评为“表现突出的基层党组织”。

【消费水平】 2020年，古田县社会消费品零售总额累计88.0814亿元，同比增长–6.7%，全市排名第八。其中，限上零售额累计19.6113亿元，同比增长–8.1%，全市排名第七。

【内贸工作】 全年共培育、新增入库限上商贸企业22家。培育省市县级副食品调控基地15家，其中生猪活体储备企业2家。

【商务综合行政执法】 商务综合行政执法部门坚持每月至少开展2次商务综合行政执法法律、法规学习；及无证经营加油点检查重点开展加油站（点）专项检查和专项整治，确认县内39家加油站（点）为合法加油站（点）、3家加油站（点）存在安全管理台账记录、散装汽油销售台账登记不规范问题，及时下发整改通知书并督促整改到位、查封无证经营企业2家，其中，下发停止违法通知书责令停业1家、立案处罚1家。疫情防控期间，高频率检查5家大型商超和2个市场、86家限上商贸企业及15家餐饮较大个体企业。采取微信公众号、工作群、小视频、印发宣传单等方式，强化安全生产知识宣传。

【商贸安全】 全年共开展商贸领域安全生产大检查、成品油经营企业定期检查、商贸领域房屋结构安全隐患排查、油品质量管控、商贸领域火灾防控等5个专项行动，检查重点经营单位共140多家次、出动人员160人次、下达整改通知11份、制作分发商务安全宣传单1000多份、接受群众咨询100多人次。5—8月，开展房屋结构安全隐患大排查大整治百日攻坚专项行动，全县200栋非星级酒店、餐馆、商场、超市开展摸排、建档工作，查出酒店存在一般隐患1处，核查举报、投诉件4起。抽调干部2人，会同住建局2位技术专家组成专班，对挂钩黄田镇录入的共8361幢房屋组织专家开展核查、评估，对其中7940幢无隐患房屋进行10%以上的随机抽样核查、对314幢存在一般安全隐患房屋开展100%复查、对107幢于2019年整改到位安全隐患房屋进行复检，7月全面完成检查验收评定工作。

【大世界农贸市场升级改造】 3月，启动市场一层“农+超”改造和电力设施设备改造升级。5月，完成项目改造，涉及改造面积6430平方米。6月，完成第九轮招租工作，共出租摊（店）522个（未招租94个），租金5043万元。

【外资外贸】 成功创建国家外贸转型升级基地。出口企业线上线下参加国内外重点展会，开拓“一带一路”沿线和“金砖五国”等新兴市场。三友、亿佳、德健、康旺4家企业参加线上线下展会，联合出口信保为19家小微出口企业免费申领政策性保单。牵头制定外经贸政策申报通知，及时兑现省、市、县惠企政策，为外贸出口企业争取境外参展、中小企业开拓、外贸出口等补助资金318.2万元。制定《古田县稳外贸促消费五条措施》，在引导企业出口转内销、线上参展等方面加大扶持力度。同时，加大对出口企业的服务和协调力度，努力培育新增长点。全年新增备案企业21家，其中有出口业绩企业4家。牵头制定外资政策申报通知，及时兑现古田县外资企业到资奖励28.8万元。全年完成进出口总值10.5939亿元，同比增长–27.20%，全市排名第八。实际利用外资完成2290万元，同比增长30.86%，全市排名第四。

【招商引资】 2020年，宁德市下达古田县招商引资目标任务50亿元（含外资项目2000万美元），其中工业项目25亿元、服务业项目25亿元。古田县共签约项目29个，总投资58.8亿元，完成市下达任务的117.61%。其中，工业项目16个，总投资30.45亿元，完成目标任务121.78%，全市排名第二；服务业项目13个，总投资28.36亿元，完成目标任务113.44%，全市排名第六。党政“一把手”招商次数与对接项目数均居宁德市前列，采取“请进来”洽谈和小分队“走出去”招商104次，对接项目67个。

【电子商务】 境内建成村淘服务站点51个，其中贫困村6个、正常开展业务23个，服务站（点）功能和服务范围由原先的单纯代购扩展到在村购物、远程视频、水电、宽带、话费充值、票务订购等功能。落实《古田县双创示范基地企业入驻方案》《古田县“双创”示范基地入驻企业管理考核办法》，共入驻、正式运营首批电商企业15家。电商企业开展大型直播活动20场次，销售额1000万元。帮助企业对接抖音、邮乐购、辰颐物语等新的线上营销渠道。对接引进福建昊青文化传媒有限公司，打造网红孵化基地，提升古田县域农产品网销竞争力。开展电商培训，分批举办电商直播带货培训班4期500多人次。修订出台《古田县促进电子商务产业发展的若干措施》，拟定申报指南。12月，完成申报。对金唐（福建）健康科技有限公司等519个单位（个人）申报的544个项目予以补助，补助资金399.09万元。7家企业获省商务厅应对新冠肺炎疫情首季度电子商务奖励资金140万元，占宁德市10家中的7家。

【党建工作】 组织党员干部对“不忘初心、牢记使命”主题教育期间开展的专题研讨、专题调研、专题民主生活会等情况进行“回头看”，对剖析问题不深刻、表述不规范等问题进行整改。建立常态化学习制度，不断深化习近平新时代中国特色社会主义思想学习，不断在学懂、弄通、做实上下功夫，在推动工作上出实招。全年共召开党组理论中心组学习29次、支部集中学习26次，开展主题党日活动12次。全体党员全力守卫民生市场，护航企业复工复产。局机关支部被县委、县政府评为“表现突出的基层党组织”。全局党员干部未发现违规、违纪等现象，全局意识形态领域总体态势平稳可控、向上向好。商务局行政服务中心窗口9个审批事项中，“一趟不用跑”事项6项，占66.7%；3项实现“最多跑一趟”。及时、全面、准确、真实地提供县委巡察二组需要的各项材料，把整改工作贯穿巡察全过程，做到即知即改、立行立改。

（撰稿：林春兰、丁凤、卓瑞富、陈建杰）

国有商业

【概况】 2020年，古田县商业总公司内设机构数6个，下属8个单位，全系统在册人员1077人，其中在职人234人、离退休人员770人、遗属补助对象62人、派遣人员11人。疫情防控期间，共计45人到10个辖区大楼、宿舍出入口设置疫情防控便民服务点，挨家入户摸排建立住户花名册超1000人，对经营性用房和个体工商户采用减免租金或按原合同期顺延免租3个月，共签订顺延免租协议170多份，共计免租500多万元。

【资产管理】 严格实行预算管理、“收支两条线”，完善商业系统财务内控制度；实行国有资产网上竞租模式确保国有资产保值增值。

【城区牲畜定点屠宰场管理】 严格按照生猪屠宰、检验操作规程生产加工和检验，严格企业清洗消毒制度。2020年6月，建成屠宰场非洲猪瘟化验室，投资18万元。

【安全维稳】 落实县委县政府全面开展安全生产隐患大排查大整治要求，重点关注房屋结构安全、“三合一”场所及线路老化、漏水等问题。2020年4月21日，省第四指导服务组发现解放路257号房屋安全隐患问题。全力沟通协调，按要求及时整改到位。2020年，共接到5起信访件，均及时化解信访矛盾，做到息访息诉。11月底，完成全系统766名退休职工社会化管理工作。

【精神文明建设】 组织志愿服务、“身边好人、道德模范”推荐评议等活动。2020年2月20日至4月2日，组织党员干部职工到文河社区开展防疫宣传、走上街头开展交通文明、创城宣传与劝导，共计67天。共组织参与无偿献血等多种形式的志愿活动4次；开展困难职工救助帮扶、“一助一”爱心助残、计生挂钩帮扶等活动。

【脱贫攻坚】 班子成员挂点珠村、东村村、西溪村、富达村，每月至少入户1次，为挂钩帮扶贫困户排忧解难；共下派2位驻樟上村、院坪村任党支部第一书记，驻村帮扶，推进县第五轮整村扶贫开发及产业薄弱村挂钩帮扶工作，助推乡村振兴。

【党建工作】 成立巡察整改落实工作领导小组，认真研究制定整改方案，做到立行立改、标本兼治。2020年年底，27个问题完成整改26个、基本完成1个，整改过程中，建立长效机制8项，批评教育、谈话提醒16人次，挽回经济损失7.1371万元；召开典型案例通报学习7次，开展廉政法规知识测试2次；开展主题党日活动，组织党员到周炳耀事迹陈列馆、前洋革命老区以及寿宁县下党乡等学习先进人物事迹和经验做法；结合国有企业退休人员社会化管理工作，将70名退休党员党组织关系迁往村、社区，并在2020年12月中旬完成党总支换届工作。

（撰稿：黄维江）

供销合作

【概况】 2020年，古田县供销社系统实现商品购进总额195815万元，同比增长27.5%。其中，农副产品购进67450万元，同比增长27.4%；商品销售总额218160万元，同比增长30.9%。其中，消费品零售总额112287万元，同比增长25.6%；售给农民农业生产资料16597万元，同比增长9.2%。实现利润1457.82万元。疫情防控期间，全系统32个农资经营网点第一时间恢复营业；落实减租政策，共为商户减免租金总金额达到2449467元。其中，43家门店减免租金1077917.5元、194家门店延长租赁期2个月，价值1371549.5元。2020年，获第七届市级文明单位称号。

【农资供应】 做好农资春耕备耕供应工作，完成农资冬储6600吨。疫情期间，采取电话、微信、网上预约销售和线上问诊服务，通过无接触配送化肥、农药，让农民足不出户就能买到放心农资商品，确保农资市场“调得进、运得出、送得到”，解决农资供应的“最后一公里”问题。

【农业社会化服务建设】 领办创办8个农民专业合作社，改造提升5个农村综合服务社，完成新增基层社社员数1003人；新增土地托管等社会化服务面积1561亩；完成乡镇庄稼医院（平湖供销社庄稼医院）建设1个；完成2个日用品连锁经营网点建设；建成古田县农资公司配送中心1个。7月16日，县供销社与古田县农信社签订战略合作协议，县供销社与县农信社在综合金融业务服务、网络资源共建创新服务、参与农村合作金融体系建设对接等方面开展合作。

【名特优农产品展示展销推介会】 8月14日至16日，福建省供销社举办“一县一周”名特优农产品展示展销推介会——古田与霞浦专场。古田县供销社组织专业合作社、家庭农场、贫困户共8家，携带70余种优质农产品进行参展。其间，运用快手、抖音主播带货宣传，福建新闻联播、东南卫视新闻、早安福建、腾讯新闻、东南网、今日高铁、古田新闻、古田发布等媒体全程报道，《闽东日报》《东南晚报》予以报道。

【解决历史遗留问题】 截至2018年6月，县供销社系统结欠“五险一金”累计1800万元，部分职工达到法定退休年龄无法办理退休手续，持续引发职工上访。2020年，县供销社先后处置基层社房地产4宗，得到资金

445万元，用于解决职工欠缴的“五险一金”等。

（县供销社　供稿）

烟　草

【概况】　古田县烟草专卖局（分公司），有员工54人，其中党员22名。内设行政管理办公室、党建工作办公室、专卖监督管理办公室、财务管理办公室、卷烟营销办公室等五个部门，其中专卖监督管理办公室下设“三所一队”，即城关、杉洋、黄田专卖管理所和稽查大队。获2019年度古田县综治平安建设优秀单位、2018—2020年度省级文明单位、古田县先进职工小家等荣誉称号，城关专卖管理所获评“全国模范职工小家”。局党支部获评“2020年度五星（先进）支部”；1名客户经理被评为“2019年度全国卷烟市场信息直测网络优秀信息员”；获第六届宁德市烟草系统职工趣味运动会“体育道德风尚奖”。

【企业管理】　面对新冠肺炎疫情，及时启动应急预案。党支部成立疫情防控党员干部先锋队，党员自愿捐款共计1900元，参与社区防疫工作40余人次，组织参加社区疫情防控志愿服务5次。争创“2020年福建省省级青年文明号”；组建“金叶情”志愿服务队，参与志愿活动共10场，无偿献血共6人次；全体员工自发捐款2000余元慰问贫困户。

【专卖管理】　2020年，共有卷烟持证户2193户。全年共受理各类申请893件，网上办证率达72.03%。全年平均市场净化率达96.29%，共查获案件133起，查获涉案卷烟32.68万支；联合市场监管局针对县内45户无证户进行整治，劝退20户、取缔11户。

【营销管理】　为零售户发放200个柜台遮阳布、209个卷烟陈列架，设立2个户外吸烟亭、37个户外烟灰柱，为消费者提供文明、便捷的消费环境；开展宴席、企务、政务市场的消费引导活动66场，覆盖2404位零售客户；稳妥推进非烟一体化工作，客户覆盖面8.33%。

（撰稿：林泽华）

交通通讯

交通运输

【概况】 2020年，古田县完成公路建设固定资产投资约9.3998亿元（不含高速公路项目），占年度投资比例101.3%。公路建设129.466千米。其中，国省干道线1.9千米、县道晋级改造3.553千米，乡道晋级改造124.013千米。内设机构8个，下属事业单位6家，即道路运输发展中心、交通综合执法大队、地方海事处、农村公路发展中心、交通安全发展中心、铁路事业发展中心。机关行政编制8名，工勤编制1名。事业单位：事业编制122名；机关实有人员实有使用行政编制人员7人；无使用工勤编制人员，事业单位实有在编人员100人。被评为2020年度创建省级文明县城工作先进集体、第十四届市级文明单位、2020年度争取项目资金工作先进集体、第五批“四好农村路”省级示范县，2人获评高级职称。

【国省干线建设】 普通国省干线公路完成5.3598亿元，农村道路提升工程完成4.04亿元（包含生命防护工程、危桥改造）。在建重点项目有天宫岭至凤埔、平湖环湖公路工程；完成合同内工程量的项目有X915段、X921段主线、玉源路，辅道沥青下面层6千米；纵五线（G235）洋上至汶洋公路工程完成路基土石方工程，防护及排水工程完成工程量的95%。纵五线G235古田境永安至高头岭公路工程前期工作在进行中。

【农村公路建设】 推进“四好农村路”建设，实施交通精准扶贫和安全生命防护工程、危桥改造等安全保障工程。2020年，农村公路单改双建设计划31条127.566千米，计划投资约4.04亿元。累计完成路基127.566千米，完成路面127.566千米，完成投资4.04亿元。完成建设公路安全设施92.4千米，投资1290.89万元；完成隐患点整治209处，投资1290.89万元。改造5座危桥，投资851万元。

【公路运输】 受新冠疫情影响，2月3日起所有客运班线和城市公交全面停运。春运期间道路运输行业共运送旅客40834人次，比上年同期减少60.0%；客运周转量238.4万人千米，比上年同期减少68.2%；发送班次3801班，比上年同期减少54.2%，其中加班0班，比上年同期减少100%。全年共完成公路客运量250.41万人，客运周转量13917.43万人千米，完成公路货运量347.26万吨，货运周转量29353.27万吨千米。

【水路运输】 翠屏湖游客码头投入使用。2016—2020年，水路客运量141.71万人，客运周转量1773.80万人千米。拥有水路货物航运企业1家。2016—2020年，水路货运企业总运量6100吨，货运量351.49万吨，货运周转量31256.03万吨千米。

【道路运输秩序】 采取定点蹲守与流动巡查相结合方式，对县城重点路段、重点时段、重点区域进行严查严管，共出动执法人员798人次，稽查车辆1612辆次，查获各类违章车辆119台次，其中查处危险货物运输车辆4台次、非法经营38辆，网约车4辆，村村通9辆。拆除公路沿线非交通标志广告牌457处，清理堆积物3167余平方米，查处运输渣土、砂石料遗撒漏车辆19辆次；县交通部门多次会同古田县交警大队、凤埔乡派出所、鹤塘镇派出所采取流动巡查和固定检查相结合方式查处非法超限运输，共查处超限超载车辆43辆次、卸载转运货物913.92吨。

【水上交通管控】 水路稽查中队每月在闽江古田段水域、翠屏湖水域开展水路安全巡查行动，开展“汛期内河水路执法百日专项”“平安内河”“三油并轨”等专项整治行动，出动执法人员62余人次，执法车辆15余辆次，海巡艇8艘次，巡查里程470余千米，检查航运企业11家次、渡口5个、客渡船舶26艘次，督促整改隐患10起，检查其他船舶17艘次，查处违法船舶案件4起。

【科技治超】 宝桥超限检测站、三保超限检测点采用“四班三运转”（不间断进行治超检测工作中，把检测人员分为四个检测班组，一天24小时分为3次班，每次班次时间为8小时，依次轮流上班，进而保证检测岗位24小时有人值守，同时检测人员可以得到适当的休息）模式，开展全天候24小时不间断的治超，全年共检测车辆87723辆次，查处超限案件254起，其中几何超限25起、移交公安机关处置229起，卸载转运货物1945.82吨。

（撰稿：陆上海）

公路养护与管理

【概况】 古田公路事业发展中心，内设工会、办公室、工程股、财务股、机材股、路政许可、安办7个股室，下辖杉洋、沂洋、芝垅、吉巷、凤都、三保、水口、养护应急机械班8个养护班站，负责全县213.391千米国省干线公路、养护管理和路产路权管理任务。10月17日，境内国道2条、省道1条，共计53.295千米通过国家交通部检测。

【公路养护】 古田县养护里程长、车流量大、路况良莠不齐、一线养路职工少，公路事业发展中心创新机制，探索社会化养护，将S306线凤都段和G235谷口至延平交际段，合计40千米公路公开向社会招标，实行社会化养护。提前研判材料、设备损耗情况，投入20多万元，添置清缝机、铣刨机、空压机、乳化沥青洒布机、液压灌缝机、小型夯实机、割草机、绿篱机、吹风机、高压冲洗机、发电机等机械设备。县域国省干线全线绿化补植红叶石楠、红花檵木等共12400株。

5月20日，使用新型材料“网裂修复贴”修补G235线1395k+100、1395K+50两处裂缝明显、网状裂缝密集路段；6月16日，使用乳化沥青洒布机对裂缝路面进行修补试验。全年共完成裂缝和错台处理133.544千米、块状修补500平方米、沉陷修补4500平方米、沥青裂缝贴3400米，分别使用冷补沥青110吨、乳化沥青63吨、密封胶20吨。

【路产路权】 2020年，共上路许可监督检查88车次、291人次，联合交通执法大队开展整治行动10次、96人次，制作宣传标语2条，刷新标语2条，发放宣传材料300份，制止和纠正50起，受理许可申请3起，办理路产损坏案件12起，收回赔（补）偿费131557元。联合地方政府、交通执法大队多次开展路域环境整治，共清理堆积物51处614平方米，拆除各类违章73处470平方米。

【安全生产】 5月11日车辆交通事故损坏公路，5月26日、6月8日溜方占道等影响交通安全事件，立即派人到现场进行安全布控和处置，有效防止二次事故发生。新冠肺炎疫情防控和复工复产中，未发生安全责任事故。

【党建工作】 中心支部主动担当，每一个班子成员挂点两个公路站，负责和指导挂点公路站工作，形成党建与业务工作同部署、同落实、同检查、同考核，“四位一体”运行机制。共开展廉政谈心谈话12人次、主题党日活动共计10次。召开党员大会3次，支委会11次。全年开展支部中心学习14次，学习教育到公路站2次，廉政建设进工地3次，领导上党课2次。建立干部廉政档案。春运期间，派出20名志愿者参与大甲查验驻点工作。开展党员进社区，服务创城工作共184人次，多次开展献血、交通疏导、创城、植树志愿服务活动。

（撰稿：曾海湖）

高速公路建设

【概况】 2020年，古田县境内建成通车高速公路有“国家高速公路网京台线宁德古田段、编号G3”“政永高速古田段、编号S21”2条，共72.8千米。共设凤都、古田、大桥、翠屏湖（泮洋）落地互通4个，排头枢纽互通1处，服务区（五华山服务区、临水服务区）2处。两条高速公路均为双向四车道，其中京台高速古田段路采用设计速度100公里/小时，屏南至古田联络线设计速度80公里/小时。2020年京台高速（古田段）断面平均流量日均1.5万辆次，日均峰值流量2万辆次；屏古高速断面平均流量日均0.4万辆次，日均峰值流量0.5万辆次。“古田县高速公路建设指挥部”（简称县高指）系经县委、县政府批准成立的临时性工作机构。高速公路沿线乡镇相应成立高速公路建设指挥部（简称乡镇高指）。县高指内设办公室、土地青苗组、房屋临构组、杆线坟墓组、财务室；工作人员均由县委组织部从相关单位临时抽调，共15名，其中工程质量安全监督高级工程师1名。

【宁古高速公路建设项目】 2020年3月28日自然资源部审批通过宁古高速用地（自然资函〔2020〕325号）。设计单位对宁古高速进行工可修编工作。县高指经深入广泛调研，及时调整完善房屋临构部分补偿标准，并由县政府两次上报市政府审批（古政文〔2020〕114号、古政文〔2020〕142号），12月14日获市政府批复（宁政文[2020]204号）。2020年6月1日，宁古高速A1标（在蕉城区）正式开工。2020年8月27日，市高指在古田县召开全市高速公路安征迁工作座谈会，县高指和鹤塘镇高指在会上作典型经验交流介绍。

【妥善处置涉农扫尾】 2018年12月28日，屏古高速建成试通车（完成交工验收，未竣工验收）。2020年初，屏古高速建设项目安征迁工作转入涉农遗留问题处置阶段。县高指专门成立屏古高速涉农问题处置领导小组，集中处置古田段（平湖、吉巷、大桥、泮洋、城西）因施工而造成部分阶段断水断路等涉农扫尾问题。全年召开安征迁疑难问题协调会、现场会20余次，联席会议4次，研究协调解决了京台（屏古）高速涉农遗留问题60多个，及时协调处理“12345便民服务平台”涉及京台（屏古）高速涉农投诉件12件，满意率100%。

（古田县高速公路建设指挥部 供稿）

邮 政

【概况】 古田邮政有部室6个、支局（所）17个，代理金融网点11个，从业人员230人。古田邮政共有职工229人，其中A类职工65人，B类职工99人，C类职工38人；管理人员31人，机关部室职工13人，金融网点83人，寄递网点30人；2020年，入职24人，离职9人。开办储汇业务员、邮政营业员、邮政业务营销员3个工种各等级培训班5期共计27人，其中参加高级工鉴定1人，合格率100%，中级工鉴定21人，合格率90.48%。计划并实施青年员工成长成才实践计划，组建羽毛球兴趣小组。年末，营业收入5246万元，完成年度收入预算5193万元的101%；总成本费用（不含内部和速递结算）支出4797万元，全年完成利润396万元，完成考核收支差1091万元，完成年度利润总额目标1090万元的100.1%。疫情防控期间，共投递各类进出口快递包裹邮件50万件，投递防疫物资1300件。2020年，古田分公司为全国邮政惠农合作项目6个试点县之一。

【惠农工作】 古田邮政作为全国6个邮政惠农工作的试点之一，紧紧围绕解决农民合作社“融资难、销售难、物流难”问题，坚持示范引领，落实“一轴多点三延伸”服务推进机制，助力中国邮政开展全国惠农试点工作。2020年，获省公司“惠农专项先进团队”荣誉称号；获八个全国领先、七个全省领先荣誉。

八个全国领先为：①古田银耳第1批上线学习强国、平台销量全国第三；②第6个线上销售突破100万元的邮政基地农产品；③全国第一笔“融资E”贷款落地古田；④古田银耳2020年销售585万元，提前5个月完成集团年度指标；⑤首个与北京物美、娃哈哈等大型知名企业签约的邮政农品基地；⑥江悦基地销售额1.65亿元，同比增长37%；⑦水蜜桃极速鲜寄递项目为全国邮政系统唯一获评“全国优秀职工代表提案”；⑧全国首个与当地县政府签订“互联网+”农产品出村进城协议。

七个全省领先为：①三大业务齐头并进。余额年增2.39亿元，同比多增0.94亿元，增幅65%。寄递收入1532万元，年增26%；业务量市占率29%，同比提高10个百分点。银耳销售585万元，较同期增长55倍。②水蜜桃“极速鲜”项目收寄15万件，实现收入145万元，全省首个突破百万“极速鲜”单品项目。③“9·19”电商节杯装“银耳羹”助农产品突破2万单，全省首个破万单产品。④走访量位居第一，累计走访合作社1326个，个体农户3228户，家庭农场103户。⑤活跃合作社、个体农户的走访总数和信息完整率均列全省第一。⑥2020年累计线上放贷27笔，金额106.4万元，笔数和金额均全省第一。⑦全年直播带货销售超过120万元，全省第一。

【代理金融业务】 12月，代理金融余额达15.521亿元，年增2.39亿元，增幅创历年新高。年累计销售保险保额3245万元，实现收入238万元，完成率97%，其中趸交2791万元，期交453万元。人民币理财销售13.3亿元，较上年同比增长60%，年均保有量达4.4亿元。2020—2021年跨年度代理金融。期末余额17亿元，月日均净增余额2.1亿元，100%完成目标任务，年日均净增余额7730万元，宁德市排名第三。

【寄递业务】 包快业务年收入1530.8万元，同比增长24.2%，超额121.8万元；标件收入307.2万元，同比增长137.8%；快递包裹收入1169.5万元，同比增长117.2%；国际快递收入28.6万元，同比增长–75.8%。其中，水蜜桃“极速鲜”项目。累计揽收水蜜桃邮件15.94万件，收入144.17万元，比2019年增长479.7%。

【普遍服务】 增设偏远投递点代投人员5名，全年投入5万元专项经费，完成17个网点监控、报警系统达标整改。加强投递现场检查、收发室、村邮站巡查密度。严格落实包裹实名、验视制度，严查涉黄、涉恐等问题邮件。强化普服资料、服务、台账管理，严格落实岗位每日、每周、每月管理制度。集传三大板块业务累计收入353.9万元，完成年计划的90.74%，与上年同期相比为–52.16万元，增长–12.85%；其中函件完成84.01万元，完成年计划的93.34%，与上年同期对比增长9.71万元，增长13.07%。集邮完成收入税后103.56万元，完成全年计划73.97%，与上年同期相比增长–90.08万元，增长–46.52%。报刊业务累计收入为166.33万元，完成市公司计划指标的103.96%，同比增长7.74%，全市排名第四。

【综合保障】 严格落实节假日安全大检查，各班组每周培训，每日巡查，全年未发生重大安全事故。全年累计收文1950份，发文218份；平湖储蓄所装修改造工程在建。累计下乡维护185次；18篇宣传报道刊登在宁邮新闻及以上刊物。拍摄完成大桥网点惠农主题宣传视频，并获市公司二等奖。

（撰稿：林金锋）

电 信

【概况】 2020年，中国电信集团有限公司古田分公司聚焦重点，加快发展，抓紧、抓细、抓实各项工作，全面动员党员干部和全体员工为坚决打赢疫情防控阻击战提供通信保障和信息服务，全体员工上下一心、凝心聚力，做好党建、经营、管理等各项工作。年度绩效评比荣获全区二等奖。2020年，公司荣获“省级文明单位”称号，公司政企组被评为省公司抗疫先锋先进集体，古田分公司党总支被中共古田县委古田县政府评为第一批疫情防控和复工复产先进基层党组织表彰单位。

【通信能力】 建设5G网络，提升无线网优化。7月17日全市率先完成5G站点建设、开通，共新建5G室外基站68个及184个扇区，新建政府大楼和行政服务中心2个5G室分建设，实现城区5G信号基本覆盖。加强无线网运行分析，紧跟新建楼宇、道路及园区建设，落实农村网络服务提升，全力推进弱覆盖区域增补点及网络优化，无线网各项指标稳步提升，获2020年无线网络质量提升专项竞赛第一名，移动网资源建设、网络优化全市第一名。加快全光网络建设，光网络规模达120396端口，实现100%行政村及95%以上自然村光网覆盖。不断推进网络传输、IP（国际互连协议）城域网建设及优化，网络质量及安全性稳步提升，荣获2020年全市网络运营竞赛二等奖。

【智慧古田】 春节疫情期间，快速承接“暖春行动”六项服务部署，推出六项业务服务助力防控疫情阻击战。率先完成“天翼大喇叭”全县全覆盖；累计为70个单位开通“来电名片”；开通“天翼看家”乡镇版43个村，860个探头。签约信息化项目，增加教育、政府党建、交通、环保和旅游等行业的信息化项目，签约公安雪亮工程及智慧政务、智能交通、智慧教育、智慧环保等项目，其中智慧教育项目与全县17家幼儿园签约晨检机器人，实现全县公立幼儿园全覆盖。青云社区党群服务项目以场景化打造综合信息化解决方案；签约城东街道办事处党群服务网格化平台、水口镇湾口村党群宣传及智慧信息化项目、平湖镇智慧党校信息化项目等。结合扶贫打造罗峰村智慧旅游，加载智慧景区手机导览服务系统、智能广播、云监控和精准扶贫服务，该项目为全县首个智慧旅游项目。

【服务提升】 增强全员“以客户为中心”服务意识，开展“总经理服务接待日”活动，构建“客户说了算”的服务体系。打造差异化服务，开展专项装维服务提升，管理层不定期至分局交流、辅导，举办3期装维服务提升（“五个一”服务）及智家技能培训，举办分局培训9场，完成智慧家居产品培训及省公司智慧工程师等级理论考试。落实“一升三降”及各项指标提升，履约率提升至99.91%，获2020年装维服务提升竞赛三等奖；落实差异化服务要求，政企客户当日修完成率为99.94%、当日装完成率为99.7%，分别排大局组第一名、第三名。以服务标准为准绳，开展制度化、常态化的服务稽查工作，定期开展自查，发现的服务质量问题立行立改，实行闭环管理，促进服务质量有效快速提升。

【基础管理】 2020年新建门店7家，完成鹤塘重镇网点建设。落实重点资源效能提升，完成10个低效网点、老旧设备及相关下电销户工作，预计节约电费近21万元/年；快速推进专项铜退并组织开展铜缆承载业务专项迁移工作，实现退铜收益近300万元；加强项目管控，往年项目关闭率100%、2020年度项目关闭率50%（其中上半年立项关闭率100%），工程清理排全市第一。为员工办实事工作，冬送温暖夏送清凉，为办公场所卫生间更换电热水龙头，夏季为员工提供免费绿豆汤等。在节假日组织元旦户外拓展活动，开展春节、疫情期间、“三八”节、高温期间一线员工慰问活动，开展员工生日、员工退休祝贺活动，进行健身房修缮，分支局明亮工程修缮等。

【党建工作】 落实党建巩固深化行动，精准落实疫情防控和复工复产各项举措。发挥基础运营商网络优势，对接罗峰村“智慧罗峰”项目，率先开通老苏区凤都镇半山自然村无线网络基站，对口帮扶卓洋乡汶洋村信息化项目助力乡村振兴。建设“党建翼联”1+N模式。青云社区党建翼联+智慧社区案例被福建公司政企部列入全省推广案例。“党建翼联”1+N模式被福建公司党群部列入“党建巩固深化行动”实践特刊第一期。青云社区《党群服务信息化系统集成项目》和城东街道《党群服务网格化平台服务项目》，完善社区治理，增加疫情防控手段。疫情期间开通的14个“智慧乡镇”352个天翼大喇叭，为疫情防控有效发挥作用，得到省市县电视台新闻报道。

（撰稿：李迎军）

移动通信

【概况】 中国移动通信集团福建有限公司古田分公司，内设综合部、网络部、市场部、政企客户部4个部门以及城东、城西、鹤塘3个网格，员工75人，平均年龄38岁，大专及以上文化程度占96%。2020年营业收入1.17亿元，通信客户19万户，其中5G客户2.7万户，宽带用户5.09万户。

【网络建设】 共有5G站点超过110个。移动物联网实现域内高速、高铁、国道等交通干线覆盖、城市和重要场景的深度覆盖、行政村及以上区域全覆盖。

【客户服务】 通过优惠套餐的选择、透明的消费环境、便捷的业务监督、高效的宽带服务体验等惠民服务，推进提速降费。个人业务方面，持续推出30余款大流量套餐，取消国际漫游资费及“KB计费模式”；家庭业务方面，实施宽带免费提速升级，加快升级百兆宽带。

【企业党建】 以建设“六好党支部”为目标，开展学习型党组织创建活动；坚持在党员中开展“党员先锋岗”活动，结合抗台抢险、精准扶贫、学雷锋等志愿活动，联合平湖镇党委、古田县退役军人事务局党支部和光大绿色环保城乡再生能源（古田）有限公司党支部开展“党建和创”活动，共同开展理论同学、服务同行等活动，带领党员亮出身份，用实际行动带动生产经营的发展。履行安全生产主体责任，创造和谐、稳定、安全、健康的发展环境。

（古田移动公司　供稿）

财税 金融 保险

财 政

【概况】 2020年，受疫情等因素影响，经济增速放缓。全县一般公共预算总收入10.81亿元，比上年下降9.3%。其中，地方一般公共预算收入7.48亿元，比上年下降7%。全县公共财政预算支出30.36亿元，比上年增长6.3%。

【新冠病毒肺炎疫情防控】 制定疫情防控库款保障应急预案，建立疫情防控应急资金支付快速“绿色通道”，联合人行等金融部门采取国库集中支付和实拨“双轮驱动”方式。共统筹安排新型冠状病毒感染的肺炎防治经费7215.10万元。做好疫情期间个人与小微企业创业担保贷款财政贴息工作，共受理创业担保贷款400余笔，实际放贷387笔累计8659万元，带动就业人数超过400人。出台减免租金的政策，全县国有经营性房产减租户数851户，减免租累计1161.55万元。拨付给企业应急转产口罩、防护服、消毒用品等防护物资的企业设备购置补助资金100万元；落实贴息补助资金48万元。

【民生保障】 争取项目补助、地方债券资金；落实财税政策，支持企业复工复产，稳固税源；招商引资，推动重点项目分段结算；加快盘活闲置资产资源增加财政收入。共争取债券资金17.28亿元，盘活存量资金7602万元。坚持从严从紧控制财政经费预算，严控新增支出，统一压减公用经费10%，优先安排推进保障重大民生项目、续建项目、社会资本项目建设。支持教育优先战略，下达各类补助资金1250万元支持学校校舍维护和改造，提高基础教育内涵建设，落实教师各项福利待遇。提高生活保障标准。农村低保标准从6960元提高到7152元，支出2884万元；城市低保标准从348元/月提高到358元/月，支出443万元，实现城乡低保标准一体化。支持互助孝老食堂，共投入80万元，用于建设农村互助孝老食堂10个。有序推进县医院迁建项目，投入4100万元用于县医院感染楼建设。推进图书馆、文化馆、博物馆三馆示范点PPP项目，总投资4.04亿元，共融资3.03亿元，有效支持民生补短板等一批重点项目建设。

【服务“三农”建设】 巩固脱贫攻坚成果。多渠道筹集扶贫资金，全力保障脱贫攻坚支出需要，下达各类扶贫资金8882.29万元。推进扶贫项目资金全过程预算绩效管理，完善扶贫（惠民）资金在线监管系统功能。加快涉农资金整合，实现农业投资、农业综合开发、农田水利建设等项目资金归口管理和统筹使用，共统筹整合涉农资金2305.82万元。建立健全实施乡村振兴战略的财政投入保障制度，让公共财政更大力度向“三农”倾斜，投入乡村振兴各项资金1.75亿元。利用新增债务限额，在一般债券额度内，安排不低于20%的比例用于乡村振兴项目，在其他专项债务限额内，合理选取试点发展项目收益与融资自求平衡的地方政府专项债券。安排新增一般政府债券资金2000万元用于乡村振兴战略示范点建设项目、5000万元用于农村“四好”公路改造提升工程。推动古田县乡村振兴战略示范点建设PPP项目落地，社会资本方与国开行签订1.47亿元贷款合同。认筹5650万元入股福建闽东时代乡村振兴发展基金，所获收益作为113个“相对薄弱村”的村财收入。

【提质增效】 全面实施预算绩效管理，加快建成全方位、全过程、全覆盖的预算绩效管理体系。2019年古田县财政管理工作在全国县级财政管理绩效综合评价评比中全国排第27名，全省排名第一。完善中央直达资金台账，纳入直达资金监控系统资金共5.37亿元，做到直达资金使用全过程可监控、可追溯，确保资金用在最急需人群和市场主体。通过精简整合财政监督检查事项，完成减税降费、财政扶贫资金、会计信息质量、盘活存量资金和“1+X”专项督查等监督检查工作，有效维护财经纪律。严防政府债务风险。完善财政风险防范处置机制，加强地方政府债务和预算执行监测预警，强化库款实时监测，做到风险早发现、早报告、早介入、早处置。建立价格编制“双控”机制。将采购预算和资产购置标准设置为价格编制的上限，有效遏制“豪华采购”“天价采购”，政府采购节约金额1396万元，综合节约率6.82%。

（县财政局 供稿）

税 务

【概况】 2020年，县税务局机关内设办公室、法制股、税政一股、税政二股、社保非税股、收入核算股、纳税服务股、征收管理股、风险管理股、财务管理股、人事教育股、机关党委、纪检组、信息中心14个机构，下设第一、第二、城东、城西、凤埔、黄田、鹤塘、杉洋8个税务分局。负责县境内所有税种、社会保险和部分非税收收入征管职责，重点税种是增值税、企业所得税、个人所得税。重点费种是基本养老保险费、基本医疗保险费、职业年金、教育费附加。截至2020年12月31日，全县共有纳税人11126户。其中，企业5107户（一般纳税人1309户）、个体工商户6019户。共有企业职工养老缴费人22628人、机关养老缴费人8233人、城居养老缴费人约7.3万人、城居医保缴费人约33万人。疫情防控期间，党员自愿捐款1.7万元支持抗疫。采用电子媒介建立“非接触式”办税缴费模式，共有97%的纳税人实现不接触办税。

国家税务总局古田县税务局人员结构情况表

表4　　单位：人

年度	人数		干部职务情况			文化程度		
	合计	其中，女	科级	副科级	一般干部	本科及以上	专科	中专
2020	162	31	0	18	144	109	53	0

注：此数据为2020年12月31日实有数。

【税收收入】 坚持组织收入原则，坚决不收“过头税费”。2020年组织入库各项税收77926万元，同比减收15197万元，下降16.32%（受新冠肺炎疫情、减税降费等影响，收入下降较大）。完成县财政总收入74876万元，同比减收13963万元，下降15.72%；完成县级收入41603万元，同比减收8518万元，下降16.99%。

国家税务总局古田县税务局各税种收入情况表

表 5　　　　单位：万元

年份	增值税	企业所得税	个人所得税	土地增值税	契税
2020	45029	13328	4364	2656	4262
年份	资源税	房产税	城市维护建设税	耕地占用税	车船税
2020	1898	1471	1977	556	717
年份	印花税	车辆购置税	城镇土地使用税	消费税	环境保护税
2020	600	737	331	7	34

注：本年度因误征、多征退税约 41 万元。

【社保和非税收收入】 2020 年，共征收社保和非税收收入 52599 万元，同比减收 3304 万元，下降 5.91%（落实阶段性减免企业社保费政策），其中，"五险"收入 45141 万元，同比减收 4042 万元，下降 8.22%。

国家税务总局古田县税务局各项社保和非税收收入情况表

表 6　　　　单位：万元

年份	基本养老保险	基本医疗保险	失业保险	工伤保险	生育保险
2020	26286	17837	243	373	403
年份	残疾人就业保障金	地方水利建设基金（防洪工程维护费）	工会经费	教育费附加	地方教育附加
2020	353	326	325	1314	876
年份	文化事业建设费	职业年金	—	—	—
2020	–7	4264	—	—	—

注：本年度还有税务部门罚没收入 6 万元。

【减税降费】 落实减税降费工作，累计减税降费 11703 万元。严格落实支持新冠肺炎疫情防控税收减免政策、阶段性减免企业社保费政策，共兑现税费优惠 7723 万元。其中，减税 2212 万元、降费 5511 万元。贯彻落实党中央、国务院 2019 年关于实施更大规模减税降费相关政策，2019 年政策在 2020 年翘尾减税降费 3980 万元。

【出口退税】 严格落实《全国税务机关出口退（免）税管理工作规范（2.0 版）》，落实出口企业分类管理办法，提高退税速度，实现电子退库。2020 年，共办理出口退税 12120 万元、办理"免抵调"库 2150 万元。

【税务改革】 实施个税、增值税、社保和非税、水土保持补偿费四项改革。2020 年六个专项附加扣除减税 231 万元，实际享受 4119 人，累计预扣减税 923 万元。稳妥推进个税综合所得 2019 年度汇算，境内 3160 人退税 163 人补税。落实支持疫情防控增值税优惠政策，476 户复工复产纳税人享受增值税 3% 减按 1% 征收政策，减免增值税 716 万元；278 户公共交通、生活服务、收派服务、疫情防控重点物资运输企业免征增值税 238 万元；1 户疫情防控物资生产企业增量留抵退税 24 万元。落实资源综合利用增值税即征即退 113 万元和先进制造业增量留抵退税 436 万元。落实社保和非税政策，阶段性减免企业社保费，共减免单位社保费4971万元。做好水土保持补偿费等四项非税收收入项目征管职责划转前期工作，确保2021年1月1日起开始征收。

【法治税务建设】 落实“十三五”时期依法治税工作规划，巩固和提升法治税务建设水平。落实领导干部会前学法、税务人员学法用法制度。举办《中华人民共和国民法典》专题讲座。组织税务人员参加宪法网络考试。实行权力和责任清单制度，制定并公开县局本级及各分局权力和责任清单。实行行政执法公示、全过程记录、重大执法决定法制审核三项制度，6月上线行政执法公示平台，12月上线执法音像记录信息管理平台。依法妥善处理爱乐集团行政诉讼案的涉税问题。建设标准化税务约谈室。落实《福建省税务行政处罚裁量权基准》及其适用规则，防止裁量权滥用，全年行政审批485户次、行政处罚427笔。

【税法宣传】 组织开展以“减税费优服务、助复产促发展”为主题的全国第29个税收宣传月活动。在4月1日至5月20日期间组织开展九项宣传活动。群发税收宣传月主题短信、开展个人所得税综合所得汇算提醒、疫情防控税费优惠政策宣传、举办个税综合所得年度汇算“云学堂”培训班、开展“走访代表委员、助力复工复产”活动、阶段性减免企业社保费宣传、“送政策助复产、战疫情促发展”宣传、“银税互动”金融产品推介宣传、塑料粒子行业税收政策专题宣传。同时，利用全县政法综治（平安建设）宣传月、诚信兴商宣传月、社科普及宣传周、国家宪法日等平台宣传税法知识，完成“七五”普法任务，开启“八五”普法进程。

【“双向监控”管理办法】 研究出台再生资源（回收企业、利废企业）“双向监控”管理办法，促成成立古田县泰宏再生资源有限公司，为境内各塑料粒子加工企业提供原材料，将税收留在古田，规范塑料粒子加工行业税收管理。该办法从2020年6月1日正式实施，当年增收税款560万元。

【税收营商环境】 深化税务“放管服”改革，优化税收营商环境，着力提升办税体验，提高纳税人、缴费人满意度。贯彻落实《优化营商环境条例》，上线税务“好差评”系统，落实税收服务“好差评”制度。开展纳税人满意度调查。开展46户纳税人满意度调查，解决意见建议13条。走访联络38名企业界市、县代表委员，解决涉税诉求8个，办理人大代表建议2件，及时回应“12366”和“12345”平台涉税诉求。开展便民办税春风行动。帮扶企业纾困解难，及时办理税费“减免缓”，助力企业复工复产。帮助湖北襄阳企业对接菌品养生公司的食用菌（统菇）采购业务86万元，促进供需对接。推进办税缴费便利化。落实《纳税服务规范（3.0版）》《税收征管操作规范（2.0版）》《福建省税收业务操作指南》。实现215项“最多跑一次”、216项“全程网上办”。持续推进新办企业涉税事项集成办。合理布局24小时自助办税服务厅，增配自助办税终端，不断提升办税缴费的软环境。

【税收信用体系建设】 完成2019年度纳税信用等级评定，共评出A级纳税人293户，落实差异化服务激励措施。开展2020年“诚信兴商宣传月”活动。做好涉税信用信息归集和“双公示”。实施纳税信用定期修复制度。深化“银税互动”活动，建立“税务贷、纳税E贷、中银税贷通宝、税易贷、缴税易贷、税信贷”6个融资平台，共为嘉泰贸易公司等65户中小企业提供信用贷款8292万元，助力诚信企业解决融资难题。

【税务党建】 落实意识形态工作责任制，抓好“学习强国”平台学习。坚持党委理论学习中心组制度，深入学习中共十九届四中、五中全会和《习近平在宁德》《习近平谈治国理政》第三卷等必读书目，开展六个专题研讨，进一步增强“四个意识”、坚定“四个自信”、做到“两个维护”。细化党建工作责任清单并抓好督促落实。认真配合市局党委第二巡察组完成对县局党委的常规巡察并抓好问题整改。开展庆祝建党99周年系列活动，举办党委（党支部）书记、党委委员上党课活动，开展“坚决维护核心、践行初心使命”等主题党日活动。强化党的组织建设。贯彻落实《党支部工作条例（试行）》，推进党支部“四个标准化”建设，落实“三会一课”制度，抓好政治业务学习。加大党员发展力度，2020年吸收6名入党积极分子。

【纪律教育与执纪监督】 开展2020年纪律教育月活动，观看警示教育片，举办纪律教育专题讲座，组织干部旁听法院职务犯罪庭审。开展酒驾醉驾等非职务违纪违法专项整治，举行“我怎么看、我怎么做”主题讨论。组织开展“清风拂心，心存敬畏，行而有戒”专题纪律教育活动。开展违规收送礼品礼金、私车公养专项整治。开展“因私出国（境）纪律”专题教育活动。全年共开展案例警示教育12期、发送廉政短信6次1300余条、开展各类廉政提醒谈话214人次。在抓好纪律教育的同时，加强对减税降费、疫情防控、职务职级晋升、巡察整改等方面的监督检查。深化“1+X”专项督查，配合县纪委监委开展检查6次，报送76条疑点数据。

【队伍建设】 加强税务人才培养。开展出口退税等“岗位大练兵、业务大比武”竞赛，推选业务骨干入选专业人才库。支持年轻干部考研，鼓励干部参加“四师”资格考试。推广“学习兴税”平台。本年新录用6名公务员。发挥绩效管理“指挥棒”作用，坚持绩效管理和数字人事双轮驱动，强化绩效结果运用，细化数字人事末位规则并与职级晋升挂钩，稳步推进职务与职级并行工作，激励干部担当作为。加强因私出国（境）审批。做好疫情期间干部健康管理，落实外出报批（报备）制度。持续落实好机关事业单位养老保险制度改革工作。

【文化建设】 投身省级“文明城市”创建，开展“我们的节日”系列活动，参与“文明交通、从我做起”活动，开展“爱国卫生运动”，深化“文明餐桌”行动，制止餐饮浪费，参加“我身边的好人”推荐。荣获第十四届省级“文明单位”称号。巩固精准扶贫成果，定期到贫困户家庭走访慰问，到上溪村开展产业扶贫，组织采购青海省贫困县的滞销特色农产品。发挥文化展示厅、图书室、健身房、瑜伽室、职工之家等设施功能，经常性开展文体活动。依托工会、团支部、妇委会组织开展秋游等活动，丰富干部业余文化生活。

【平安税务】 贯彻落实县综治委各项部署，持续推进平安税务建设，创建综治平安单位。深化干部职工安全教育，开展全民国家安全教育日、保密工作公益宣传、国家网络安全宣传周、“平安三率”等宣传活动。加强机关内部安全保卫，落实24小时政务值班、办税大厅领导带班、重大事项“零报告”等制度。继续加强信访、应急、保密、反恐、禁毒和反邪教工作。持续开展扫黑除恶专项斗争并转为常态化工作。组织开展安全隐患大排查大整治行动，及时整改隐患，确保税务机关安全。

（撰稿：李安全）

人民银行古田支行

【概况】 2020年，中国人民银行古田县支行结合普惠金融改革试验区建设，指导加大脱贫攻坚、乡村振兴等重大决策部署工作，认真贯彻执行稳健灵活适度的货币政策，切实防范化解金融风险，提升金融服务和管理水平，大力发展普惠金融和绿色金融，推动县域经济社会稳健发展。古田县支行获宁德市人民银行系统2020年综合考评第一名。2020年年末，全县各项存款余额204.92亿元，比年初增加16.65亿元，同比增长8.84%。各项贷款余额167.55亿元，比年初增加12.60亿元，同比增长8.13%。

【“六稳”“六保”工作】 推动“金服云”平台，成功发放全省首笔“创保贷”。2020年年末，古田县累计发放创业担保贷款426笔，金额9385万元，带动创业、就业人数超400人，居福建省“创保贷”发放数据前列。持续推动货币政策工具落地、落实、落细，2020年累计办理普惠小微延期贷款1.44亿元，普惠小微信用贷款2066万元，辖内地方法人银行应延尽延普惠小微企业贷款分别达

60.69% 和 60.73%。

【金融党支部领办合作社】 推进党支部领办合作社普惠金融服务点建设，探索党支部领办合作社"担保+农户资产反担保""审核推荐+银行信用贷""审核推荐+民富担保贷"三种增信模式。2020年年末，古田县银行机构累计对党支部领办合作社授信1.2亿元，贷款加权平均利率5.6%，每万元可为合作社社员节省贷款利息375元/年。党支部领办合作社试点村59个，共吸引2300多名社员入社，全年59个党支部领办合作社新增村集体收入450多万元。

【普惠金融服务】 依托民富中心普惠金融服务平台，推动银行资金导入、农村金融创新、普惠金融深度融入、高效服务农村产业发展。衔接做好古田县农村"两权"抵押贷款试点，完善农村信用体系建设，将原有的"古田信用网"升级打造成"宁德普惠金融服务网（古田）"。开展普惠金融信用农民专业合作社创建工作，形成普惠金融改革实验区"新抓手"，首批授牌5家"普惠金融信用农民专业合作社"。

【扶贫再贷款】 运用扶贫再贷款助力脱贫攻坚，全县发放扶贫再贷款4.52亿元，引导法人金融机构助力精准脱贫攻坚，全年发放扶贫贷款484户、金额2180.56万元。

【打击电信网络新型违法犯罪】 推进移动支付便民示范工程建设，严厉打击电信网络新型违法犯罪。持续打造多元化支付方式，推进银行业统一"云闪付"App在古田县辖区的普及和应用，加强与商务局的协同合作，配合推进"全闽乐购"商户拓展工作。12月末，古田辖区共新增云闪付用户21120户，发生移动支付交易12.09万笔。保持打击电信网络新型违法犯罪高压态势，强化主体责任，完成对2018年1月1日至2020年12月31日新开立企业基本账户的风险排查和涉案账户倒查工作，对可疑账户均采取相应的"只收不付""不收不付"等限制性管控措施。

【田间普惠金融学校】 创新推动成立福建省首家"田间普惠金融学校"，以"走进田间地头，让普惠金融更接地气"的理念，打通普惠金融"最后一米"。打造普惠金融教育云展厅，借助VR（虚拟现实）技术打造全新的宣传平台，增加宣传效果和互动性，设置爱护人民币、支付结算、征信知识、外汇管理、理财规划、金融消费者权益保护等11个子展厅，增强消费者的金融知识参与度。

【金融稳定】 2020年，受疫情影响，不良贷款逐步增加，各类风险频发多发，特别是小额贷款的不良增长较快，金融风险防范化解压力增加。中国人民银行古田县支行指导建立古田县不良贷款、关注类贷款情况摸底台账，进一步强化金融风险的防范和处置工作。2020年，牵头草拟《古田县法院关于建立"菌银"金融纠纷多元调解中心的意见》，推动成立金融纠纷多元调解中心，化解古田县食用菌产业金融借贷矛盾纠纷。加强重点行业企业、民间融资和担保公司的风险监测，维护好县域金融生态。

【廉政建设】 细化落实党风廉政建设责任，压实支行班子成员监督职责，抓牢部门风险监督，加强同级监督，实现内部监督管理常态化。坚持严管与厚爱相结合，加强"一岗双责"，落实专项排查和专项监督工作，规范监察对象信息台账，实现监察对象全覆盖。加强警示教育和员工异常情况排查，着力整治群众身边的作风问题和腐败问题。开展"家访"和谈心谈话，了解干部职工工作生活情况，推动支行党风廉政建设和反腐败工作深入开展。

（撰稿：余林）

银行保险业监督

【概况】 古田银保监组宁德监管分局派出机构，主要职责为在上级授权和统一领导下，依法依规负责古田县银行业、保险业机构及其业务活动的监管工作，并承担其他交办任务。古田银保监组工作人员2人，其中组长1名、科员1名。

【银行保险机构】　古田县共有银行机构8家，分别为工商银行古田支行、农业银行古田县支行、中国银行古田支行、建设银行古田支行、邮储银行古田县支行、兴业银行古田支行、古田县农村信用合作联社、古田刺桐红村镇银行；保险机构13家，其中寿险5家，分别为国寿寿险支公司1家，平安寿险、人保寿险、富德生命人寿、泰康人寿所属营销服务部4家；财险8家，分别为人保财险、太平洋产险、海峡保险所属支公司3家，平安产险、都邦财险、国寿财险、中华财险、大地财险所属营销服务部5家。

【金融业务】　2020年年末，古田县存款余额201.32亿元，增长8.94%；贷款余额167.55亿元，增长8.13%。信贷不良贷款率1.58%，比年初下降0.06个百分点。13家保险机构保费总额3.42亿元，增长10.99%。

【金融服务】　古田县辖内银行保险机构采取开通绿色通道、续贷、展期、调整结息方式、简化流程等措施支持企业防疫抗疫共渡难关，支持企业复产复工、春耕备耕的金融服务工作。2020年年末，支持纾困解困信贷64笔，共计15181万元。授信发展绿色金融贷款5.43亿元。各银行机构对涉及落后产能且尚未淘汰的企业信贷零投放，严控“两高一剩”领域信贷增速和占比。

【金融监管】　守住风险底线，促进辖内银行保险机构平稳运行。强化预判、加快处置，实施全口径房地产融资监测机制，防控地产贷款风险，强化风险预警，落实房地产贷款集中度新规，防止信贷资金违规绕道流入房地产市场；实施“一户一策”风险监测和风险处置机制；与相关部门配合，打击“非法校园贷”、套路贷等金融违法违规活动。

【普惠金融试验区】　建设古田普惠金融试验区，落实各项工作目标任务。古田农行推进“惠农e贷”，授信5840户，实现县内14个乡镇（街道）100%覆盖，受益行政村166个；古田联社创立福建省首家田间普惠金融学校，加强普惠金融知识宣传教育；推进古田两权抵质押试点工作，“两权”抵押贷款余额8.89亿元；引导银行机构和农民专业合作社开展多种形式的信用合作。

【农村信用体系建设】　2020年，推动银行机构完成建档评级农户66230户（全县农户103629户）、授信农户56798户、用信农户46306户、新型农业经营主体1596户，创建信用乡镇5个（吉巷、大桥、大甲、杉洋、泮洋）、信用村188个。评定并授牌普惠金融信用农民专业合作社5家。对普惠金融信用农民专业合作社实行优先安排贷款额度、优惠贷款利率、简化贷款流程优惠措施。

【民营小微企业金融服务】　实行小微企业金融服务监管评价机制，加强小微企业金融服务督导，引导银行机构推出“一次授信、循环使用”“无还本续贷”产品，推出“抵押快贷”业务，进一步降低企业融资成本；继续推动银行机构加大中长期信贷投放，提高信用贷款比重。2020年年末，普惠小微企业贷款28.47亿元，比年初增长43.42%；推进“信易贷”等数据平台对接，推动政府性融资担保机构和“担保云”服务系统发挥作用。

【金融扶贫】　银行机构助力脱贫攻坚见成效。应对疫情，加强政银企对接，助力复工复产，扶贫贷款应贷尽贷。银行机构直接帮扶建档立卡贫困户455户、贷款余额2253.90万元，助力县域扶贫重点村71个、建档立卡贫困人口4461人脱贫。

（宁德银保监分局古田监管组　供稿）

工商银行古田支行

【概况】　中国工商银行股份有限公司古田支行内设综合部、市场一部、市场二部、乡镇外拓部和营业部，下辖古田城东支行1个网点，全行在职员工50人。2020年年末，实现拨备前利润3116万元，人均拨备前利润62万元，实现中间业务收入1253万元，同比增加238万元。存、贷款总量突破24亿元。

【机构改革】　改革内设机构。

改革后为4个部，即综合部、市场一部、市场二部和乡镇外拓部，下辖2个网点，管理类人员配置，严格按照《关于支行主管级管理类人员选拔聘用工作的若干意见》程序完成聘任工作。同时按照《宁德分行营业网点“四变三”改革方案》要求，认真酝酿人选，逐个网点梳理岗位，配强网点负责人。

【存款业务】 利用优质存款产品发展中高端客户，拓宽储蓄存款渠道，提升市场竞争力。2020年年末，人民币各项存款余额126700万元，比年初增加16500万元。其中，对公存款38300万元；储蓄存款88400万元，比年初增加17100万元。

【零售业务】 依托各类电子银行业务等金融产品，做好民生金融服务。根据区域经济、客户分布和不同阶段业务发展特点，开展各类营销活动，拓展优质法人高管户、优质私营商户、优质投资类客户、优质高档社区居民户等中高端客户，增强获客能力。

【贷款业务】 把控存量结构调整，合理配置信贷资源，抓好项目贷款、小微企业贷款营销投放，加大同市国有融资再担保公司合作，加快推进“跨境贷”“税务贷”以及“菌菇仓单贷”等项目营销，稳步提高资产质量，推动信贷业务健康发展。2020年年末，各项贷款余额117500万元，比年初下降43900万元。

【内部管理】 行领导与各部门主管层层签订《党风廉政建设责任书》和《安全生产责任状》，明确工作职责，抓好党风廉政建设责任制落实，严明党的组织纪律和政治纪律，不断加强党内纪律和作风建设，按照党风廉政建设的主体责任和监督职责的要求，开展反腐倡廉工作。

【安全保卫】 建立健全安全保卫工作管理机制，严格按照银行营业场所安全防范要求和银行自助设备、自助银行安全防范要求以及业务库、消防安全等相关标准，健全各项制度，完善安防设施建设，组织人员力量加大隐患查找，开展自查、复查和整改同时推进，实现安全经营无事故。

【文明服务】 按照服务工作总体要求和行业服务标准，稳步推进网点服务设施改造，不断靓化网点服务环境，通过充实客服力量、网点负责人协助、值班行长坐班等办法，让每一位到店客户看到、听到、触摸到、感受到网点服务的温度。持续推进网点智能化建设，强化现场引导分流，鼓励客户通过智能设备自助办理业务，实现客户到店服务体验，分流柜面压力。强化售后服务工作，建立健全客户定期联系制度、客户分级管理制度、产品信息反馈制度，优化产品售后服务。

（撰稿：蒋孝铮）

农业银行古田支行

【概况】 中国农业银行股份有限公司古田县支行（以下简称农行古田支行）内设公司业务部、“三农”对公业务部、个人金融部、农户金融部、运营财会部、风险管理部、综合管理部、工会工作部、纪委办公室，下辖10个营业网点，其中1个营业部、9个二级支行。2020年，翠屏湖支行被农行省分行评为2019年度“惠农e贷”业务先进网点；农行古田支行在全国文明单位复查中通过考评验收。

【存款业务】 年末，农行古田支行本外币各项存款余额39.63亿元，其中，人民币个人存款余额31.49亿元。

【贷款业务】 加强疫情防控重点企业、复工复产等金融服务，加大民营小微企业、“三农”“惠农e贷”业务、个贷等信贷投放力度，助力普惠金融试验区建设。2020年年末，农行古田支行本外币各项贷款余额39.14亿元。

【党建工作】 开展“感党恩强党性践初心迎七一”等主题党日活动，对大桥支行党支部进行标准化规范化标杆点建设。组织309人次参加总行、省分行各类岗位资格考试，提升岗位胜任能力。

【精神文明建设】 2020年度创

服务品牌工作在全市农行排名第一；评选出2019年度先进集体3个、先进个人10人；挖掘、宣传身边的典型，被省农行评为单项先进集体5个，被市农行评为单项先进集体1个；被省农行评为单项先进个人8人次，被市农行评为单项先进个人5人次。

（撰稿：宋登庆）

中国银行古田支行

【概况】　中国银行股份有限公司古田支行内设办公室、个人金融部门、公司业务部门，设有支行营业厅、文安支行2个储蓄网点，共有支行营业厅、解放路支行、文安支行3个自助银行，员工35人。2020年主营业务较快增长、风险有效管控、效益稳步提升。年末，支行总资产18.79亿元，贷款余额18.62亿元，实现税后利润2687万元，不良贷款余额仅为3.84万元，不良率0.002%，资产质量始终保持在全县最高的水平。

【存款业务】　人民币各项存款15.62亿元，较上年增长6806万元，增幅25%，位居宁德辖内支行前列，其中储蓄存款增加1.81亿元，公司存款增加1亿元。连续两年各项存款呈现稳步增长。

【贷款业务】　人民币贷款总量18.62亿元，较上年增长1.88亿元，贷款投向主要包括食用菌、果蔬等为主的当地实体产业以及房地产和民间消费领域。

【风险管控】　2020年年末，不良贷款3.84万元，贷款不良率接近“零”。经过风险排查，没有发现存量资产存在风险隐患。宁德市域内系统举办的包括操作风险、合规经营、反洗钱、案件防控、运营管理、支付清算、声誉风险、重大操作风险事件、党的建设、员工队伍建设、费用管理等组成的“风险管理和合规经营”综合考评中，古田支行获得最高评价，得分列系统第一。

（古田中行　供稿）

建设银行古田支行

【概况】　中国建设银行股份有限公司古田支行（简称古田支行）设有办公室、客户部、营业部、龙景支行和玉田支行，共有支行营业部、松台大厦、万星广场等自助银行5个，员工47人。2020年，建设银行践行新金融，提升价值创造，夯实基础，各项业务持续健康发展。全年实现净利润4349.76万元，实现中间业务净收入1781.76万元。疫情防控期间，为宁德万辉米业公司发放短期流动资金贷款100万元，向福建鑫豪高新材料科技有限公司发放“科技贷”480万元。2020年获得“全省建行疫情防控工作先进单位”荣誉称号。

【存款业务】　2020年年末，一般性存款余额20.07亿元，时点新增1.74亿元，日均余额19.31亿元。其中企业存款余额7.54亿元，时点新增0.52亿元，日均余额7.58亿元；储蓄存款余额12.52亿元，时点新增1.21亿元，日均余额11.73亿元。

【贷款业务】　2020年年末，各项贷款余额19.33亿元。其中对公贷款余额3.86亿元，个人住房贷款余额12.83亿元，个人消费贷款余额0.11亿元，个人助业贷款余额0.02亿元，信用卡透支余额2.21亿元。

【业务拓展】　掌握信息源头，重点营销重点建设项目资产业务、负债业务、代发工资和上下游企业账户，做好农民工专户及施工企业代发业务，年累计拓展农民工专户40余户。做好存量企业存款大户的管理，提升客户资金归行率和存贷比。严把开户关，重新梳理有对公有效账户。定期走访公积金中心和住建局，巩固建行在古田县住房公积金和维修基金业务领域的主导地位。2020年新增按揭楼盘准入5个，准入金额24.49亿元，全年投放按揭贷款2.29亿元，其中公积金贷款投放0.70亿元，市场占比80%。对小微企业实施价格优惠政策，积极营销。截至12月31日，战略指标口径普惠金融贷款余额1.79亿元，比年初新增0.51亿元。其中，法人小微企业贷款余额0.56亿元，比年初新增0.19亿元；个贷6项贷款余额1.22亿元，比年初新增0.31亿元；法人小微企业贴现贷款余额0.002亿元，比年初新增0.002亿元。

【渠道管理】 通过教育系统覆盖疫情监控平台，学易收业务拓展到城区周边乡镇。通过悦生活收费等新项目，成功营销古田县学生校服收费。公交系统扫码支付设备完成改造，县医院停车场建成智慧停车场。与中央名城电影院、商户联合开展信用卡满立减活动，与古田食用菌市场合作开展“五折”过秤活动。成功改造古田一号超市共11家门店的收银系统。

【资产质量】 2020年，持续信贷合规文化建设，规范对公信贷业务合规经营，开展信贷档案、抵押物专项自查、信贷领域专项排查、柜面合规操作、稽核差错专项整治活动，及时整改潜在风险隐患。2020年，不良额和不良率持续“双降”。全行不良贷款393万元，比年初减少525万元；不良贷款率0.2%，比年初减少0.3个百分点。其中，对公贷款实现零不良，年累计处置不良贷款695元，其中呆账核销269万元、现金回收426万元。

【内控管理】 按季召开案件防控和预防腐败工作联席会议、实行员工网格化管理，不定期开展员工行为排查、行领导“每季一课”教育讲座、党建联络员“法纪教育课”、廉政合规警示教育讲座、旁听法院庭审、观看警示教育片等一系列活动，加强员工的思想教育、法纪教育、职业道德教育，提高队伍素质。

（古田建行　供稿）

兴业银行古田支行

【概况】 兴业银行股份有限公司古田支行内设业务拓展科、营业厅，在职员工19人。2020年年末，存款余额11.89亿元，各项贷款余额6.1亿元，不良贷款余额2.41万元。

【业务发展】 2020年年末，支行总资产11.99亿元，存款11.89亿元，贷款余额6.1亿元。

【合规内控】 严格授信准入，规范授信流程，夯实资产质量基础，严控信用风险。2020年年末不良贷款余额2.41万元，不良率为0.0039%。大力推动消费者权益保护工作有序开展，加强个人信息安全防护工作。全面开展员工异常行为监测与排查，加强员工管理，持续完善员工行为管理责任制，加大客户回访力度。

（古田兴业银行　供稿）

邮政储蓄银行古田支行

【概况】 2020年年末，资产总额25.44亿元。其中，各项贷款余额15.62亿元，同比增长15.01%，高于县内同行业平均增幅6.59个百分点；年净增2.04亿元。普惠小微贷款余额4.6亿元，较年初增加1.14亿元，增速32.9%，高于各项贷款增速17.9个百分点，普惠型小微企业贷款户数800户，较年初增加240户。普惠小微企业不良贷款399万元，不良率0.86%，较年初下降0.2个百分点，平均执行利率5.36%，较年初下降24BP，完成“两增两控”指标。涉农贷款余额10.3亿元，年净增1.4亿元，增速为14.7%，行政村覆盖率超85%。不良率0.44%，较年初下降0.17个百分点。2020年，获福建省分行“2020年度十佳支行”荣誉称号。

【纾困惠企】 落实执行差异化利率政策，主动为实体企业减负，实体企业贷款综合执行利率4.39%，同比下降49BP（0.49%）。推广“无还本续贷”服务，提升企业贷款资金周转效率，发放企业类无还本续贷9笔2343万元，办理展期2笔597万元。响应县政府有关纾困专项贷款的工作部署，宣传纾困贷款和其他惠企政策，引导符合条件的企业在“金服云”信息平台上注册登记融资需求，获取纾困贷名额，累计发放小企业纾困贷款7笔2347万元。

【企业及农户融资难问题】 运用大数据思维，推出小微易贷、信用易贷、税贷通、工程易贷等创新信用类产品，发放信用类小微企业法人贷款11笔1061万元。率先突破“银保”“银担”，破融资困境。通过与宁德市国有融资再担保公司合作向个体工商户发放市国有融资再担保贷款19笔1380万元，列系统内宁德市第一。通过与中国人民财产人保公司合作，向辖内科技型企业发放科技型保证保险2笔270万元，实现融资模式的创新。首创“银行+保险+企业”模式，打包“菌包+贷款+保险”，减利让费，低利率贷款，为种植户发展生产提供资金和风险的保障，该模式全年累计为92户农户提供授信总额1495万元。

【助力乡村振兴】 围绕古田“食用菌之都”及特色水果产业，定向对食用菌经营户、红曲生产商、建材商、合作社和家庭农场主等辖内主要行业及客群执行利率优惠政策，加大贷款投放力度，全年“三农”个人类贷款净增1.8亿元，位居系统内全市首位，全省第二。打造食用菌流水贷、食用菌服务商流水贷、助菌贷、助商贷、果农贷等产品，发放贷款423笔1.04亿元。参与古田县“选派金融干部到乡镇（街道）挂职工作”和“金融助理驻千村工程”，选派1名中层骨干到乡镇交流任职分管金融副镇长，安排6名金融助理派驻3个行政村，助推信用村建设。

【普惠金融】 推行“党建+金融”工作模式，开展“红色金融支持乡村振兴”普惠服务项目，推出示范党员“先锋贷”、骨干党员“信用贷”、农村能人“致富贷”、村企支部“产业贷”项目，累计发放贷款451万元。新增申报信用村17个，结存信用村达51个，信用村覆盖率18.54%，信用村数量位居系统内全市第二。创建普惠金融服务站和创业就业金融服务中心3个，通过普惠金融工作站授信金额1495万元。2020年，古田作为中国邮政集团总公司首批“邮银惠农合作项目”试点，累计为惠农合作社（含社员）及家庭农场发放贷款136笔3483万元，成功发展电商6户，销售额585万元，成功签约寄递合作社、农户60户，累计实现寄递102.21万件，合计金额389.64万元。

（古田邮政储蓄银行　供稿）

农村信用社

【概况】 古田县农村信用合作联社（简称县农信社）内设办公室、人力资源部、公司金融部、普惠金融部、财务管理部、运营管理部、稽核监察部、安全保卫部、合规风险管理部、科技管理部、工会、联社营业部，下设15家信用社（城关、平湖、凤都、大桥、黄田、吉巷、鹤塘、杉洋、湖滨、泮洋、凤埔、卓洋、大甲、水口、兴隆）和4家分社（桃溪、永安、岭里、西洋），在岗职工236人。其中，正式工217人、劳务派遣人员13人、内养人员6人。2020年年末，各项存款余额71.21亿元，年净增6.38亿元，增长9.84%，位居全省农信系统前列，存款市场占有率为35.37%；各项贷款余额50.64亿元，年净增5.75亿元，增幅12.81%，贷款市场占有率为30.23%；存贷款市场份额稳居全县金融机构第一。不良贷款余额4893.78万元，不良占比0.97%，资产质量持续位居全省农信系统前列，风险平稳可控。被福建省委省政府评为第十四届省级“文明单位”，被县委、县政府评为2015—2019年全县精准扶贫工作“先进集体”，被古田县委、县政府评为“纳税大户”，被省联社评为“业务增长十佳”农村信用合作联社。

【普惠金融】 立足县域，提高覆盖率、提升满意度、增强可得性、筑牢向好面、彰显引领力。坚持服务“三农”不动摇，年初制定下发全年经营绩效考核方案，分阶段开展“玉鼠夺魁田丰齐欢”“开门红”主题营销、“支持乡贤创业·助力乡村振兴”专项营销、增户扩面以及“支持复工复产决胜疫情防控”专项营销等活动，通过开展客户信息大数据分析、建立精准营销客户台账、配比支农再贷款等措施，结合整村授信与城区网格化经营管理模式，通过调整贷款结构、利率定价以及产品创新等，优化推广抵押类及快捷小额信贷产品分期还款业务等措施。贷款覆盖面39.69%，比年初增加1.51个百分点；抵押贷款占比从年初的14.56%提升到20.01%。选派79名金融助理驻派全辖所有行政村，实现资源共享，把银村力量拧成一股绳，共同推动乡村振兴。与辖内支部领办合作社对接，围绕合作社特色产业，整合农信金融资源，优化推广“社员＋民间契约反担保”体系，有效盘活无法直接抵押的果林、标准房等农村资产，满足社员生产资金需求。对支部领办合作社主营的特色农产品进行消费扶贫，帮助拓宽销售渠道，支持农民增收。至12月，对支部领办合作社授信775万元，对该合作社社员授信共计253万元。持续营销手机银行以及二维码收单业务等，通过微信公众号引导客户运用手机银行进行业务办理以及通过与商户合作开展“一元购”“扫码消费随机减”等活动，支持商户开通扫码点单业务等，丰富各类应用场景，提高客户使用率与体验感。融入古田农村淘宝建设工作，入驻乡镇“农村淘宝”服务点，及时在服务点布设小额支付便民点，开展普惠金融流动服务车开展进村入社区活动。设立全市首家田间普惠金融学校。12月底，古田联社布设便民机具1431台，其中小额便民点206个，实现村村全覆盖。

【转型创新】 与供销社、农业农村局、农民专业合作社、省融资担保公司、县融资担保公司等合作，拓宽县域服务渠道，强化服务小微企业和“三农”金融服务力度。其中，重点依托农民专业合作社平台，主动对接古田县民富中心，探索创新“社员＋两权＋民间契约反担保”体系，建立“民富中心＋农信社＋合作社＋农户”对接模式，致力打造成熟的农户资产“收储—流转—变现”平台，实现客户端、政府端、银行端的“三端”受益。12月底，成功发放“反担保”贷款2532笔，余额5.44亿元；成功与供销社、农业农村局、省农业担保公司签订战略/业务合作协议，并有序推进。“多社融合”工作取得阶段性成效。该做法在11月全省农信系统工作会议上作“多社融合”工作经验交流。结合后疫情时代商业模式变更、政策导向以及客户需求，创新推进异业联盟，与塔斯汀中国汉堡公司对接，首次创新推出连锁加盟店贷款分期产品，推进农信社与小微企业共成长；与县税务局合作，创新推出纯信用贷款产品——税信贷，实现民营小微企业信用贷款零的突破；通过“自编报表、交叉验证”模式，推出“融易贷”产品，有效支持县域农户与小微企业经营生产。持续推广二手房抵押贷款、个人创业担保贷款、农业设施抵押贷款、福摊贷、农易贷等产品，进一步丰富金融对接产品，有效支持县域农户与小微企业经营生产。创建特色化系统强支撑。创新研发贷款线上申请系统，并与县不动产登记中心进行沟通协调，在县域率先推动、成为县域唯一实现不动产登记线上化的金融机构，推进抵押贷款一站式办理，最快当天审批出他项权证，有效提升服务效率。自主研发县域房产抵押贷款线上自评估系统的投入使用，为客户节约抵押资产评估费用，降低融资成本，且实现该类贷款利率降幅高于全市平均水平。同时，在2020年正式投用自主研发的客户积分营销管理系统，实现前台客户登录积分商城，进行商品的线上申请，线下兑换的过程，有效刺激客户使用县联社产品。12月底，积分商城共兑换订单7059笔，总消费积分达3692.7万分。

【规范管理】 组织开展信贷全流程合规风控技能提升培训，加强客户经理合规意识、合规水平，并强化制度保障，组织各条线对各项规章制度进行梳理、修订、整合，确保内控制度体系建设的统一完整性和及时有效性。坚持准确把握资产投放方向，从源头上防控新风险，并提升风险监测能力，建立起客户风险台账，关注疫情下辖内产业发展、农户生产情况，筛选出问题贷款客户名单，进行逐户分析、制定对策，防范新增不良贷款的产生。配合市银保监分局现场检查，重点落实现场检查整改工作，及时开展各项制度、措施以及员工行为的合规纠正工作，助推联社高质量稳健发展。12月底，县联社针对存在的问题出台或修订制度15项，共问责员工63名员工，共扣罚绩效工资40.64万元，违规积分共158.5分。处置、化解存量不良贷款、风险贷款，坚持分类施策，对疫情后生产困难的客户，继续推进贷款展期、无间贷、贷款重组等业务。开展不良贷款诉讼工作，加大不良贷款清收和化解力度，实现应诉尽诉、应执尽执、应收尽收。全年共收回表内不良贷款3219.45万元，收回表外不良贷款1111.05万元，年底逾期贷款余额4944.37万元，逾期增幅为18.82%，达到监管部门要求50%以下。

【党建工作】　2020年，制订出台年度党建暨意识形态工作计划以及党委中心组理论学习计划，修订完善基层党组织党建暨意识形态目标考核办法，并纳入年度大绩效考核。实行党委委员挂点联络制、领导班子定期对各支部党建责任落实、日常工作开展情况进行督查检查和指导。至12月底，共开展党委中心组学习17次，集中学习研讨12次。依托七一等重要时点，先后组织广大党员到黄孝敏故居、罗峰村红色教育基地以及杉洋白溪革命史陈列馆进行参观学习。实行客户经理等级管理、营销客户经理管理、大堂经理等级管理以及星级柜员等级管理，实行晋升与退出动态管理。先后开展抗疫公益募捐、“致敬抗疫英雄,传递农信祝福”主题活动“、同心抗疫，助力高考”志愿者活动、“绽放战疫青春·坚定制度自信”主题活动、“七一”系列活动、党员特色主题实践等活动。

（撰稿：陈加飞）

人保财险古田支公司

【概况】　中国人民财产保险股份有限公司古田支公司（简称“古田人保财险”）共有员工26人，派遣员工19名，专、兼职营销员42人，党员7人，内设经理室、车商、电商、非车险、农险、综合、综拓、理赔8个部门，下辖鹤塘营销服务部、城关营销服务部。全年保费5163.19万元，支付各类赔款2514.1万元，赔付率48.69%；综合成本率81.94%；全县首签农民工工资履约保证保险，实现农民工工资保险业务零的突破；建档立卡扶贫对象提供救助保障，基本实现产业扶贫保险全覆盖。获得福建省2020年度经营管理先进单位三等奖，宁德地区2020年度县级公司综合经营管理二等奖荣誉。

【警保联动】　2020年，在鹤塘镇、卓洋乡、黄田镇黄田村、凤都镇际面村、凤埔乡平沙村、吉巷乡坂中村、平湖乡达才村、黄田三保村、平湖玉源村9个站点设立交通劝导站，加强深化与公安机关交通管理部门的合作，共同推进农村“两站两员”建设，提高农村交通安全管理。

【商业非车（不含车险、农业险）】1月8日，与古田县公安局签订团体意外伤害保险，为全县公安民警的生命安全提供保障；4月2日，与古田县教育局签订学生救助保障保险，为全县公立学校4万多名学生，提供学生救助保障保险；9月30日，与古田县人民法院签订执行救助保险，对刑事附带民事、道路交通事故等涉及“执行不能”的案件，开展执行救助保险。

【新增险种】　3月11日，承保古田县应急管理局航空无人机第三者责任险及机身损失险，系宁德市首家承保无人机保险；8月11日，签订首单农民工工资履约保证保险，为农民工提供25.36万元风险保障，系古田县首单农民工工资履约保证保险保单；11月12日，首次承保全县乡村医生医疗责任险，收取保费6.61万元。

【产业扶贫】　人保财险古田支公司是全县唯一开展产业扶贫保险的保险公司，10月22日在全市率先完成入户摸底工作，为全县4331名建档立卡扶贫对象提供救助保障，基本实现产业扶贫保险全覆盖。2020年，中共古田县政法委员会与人保财险古田支公司签订社会治安综合保险协议，为古田县所有人口因社会治安事件造成的伤害提供保险补助。社会综合治安保险保费由古田县财政全额出资，免费为全县群众投保。至12月，公司共收到古田县盗抢案件55件，村干、平安建设人员意外伤害3件。经核定补助金额31.22万元。

【农业保险】　承保古田县农村住房、森林、水稻、育肥猪等政策性涉农保险，建立覆盖农村保险“立体保障网”。在台风等重大自然灾害面前，快速勘查，提升理赔时效，切实为受灾民众排忧解难，全年共赔付涉农保险赔款700万余元。

（撰稿：胡珊）

人寿保险古田支公司

【概况】 2020年，中国人寿古田县支公司累计实现总保费收入22639.53万元，同比增长15.23%。个险渠道，全年实现首年标准保费2292.21万元，同比增长18.09%；首年期缴保费4299.43万元，同比增长52.54%；十年期及以上保费2720.44万元，同比增长35.46%；保障型产品保费1865.04万元，同比增长29.99%。银保渠道，全年实现首年期缴保费284.69万元，同比增长0.56%。团险渠道，短期险保费818.31万元，同比增长12.89%，其中意外险501.71万元，同比增长13.35%。

【个险业务】 2020年2—3月，受新冠肺炎疫情影响，开展线上转型销售工作。二季度借助康宁保两全保险上市及78款个人短期健康险产品改造、30款短期险产品下架契机，紧跟上级公司经营节奏，季度实现保障型险种保费576万元，短期险保费272万元。三季度开展客户权益升级，主打“双升双免活动”“万亿市值国寿巨献”等平台销售，持续开展百团大战，季度实现保障型险种保费317万元，短期险保费232万元。12月31日，累计销售十年期及以上保费2171.9万元，其中保障型险种保费1457万元。落实分级平台，倡导自主经营，实行销售主体化小经营管理，开展高效互助自展平台，全年县支单位层面累计举办平台126场，获得客户5671人；举办小说会及军团客养累计举办140场，获得客户37871人。

【特色业务】 每月份开展主题、特点活动。开展“庆典国寿福临万家”客户经营活动、线上销售、线上小交会、康宁保新产品上市销售、“百团大战”、运作私享会、“牵手国寿共享未来”活动。9—10月开展“喜迎双庆万人博彩”活动。11—12月开展“继往开来再创辉煌”活动。全年实现首年期缴保费755万元，同比增长88%；十年期以上保费467万元，同比增长39%；标保419万元，同比增长19%。

【团险业务】 学生平安保险业务，通过转发二维码至班级群进行扫码方式缴纳学平险保费，并将投保数据及时反馈至各校，再后期沟通学校进行多次补收，尽可能做到应保尽保，全年累计实现27557人通过线上一健保进行投保，同比增长394%，实收保费345.91万元。计生险业务，及时将承保进度、理赔数据同计生协会工作人员反馈，做好日常拜访工作，提高与计生协会工作人员的黏合度，年收取保费77.46万元，上年度持平。重视小额信贷险业务、绿洲系列意外险业务、农村小额补充意外险、女性安康业务、续保公职人员及村主干意外险、银龄安康工程项目、养老保障业务。其中，女性安康业务成功续保县内18—60周岁建档立卡贫困户女性安康保险，参保人数5440人，推广达成率107%，保费收入62.79万元；续保公职人员及村主干意外险，收取保费82万元；村主干保险业务，由原有保费由100元提费至200元，并对县500多名村主干进行投保；银龄安康工程项目，以2020年1月1日县域内年龄达到80周岁的老年人口10298人为基数，每人每年保费20元，实现总保费205960元；养老保障业务实现保费1418万元，完成率103%。

【客服服务】 全年宣导核保、契约、理赔方面知识，以及销售人员E店投保操作、保全管家使用等30次。通过手机、微信、App、网站、短信等全渠道服务，实现对客户需求全天候快速响应。大幅简化理赔手续，开设绿通服务，实现高效、准确提取医保数据。2020年，累计实现赔案实时支付1958件，出险至付费平均时效47.75天，小额案件支付时效0.12天，理赔申请到付费时效1.11天，切实提升理赔服务评价，也提升理赔服务满意度。开展以“公益坚守+社会热点+扶贫助农”为主题国寿700健行活动、第十届“国寿小画家”参赛画作评选活动、柜面服务“焕新升级”活动等。此外，借力健康万里回馈客户活动，赠送客户无门槛普惠型健康保障保险。

【风险防控】 落实上级公司各项自查、排查整治工作。开展从业人员失信风险专项排查工作、关于违规销售非保险金融产品的风险排查、关于开展保险业金融放贷领域突出问题排查整治工作、开展“套路贷”“非法校园贷”违法犯罪活动专项整治工作等，打击违规经营活动，自觉落实自查自纠发现问题的整改。推进反洗钱工作。在各业务环节认真履行客户身份识别，做好客户风险等级综合评定，加强高风险等级客户审核。加强反洗钱宣传培训，全年累计举办员工和销售人员反洗钱学习培训13次，培训2051人次；组织反洗钱宣传5场，发放宣传资料400多份，受众人数1800人次。持续开展职场信息监测工作。3个销售渠道通过职场风控联络员进行常态监测，将监测工作落实到职场、销售一线。开展防范和治理非法集资宣传活动。全年共开展宣传3次，发放宣传资料500多份，受众人数800多人次。做好销售风险管理和违规查处。查处违规销售人员，组织诚信文化宣传教育，设立以销售人员为宣传对象的“诚信墙”、以客户为主要宣传对象的“诚信荣誉榜”，组织新入司销售人员开展诚信宣誓等。

【队伍建设】　全年实现队伍月均持证506人，完成率88.2%；年月均主险举绩170人；年累计新增463人，月均增员率7.62%；实现季均有效人力达299人，完成率80.7%；年度月均星级人力78人，完成率114%。个险收展渠道，年月均持证人力151人，月均主举人力54人，季均有效人力93人，月均增员率9.6%。团险渠道，综拓经理新增1个，合计3人，主管新增3人，合计5人，销售人员16人，初步形成以片区划管理模式的团队。全年有效人力15人，完成率98.14%。

【脱贫攻坚】　开展党建扶贫，党支部书记为帮扶责任人每季度一次前往挂钩帮扶对象古田县大桥镇瑞岩村杜立鹤、杜立新家中，落实发展生产项目，解决实际困难问题，提供扶助帮扶资金4000元，如实填写《扶贫手册》《挂钩帮扶工作手册》项目报送县委扶贫办，使两户帮扶对象达到规定的脱贫标准。捐赠卓洋乡文洋村县级扶贫开发重点村美丽乡村建设5000元；捐赠大桥镇潘厝村产业薄弱村乡村振兴建设5000元。开展消费扶贫，县公司为市分公司联系挂钩扶贫村企业购买矿泉水100件慰问员工。开展教育培训扶贫，联合古田县计生协会开展母亲节宣传教育活动，帮扶贫困计划生育家庭；参与金秋助学行动，为贫困家庭子女提供助学资金，帮扶资金3万元以上。

【党建工作】　2020年3月，选举产生第一届支部委员会，设党支部书记、组织委员、纪检委员各1名。与市分公司党委签订《2020年度党建工作责任书》，支部书记抓党建工作第一责任人职责，提升党建服务发展能力。支部组织召开党员大会3次，支部书记为党员上党课2次，组织党员参加省公司党委书记视频党课学习1次，组织开展“重视疫情防控安全复工复产”“党员自愿捐款齐心抗击疫情”“向战疫英雄致敬为重振国寿加油”“学习党的十九届四中全会精神”“学习党章党规党纪”等系列活动。组织党员前往宁德市寿宁县下党村开展“不忘初心，永葆党性”主题党日活动。加强学习，提升党员理论素养。推进作风建设，转变不适应公司发展的思想观念。2020年4月，市分公司党委巡察组政治巡察中提出4个方面11项18个问题全部整改到位，销号解决。

【廉政建设】　在日常工作中，公司领导班子注重发挥班子核心作用和集体智慧，定期召开党支部会和经理办公会，坚持民主集中制原则，对人事任免调配、财务收支、经营决策等方面的重大事项，都经过召开支部会、经理办公会，提交会议集体讨论研究决定和执行。班子成员认真履行“一岗双责”，督促对各自分管范围内的党风廉政建设工作；参观宁德市廉政警示教育基地，观看闽东50名典型孝廉人物事迹图片展。贯彻中央八项规定有关精神，严格执行《宁德分公司企业负责人履职待遇和业务支出实施细则》的标准和要求，控制领导人员的公务用车、办公用房、业务招待、通信费等方面的履职待遇和业务支出。在日常工作中，倡导增收节支、厉行节约，切实组织开展厉行节约制止餐饮浪费工作，倡导勤俭节约、文明用餐，制止餐饮浪费行为。

（古田人寿保险公司　供稿）

综合管理

【概况】 2020年，县发展和改革局坚持经济发展稳中求进的总基调，紧紧围绕高质量发展落实赶超，以实施“一二三”发展战略为引领，以加快“建三圈兴三业”、打响“千年临水健康古田”发展品牌为主线，保持经济平稳健康发展。

【2020年国民经济和社会发展的主要预期目标】 全县生产总值增长7.5%，力争8%；一般公共预算总收入增长3%，地方一般公共预算收入增长3%；固定资产投资增长10%；农林牧渔业总产值增长4%；规上工业增加值增长14%；社会消费品零售总额增长7.5%；外贸出口13.5亿元；实际利用外资增长5%；城镇居民人均可支配收入增长8.5%；农村居民人均可支配收入增长9%；完成年度节能减排工作。

【2020年国民经济和社会发展的执行情况】 2020年全县生产总值增长3.5%；一般公共预算总收入10.8亿元、地方一般公共预算收入7.48亿元；固定资产投资增长6.5%；农林牧渔业总产值增长5.2%；规上工业增加值增长0.2%；社会消费品零售总额88.08亿元；外贸出口9.5亿元；实际利用外资2290万元、增长26.7%；全年居民人均可支配收入25871元，比上年增长30.09%。

【经济监（预）测】 实行月度监测、季度分析制度，及时跟踪掌握计划执行情况。注重对苗头性、倾向性的热点和难点问题，超前研究、超前谋划。会同县统计等相关部门建立健全经济运行预警监测机制，对经济运行、金融财政、固定资产投资、项目建设等形势开展监测、分析、预测，对经济运行过程中出现的热点、难点问题进行调研，跟踪检查，准确把握全县经济走势。每月及时编发《古田重点建设动态》，为县委、县政府经济工作决策提供依据。

【重点建设】 全年安排在建项目200个，项目总投资2735696万元，年计划投资609435万元；预备项目78个，项目总投资806751万元，年计划投资2069万元。在建项目200项至12月底累计完成投资559564万元，占年度投资计划的91.82%。其中，工业类项目36个，项目总投资643151万元，年计划投资146848万元，累计完成投资122140万元，占年度投资计划的83.17%；能源类项目8个，项目总投资54138万元，年计划投资31680万元，累计完成投资33690万元，占年度投资计划的106.34%；交通类项目48个，项目总投资800787万元，年计划投资162353万元，累计完成投资175078万元，占年度投资计划的107.84%；城建环保类项目32个，项目总投资96740万元，年计划投资38305万元，累计完成投资30721万元，占年度投资计划的80.2%；社会事业类项目32个，项目总投资305757万元，年计划投资57266万元，累计完成投资47248万元，占年度投资计划的82.51%；商贸服务类项目26个，项目总投资796014万元，年计划投资153311万元，累计完成投资131881万元，占年度投资计划的86.02%；农业类项目18个，项目总投资39109万元，年计划投资19672万元，累计完成投资18806万元，占年度投资计划的95.6%。认真研究中央、省、市出台的一系列政策措施和投资导向，并根据2020年中央预算内投资计划编报工作要求和2020年省级预算内投资总体安排意见的通知精神，编报县2020年教育、养老、生态、服务业、交通、城市基础设施建设、乡村产业发展等社会事业项目投资计划。做好项目申报指导工作，主动服务业主，协调业主单位做好项目的前期工作，精心抓好项目的策划、包装，推动业主单位把各项前期工作做深做细，切实做到申报项目可行、材料齐全，内容完整翔实。申报各批次地方专项债券项目12个，其中4个项目获得专项债券安排3.75亿元。申报2个省级预算内投资项目、8个中央预算内投资计划。争取到省级预算内补助资金431万元、中央预算内补助资金2114万元。

【对接“6·18”项目】 在中国海峡项目成果交易网录入十九届“6·18”企业技术需求13个，占市下达任务130%；做好省级重点招商项目筛选上报工作。举办专场对接会。组织协同创新院食用菌（古田）分院举办鹿茸菇技术交流对接会，协助有关单位举办陈靖姑文化节网络直播活动。组织古田广播电视台、今日古田编辑部等主要媒体组成“6·18”专题报道组，及时宣传报道“6·18”工作及典型项目对接情况。定期分批向企业宣传推介高校院所科研成果，向企业推介“6·18”展会期间主要论坛等活动信息，推动企业创新和成果转化；筛选6种协同创新院食用菌（古田）分院食用菌新品种及深加工产品参展，组织古田分团队38人参会。组织开展“6·18”资金扶持工作。2020年所申报的协同创新院食用菌（古田）产业技术分院建设运行项目获得省级预算内补助80万元。

【价格调控】 抓好价格监测分析预警。共设立5个价格监测点，分别为冠超市、永辉超市、中天超市、大世界市场和农资店，严格按照价格监测报告制度分析报价，共向市局上报周报表52份，完成月度价格形势分析报告12篇，能够较好地反映市场价格波动情况，及时作出预警分析。发布民生信息。在福建价格监测网、古田县政府网站和大世界农贸市场LED显示屏等宣传媒体推进民生价格信息发布工作。9月，拓宽价格信息发布渠道，增加古田电视台滚动播放和“古田发布”微信公众号头条发布“价比三家”信息，微信阅读量一天达1500人次，创出县信息类阅读新高。2020年共发布“价比三家”信息174期，让更多群众了解民生商品价格信息，稳定市场消费预期。建设平价商店。根据《宁德市人民政府办公室关于印发宁德市农副产品平价商店管理实施细则的通知》（宁政办〔2018〕60号）文件要求，原计划在永辉超市、中天超市、冠超市和宜之佳超市从2020年1月18日至2月8日开展为期22天的春节期间平价商店活动，受疫情影响，为做好稳价控价工作，主动将运行时间延长至疫情稳定后，开展为期58天的平价商店，差价补贴共计30.4万元，除市本级外补贴价款在宁德市排名第一，开展时间在宁德市排名第二，有效平抑物价，切实缓解物价上涨。启动联动机制发放价格临时补贴。1—9月古田县启动价格补贴联动机制，县发改局牵头，督促民政局、财政局、人社局、退役军人事务局等各部门各司其职，密切配合，对城乡低保对象、特困人员、革命“五老”人员、领取失业保险人员、优抚对象以及阶段性纳入保障范围的孤儿和事实无人抚养儿童及时发放1—9月价格临时补贴，共8.7万人次受益，发放补贴共计396万元，努力保障困难群众生活不因物价上涨而降低。完成冻猪肉储备投放任务。根据上级文件精神，县发改局制定出《关于保障古田县市场供应储备冻猪肉的实施方案》，完成市级下达的冻猪肉储备30吨投放任务。

【价格改革】 实行销售电价分类改革。2019年6月省发展改革委再次降低一般工商业用电价格，不满1千伏电价降至0.5959元/千瓦时，1—10千伏降至0.5759元/千瓦时，35千伏降至0.5559元/千瓦时，预计将降低古田县现行一般工商业年度电费约1400万元，此举将再次减轻企业用电成本。完成6家小水电上网电价调整工作。实施服务经济发展的价费措施。核定古田县安泰水路客运有限公司客运票价、古田县城区至高铁北站公交专线票价。核定古田北站站前停车场等3家停车场停车费。调整古田县公办幼儿园保育教育费收费标准，调整降低古田县翠屏湖五龙景区门票价格。为福建恒辉金属制品有限公司、华强、鑫豪、聚丰等四家企业申请丰水期单一制电价（每年4月至10月）能为企业节省电费上千万元；为县污水处理厂（一期、二期）申请峰谷电价，峰时不加价，谷时下降50%。根据《福建省物价局福建省财政厅贯彻国家发改委财政部关于取消收费许可证制度加强事中事后监管的通知》（闽价费〔2015〕34号）和《福建省物价局关于进一步做好行政事业性收费报告和收费统计工作的通知》（闽价费〔2017〕281号）要求，2019年6月在古田县人民政府网公布古田县本级2019年7月1日至2020年6月30日行政事业性收费单位名单和收费项目，未经公布的单位均无权征收行政事业性收费。

【价格成本监审】 做好价格成本监审工作。对古田县医院停车场机动车停放服务收费进行成本调查。对古田县劳动派遣有限公司开展的职业技能培训班收费进行成本核算。完成古田县食品公司生猪屠宰场的屠宰生猪加工费进行成本核算。核定古田新奥燃气公司管道燃气配气定价成本。以上四项成本费用共核减不合理费用112.4万元。为制定和调整价格提供客观、公平、公正可靠的依据。做好农本调查工作。2020年完成农户种植意向调查1项、农户存粮情况调查1项、农户农资购买情况调查1项，中籼稻成本直报调查1项和特色产品脐橙成本常规调查1项，上报农产品成本调查分析5篇、调查说明2篇。

【价格认定】 开展价格认定工作，拓宽涉税价格认定领域，提高价格认定服务水平。开展涉案价格认定82件，认定总金额495.67万元。

【强化粮食保障】 坚持粮食安全县长责任制，围绕实施总体国家安全观、国家粮食安全战略和乡村振兴战略。严格按照国务院《粮食流通管理条例》和《福建省地方储备粮油管理办法》，地方储备粮12786吨。其中，稻谷11429吨，应急稻谷500吨、动态应急成品粮600吨（折算成稻谷857吨）。食用油100吨。加强地方储备轮换管理，严格储备安全、质量管控等制度，确保常储常新，数量真实、质量良好、储存安全、管理规范，完成2020年2150吨粮食轮换任务。落实粮食应急加工企业1家，粮食应急供应网点15家，应急储运企业1家，应急配送中心1家，开展粮食应急培训演练，加强粮食储备安全管理。制定完善粮食应急总体预案和粮食质量安全突发事故专项预案，把粮食应急能力建设纳入“粮安工程”建设规划加以落实。开展全县政策性粮食库存检查工作。根据省、市局工作部署，精心组织全面检查，如期完成检查各项要求和任务，切实摸清古田县政策性粮食库存数量和质量情况并认真做好工作总结，落实问题整改，依法依规严肃查办违法违规行为，化解政策性粮食库存风险。全面提升中心粮库建设和储备粮库智能化信息化升级改造建设，实现信息与省局平台互联互通，实现动态远程监管，粮库在线监控。不断健全储备仓库信息化工作平台，全面推进账、卡、表、簿电子化和账务处理标准化，提升地方粮食储备资金监控效率。依照有关法规、规章，加强储备粮油数量、质量安全等方面的监管，加强对代储企业资格、承储企业日常管理情况以及政策性粮食出入库制度执行情况等进行监管。

【科技项目】 2020年组织实施科技项目10项，其中省科技计划项目4项，县科技计划项目6项。通过项目实施，引进筛选农业新品种3个、研发新机械1项、总结配套栽培技术5项，制定企业技术标准1个，建立示范基地3个，带动就业29人；申请专利1项，发表论文1篇。

【科技创新】 贯彻落实《福建省人民政府办公厅关于印发培育科技小巨人领军企业行动计划（2016—2020）的通知》《省级

高新技术企业扶持办法》《福建省企业研发经费分段补助实施细则（修订）》《福建省科技创新券补助管理暂行办法》《加强企业研发费用税前加计扣除政策贯彻落实工作的通知》《福建省人民政府关于进一步推进创新驱动发展七条措施的通知》等创业创新扶持政策，营造浓厚的创业创新氛围，激发全社会创新创业活力，引导企业加大科研投入。2020年，全县全社会研发与试验经费（R&D）投入1344.5万元（错年值），全市排名第6。1家企业获得2020年度科技创新券补助0.4万元，5家企业获得企业研发经费投入2019年度补助140.29万元；2家企业入选福建省“科技小巨人企业培育发展库”；3家企业通过2020年度省级高新技术企业备案；4家企业通过2020年度国家级高新技术企业认定，全县省级高新技术企业8家，国家级高新技术企业7家。

【科普宣传】　参与文化、科技、卫生“三下乡”活动。为此次活动捐赠1万元，并设置科技服务咨询点，就广大农户关于农业、专利、科技扶贫等方面关注的问题进行解答，同时发放农村实用技术、科技报刊等科技宣传册300余册，帮助农民了解科技惠农政策、提高科技素质。组织、参与开展科技·人才活动周活动与2020年古田县全国科普日暨人才日活动。8月24日、9月22日，分别在县文化广场举办以“科技战疫，创新强国”为主题的科技·人才活动周启动仪式和以“决胜全面小康、践行科技为民”为主题的古田县全国科普日暨人才日活动。活动通过发放科普宣传材料、义诊等形式，向广大群众普及科技惠企政策、农村实用技术、食品安全、防震减灾、禁毒知识、扫黑除恶及科学防疫知识等，引导公众学科学、用科学，树立科学意识，提升全民科技素质。

【科技人才】　实行新时代科技特派员制度，创办或领办经济实体和星创天地或与经济实体开展实质性技术合作的人中选认科技特派员，加大第二、三产业人才的选认力度，促进一、二、三产业深度融合。落实省、市有关科技特派员以及省级扶贫开发工作重点县科技人员（以下简称“三区人才”）相关政策，争取省市级专家到古田县企业及合作社开展服务。共争取到13名“三区人才”，推荐22名省级个人科技特派员，4个省级团队科技特派员，并选派33名市级科技特派员，为期三年。调整充实古田县科技特派员工作联席会议制度，选派38名县级科技特派员，为期三年，实现科技服务乡镇全覆盖。5月，邀请专家评审，对6个由县级科技特派员承担的科技项目给予21.6万元经费补助，科技项目开展领域涉及食用菌、果蔬种植、茶叶、风力发电等。科技特派员们在各自的专业领域为受援单位解决技术问题，累计引进70余项新技术新品种，带动3000余人就业。12月，在古田县食用菌协会第七届会员代表大会上，胡开辉、叶建洪、姚锡耀、杨庭官、陈为平等5名县级科技特派员被评为首届古田县“菌都英才”。其中，胡开辉获得“杰出人才”称号；叶建洪获得“优秀人才”称号；其余3人获得“实用人才”称号。科技特派员曾志芳被推荐为福建省2020年度“最美农业专家”和省“五一劳动奖章”获得者。

【生产与科学研究】　引导和鼓励企业与高校及科研院所合作，开展技术合作与交流，解决产业发展共性问题，并为高校学生实践与企业人才培养提供服务。古田县企业与福建农林大学、福建省农科院、中科院水生生物研究所、中国电子科技集团公司第四十八研究所等高校、科研院所开展产学研合作，解决产业发展技术难题，推进产学研协同创新，加快科技成果转化，促进县域经济健康快速发展。

（县发展改革局　供稿）

统计管理

【概况】　2020年，县统计局扎实开展各项统计工作。一套表联网直报平台有序运行。联网直报涵盖规模以上工业、限额以上批零住餐业、资质内建筑业、房地产业、规模以上服务业、固定资产投资等调查对象。进一步加强核算基础工作，加强部门沟通，共同研究经济社会出现的新情况和新问题。完善统计资料共享机制，增强政府综合统计与部门统计数据之间的协调性和匹配性。严格执行统计调查制度，认真组织实施好农业、工业、建筑业、房地产业、批发和零售业、住宿和餐饮业、服务业等行业，能源、投资、人口、劳动工资、社会、科技等领域各项常规统计调查。开展全县畜禽调查、工业成本费用调查工作。认真组织完成好第七次全国人口普查工作。夯实统计基础，落实县政府印发的《古田县统计基层基础建设工作实施方案》，实行村级统计员岗位补贴，每人每月100元。

【统计执法】 2020年，县统计局组织开展针对领导干部、政府统计工作人员、统计调查对象、社会公众的宣传教育。重点宣传《中华人民共和国统计法》《中华人民共和国统计法实施条例》《全国人口普查条例》《企业统计信用管理办法》《统计从业人员统计信用档案管理办法》和《统计执法监督检查办法》。组织开展“七五”普法总结检查验收迎检工作。制订年度统计法治工作计划，不断推进全县各级、各部门落实防范和惩治统计造假弄虚作假责任，进一步加强统计法治建设。组织干部参加行政执法资格考试，强化执法队伍建设。开展“双随机”统计监督检查；2020年共对35家单位进行检查，处理结案3起统计违法案件。没有发生统计行政执法复议和诉讼案件。

【工业抽样调查】 按照省统计局指定的样本进行抽样调查，调查对象为年主营业务收入2000万元以下的工业企业和全部个体工业调查对象。古田县目录抽样抽中企业15家，非目录企业2家，整群抽样抽中村（居）委会2个。经抽样推算，2020年，全县规模以下工业增加值比上年增长11.9%。

【第七次全国人口普查】 2020年，古田县人民政府高度重视人口普查工作，于1月15日发出《关于开展古田县第七次全国人口普查的通知》（古政文〔2020〕5号），成立古田县第七次全国人口普查领导小组，由县委常委、常务副县长郑国淑为组长，县政府办、县委宣传部、县统计局、县公安局、县民政局等26个相关部门组成，下设人口普查办公室，挂靠县统计局，具体负责人口普查日常组织协调。14个乡镇（街道）、县直各口及县教育局、古田溪电厂相继成立人口普查领导小组和办公机构，境内289个村（居）也先后组建普查工作小组，形成普查组织体系，完成普查区域划分及绘图、普查摸底、登记复查、数据质量检查、审核与验收等主要工作。

【城乡社会经济抽样调查】 城市住户调查：在街道办事处和居委会以及镇所在村委会抽取4个社区、1个居委会、2个村，抽取70户居民作为城市住户调查样本户，住户调查采用日记账和问卷调查相结合的方式采集基础数据。居民现金收入与支出、实物收入与支出等内容主要使用日记账方式采集。住户成员及劳动力从业情况、住房和耐用消费品拥有情况、家庭经营和生产投资情况、社区基本情况及其他民生状况等资料使用问卷调查方式采集。居民现金和实物收支日记账实行“分月录入，按季结算”原则，分季度汇总，其余调查内容采用每季度或年底一次性对调查户访问调查方式取得资料。调查结果：2020年，城镇居民人均可支配收入35018元，比上年增长3.8%；城镇居民人均消费支出22058元，比上年下降1.2%。农村住户调查：全县抽取8个调查村，抽取80户农民作为农村住户调查样本户，住户调查同样采用日记账和问卷调查相结合的方式采集基础数据。调查结果：2020年，农村居民人均可支配收入20262元，比上年增长7.2%；农村居民人均生活消费支出13581元，比上年增长0.9%。农产量调查：2020年中稻产量抽样调查点10个，调查地块50个，样本150个，聘请辅助调查员10人。通过实割实测，调查结果：2020年全县实测粮食产量11.55万吨，亩产385.1千克。商业抽样调查：根据福建省限额以下批发零售住宿餐饮单位抽样调查方案，全省限额以下批发和零售业、住宿和餐饮业法人企业和个体经营户以及其他行业法人单位附营的限额以下批发和零售业、住宿和餐饮业产业活动单位实行抽样调查，2020 年，古田县作为省级样本点，共抽取限额以下商贸业企业 17 家和个体经营户 81 家进行调查，调查数作为全市推算数据的依据。

【居民收入】 2020 年，全县城乡居民收入总体上仍保持平稳增长。据城乡一体化住户调查，城镇居民人均可支配收入 35018 元，比上年增长 3.8%；农村居民人均可支配收入 20262 元，比上年增长 7.2%。

【居民消费水平】 2020 年，城乡居民消费水平总体稳定。城镇居民人均消费支出 22058 元，比上年下降 1.2%；农村居民人均生活消费支出 13581 元，比上年增长 0.9%。

【住户储蓄】 2020 年年末，住户储蓄存款余额达 1484656 万元，比上年增长 12.5%。户籍人均储蓄额为 34941 元。

【户籍人口】 2020 年年末，全县户籍总人口 424900 人，比上年减少 2489 人，下降 0.58%。人口出生率为 9.6‰、人口死亡率为 5.9‰、人口自然增长率为 3.7‰，人口出生率、死亡率和自然增长率均较上年有所下降。

2020 年年末户籍人口及其变动情况表

表 7

年末总户数（户）		132278
年末总人口（人）		424900
其中：城镇人口（人）		137409
性别	男（人）	224744
	女（人）	200156
年龄	0—15 岁	75018
	0—17 岁	81923
	18—34 岁	85939
	35—59 岁	170384
	60 岁及以上	86654
出生人口		4074
死亡人口		2490
省内迁入人口		2489
省外迁入人口		491
迁往省内人口		5875
迁往省外人口		1305

（撰稿：倪庆贺）

市场管理

【概况】 古田县市场监管局承接原县工商局、质监局、食药监局、知识产权局和县食安办的所有职责，并承担物价执法、盐业执法等职责，涉及权责事项大项732项，小项1149项。2020年，县市场监管局以战疫情、优服务、强监管、保民生的工作主线，统筹推进疫情防控常态化与经济社会发展工作。全县食品、药品、特种设备、工业产品质量安全零事故，各项工作成效明显，被授予“福建省抗击新冠肺炎疫情先进集体”称号。

【优化营商环境】 2020年发放“一照一码”营业执照内资企业5696户，占比97.62%；外资企业38户，占比88.37%；个体工商户15340份。汇总梳理“一趟不用跑”事项156项、“最多跑一趟事项”23项，占所有审批事项的99.44%。申报年报企业4932户，年报率96.33%，共有17732户个体工商户申报2019年度报告，年报率96.76%。2020年共办理企业简易注销236户，一般程序注销303户，为企业节约成本约27万元。

【食品安全监管】 创建省食品安全社会共治示范县工作通过省评估验收。为辖区内农村集体聚餐举办者、承办者购买食品安全责任保险，投保金额10万元，覆盖全县40多万户籍人口。牵头完成人大“一法一条例”贯彻落实情况检查。建设食品安全可追溯体系，域内食品生产经营主体在福建省食品生产经营追溯管理系统注册257家，注册率100%；录入数据主体257家，录入率100%；累计录入追溯信息2706271条。加大监督抽查力度，做好不合格食品的核查处置工作。共抽检流通、生产、餐饮环节食品35类，覆盖初级农产品、预包装食品、散装食品、餐饮食品等共计1063批次样品，不合格样品9批次。

【药械安全监管】 先后制定《疫情防控期间药店经营规定》《关于做好“一退两抗”药品零售管理的通知》等制度，检查药品经营企业2353家次。对辖区内19家疾控机构和疫苗接种单位进行全面检查，确保疫苗质量安全。召开古田乡村医疗服务协会会员药械主要法律法规及药品基本知识培训强调使用二类精神药品注意事项，参训150人。开展第二类精神药品使用专项检查工作，向县卫健局移送违规使用特殊药品线索1件。

【特种设备安全监察】 开展涉疫场所电梯、锅炉、压力管道、气瓶充装等特种设备的安全检查，共发出监察指令书3份，立案处理2起。开展全县食用菌菌种场杀菌锅安全隐患排查，发现安全隐患45处，发出监察指令书10份。共检查特种设备使用单位169家，发放监察指令书17份，闭环特种设备安全监管平台重大问题14个。特种设备重点使用单位设备注册率、设备检验率、设备作业人员持证、设备隐患及事故查处结案率均达到90%以上。

【质量计量安全监管】 制订2020年度古田县工业产品监督抽检计划，组织开展工业产品监督抽检，检验工业品150批次。开展海上塑胶渔排产品及防疫物资质量风险监测5批次。共完成检定台秤543台，天平40台，加油机370枪，压力表622块。新增4项计量标准通过宁德市计量所现场验收，率先完成十四项社会公用计量标准建设。指导企业使用全省强制检定计量器具管理系统，2020年，共注册强检计量器具使用单位276家，审核备案计量器具2337台。

【生态环保督查】 联合县商务局、县公安局、编办等9个部门成立古田县成品油质量管控整治联席会议工作领导小组，对全县共计46家加油站（点）进行全面摸底造册，并进行全覆盖油品抽检，共计125批次（含内河船舶抽检）。检查成品油加油站（点）161家次，共立案4起，排除问题隐患15项，移送违法线索4条，发出责令整改通知书17份。大力推进清洁能源替代和锅炉整治工作，加大燃煤小锅炉淘汰力度。共计检查在用锅炉26台，报废拆除3台、停用9台燃煤锅炉。

邀请宁德市技术专家对古田环保监测站及2家机动车检测公司资质进行检查，责令2家尾气检测不规范且环保资质标准超期企业进行整改。

【知识产权保护】 2020年，古田县商标注册申请件数1672件，注册件数934件，全县有效注册量4705件，比2019年同期增长21.95%。2020年共引导57家企业提交重新申请地理标志专用标志使用查办涉嫌销售侵犯注册商标专用权的商品案8起，案值9.3452万元，没收侵权商品12527件。

【综合执法】 推进信用联合惩戒工作。协助县委组织部、团县委等部门查询相关企业违法失信情况131户次，协助法院、公安信用预警7户。规范“双随机、一公开”抽查。开展农民专业合作社、个体工商户2018年度年报抽查工作共计486户。开展2020年企业“双随机、一公开”跨部门联合抽查，完成211户检查对象联合抽查、录入、公示工作。开展“1+X”专项督查工作。共出动执法人员296人次，共检查宾馆饭店、商场超市、烟酒门市等市场主体288户次，发现并移交疑似违反中央八项规定精神线索8条。持续推进公平竞争审查制度工作，召开公平竞争审查工作联席会议，各成员单位共梳理政策措施文件747份。

2020年，县市场监管局共立案172起，其中食药类案件76起，价格类案件13起，商标侵权、虚假广告、无照经营类案件75起。投诉举报共计1597件，与上年同期相比，总量增长90.05%，为消费者挽回经济损失18.91万元。

【党建工作】 局党组、机关党委及各党支部强化“四个标准化”建设，强化党建业务融合，落实党建重点项目，推动非公经济组织使用红色章程，助推农村党支部领办合作社，共指导农村党支部领办合作社41家。有效防控各项行政权力规范运行，廉政风险点。

【新冠肺炎疫情防控】 先后召开20多次疫情防控专题会议，第一时间组建疫情防控工作领导小组、党员突击队、餐饮防控督导组等，细分监管区域，明确监管内容，压实监管责任。开展防疫物资及民生物资抽检工作。检查餐饮单位992户次，督促13家未做好餐饮防控警示提示的单位进行整改，累计督促餐饮主体取消宴席1593场次，涉及酒席15431桌。劝停关闭非生活必需品商铺1031家、开展民生物资及重点防疫物资抽检工作，共计1167批次；药品、化妆品监督抽样46种、发放纸质宣传材料近3万份。强化物价监控，严守市场稳定。要求商场、超市、零售药店明码标价，不得捏造、散布涨价信息。坚决打击哄抬物价、价格欺诈行为。检查口罩等重点防疫商品经营户共计297户，立案9起。将冷链食品疫情防控工作作为防控工作的重中之重，定期召开冷链食品疫情防控工作会。持续大力组织人员对辖区内食品加工企业、批发市场、农贸市场、大型超市、餐饮企业的自建自备冷库，以及提供冷冻冷藏贮存服务业务的第三方冷库进行摸底排查，做到冷链食品一条线底数清。为每一家冷藏冷冻库配备专管员，实行冷链食品全方位无死角监管。2020年，共排查冷冻库数量63个，摸排冷冻冷藏从业人员244人。累计帮助企业复工复产232家，办理市场主体登记5717次。约谈3家外卖平台，规范外卖服务行为。前移关口，帮扶指导非医用防护口罩生产企业复工复产。提供“网上办、掌上办、预约办”等登记注册与行政审批服务。缩短审批时限，做到特事特办、即来即办、当场办结。开辟计量检定校准绿色通道，做到随到随收、随收随检、随检随出。

（市场管理局　供稿）

审计监督

【概况】 全年共完成22个项目（单位）的审计和审计调查工作，出具审计报告和专项审计调查报告31份，查出主要问题金额22663万元，审计发现非金额计量问题93个，审计促进整改落实有关问题资金1002万元，提出审计建议58条，移送县纪委、有关主管部门问题线索3条。

【政策跟踪审计】 2020年，完

成应对疫情“六稳”措施落实情况跟踪审计；聚焦加强金融服务保障、减轻中小企业税费负担、着力降低企业运营成本等6个方面的政策，完成应对新冠肺炎疫情防控资金和捐赠款物专项审计；2020年6月8日起抽调人员协助宁德市审计局完成“两不愁三保障”落实情况专项审计调查；完成世行贷款中国（福建）卫生医疗改革促进项目审计；2020年11月，完成新增财政资金直达县市基层直接惠企利民情况专项审计。

【预算执行审计】 3月起对域内142个财政一级预算单位开展财务数据采集、整理和分析工作，针对预算单位财务系统标准表编写数据分析模型，分析财政资金的收入、分配、管理、使用等情况，筛查问题疑点，推进实现县一级预算单位数据分析审计全覆盖。2020年，完成县本级财政2019年度预算执行情况及决算草案审计，完成国有资产和资本运营管理情况调查、土地收储和存量情况调查以及地方政府债券审计；完成县职业中专学校、县人力资源社会保障局、县工业和信息化局等5个县直部门预算执行审计；完成2019年度卫生健康资金、土地整理复垦开发资金等专项审计。

【政府投资审计】 完成古田县临水大道连接线工程竣工决算审计、古田县高头岭改造工程竣工决算审计、古田县城区宜居环境提升工程竣工决算审计和古田县镇镇有干线工程竣工决算审计等6个政府投资项目决算审计。

【经济责任审计】 完成城西街道、凤都镇、吉巷乡等5个乡镇部门10名主要领导干部经济责任审计。

【乡镇领导干部自然资源资产离任审计】 2020年，完成2019年度农村人居环境和生态环境治理相关政策及资金开展专项审计调查；结合领导干部经济责任审计，自8月起派出审计组协助市局完成大甲镇自然资源资产离任审计。

【中央八项规定精神“1+X”专项审计】 认真履行审计监督职责，按照《中共古田县委办公室关于印发〈古田县贯彻落实“1+X”监督机制实施方案〉的通知》（古委办发〔2020〕2号）要求，结合2020年度审计项目计划，制定《古田县审计局2020年落实中央八项规定精神“1+X”监督职能督导计划》和《“1+X”专项督查职责任务清单》，进一步明确职责，发挥审计“免疫系统”功能作用。结合各类审计项目开展“1+X”专项督查，2020年审计项目中发现问题累计上报问题线索29条，开展2020年节日期间落实中央八项规定精神情况专项督查累计上报问题线索11条。

（县审计局　供稿）

社会事业

教 育

【概况】 2020年，全县有高级中学2所、完全中学6所、初级中学16所、中心小学以上学校18所，其他完全小学15所、农村教学点33个、幼儿园55所（其中民办园31所）、特殊教育学校2所（其中市属学校1所），教师进修学校、职业中专、成人中专、电大工作站等各1所。职业中专在校生882人，高中在校生4906人，初中在校生9575人，小学在校生22881人，幼儿园在园幼儿11668人。全县教育系统教师员工3780人。其中，中学1654人、小学1574人、幼儿园406人、其他各类学校（含局下属事业单位）146人。教育系统委员会下辖党总支部3个，党支部53个，党员1075名。教育局内设8个股室（办公室、人事股、计财股、考试中心、安全股、中教股、初幼教股、思政股）。2020年1月，县委、县人民政府授予县教育局2015—2019年度全县精准扶贫工作先进集体称号。获省级优秀教师称号6人，获省级先进教育工作者称号1人。获得高级教师职称数21人，正高级教师1人。2020年，中学编制数1112人，小学编制数1390人，幼儿园编制数654人。除学校外有4个局属事业单位：电化教育中心、教学仪器站、学生资助管理中心、青少年校外活动中心。

【学前教育】 全县有省级示范性幼儿园1所，县级示范性幼儿园20所。学前三年入园率98.08%，普惠性幼儿园覆盖率100%。实行县幼儿园年检、保教质量检查评估制度，评选出11所优质园。其中，公办园8所、民办园3所。古田县凤凰城润禾幼儿园评为年度县级示范性幼儿园；大甲中心幼儿园创建“宁德市示范性幼儿园”，多次邀请市教育局初幼科老师及专家组成员到园进行市级示范园评估前期指导。制定《古田县公办幼儿园招生工作办法》，按照“划片招生，相对就近”的原则，组织招生片区内的适龄儿童按时就近免试入园，坚持公开公正，阳光招生，维护教育公平。2020年新审批民办幼儿园1家：星河湾幼儿园；新审批校外培训机构4家：古田县点高育英教育培训学校、古田县启韵艺术培训学校、古田县鑫向日葵艺术培训学校、古田县红舞鞋艺术培训。

【义务教育】 2020年，全县初中适龄人口入学率为100%，辍学率为0；小学适龄儿童入学率为100%，辍学率为0。全县6—14周岁三类残疾人口义务教育入学率达到98.07%。坚持把做好进城务工人员随迁子女入学工作摆在教育工作重要位置，通过加快城区学校扩容改造，增加学位满足进城务工人员随迁子女就学需求，保证教育公平。2020年，全县共安排义务教育阶段进城务工人员子女就学1577人（小学893人，初中684人）。狠抓义务教育基本均衡国检后整改工作，强化义务教育管理标准化学校创建，古田三小等5所学校通过省级评估认定并授牌。2020年11月和12月分别与南安市对口学校、东侨经济技术开发区对口学校开展山海协作帮扶活动。

【高中教育】 大力推进优质高中建设，古田一中被评为全国心理健康教育特色校和福建省普通高中课程改革基地建设学校。2020年，古田县高考全省千名之内文史7人，理工2人，古田一中有3人上清华大学和北京大学录取分数线，其中1人以全省第六名全市第一名的成绩，被北京大学录取。

【职业教育】 出台职业教育招生优惠政策，基本完成本年度职业教育招生计划目标。2020年，全县共有1674人就读省、市、县各类中职学校一年级，其中在古田职业中专学校就读的共有473人（其中全日制348人，非全日制125人），普职比为5.77 ∶ 4.23。主动对接高职院校，合办五年制专业，2020年秋季与福建船政交通职业学院合作举办汽车检测与维修技术专业，与宁德职业技术学院合作举办机电一体化专业，两个五年制专业招收新生近70人。对接宁德市四大主导产业，县职业中专电气技术应用、汽车运用与维修、计算机应用3个专业对接宁德市四大主导产业。2020年暑假组织3名兼职专业教师参加市教育教学技能培训，于2020年9月被审核确认为“双师型”教师。2020年，组织学生参加福建省职业院校技能大赛，有3人获得三等奖；组织学生参加宁德市职业院校技能大赛，获得一等奖3人、获二等奖5人、获三等奖1人。

【终身教育】 1月，古田县在全省率先启动“银发计划”，并授牌成立古田县老年开放（互联网）大学；11月，在县社区学院本部设立老年开放（互联网）大学线下实体班。注重社区教育师资管理队伍培训，先后在1月和12月成功举办两期老年教育师资队伍培训班，并到黄田镇洋上村开展“银发计划”积分兑换游学活动。洋上村双学堂被福建省终身教育服务中心评为福建省终身学习品牌项目；古田县社区学院被福建省教育厅、财政厅评为福建省社区（老年）教育示范基地，古田县老年大学水滴志愿者队与平湖镇玉库村老年学习团队被评为福建省社区教育优质学习团队；《老年骨科相关护理知识》《木贴画》《龙桩拳》入选福建省继续教育网络课程资源库。

【党建工作】 贯彻落实上级党委会议、文件精神，建立党建挂校工作制度，召开党委工作会10次，全县教育系统党建工作培训会2次，开展基层党建工作专项督查和基层组织“四个标准化”建设“回头看”3次。古田二小党支部作为全县“四个标准化”建设暨“党建促振兴支部创五星”夺旗活动拉练点，接受县委组织部领导的视察。指导各基层党组织抓好中共十九届四中、五中全会精神和习近平总书记关于教育重要论述精神学习宣传贯彻，原原本本通读《习近平在宁德》等系列采访实录、《习近平谈治国理政》第三卷、《习近平总书记教育重要论述讲义》等著作。成立教育局机关党总支部和教育局机关第一、第二党支部，撤并古田县小新星培训学校党支部，19个党支部及时换届，2个党支部增补委员；发展党员14名，预备党员转正2名。组织党员参加新型冠状病毒感染肺炎疫情防控，组建党员应急突击队，到街道、社区、农村支援防疫抗疫，发动党员通过各种渠道自愿捐款9万多元支援疫情防控。

【德育教育】 加强社会主义核心价值观、爱国主义、生态文明等教育，把“中国抗疫故事”和“身边抗疫故事”等作为思想政治工作素材，上好鲜活生动的爱国主义教育大课和思想政治大课。开展“扣好人生第一粒扣子”“倡导勤俭节约、反对铺张浪费”等主题实践活动，引导广大青少年自觉践行社会主义核心价值观。落实创建省级文明县城工作任务，推进未成年人思想道德建设。7月，开展中小学思想政治理论示范课比赛活动，并从中择优选送参加省市评选，其中，作品《雷锋叔叔，你在哪里》和《垃圾分类你我同行》分别获评宁德市中小学思想政治理论课示范课和福建省第二批中小学思想政治理论百堂示范课。坚持教育与生产劳动相结合，因地制宜，广泛开展劳动教育实践活动，11月，古田九都中学中小学生种植实践项目和古田十二中农耕文化劳动教育实践项目被评为宁德市中小学劳动教育实践特色项目。制定下发《古田县教育局关于进一步推动中小学生“德育之旅”学习体验活动的通知》，组织学生开展德育之旅线下体验活动，帮助全县中小学生了解市情、县情，推进文物保护利用知识及相关法律法规的普及。

【教育改革】 深化教育改革，不断完善学前教育普惠发展保障机制与基础教育均衡化发展机制，持续推动深化产教、校企融合改革。多措并举推进全县教育系统疫情防控工作，为师生创造良好的学习、工作和生活环境，确保师生生命安全与健康。2020年9月14日至11月4日，县委交叉巡察组对中共古田县教育局党组开展巡察工作。2020年，县教育部门处理、答复县政协委员和县人大代表提案、建议共9件。其中，政协提案5件，人大建议4件。2020年，完成行政确认事项数162件，行政审批、公共服务等事项10件。主动公开信息34条，涵盖机构职能、政策、科教文体类等多方面事关群众切身利益的信息；在重点领域的教育公开专栏，共发布信息134条，及时向社会公开中小学、幼儿园招生政策、教师招聘、教师资格认定等教育事业各项工作信息。

【安全管理】 扎实推进综治安全工作，安排专项资金对校园风险进行辨识评估，形成学校安全风险评估报告，通过在学校建立完善、有效运行的风险分级管控体系，在全县范围内构建形成全覆盖、全方位安全风险防控，实现标准化、信息化的校园安全风险辨识管控体系。全面升级校园及周边技防物防设施，大力推进“雪亮工程”建设，全县学校视频监控系统全部与公安“110”指挥中心联网，做到重要部位、易发案部位视频监控全覆盖，校门口硬质防冲撞设施配备率达100%。全县学校安全生产形势总体平稳向好，平安校园得到提质提升，截至2020年年底，参评新一轮“平安校园”的46所学校全部达到“平安校园”AAA级以上等级标准。

【队伍建设】 全年共招聘紧缺学科教师74名（含研究生5名、财务4名），从农村中小学幼儿园选调49名教师补充到城区中小学幼儿园，选派25名新任教师到城区中小学幼儿园跟岗学习一年。2020年，选派中小学骨干教师15名到福州市（10名）、宁德市东侨（5名）中小学跟岗学习。做好引进人才工作，制定《古田县教育系统人才引进培养实施细则》。按照岗位学校所在地距离县城远近、交通状况、条件艰苦和边远程度等综合因素，2020年1月起全省乡村教师生活补助标准提高到每人每月平均不低于500元，同时按四个档次标准给予乡村教师生活补助，全年共发放生活补助390.376万元。2020年，评选福建省先进教育工作者1名、福建省优秀教师6名。

【项目建设】 2020年，实施中小学校长效机制项目、义务教育薄弱环节改善与能力提升项目、镇区扩容项目、PPP项目等工程建设，继续推进黄田第一幼儿园与黄田第二幼儿园的提升工程（内部装修）、大桥中心小学教学综合楼、卓洋中心幼儿园、平湖中心小学改扩建工程、古田一中（莲桥校区）等6个建设项目，开工建设古田县大桥中心小学操场等附属工程、古田十三中围墙等附属工程、古田十一中下操场等附属工程与综合楼修缮工程、古田十中学校操场与学生食堂和学生宿舍修缮工程、古田三中学生宿舍楼修缮工程、古田二小（局下分校）改扩建工程等8个项目，共计14个项目，规划建设面积75586平方米，规划总投资1.895亿元，各项目均能按序时进度推进。至年底，竣工验收黄田第一幼儿园与黄田第二幼儿园的提升工程（内部装修）、大桥中心小学教学综合楼、大桥中心小学操场等附属工程、古田县第十三中学围墙等附属工程、古田十一中下操场等附属工程与综合楼修缮工程、古田十中学校操场与学生食堂和学生宿舍修缮工程、古田三中学生宿舍楼修缮工程等10个项目。

【教育督导】 贯彻落实中共中央办公厅《关于深化新时代教育督导体制机制改革的意见》（厅字〔2020〕1号）文件精神，完善机构设置，2020年7月，教育督导室设立2个内设机构，即办公室、督导评估股。对照《福建省人民政府教育督导办公室关于反馈古田县“两项督导”省级督导评估意见》中存在的主要问题，逐项落实整改。紧抓新冠肺炎疫情防控工作，开展复学督导，责任督学派驻学校开展挂牌督导；开展“控辍保学”“教师工资收入”“心理健康教育”等工作专项督导以及幼儿园办园行为督导评估，确保全县学校健康有序发展。

【奖教工作】 2020年，全县受表彰学校36所，覆盖教师251人次，共发放奖教金225.6134万元。其中，教学质量奖13.64万元，学校综合评价奖70.26万元（含新评定的县级示范性幼儿园奖励28万元），教学竞赛奖4.24万元，高考奖励84.5334万元，一中实验班专项经费18万元，2019年7月至2020年6月先进个人、长期扎根山区教师、辅导奥赛获奖教师、优秀教练员等奖励34.94万元。

【教育教研】 制定《古田县中学名师工作室实施方案》和《古田县小学、幼儿园名师工作室实施方案》，明确名师、成员、研修员的职责和义务等，2020年对23个中小学名师工作室的名师、成员、研修员进行全面量化考核，评选出5名优秀名师，23名优秀成员，13名优秀研修员。采取多种方式抓好教师的教研培训工作，通过举办研讨会、教学观摩、送教下乡、成果展评等活动，发挥各学科名师和骨干教师在课堂教学改革中的引领、辐射、示范作用，全年共举办全县性教研活动5场，600多人次参加活动，小学组织4场片区教研活动，参与人数达660人。县教育局与南安市教育局组织开展南安—古田2020年（秋季）山海协作教育对口帮扶活动，共有小初高中教师618人次参加受训。

【扶贫助学】 完成年度教育扶贫任务。落实并发放2020年学前、义务、普高、中职各学段国家各类助学资金1687.4万元，受益困难学生4030人次；发放地方政府补助金229.3万元，其中受助建档立卡学生1368人次。疫情防控期间加强对贫困家庭学生居家学习跟踪指导，对贫困学生开展“免流量，提网速”助学行动，对建档立卡学生开展一对一帮扶工作。完成2020年1245名学生生源地信用助学贷款预申请资格认定工作，本年度新增贷款学生881名，贷款金额645.02万元；续贷学生1446名，贷款金额1063.98万元。古田一中等16所中小学校通过市一级标准化验收。

【体卫艺工作】 加强和改进学校体育工作，指导和督促学校设计、安排和开展好体育教学活动。做好《国家学生体质健康标准》测试和数据上报工作，确保学校上报率达到95%以上，全年中小学生体质测试人员总数为38346人，参与率为100%，合格率为95.55%。12月继续开展古田县戏曲进校园活动，加强中华优秀传统文化教育在学校的普及度；加强国防教育特色学校创建工作，做好“双拥”工作材料报送工作，配合县征兵办做好一年两季的征兵工作。努力抓好学校新冠肺炎疫情常态化防控工作和食品卫生安全工作，要求全县各学校（幼儿园）制定和完善防控工作的“两案九制”。

【语言文字】 贯彻《中华人民共和国国家通用语言文字法》，制定《古田县中小学“书香墨香校园”实施方案》。开展“推普周”活动。完成“一诵二会三字”系列活动，包括师生朗诵活动、汉听大会和诗词大会、“三字”（中小学生软笔字、中小学生硬笔字、教师粉笔字）大赛。组织师生参加宁德市教师粉笔字与学生汉字听写比赛，其中8人获市特等奖；4人获市一等奖；9人获市二等奖。组织学生参加福建省第二届中华经典诵写讲大赛“诵读中国”经典诵读赛，其中古田县第一中学作品《天使的身影——凝视武汉》《我骄傲，我是中国人》分别获省二等奖和省三等奖。

【疫情防控】 对全县教职员工5061人落实首次检测，覆盖率为100%。开展培训演练，防疫物资保障到位。及时发现，强化预防。

（撰稿：兰鹤鸣）

文化 体育 旅游

【群众文化活动】 县文化馆举办“情牵故土守望乡愁——古田县乡村文化振兴”文艺会演、“非遗传承、健康生活”“非遗”图片展、“庆元旦”优秀电影展播活动；县图书馆云图数字有声图书馆建设卓有成效，累计出版有声读物15万余小时，内容涵盖文学、历史、政治、法律、哲学、经济、管理、军事、医学、艺术、教育等领域。县图书馆举办“翠屏讲坛”《培养孩子专注力》专题讲座、“4·23”世界读书日线上阅读活动、“粽味飘香细说端午”诵读活动、“‘月圆中秋传承经典’观展览，趣答题”活动。县博物馆举办馆藏“四圣”寿山石雕线上展览、“千年临水情健康古田行——2020年陈靖姑文化节网络直播活动”“决胜全面小康决战脱贫攻坚——2020年福建省社会科学普及宣传周”等一系列活动。黄田镇双坑村黄文清被评为福建省2020年度乡村文化和旅游能人、文旅部2020年度乡村文化和旅游能人。

【非物质文化遗产保护】 成功申报、并被批准第六批市级“非遗”代表性传承人“粿面制作技艺代表性传承人黄丰温”“薛公信俗代表性传承人卓秀基”等7人。申报“古田红茶制作技艺”等县级“非遗”项目8项。“非遗”项目新增保护单位3项、县级“非遗”项目代表性传承人19项。

【文物保护】 在全市率先完成不可移动文物保护范围和建设控制地带的划线落图工作，全县325处不可移动文物保护范围和建设控制地带的划线落图工作全部完成，并向省、市报送相关数据。

【乡村文化振兴】 组建“新文艺”“土专家”等八支“理论宣讲轻骑兵”小分队、90多支乡镇（街道）宣讲队，到乡村宣传宣讲共300多场，受众超过2万人，分发“党的十九届四中全会精神”乡村材料500多张、录制古田话快板“疫情防控”短视频助力疫情防控工作。打造乡村振兴金翼文化带，完成金翼村建设规划。该项目规划总投资4000多万元。举办金翼研讨会2场、乐龄学堂志愿者活动6场；杉洋村和坂中村乡村文化振兴举措被推荐为宁德市市级典型案例；完成40支文化队伍与195名文艺骨干的登记备案工作，包括绘画类、“非遗”类、歌唱类、舞蹈类、广场舞、传统技艺、文学、摄影、曲艺等类别。完成黄田镇金翼村、城西街道罗峰村综合文化服务中心等2020年村级综合文化服务中心示范点建设；鼓励“非遗”传承人进行疫情防控的相关作品创作，累计完成数十幅防疫抗疫作品；完成古田县第二次农业文化遗产调查，发现1处农业文化遗产，为平湖端上村桥渠。县政府公布平湖端上桥渠、富达蓝公府、水口岭边摩崖石刻群3处乡村历史文物为第十批县级文物保护单位。平湖镇端上村被公布为2020年省级重点改善提升历史文化名镇名村及传统村落，补助资金600万元；杉洋镇珠洋村争取到“十镇百村”补助资金400万元；持续宣传贯彻落实《古田县畲族文化保护条例》，印发少数民族法律法规、政策制度读本1000份；为福建乡村文化记忆丛书《乡土乡味》《乡风乡俗》提供素材15篇；薛后村村史展示馆。

【体育设施建设】 完成古田县常态化体育场地调查统计；城东、城西街道办事处对境域内民众晨晚练体育活动点进行规范挂牌（每个社区5个），主题为“健身、快乐、健康”；完成国民体质监测，据监测数据显示，古田县达到《国民体质测定标准》合格人数比例为92%；会同县财政局申报城西街道罗峰村体育休闲公园、大甲镇村溪村健身步道两个项目以及凤埔乡古田九中校园、大甲镇村溪村笼式足球场项目；完成国家级青少年体育后备人才（游泳）基地危楼拆除工作；组织翠屏湖水上中心设施设备拆卸，盘点、评估工作。

【备战十七届省运会】 疫情期间，在做好防疫工作的前提下，通过线上辅导的形式，鼓励运动员在家中进行基础体能训练，同时结合实际体育设施情况，分批分时段组织游泳、蹦床、乒乓球等项目运动员进行少量单独训练；疫情防控工作常态化以后，组织游泳、蹦床、乒乓球等项目复训。赛艇、皮划艇项目委托武汉体育学院组织训练。出台《古田县备战参赛福建省第十七届运动会方案》，争取在十七届省运会上夺取6枚金牌。

【文旅企业复工复产】 组织全县文化市场经营单位业主就复工复产相关注意事项进行集中培训，学习《宁德市文化娱乐行业复工复产新冠肺炎疫情防控工作指南》等文件，统一印制并下发古田县娱乐场所消毒记录表、消费者信息登记表、员工健康信息表等疫情防控管理文本。对复工企业实行网格化管理，安排执法人员进行巡查，检查复工企业在生产中落实防疫消杀及安全生产各项措施情况，详细了解企业返工人员健康情况动态管理、工作及住宿场所卫生健康防疫及厂区出入车辆及人员登记管理情况，指导企业做好新冠肺炎疫情期间复工复产应知应会内容的宣传。

【文化市场安全生产】 通过文化市场经营单位业主微信群平台通报市县安委会安全生产相关文件精神、安全生产相关法律法规和当前辖区内娱乐场所安全生产形势。要求各经营单位业主在抓好疫情防控，强化法律意识和安全生产意识。组织人员对歌厅、网吧、图书零售、印刷厂等文化市场经营单位的房屋结构安全隐患进行全面摸底排查。

【学校及周边治安综合治理】 为确保古田县校园周边文化市场防疫应急措施落实到位，保障学校师生返校复课后的健康安全。4月1日，组织执法人员对城区10所中小学周边文化市场进行全面检查，重点检查12家复工开业的图书零售店落实场所消毒等疫情防控措施情况，坚决查处贩卖色情、淫秽、凶杀、暴力的图书音像制品。同时要求经营单位完善防控预案，避免人员聚集。此外，执法人员还对离校园距离最近的歌厅、网吧、电子游戏机室等暂未复工的经营单位进行巡查，确保停业措施落实到位。结合“扫黄打非”各专项行动，重点针对图书零售，印刷企业、校园周边文具图书店、文化广场进行集中清查。累计收缴非法出版物103本，其中少儿类35本，9月22日，依法查处取缔一家大桥镇未经许可擅自从事出版物零售业务的书店。

【旅游市场宣传推介】 策划“主播带你游闽东乡村振兴公益行”古田行程活动和“我想去看看”旅游集团的看点直播旅游公开课，在线上和线下推广“千年临水，健康古田”文旅特色品牌；依托陈靖姑文化节，举办网络直播活动，通过海峡两岸直播连线，同步参与古田祖庙祭祀活动、祈福活动以及网红星主播在云端的临水文创产品售卖活动，扩大陈靖姑信俗文化的影响力，和“千年临水，健康古田”的文旅品牌知名度。

【旅游景区创建】 重点培育4家AA级景区，3家AAA级景区。城东街道桃溪村成功创建“全国乡村旅游重点村”；前洋村创建特色文旅小镇；委托福建省航空运动协会编制《福建省古田县航空运动旅游产业发展专项规划》，并完成二稿编制；杉洋村申报国家AAA级旅游景区、省级旅游村。2020年，前洋村被授予国家级“文旅小镇”、省级旅游村；古田“生态休闲旅游线路”列入文旅部推荐全国乡村旅游精品线路，具体线路为城东街道桃溪蘑菇部落景区—吉巷乡坂中乡村旅游示范点—卓洋乡前洋村古民居—杉洋镇白溪草场；持续实施“厕所革命”工程，完成旅游厕所5座；出台《古田县促进旅游产业发展八条意见》等，县财政每年安排专项资金，采取“以奖代补”的形式，全方位支持旅游产业链条多元化延伸发展。

【招商引资】 引进中煤集团，在鹤塘开发建设中国仙鹤湾康养小镇，项目分为生态环境修复、康养医疗产业、文化旅游产业三大块；北京乡贤林澄清、林木清回乡投资建成“蘑菇部落”AAA级景区，项目采用“创意农业+旅游+文化”发展模式，拓展乡村生态游的外延，二期建设动工；引进水竹洋村白水寨生态农旅综合项目，建设集农业观光、文化科普、手工体验、IP创意、休闲度假于一体的综合性乡村旅游目的地。上海乡贤钱大振在大桥钱厝建设樱花谷和屋里厢民宿，屏南人士在吉巷水竹洋建设水竹洋生态农业观光基地。

【农村电影放映】 年度放映农村数字电影3355场，辐射275村，观看达16万人次。

（县文旅局 供稿）

广播 电视

【概况】 福建广电网络集团古田分公司承担古田境内的中央电视台、各省卫视、省内省市县电视台以及付费频道节目信号传输；经营高清互动电视、广电宽带、电子商务、视频点播、阳光政务、远程教育等增值业务。

【安全播出】 全面压实安全责任，严格落实集团关于疫情防控和元旦、春节、“两会”、国庆等重要节点的安全生产、安全播出工作；严把内容、播出、网络和传输“安全关”，明确岗位责任，落实安全播出责任制，认真排查安播隐患，完善应急响应机制，确保安全播出无漏洞、无死角、无隐患；同时还加强值班值守，领导主动靠前指挥、各部门要协调配合，严格落实24小时值班制，成立县内应急维护队，基本具备专业的应急工程施工能力。严格落实每日零报告制。

【信号传输】 福建广电网络集团古田分公司担负古田县辖区内省一干、省二干、县主干及乡镇村干线合计2015千米光缆线路维护。各乡镇均设有广电网络站点，各区域设网格人员，落实广电设施维护职责。

【网络优化】 加大网络基础设施建设、改造力度，结合为民办实事项目对符合规定条件的区域进行FTTH光纤网络改造，对偏远自然村开展联网、入户工作。高质量高标准建章立制、快速上轨、高效运行。

【广电节目播出】 加强昆山微波站维护，确保有线电视信号未覆盖地区的广大群众可免费接收和观看中央一套等16套常规节目并且做好中央、省、市有关节目的转播工作；发挥“村村响”应急广播宣传作用，加强对疫情防控以及各项政策的宣传力度。

【文化惠民】 2020年1月，古田分公司参加文化科技卫生“三下乡”活动，带领便民服务队伍到平湖镇达才村开展营销服务活动，并与联通公司共同为达才村捐赠一年的“沃爱家”套餐业务，切实提升农村群众的精神文化生活水平。5月，古田分公司与其他单位协同开展“三电”设施安全保护宣传活动，助力“电力、电信、广播电视设施”稳定运行。

【疫情防控】 2020年新冠肺炎疫情防控期间福建广电网络集团古田分公司技术部门成功保障县政府视频会议63场，联调测试政府视频会议71场；防汛视频会议联调测试54场，保障防汛会议27场；使用政务科达视频会议系统联调68场、保障62场；使用财政视频会议系统联调16场、保障16场，保障疫情防控的指令及时传达到各单位。2020年9月，福建广电网络集团古田分公司与古田县卫健局签订古田县应对秋冬季新冠肺炎疫情防控应急演练合作协议。10月，完成县疾控中心、县医院、湖滨卫生所等8个演练点的疫情演练视频拍摄。

（古田广电公司 供稿）

临水宫景区建设

【概况】 2013年1月，福建省古田临水宫文化旅游发展有限公司成立，地址在古田县大桥镇中村。为古田县人民政府独资，授权古田县临水宫管理委员会履行出资、管理职责。公司经营范围：从事临水宫保护与开发；旅游基础设施建设；土地整理、开发；房地产开发经营；旅游资源开发；旅游管理服务；旅游景区管理；旅游信息咨询；旅游景区配套设施建设；农业休闲观光服务；漂流、骑马活动；休闲健身活动（不含弩射）；文艺创作与表演；文化、艺术活动策划；娱乐及体育设备出租；汽车租赁；停车场服务；集中式快速充电站；电气安装；电气设备修理；对文化旅游业、体育产业、住宿及餐饮业的投资；住宿、餐饮服务；预包装食品、散装食品、初级农产品、服装、鞋帽、日用品、文具用品、体育用品、艺术品（不含象牙及其制品）销售；会议及展览服务须依法批准的项目，经相关部门批准后方可开展经营活动。

古田临水宫景区开发项目是福建省重点项目，该项目以临水宫祖庙为核心，规划红线范围约104公顷，预计总投资为5.51亿元。分为六大功能分区，即临水宫核心朝圣区、民俗文化博览园、夫人水袖、旅游服务区、临水夫人文化传承区、旅游发展预留区，以及省道联十线景区段公路改建工程等及相关配套设施。2020年12月完成投资资金3.35亿元。

【竣工项目】 古田临水宫创建A级景区项目2019年12月21日通过专家考评组验收，国家AAA级景区。古田临水宫景区临水公园一期（朝圣广场）工程占地面积10773平方米，建设内容有回廊、双向通透式戏台、十二婆姐绿地、照壁、绿化及圆心广场等。2019年5月8日，临水公园（朝圣广场）一期工程竣工。该工程设计投资1640万元，实际投资2732.4007万元。古田临水宫民俗博览园（游客服务中心含停车场）一期工程为地上三层（局部地下一层建筑面积296平方米）；建筑占地面积3104平方米，建筑高度16.85米；建筑面积8826平方米；中标价为2270万元，其中停车位：215个（大车停车位17个，小车停车位198个）。游客服务中心一期主体建设于2019年1月18日竣工验收，完成项目财审后完成投资金额为2348.5869万元。临水宫景区绿化项目移植多棵老树、大树（樟树、红皮榕），于祖庙食堂边坡种植梅花，梅花园面积约2900平方米。项目总投资185.6万元。项目于2018年12月竣工验收投入使用。

【规划项目】 游客服务中心一期室内装修工程位于民俗博览园内，游客服务中心一期占地面积3100平方米，共计三层。第一层建筑面积2999平方米、第二层建筑面积2603平方米、第三层建筑面积2748平方米，本幢建筑总建筑面积约8350平方米。以四星级酒店为标准，标准客房108间共216个床位，总投资2300万元。功能分区一层：主要为酒店大堂、餐厅和办公管理、贵宾接待室以及游客服务中心的母婴室、医务室和多功能视频厅以及特产展示区等功能区。二层：主要为标准客房区、贵宾接待包厢的功能区。三层：多功能会议室（需要时可以摆台作为大宴会厅使用）和标准客房区等。2020年项目完成主体工程建设、室内装修工程完成财审。民俗博览园景观提升工程一期项目总占地23000平方米，为游客服务中心配套工程与衔接朝圣广场的下穿通道共同组成，项目总投资约1000万元。主要建设内容包含：入口大门及围墙。体现临水文化的中轴景观；可容纳193辆机动车，其中包含176辆小型轿车，17辆中大巴车的停车场；新中式的酒店中庭景观“雅园”，满足宾客休闲使用；景观绿化主要以丹桂为基调树种，搭配红花檵木桩景、多头香樟、香泡树、茶梅树、丁香等主要树种。考虑到防蚊、驱虫及驱蛇的效果，在品种选择上也适应性地考虑到该功能与美化效果的结合。2020年，项目完成规划设计任务。旅游服务区（一期）生态停车场总面积约95648平方米，共有停车位1523位。其中，大巴车位61位（含充电设施停车位11位），小车车位1462位（含充电设施停车位294位，残疾人停车位10位）。配套公共卫生间一座，面积175平方米。停车场绿化配植香樟、秋枫、红皮榕等，满足车辆遮阴的需求。项目在规划设计中。供水工程包括新建取水工程、净水厂工程及输配水干管工程。其中新建净水厂工程为临水宫水厂，位于中村电站南侧的山坡地，占地面积4000平方米，近期设计规模2000立方米/天，出水满足国家规范要求。排泥水经叠螺式脱水脱泥机进行处理，处理后污泥含水率低于20%后外运。水源以观音排为主水源、龙门溪为补充水源，供水范围包括临水宫景区及中村、洋中村。取水工程含取水头部、原水管（拦水坝另外委托设计），原水管工程为2根DN250从取水口至净水厂，长度1550米；配水管采用分区供水，高区部分由清水池加压到高位水池（标高538米）后向临水宫及部分地势较高的用户供水，其余用户采用水厂清水池（507米）直接供水。加压供水管采用DN200，长度1848米，DN150

管道500米；普通供水管采用DN300，长度2630米。配水干管呈树枝状布置，配水管长度合计约4.978千米。2020年完成招投标设计工作。

【重要活动】 2020年6月13日，古田临水宫祖庙举办2020年陈靖姑文化节网络直播活动，主办单位为古田县台港澳办、古田县融媒体中心，协办单位为古田县妇联、台湾顺天圣母协会。同日，福建省古田临水宫文化旅游发展有限公司举办临水文创产品首发式，网络销售临水文创陶瓷产品、乌木产品、玉器产品等。“夫人瓷（慈）”系列文创产品首次亮相，共推出福生、资生、衍生3个系列43款产品。直播全网观看量213.6万人次。各平台评论、点赞、云上祈福、活跃微信群互动量32.4万次。“云端”的另一边，台湾100多家宫庙代表也在台中龙井区监修宫举办祭典，并通过直播连线方式，同步参与古田祖庙祭祀活动，信众进香祈福，祝愿风调雨顺、国泰民安、两岸和平。参加第十六届海峡旅游博览会与第十届宁德世界地质公园文化旅游节活动2020年8月28日至30日与2020年10月20日到22日，分别参加第十六届海峡旅游博览会、第十届宁德世界地质公园文化旅游节活动。两次展会共有观展游客40多万人次，发放古田临水宫宣传彩页超1000份。

【重大事件】 临水宫祖庙保护与修缮工程项目工程合同造价897.745万元，工期为530天，主要包括临水宫戏台、厢房、拜亭、钟鼓楼、正殿、后殿、仪门、太保殿、梳妆楼等文物建筑维修及配电系统整修，2020年10月28日正式开工。中国农业银行股份有限公司古田县支行同意该公司以固定资产作抵押贷款。2020年12月22日，县政府第18次常务会议协调，中国农业银行股份有限公司古田县支行同意该公司以固定资产抵押贷款。

（古田县临水宫旅游总公司　供稿）

图书发行

【概况】 2020年，新华书店古田分公司坚持抓党建、严管理、促主业、补短板、强弱项，知难而进、奋发有为，统筹做好全年各项工作任务。2020年，销售码洋2289.25万元，实现利润186.37万元。

【一般图书发行】 政治理论读物。全年共征订《习近平在宁德》《习近平在厦门》《习近平在福州》《中国制度面对面》《习近平总书记教育重要论述讲义》及《习近平谈治国理政》第三卷等合计75304册。组织开展全民阅读“七进”工作和“全民读书月新华悦读季”“夜读八闽，书香筑城”等活动。举办“夜读玉田·文化集市”等文化夜市10场，“七进”工作3场，全民阅读书香进校园3次，共计16场次，销售码洋18643元。举办省社科联。在古田金翼之家举行省社科普及周启动仪式上的社科图书展并在现场向阅读者和参加人员赠送书签活动。开展新华卖场举办“寒假爱阅读·名师带你读好书”主题活动和2020年暑假读一本好书活动。开展“4·23”第六届海峡读者节线上阅读推广活动和举办2020年“为爱发声”首届朗诵大赛。举办“六一”特惠专场直播活动和“十一”国庆节“我为祖国朗诵一首诗歌”活动。

【教材教辅发行】 做好2020年春、秋两季教学用书发运、调剂等工作，保证“课前到书、人手一册”。用足免费教材政策，做满市场份额，稳固中小学教材发行量。认真做好账款催收工作，及时回笼资金。继续做好读书活动用书、大中专、职教、幼教等教材的营销工作，进一步扩大市场占有率。2020年，教材销售码洋1672万元，提供免费课本425.95万元，免费簿籍92.46万元。

【综合业务市场】 中小学簿籍全年销售额117万元；中标古田县2020年秋季至2023年春季三年的中小学簿籍发行权。与分公司多次联合开展电教产品步步高专柜促销活动，全年销售额122万元。

（撰稿：曹光裕）

乡镇（街道）概貌

大甲镇

【概况】 大甲镇地处古田县东部，西接杉洋，东北、东南分别与蕉城、罗源交界。土地总面积105平方千米，属于山区丘陵地带，境内重峦叠嶂、环境清静、气候宜人、自然风景优美，境内有千年罗汉松、神奇岩前寨、石林奇观、野生鸳鸯谷、彩虹瀑布等。大甲镇下辖16个行政村，总人口20190人。2020年，全镇实现社会总产值40亿元，增长140%。其中，工业总产值27亿元，增长162%；农业总产值2.36亿元，增长5.4%；农民人均纯收入12557元，增长10.1%；财政收入2167.63万元，增长29.17%。2020年，大甲镇通过第十四届省级文明乡镇验收，林峰村通过第六届全国文明村复查验收，璋地村、邹洋村通过第十四届省级文明村验收，大甲村、际下村通过第十四届市级文明村验收。

【工业发展】 大甲工业区以承接宁德四大主导产业的百亿元园区为目标，形成“两园、五片区”空间布局，共引进企业33家，投产23家，在建促投产企业10家，其中规上工业企业11家年产值20.9亿元。设计园区企业年产值100亿元。2020年，引进古田县车船用微型水泵生产项目、工业区光伏发电项目和锂电池外包装蜂窝复合材料生产线项目等。美佳再生铝、环朝工贸、福晟铝业开始试生产；华链铸件、宁达汽配园、文泰机械、综合考训基地、宁德新能源汽车配套供应链集散中心、闽盛矿业、锂电外包装和微型水泵等项目以及宁古高速公路和南部工业园区安征迁工作序时推进。县道911A2标段公路项目（南北工业园区连接线道路工程项目）竣工通车，该项目投资2400万元；工业区路灯二期项目建成，该项目投资210万元；工业区应急抗旱水源工程投资200万元，在建中；工业区溪西路道路工程完成前期设计等工作；南部工业区完成用地预审、选址意见、可研批复、设计方案等前期工作，其2号、3号地块约652.4亩的林地完成报批。

【小城镇建设】 推进城镇建设，完善发展基础建设。建成溪源南路道路及停车场工程项目，投资300万元；完成大甲村洋坪造福及安置小区渠道改造，投资200余万元；完善小甲村造福新村基础设施，投资76万元；完成郑坪至上书谈书店公路改建工程，投资1000多万元；实施茶洋村内道路硬化项目，投资24万元；实施毗源村至白泉岗村道路硬化项目，投资近220万元。

【人居环境】 共开展镇级河长巡河176人次，河道专管员巡河共计4438人次，发现解决问题69个，打捞河漂垃圾40立方米；综合整治宁古路沿线环境，拆除废旧菇棚、临时搭盖建筑物3250平方米，清理垃圾约85立方米；完成大甲、小甲、岩前、村溪、邹洋、林峰和茶洋村人居环境提升工程，共投资800多万元；开展清除“两违”统一行动7批次，拆除“两违”建筑14处，拆违面积完成全年任务数的123.2%；

开展房屋结构安全隐患大排查大整治百日攻坚专项行动工作，共排查房屋、户室及其他各类建筑物5085户，排查中发现存在重大安全隐患的房屋共49栋，完成拆除12栋、加固37栋，有效处置率为100%。

【乡村振兴】 制订16个村乡村振兴发展战略方案；16个村村集体经济收入均达10万元目标，其中，村溪、璋地、前桃、上书4个村村集体经济收入20万元，大甲村村集体经济收入46.46万元。党支部领办的合作社有宁洋村荣城养殖专业合作社、茶兴农业专业合作社、连罡农业专业合作社和璋峰食用菌专业合作社。

【民生保障】 全镇建档立卡贫困户205户692人及4个贫困村均实现脱贫摘帽。2020年为贫困户发放扶贫小额贴息贷款、教育补助及生活补助和各级扶贫发展资金近450万元；新增城镇就业人员276人，新增农村富余劳动力就业人数230人，用工登记230人，求职登记223人，新增失地农民养老保险1批10户52人；组织开展创业培训4期134人次；完成60周岁到龄人员资格认证任务3314人；超额完成城乡居民养老保险扩面参保工作，工作进度位列全县第一；新增农村低保22户42人，动态调整38户38人，发放低保金共计3209人次119.3074万元。

【文明建设】 2020年，大甲派出所共侦办刑事和行政案件68起，查处违法犯罪人员38人。健全并完善多元化调解机制，人民调解室调解民事纠纷127起，调解企业纠纷2起；大甲工业集中区司法行政多元调处中心解决工业区矛盾纠纷11起，涉及金额1842.5947万元。发挥理论宣讲轻骑兵、乡村讲师团力量开展乡村振兴、平安大甲、扫黑除恶、疫情防控等相关主题宣讲5000多人次；组织开展身边好人推荐评选、慈善文化宣传、星级文明户评选、“一镇一孝廉”和文明殡葬宣传活动，培育和践行社会主义核心价值观；挖掘特色文化，完成茶洋村村歌《心中的茶洋》作词；培育舞蹈类乡村文化队伍2支，其中舞蹈《中国美》获县乡村振兴文艺会演最佳风采奖。全镇“平安三率”水平明显提高，群众安全感率全县第二名、扫黑除恶好评率全县第一名，执法工作满意率全县第四名。

（大甲镇　供稿）

杉洋镇

【概况】 杉洋镇位于古田县东部，属多山丘陵地带，海拔620米，东接宁德，西界鹤塘，南邻罗源，北靠屏南、宁德。全镇总面积205平方千米，耕地面积2.53万亩，下辖22个行政村，65个自然村，32个党支部，党员总数1040名，总人口3.02万人。

2020年，工农业总产值6.99亿元，其中农业总产值4.55亿元、工业总产值2.44亿元。固定资产投资1亿元，财税收入5502.7万元，农村居民人均可支配收入1.93万元。疫情防控期间，摸排重点人群2052人，落实健康管理1756人。共投入67万元用于防疫物资采购帮助企业纾难解困。

【党建工作】 落实基层党建责任，打造白溪村“党建＋旅游”示范点，杉洋村“党建＋文化”示范点，溪门村、坂斗村、东双村三村党支部领办合作社示范点，形成“党建＋农文旅”一体化发展模式。提升基层组织战力，围绕杉洋深厚的文化底蕴和丰富的文化资源，打造长江支队杉洋红色文化教育基地、白溪闽东独立师纪念馆，使基层党建工作更加鲜活生动。围绕基层党组织“四个标准化”建设，打造坂斗村基层党组织“四个标准化”建设示范点。成立杉洋镇党委党校，推进“万民党员进党校”活动进一步明确党委主体、纪委监督责任，明细责任清单，确保责任到人。加强反腐倡廉宣教力度，建设完成如文昌阁廉政文化教育基地为代表的党廉宣教示范点。完成县委巡察杉洋整改“后半篇”文章，做好问题整改与巩固。创新“无过错约谈”机制，警醒干部廉洁履职。

【农业生产】 全面落实强农惠农政策，稳定粮播面积1.95万亩，实现粮食总产量7927万吨；成功培育优质稻展示示范片700亩，建成夏庄等9个粮食产能片区7337亩；打造利洋、东吉、东双3个村3200亩高标准农田。新增农民合作社9家、家庭农场4家。建成杉洋、宝桥、楼下、溪门、夏庄、芹尺、坂斗7个村标准化食用菌生产基地75亩，全镇实现菌筒产量4000万筒，年产值超2亿元，带动全镇2000户农户实现增产增收。规范运行坂斗、东双、溪门党支部领办合作社3家，新形成东双村300亩猕猴桃、岭里村100亩台湾品种小番茄等规模化农业产业，助推乡村产业振兴。

【工贸企业】 新增规上工业企业2家，实现规上工业总产值2.3亿元；新增商贸企业2家，实现产值1.35亿元；新增中小企业56家。

【旅游业】 围绕中国历史文化名镇及东吉、白溪等8个中国传统村落资源优势，培育户外拓展、休闲康养等新业态。建设杉洋—溪门—白溪—湖里“四村连片”精品休闲旅游路线。以白溪村乡村旅游为重要节点的古田生态休闲旅游线路被国家文旅部推荐为全国乡村旅游精品线路之一。

【乡村振兴】 建设乡道Y718芹叶线、Y712横东线、Y711环大白溪旅游公路（通源至山峰洋）、Y715兰浮线（兰里至柴桥头）、Y719柴珠线及Y715兰浮线（柴桥头至浮洋村）共6条农村公路，总投资5232万元；龙舞溪溪门段河道整治项目，总投资2207万元，项目在建中。完成宁古疏港高速公路杉洋段青苗、临构等安征迁工作，累计发放371.89万元；向上争取专项资金1447.88万元，为重点工程项目实施做足资金保障。杉洋村市场改造提升、凝望桥改造、旅游公厕建设、村内道路拓宽等项目，共投资400万元。白溪村传统村落项目房屋立面改造与提升、“闽东独立师驻地”展示馆和“民俗”文化馆建设及人居环境整治，共投资420万元。建设岭里村传统村落项目10栋古民居屋面修缮、古戏台修复、主街道亮化改造、古街立面改造及环境整治项目，共投资300万元。2020年，杉洋“文武古镇·耕读人家”重点文化建设项目完成古街修复725米、主街1.5千米路面铺设沥青与青石板，人行道铺设透水砖，路灯提升，雨污与强弱电管网铺设、绿化、步行街道路两侧建筑立面改造等工程，累计投资2821万元。

【防止返贫监测和帮扶机制】 落实贫困户产业发展增收项目38户、村集体扶贫开发项目5个，安排23个贫困户公益性岗位，发放中央财政扶贫资金262万元、省市级财政扶贫资金16万元，落实贫困户小额信贷216万元。全镇141户458个建档立卡贫困人口高标准脱贫，无一返贫。

【污染防治】 完成第二轮中央生态环境保护督察信访件处置工作，通过验收销号。严格落实河湖长制，全流域覆盖河道专管员队伍22人，开展巡河和环保巡查8357人次，发现并解决问题145起；开展非法采砂、乱堆垃圾、固体废物倾倒、填埋等“清四乱”专项行动，其中拆除违法搭盖7处约10亩，责令关停非法采砂点2处；完成无主矿山生态恢复治理，有序推进渣场覆土复绿，打造生态宜居的“清新杉洋”。

【重大风险防范】 加强重大风险研判，着力化解历史遗留的信访问题和非法集资隐患，大力发展普惠金融，建立完善农村金融档案、农村信用体系，民间金融环境持续向好发展。2020年，杉洋镇被评为“信用镇”，16个行政村被评为“信用村”。

【城乡面貌】 实现绿盈乡村高级版3个、中级版4个、初级版13个。共清理旱厕2座、拆除临时搭建物25处、新增干湿分类垃圾桶200个，完成自然村户厕改造数47户、新建公厕4座、裸房整治85栋，累计投入450万元。开展村庄环境整治，用于全镇污水管网改造，共投入505万元。在2019年度全县农村人居环境整治大比拼活动中，东双村、坂斗村分别获得整治村第一、二名；白溪村、浮洋村获得提升村第一名；岭里村获得提升村第二名。共拆除26宗历史存量违建，2.31万余平方米。开展房屋结构性安全隐患大排查“百日攻坚”专项行动，摸排房屋7684栋，发现44栋重大安全隐患房屋，完成拆除25栋、加固修缮19栋。

【社会事务】 2020年杉洋小学荣获“宁德市文明学校”称号及全县“教学综合质量评比（乡镇组）”第一名。全年出生人口政策符合率92.86%，当年自然增长率2.08‰，人口出生性别比114%。全年调整农村低保387户595人，特困129户129人，全护理特困人员集中供养12人，供养率达100%，共发放低保、特困补助资金405.85万元，发放社会临时救助金20.5万元。岭里、东吉、芹尺、珠洋、叶洋5个村开设互助“孝老食堂”，其中东吉村入选，为宁德市唯一一个全国“敬老文明号”推荐村。全年共办理审批事件、服务事项2012件，群众满意度达100%。“12345”便民服务平台诉求件办结56件，办结率达100%。新增转移农村劳动力就业170人。选送优秀青年入伍，完成全年征兵任务。

【公共安全】 全年共监督检查安全生产、森林防火、消防安全135场次，排查安全隐患6处，下达整改通知6份。全年立刑事案件20起，行政案件110起。累计受理信访事件41起，办结率达100%。完成“七五”普法终期验收工作。开展“扫黑除恶”“反邪教”“禁毒”“平安三率”等专项活动23场次，制作宣传图板、横幅标识300余幅，发放宣传资料等13000份。

（撰稿：周养贵）

鹤塘镇

【概况】 鹤塘镇位于古田县东部，与宁德市蕉城区、屏南县，福州市闽侯县、罗源县毗邻，辖23个行政村，总人口数11792户39022人。镇区域面积220平方千米，耕地面积3.6万亩，山地面积25万亩，森林面积19.5万亩，境内物产丰富、商贸兴旺、经济繁荣，是古田县东部经济、商贸、文化中心，2020年实现生产总值23亿元；镇财政收入1125.27万元；农民人均可支配收入21062元。疫情防控期间，共摸排各类重点人员1.2万余人次，设置23个核酸采样点。2020年，境内本土无确诊病例、无疑似病例、无境外输入病例。

【农业经济】 农业总产值3.99亿元，全镇完成总播种2.88万亩，全镇粮食种植面积2870亩，总产量11090吨，实现粮食产能区增产模式攻关14个村面积9千亩。全面启动食用菌产业提升工作，食用菌年产值4.75万吨，创产值约2.67亿元，完成食用菌标准菇房改造63亩共75间，重点打造南阳村党支部领办合作社示范点，结合电商平台，实现村企共建，线上线下融合发展。新建猕猴桃园面积300余亩，改造茶树品种40亩，改造低产低质茶园110亩，提升油茶基地2000亩，八月瓜、黑老虎、红心火龙果、砂糖橘8个特色水果获丰收。

【工业经济】 全年实现工业总产值16亿元，实现规上企业产值1.0亿元，限上企业产值0.8亿元，完成固定资产投资2.12亿元，培育龙头企业7家。鹤塘域内矿山全面关停。鹤塘镇政府主动作为，扶持鼓励石材加工企业转产转型，转身发展现代农业、休闲农业、服务餐饮、传统加工、机械制造、矿山废弃物利用等替代产业，拟将芝山工业园区作为工业提升试点，培育经济发展的新增长点。

【项目建设】 2020年，在建项目总计11个，年度累计投资1.9693亿元。其中道路项目4个，生态环境项目4个，城镇基础项目1个，第三产业类项目2个。Y725程王线公路改建项目和Y729鹤仙线公路改建项目于11月实现通车；C728东佳线门前潭至佳垅段公路改建工程正有序推进；12月，合民有限公司废弃矿渣回收再利用项目建成投产，古田县鸿远公司竹制品加工项目建成投产，嘉隆文化旅游服务中心和鹤塘镇特色农业产业园完成年度投资。

【生态环保】 全面关停矿山38个，并进行综合治理，其中完成黄盛万、大方石材2个矿山的预留景观打造治理任务，完成幽岩黄家信矿山等11个自然修复治理任务，完成东际村亭下胡世江等17个矿山覆土复绿工作。引进合民、安徽聚璟等公司全力治理石材企业废渣，2020年治理完成堆渣场11个。完成306省道公路沿线（鹤塘路段）两旁废石乱堆乱放的清理，并重点完成红绿灯沿线环境卫生整治，共清理600多立方米零星碎石和建筑垃圾。合理布局污水管网和化粪池终端建设，同时整合古民居资源申报中国传统古村落，推进村庄主干道裸房整治。2020年，全镇完成改厕37户，新建公厕10个，完成整治农房83栋，完成23个行政村房前屋后整治，完成南阳村生活垃圾“干湿”分类试点建设。

【乡村振兴】 大力培植“下三口”片区油茶产业和“上三口”香菇、猕猴桃、红曲产业，扶持发展党支部领办合作社、乡贤创办企业，形成以佳垅村乡贤投资油茶加工、程际村猕猴桃种植销售，溪边村创办香菇品牌为引领的现代农业发展新格局。建成南阳、程际食用菌标准房和南阳、仙山猕猴桃种植基地。前圪村利用千年的历史和丰富的地热资源，发展休闲康养、观光田园和油茶种植等产业，项目完成温泉勘探。佳垅村发挥乡贤优势，建设旅游景区和田园观光旅游线，做好油茶、茶叶产业开发和精深加工。上井边村、文车岭村探索发挥支部领办合作社优势，发展养殖、蜂蜜、猕猴桃等，促进村财增收。

【平安建设】 设立信访评理室24个，共受理信访件42件，办结42件。办结政务“12345”平台信访案例70件，满意率100%。做好禁种铲毒工作。利用罂粟开花时节，发动镇村干部开展拉网式踏查600余人次，从源头上遏制非法种植毒品，新增社区戒毒社区康复人员6人，解除社区戒毒社区康复人员14人。落实安全生产工作。联合相关部门开展安全检查12次，配合县应急管理局查处非法销售烟花爆竹3起并及时销毁非法销售的烟花爆竹，排查一般安全问题和隐患23项，整改23项。全年无重大生产安全事故。2020年，共摸排全镇房屋10783栋，发现重大安全隐患房屋26栋。整改中，拆除8栋，修缮加固18栋。此外，镇武装部被宁德军分区评为“先进基层武装部”，镇退役军人服务站完成“示范型”退役军人服务站创建工作，创建“四好农村路”，被评为宁德市“四好农村路”示范乡镇。

【社会保障】 扩大就业，推进农村劳动力技能培训、转移就业、职业介绍、就业指导、政策咨询等工作，转移农村富余劳动力291人。完善动态管理下的“应保尽保，应退尽退”机制，发放60周岁以上城镇居民养老保险约1125.14万元，发放丧葬补助金约45.01元。“五保户”110万元，低保户182.5万元；341名残疾人定期补助得到落实，发放各类助残金75万元；发放革命“五老”生活定补10.2万元，发放临时救助金37万元和救灾2.4万元；发放2020年鹤塘镇义务兵家属优待金暨2019年大学生入伍一次性奖励金共计45.98万元；全镇城乡居民医疗保险33847人，获免缴医疗保险5819人计163万元。

（鹤塘镇 供稿）

卓洋乡

【概况】 卓洋乡地处古田县东部，东接鹤塘，西临大桥，北靠吉巷，南界闽侯。全乡总面积97.9平方千米，耕地面积2.08万亩，辖16个行政村，58个自然村，总人口1.7万人，常驻人口7640人。乡政府驻地卓洋村，距县城42千米，距宁德市区66千米。主导产业为食用菌、果蔬种植，2020年全乡实现工农业总产值5.83亿元，同比增长4.7%，其中农业总产值3.8亿元，同比增长5%，乡镇企业总产值2.03亿元，同比增长3.6%；社会固定资产投资2.29亿元，同比增长6%；农民人均可支配收入19839元，同比增长5%。卓洋乡生态环境优美，旅游资源丰富，农业资源优越。2020年，创建省级传统村落1个、创建金牌旅游村1个。2020年，县委、县政府授予卓洋乡“乡镇（街道）绩效考评优秀单位”荣誉称号（卓洋乡连续4年绩效考评第一名）。9月，卓洋乡被宁德市平安建设领导小组评为卓洋乡全市第四轮首批“平安乡镇”。同月，县委宣传部、中国邮政古田分公司授予卓洋乡“2020年度重点党报党刊征订工作先进集体”荣誉称号。11月，市消防救援支队授予卓洋乡“第三届宁德市热心消防公益事业先进集体”荣誉称号。同月，市农业农村局、市应急管理局授予卓洋乡“平安农机示范乡镇”荣誉称号。12月，卓洋乡被宁德市人民政府办公室评为2019—2020全市节约型公共机构示范单位。

【农村集体产权制度改革】 完成16个行政村的成员身份界定、清产核资、股份合作制改革，身份认定4531户15461人，确定资产总额为261.5万元、负债总额为791.93万元、所有者权益为1823.03万元、经营性资产为57.5万元、非经营性资产为267.45万元、集体土地总面积为12.09万亩，确定股本总额为57.5万元，其中成员股本总额为3.85万元、集体股股本总额1.90万元，成员股股数为15461股、集体股股数为6634股、股东户数为4531户。

【农业生产】 完成粮播面积1.52万亩、总产量0.61万吨，建立5个粮食产能高产示范区，达到示范效果。完成春防、秋防、非洲猪瘟防控工作以及日常动植物疫病防控工作，辖区内未发生重大动物疫病；完成农药残留检测任务500例，完成率100%。推动千亩高优农业示范园区升级建设，促成“祥云牧业”与“五蕴茶叶”联合，发展壮大700亩知青老茶园；“德云农业”扩种翠玉梨、锦绣黄桃、状元蜜橘、蓝莓等面积130亩。

【工贸企业】 规模以上工业产值13500万元，完成年度目标任务100%；工业固定资产投资额1115万元，完成年度目标任务111%；非农固定资产投资额8320万元，完成年度目标任务104%；培育规上服务业企业1家；新增入库项目5个；新增限上商贸企业2家，零售额2600万元，同比增长18%；成功签约鑫磊建材有限公司、宁德市五蕴茶业有限公司等,完成招商引资合计1.01亿元。

【旅游业】 立足生态资源，深挖文化资源，培育乡村农旅、文旅新业态，推进“全域旅游+特色文化”发展。重点打造前洋“五朝流韵，世外古村”AAA景区，通过引进投资、文创布点、植入业态，盘活古民居和红色文化资源；推进京峰村乡村旅游开发招商引资，促进旅游项目落地；完善曹炉村食用菌采摘体验基地配套设施，推进“京前曹”（京峰、前洋、曹炉）旅游精品区建设，整合形成“古韵风情、生态养生”的休闲旅游景区。注重农村文化、红色文化等特色元素挖掘整理，加强古厝、古街等乡村文物保护，讲好特色乡村文化故事，提升乡村文化内涵。

【基础设施】 完成卓洋乡农村改水改厕工程、卓洋乡街道提升工程、英雄故里庄里村爱国主义教育基地项目、卓洋前洋“五朝流韵，世外古村”重点文化建设项目、古田县卓洋乡树兜村休闲农业示范基地等重点项目，启动卓洋乡中心幼儿园项目建设项目、千亩高优园农旅提升配套工程。投入1500多万元建设吉廖段、吉芹线、曹广线等道路建设和安保工程建设；启动庄里村道建设，农村路网更加完善和安全。投入30万元建设镇区路灯建设工程项目。

【人居环境】 整治村容乡貌，治理村庄环境“脏乱差”，提升宁古沿线风貌，开展农村人居环境整治三年行动。在县农村人居环境整治提升大比拼中示范村、整治村均位列第一，中心村位列第二。大力开展“两违”专项整治及“六乱”整治，严厉打击违法用地违法建筑行为，共拆除21宗违建点，拆除面积1.63万平方米。推广秸秆禁烧和综合利用，秸秆回田处理1200多吨，水、工业污染、农业面源污染治理取得新进展；加大对生态公益林保护，做好天然林保护。

【民生保障】 落实农村“五保”、低保、贫困救助等惠农政策，全力做好特困群众基本生活保障，新增低保户43户62人，“五保”户5户5人，新增事实无人扶养孤儿6人，发放临时救助147人次15.08万元。开展互助“孝老食堂”试点建设工作，建成前洋村互助“孝老食堂”，解决特困、留守、孤寡、高龄、失独、失能等特殊困难老年人的吃饭难问题。统筹抓好城乡居民养老保险、基本医疗保险落实，完成城乡居民养老保险扩面登记1783人，城乡居民医疗保险征缴12216人，贫困户城乡居民基本养老和医保参保率100%。推动就业创业，开展“春潮行动”就业技能培训90人次，输出农村劳动力到外地就业314人，为32名下岗失业人员提供再就业援助。

【平安建设】 开展扫黑除恶专项斗争，严打各类违法犯罪；扎实开展平安创建工作，提升“平安三率”水平；开展全民禁毒工作；推进“七五”普法；开展人口普查；化解社会矛盾，处置信访维稳，解决群众反映的各类信访突出问题61件；消防安全、森林防灭火、防汛抗旱、房屋安全、地质灾害、餐饮食品、工业企业等安全生产工作常抓不懈，排查录入福建省房屋安全管理系统共计3826栋，排查出重大安全隐患房屋21栋，完成拆除7栋、加固14栋，处置率100%。全年无重大安全生产事故发生；国防动员和民兵预备役建设扎实有效，输送优秀适龄青年参军入伍，退役军人服务保障工作得到加强。

（卓洋乡　供稿）

吉巷乡

【概况】 吉巷乡位于古田县中部偏北，东接鹤塘镇、卓洋乡，西与平湖镇、湖滨乡为邻，南临古田溪水库和大桥镇，北同屏南县交界。下辖24个行政村、1个林果场，77个自然村，10个库区村，7个老区村，人口3.49万人。全乡有旅外华侨、华人2.46万人，主要分布在马来西亚、新加坡、泰国等，归侨、侨眷1.7万人。土地总面积207平方千米，其中林地25.66万亩，耕地面积4.79万亩，粮食播种面积4.6万亩。2020年年末，总人口3.49万人。全乡农业生产总值9.32亿元，同比增长4%；规模以上工业总产值完成3.6亿元；完成非农固投1.25亿元，超额25%；农民人均可支配收入20533元，增长3%。疫情防控期间，率先提出“五到位”工作法，即疫情防控到位、复工复产到位、服务保障到位、宣传教育到位、统筹协调监督到位，推动企业复工复产。

【乡村振兴】 省级乡村振兴示范村坂中村完成AAA景区建设方案编制和评审；建成“智慧”银耳观光园项目，投入300多万元，以每年21万元承租给第三方企业进行运营，增加村财收入；“党建促乡村振兴”通过市级拉练检查；新建全省首个“四下基层”主题馆，列为中共福建省委党校和福建行政学院“四下基层”现场教学点。2020年，坂中村开展3次市级有关乡村振兴现场推进会。水竹洋云顶牧场项目一期建成露营草场2万多平方米、主题花海30亩、反季节菌菇种植观光棚20亩，原始天然林打造成网红打卡点，投资1000多万元。兰溪村、韦端村建成水蜜桃基地项目。结合各村特点大力发展食用菌、芙蓉李、高山茶叶、反季节蔬菜、花卉产业等特色产业。坂中村被评为市级文化振兴试点村。全乡成功申请2项县级非物质文化遗产项目，建成6个精品“村史馆”。薛后村、吉巷村、永安村为村级传统文化挖掘模范村。吉巷参与拍摄主题公益广告《路》登在学习强国平台，并在福州市召开的摆脱贫困与政党的责任国际理论研讨会上刊播；微视频《学习重要回信精神走好乡村振兴之路》，获福建省优秀理论宣讲微视频；创作朗诵情景剧《坂中不会忘记》获得全县乡村文化振兴最佳表演奖，表演短视频登在“学习强国”平台。严格落实河长制，完成吉巷乡饮用水水源地保护工程和小流域综合整治工程。摸排“散乱污”食用菌企业19家、整顿2家；完成中央生态环境保护督查和各类突出生态环境问题整改15项。完成改水改厕、环湖农村环境综合整治工程、吉巷乡镇区二期污水管网工程，总投资2300万元。全乡24个村完成污水收集治理；新建农村公厕12座，完成全年自然村户厕改造任务109户，“十三五”期间累计完成改厕5469户，投入资金1200多万元。投入300多万元重点针对“两高一线”的沿线村庄开展裸房整治，坂中村获评省级森林村庄和“绿盈乡村”。

【脱贫攻坚】 2020年，扶贫工作成果通过省、市核查验收。为贫困户制定疫情期间帮扶预案共57户，发放疫情期间慰问金、水电煤气补助及挂钩帮扶资金共7.05万元。产业受疫情影响的贫困户6户，发放政府临时救助金。30户贫困户得到小额信贷续贷150万元，累计发放各级补助资金17.65万元，促成帮扶项目41个，开发公益性岗位10个，共计发放补助资金5万元；累计帮助贫困村争取扶贫专项补助资金132万元，用于完善村内基础设施，改善群众生产生活条件。

【招商引资】 全年累计完成招商引资2.93亿元，超额完成46.5%。在第十届宁德市地质公园文化节成功签约引进水竹洋云顶牧场项目，合同总投资1.1亿元。坂中村签约棕旅房车露营地项目总投资700万元；前垅移民创业园引进十邑同缘生物科技有限公司总投资7628万元。该公司新上银耳多糖提取生产线，增加年产值5000万元，该企业成功入库为规上企业。

【重点项目】 2020年，全年实施县级重点项目10个，总投资1.17亿元，任务完成率100%。完成非农固投1.25亿元，超额完成25%，新增培育规上企业1家、商贸服务业1家。福建省姚淑先本草银耳技术发展有限公司投资建设的本草银耳种植加工生产项目开始量产，年产值3000多万元；乡道前山村至上店、吉巷村至溪坪洋段公路改建工程启动，建设总里程15千米，合同投资2500多万元。宁古高速（吉巷段）安征迁工作进行中。建成高标准农田2600亩，投资416万元；完成旱地改水田项目26.88亩、旧村复垦15.18亩。

【产业发展】 2020年，高标准农田项目1700亩进入招投标阶段。培育省级示范家庭农场1家，新增县级家庭农场2家、县级农业合作示范社4家。基本完成农村集体资产产权制度改革。共完成标准化菇棚提升改造380间，拆除废旧菇棚3.36万平方米。坂中银耳菇棚改造提升项目通过省级农民创业园验收。成功引进央企合作，北京同方洁净技术有限公司与福建优之都农业发展有限公司共同投资8000万元，在永安村建设980间标准化银耳种植菇棚。

【民生保障】 投入美丽乡村建设、垃圾中转站建设、生产道路、路灯、农村污水改造以及环境整治等民生补短板项目共计19个，投入资金850万元，其中库区移民补助资金442万元、“一事一议”资金408万元。完成乡镇饮用水水源地综合保护工程和渭洋溪、兰溪清淤工程，共投入177万元，资金为山水林田湖项目资金；建成镇区供水设施项目，投资90多万元；建设农村生命防护工程18千米，完成农村道路养护110千米，共投入137.7万元。养老保险扩面参保工作位居全县前列，建成并启用薛后村、崎坑村村级“孝老食堂”2个；共新增低保77户139人，特困23户23人；临时求助239人，发放临时救助金26.04万元。

【社会事业】 完成征兵任务。乡武装部被评为2020年度古田县先进基层武装部。2020年吉巷乡被评为宁德市平安乡镇。全县退役军人服务站规范化建设现场会在吉巷乡召开，吉巷退役军人服务站规范化建设作为全县典型进行推广。

（撰稿：卓宜真）

大桥镇

【概况】 大桥镇位于县境中南部，东邻卓洋乡，西接泮洋乡与古田溪水库，北靠吉巷乡，南与闽侯、闽清县交界，距县城25千米，辖区面积202平方千米。总人口39396人，其中城镇人口6871人，城镇化率15.14%。辖36个行政村，130个自然村。耕地面积5.12万亩，人均1.30亩，粮播面积3.62万亩。2020年，生产总产值30.6亿元，比2019年增长4.8%。其中，农业总产值12.06亿元，增长5.9%，工业总产值18.54亿元，增长4%。财政总收入1776万元，同口径比上年增长9.9%，农民人均纯收入18650元，同比增长6.3%。疫情防控期间，累计摸排重点人群348人次，落实健康管理857人次，核酸检测483人次，出具外环境核酸检测报告70份、冷链食品核酸检测报告70份，延长租期或减免租金50户，为复产复工企业协调解决问题12个，帮助联系购置口罩等防控物资8000件。

【项目建设】 古田临水宫景区开发项目总投资55148万元。2020年完成投资5816万元。启动宅里生态停车场安征迁、民俗博览园景观提升工程、供水工程，接待中心室内装修、祖庙保护修缮工程在建，完成下穿隧道主体工程、安置区二期工程。天天源银耳精深加工项目总投资1.2亿元。2020年，完成投资3469万元，项目于2020年6月28日开工，拟建办公楼（研发中心）、精深加工车间、银耳主题文化公园等，完成精深加工车间主体工程。古田大辰樱花谷旅游开发项目总投资7060万元。完成投资1250万元，种植樱花3万株、紫薇150亩、荷花60亩，建设高山农场600亩、环山步道3.8千米、赏樱栈道3.5千米、停车场8000平方米，建成屋里厢民宿，完成申报AAA景区申报文案。

【农业生产】 获批第三批国家级现代农业（食用菌）产业园，村集体、合作社、菇农开展食用菌菇房提升改造289间银耳标准化菇棚、36亩香菇棚。科技特派员领办科技创新项目，示范栽培引进的冬荪新菌种，推广利用菌糠栽培竹荪技术。发展绿色循环产业，引进年产10万吨有机肥产品生产线，综合开发利用废菌棒和耳基废料等食用菌下脚料。大力发展现代农业，继续实施粮食产能区增产攻关与推广项目，建立示范片20个，面积9890亩。实现粮播面积36252亩，产量13887吨，落实水稻种植保险32181亩，耕地地力补贴51222亩。建立益农信息社31个，落实农机补贴127户21.12万元。培育新型农业经营主体，创建市级示范家庭农场1家，县级示范家庭农场2家、省级农业合作示范社1家，县级农业合作示范社1家。建立健全新型职业农民培训制度，举办农民职业培训6期300多人次，养老护理员培训1期113人。

【工贸企业】 新增天天源、泰福昌规上工业企业2家，新增中天购物广场限上商贸企业1家，福建省古菌肥料制造有限公司完成年产10万吨有机肥产品生产线技改，增加税源收入100多万元，新办企业税收分成实现零的突破。发展壮大第三产业，持续用力抓好规上服务业企业培育工作，新增纵点广告规上服务业1家。

【旅游业】 建设丘地、中村、钱厝等村级华侨文化馆，中村村申报侨乡文化名镇名村。钱厝村举办“主播带你游闽东、乡村振兴公益行”和“田教授网络课堂：乡愁创业自在飞”等网络带货、网络直播活动，挖掘乡村特色文化。成功举办2020年陈靖姑文化节网络直播活动、临水文创产品首发成功，开发“屋里厢”民宿体验游、兰坦吾坂赏花游、水果采摘游、食用菌产业链观光游等乡村旅游路线和旅游产品。

【基础设施】 改造提升五岭线等8条农村公路，总里程35.163千米，总投资11561.56万元；大门线等3条农村公路安全生命防护工程，总里程23.48千米，投资279万元；投资105.739万元增设错车道农村公路6条49处，总里程29.163千米。投资311万元实施饮用水水源地综合保护工程；投资95万元修缮建设钱厝村综合性文化展馆；投资300万元建设中村新村产业发展服务中心；投资158万元实施大桥村村内公厕等12个农村公益事业建设财政奖补项目；投资598万元实施农村雪亮工程等9个库区移民项目；投资945.08万元实施张洋、明洋、岭南高标准农田建设5908亩；投资60万元实施苍岩村补充耕地项目，新增耕地约31.6亩。开展农村人居环境整治活动，投资235万元实施高速路口、宁古路沿线绿化整治和沂洋、桃坪亭房屋立面改造工程；完成自然村改厕80户，新建隆德洋等6个村公厕7座；结合房屋结构安全隐患大排查大整治、农村乱占耕地建房问题摸排、卫片图斑整改等拆除重大安全隐患、违章搭盖等建筑面积约39485平方米；完成钱厝、兰坦等5个村128栋农房整治。

【保障体系】 实施敬老院改造提升工程，落实残疾户适老化设施改造11户，投资35万元。新建、修缮苍岩、沂洋2个农村幸福院，投资34万元。启动建设大桥、横洋、兰坦等3个农村孝老食堂；落实低保户、特困户房屋修缮补助7户；邀请省级医疗专家开展“健康到户”下基层义诊活动，落实村所一体化管理，实现21个一体化村所和7个贫困村开展线上诊疗；完成城乡居民养老保险扩面参保登记。

【平安建设】 全年无重特大案件发生，社会治安持续向好。不断完善安全责任体系，安全生产形势持续稳定。第七次全国人口普查数据采集工作全面完成。工、青、妇、残疾人工作扎实开展，统战、侨务、民宗、老龄、关心下一代等工作取得新业绩。

【脱贫攻坚】 全镇91户建档立卡贫困户、7个贫困村实现脱贫不返贫。落实市级产业发展增收项目18个，省级财政专项项目补助57户，安排公益性岗位28个，发放小额信贷27户125万元；实施路灯、公厕、自来水、村内道路、停车场等扶贫开发项目4个74.8万元。落实河湖长制，针对流域内食用菌加工企业污染等主要问题，指导企业通过委托第三方管理等方式加强废水、废气治理，设立环保监督举报公示牌，公开废水治理设施运维责任单位、责任人、污水排放标准等信息，接受社会监督。投资300万元开展镇污水处理厂入河排污口整治和溪坪等4个自然村污水处理工程建设等。横洋溪水质稳定在Ⅳ类以上，较上年有所提升。开展“绿盈乡村”创建工作，36个村都达到初级版以上标准，钱厝村创建经验被省市环保部门公众号推广。风险防范扎实有效，大力发展普惠金融，建立完善农村金融档案、农村信用体系。1—11月，累计发放贷款22514万元，其中创业贷款1043万元，企业纾困贷款380万元，有效解决农业小微企业和农户家庭小微信贷难的问题。2020年，大桥镇被评为信用乡镇，28个村被评为信用村。

（撰稿：张晓晓）

泮洋乡

【概况】 泮洋乡位于古田县东南部，北临翠屏湖，南界闽清县，西接城东街道，东邻大桥镇，距离古田县城10千米，地势自北向南逐渐升高，总面积128平方千米，其中耕地面积约2.7万亩，山地面积约13.4万亩。全乡辖15个行政村（其中老区村8个，重点库区移民安置村6个），总户数3346户，总人口10576人。2020年，工农业总产值54464.6万元，同比增长21%。其中，农业总产值27745万元、同比增长5.2%；工业总产值26719.6万元、同比增长43.2%。财政收入781.05万元、同比增长1.31%。农民人均纯收入15193元，同比增长10%。粮食产量5625吨，食用菌（干品）产量4055吨。辖区旅游资源丰富，有万亩高岗天然草场、生态田园风光、风电机组、传统古民居、省级文物保护单位钱公宝殿。获评2020年全市第四轮首批“平安乡镇（街道）”。

【经济建设】 建成泮洋乡后路村标准化食用菌生产基地，占地40亩、投资900万元。新华村文旅小镇项目建设在建，总投资2亿元。利用库区项目配套建设资金建设移民文化展示、精品民宿、菌菇文化研学、山林景色等多个特色功能区，1000万元。胡老憨果蔬专业合作社与浙江省金华市永根杜鹃花培育有限公司合作，拟开发建设100亩高山花卉种植基地，项目达成意向。

【产业提升】 泮洋、新华、建兴等村发展食用菌、水果产业，大垅、凤竹、上洋等村发展蔬菜产业，上洋和中竹村建设佛手瓜种植基地、食用菌标准化菇棚建设，实施曲斗溪综合开发等项目，完成新华村旱改水提质改造，芹石、泮洋2个村土地开发项目共80亩，建成中直、芹石高标准农田改造项目2179亩，投资348.64万元。全乡全年共种植粮食14952亩、产量5625吨，蔬菜4785亩、产量3852吨，水果3396亩、产量2047吨，食用菌（干品）产量4055吨。

【民生事业】 后路、凤竹村实施民居立面改造，共投资250万元。落实4个贫困村扶贫资金130万元、贫困户公益性岗位20户20人，发放贫困户发展产业、危房改造、义务教育补助资金和小额信贷共计100多万元，贫困户家庭医生签约、女性安康保险、精准扶贫政府救助保险3项，覆盖率均100%。全乡享受低保、特困、临时救助等政策共336人、发放补助金165万元；参加新型农村社会养老保险6488人，扩面751人；农村医保参保率97.53%；新建农村幸福院2座，敬老院入住率达50%以上；小微企业贷款780万元。高速路安置地建设在建，总投资1800万元。完成整体工程和56户分户工作，征迁户按设计陆续开始建房；投资3000万元建成3条四级公路共计14.111千米；建成7.3千米生命防护工程，投资75万元；建成路灯、公厕、饮用水项目10多个，总投资600万元。

【社会事业】 严格落实疫情防控部署，有效开展摸排核查、宣传劝导、设卡值守、重点对象管控等防控工作。推进“一革命四行动”，围绕“五清楚”“六个化”建设，持续开展人居环境“大比拼”及“绿盈乡村”创建工作，在全乡开展“最美庭院”创建活动，累计开展房屋结构安全隐患排查2600多栋，确保农村住房安全，持续推进“两违”等工作，累计拆除共计2万多平方米违章面积，持续建设好美丽乡镇。投资130万元改造乡卫生院，完成搬迁。全乡儿童建卡建证率、免疫预防接种率和新型合作医疗参合率均100%；行业卫生监督量化分级管理率95%。完成国家级卫生乡镇验收，为宁德市2020年唯一通过乡镇级卫生院国家级验收的乡镇。

（泮洋乡　供稿）

平湖镇

【概况】 平湖镇位于古田县北部，与屏南县长桥镇交界，距古田城关28千米，总面积180平方千米，辖29个行政村、68个自然村，户籍总人口43038人。有林地面积18.1万亩，耕地面积4.53万亩，是农业大镇，素有“鱼米之乡”的美誉。2020年全镇实现生产总值28.1亿元。其中，农业总产值15.7亿元，工业总产值12.4亿元。完成财政总收入1732.5万元；固定资产投资3.16亿元；农民人均可支配收入20255元。

【农工产业】 全年实现粮播面积30586亩，建设新舫村莲头洋粮食产能区连片水稻高优示范点面积316亩、唐宦村粮食产能区连片水稻高优示范点面积400亩，平均亩产600公斤，有效保障粮食安全。水果产业扩量提效，特色水果芙蓉李、水蜜桃、油奈产量15479吨。食用菌产业结构优化，全力扶持福建珍菌子生物科技有限公司实施标准化菇棚建设项目，建成标准化菇棚140间，实现日产菌包2万袋、产值8万元/天。投资3000万元实施新森辉千吨水果加工项目，有效提高水果精加工处理效率，延长产业链。远明生物科技有限公司建设年产2万吨生物质燃料项目，投资2500万元。

【旅游业】 实施建设圆瑛故里开发项目（一期）工程投资2960万元，全力推进“一心三区”建设。加快推进富达村中国传统村落保护项目，完善闽东最美畲乡基础设施。建设达才村“红色记忆”工程，黄孝敏烈士史料陈列馆争创省级爱国主义教育基地。打造银坑古村落、端溪桃花观光示范园。

【社会事业】 巩固脱贫成果。全年发放中央、省、市、县专项扶贫资金145万元；发放小额贴息贷款74万元；发放教育助学金13.1万元。保障体系平稳运行。全年发放养老待遇1225万元、涉及8114人，发放丧葬补助金47万元。持续完善城乡低保补助机制，全年发放低保金182.8万元、特困金189.6万元、临时救助30.6万元。推行养老保险和城乡医保，扩大社会保险覆盖面，新增新农保5079人。全年职业技能培训650余人次。玉库村、平湖村、后岩村开办“互助”孝老食堂。全镇中考被县一中录取51名学生。建成平湖中心小学综合楼，投资2400万元。全镇参加基本医疗保险共有3.6万人，参保率达98%以上，基本实现全民参保。2020年上半年扫黑除恶满意率全县排名第一，“平安三率”工作稳步提升。矛盾纠纷化解力度加大，全年共排查矛盾纠纷210件，调处成功率达100%；信访平台和“12345”便民服务平台答复满意率均为100%。推动少数民族村发展，被评为首批全省民族团结进步重点单位。

【项目建设】 交通路网改造升级。2020年12月，环湖路建设完成，实现全线通车。拆除临时构建物66处，涉及面积8230平方米；征地407亩，其中水田157亩、鱼塘183亩、林地67亩。实施9个农村四好农村路路网工程建设，总长度为32千米，投资8452.46万元，建成后镇区通往行政村的道路将全部实现单改双目标。高攀桥项目完成桥墩及桥台基础建设，该项目总投资650万元。水利保障不断夯实。实施玉源溪平湖段安全生态水系建设项目，投资881万元；完成平湖镇饮用水水源地综合保护工程、平湖镇达才村陈洋坂饮用水水源工程，共投资324万元。配套设施加快完善。实施平湖镇综合运输服务站项目，投资515万元；完成镇区路灯、玉源村村内路灯等项目建设；在玉库、钱坂村建设村级文化活动室，投资192万元。

【生态文明建设】 污染防治持续加力。巩固提升中央环保“第二轮”巡察整改成效，加大对10家红曲企业和37家红曲作坊废气废水排放监管力度，确保实现达标排放。实施古田县小流域综合整治工程（柏源段）、古田县小流域综合整治工程（玉源段）、古田县达才溪综合治理项目及平湖镇源里自然村污水处理工程，域内三大河流水质基本稳定Ⅲ类，共投资1752万元。严格落实“河湖长制”，开展河道专管员评星工作，确保河道垃圾治理有效。宜居环境治理不断深化。完成环湖乡镇生活污水配套管网二期项目、环湖农村环境综合整治工程及镇区宜居环境提升工程项目，共投资2600万元。完善镇村两级环保设施设备，配齐村保洁人员，委托第三方负责镇村垃圾清扫清运工作，每天处理农村生活垃圾22吨实施“两违”专项整治，组建专人巡查管控队伍，全面加强巡查，努力做到“露头”就打，处置违法占地、违法建设面积约9.75万平方米，清空系统存量，处置进度占任务数255.27%。

【党建工作】 运用交心的形式与党员谈话22人次、组织3个，其中诫勉谈话5人，批评教育13人，提醒谈话3人，通报批评1人、组织3个。坚持惩治腐败“零容忍”，坚持有案必查、有腐必惩、有贪必处，切实提高案件查处率，全年党纪立案4人。把党的政治建设摆在首位，坚持全面从严治党的要求，认真履行基层党建工作责任制，压实责任，层层签订责任状，使党风廉政建设各项工作形成层层抓落实的良好局面。组织理论轻骑兵宣讲小分队到各村宣讲中共十九届五中全会精神，在全镇兴起学习热潮。切实履行意识形态工作主体责任，把意识形态工作纳入党建工作责任制，纳入纪检监督范围，纳入班子和班子成员述职内容。定期召开专题会议分析研判意识形态领域情况，牢牢掌握意识形态工作主动权。制定实施村“两委”绩效考评考核办法，有效激发村干部工作的积极性、主动性和创造性。探索党支部领办合作社发展模式，推进党建引领乡村振兴。依托富达党支部领办合作社提供金融贷款、水果市场等服务，实现村财收入较2019年翻一番，被评为省级乡村振兴实绩突出村。富达村被列为宁德市党支部领办合作社现场会参观点，其典型经验在县内推广应用。

（平湖镇　供稿）

凤埔乡

【概况】 凤埔乡地处古田西北部，东邻平湖，南靠翠屏湖，西接凤都，北与屏南、建瓯交界，属山地丘陵，土地面积230平方千米，辖13个行政村，48个自然村，人口1.9万人。乡政府所在地距县城17千米。2020年，全乡生产总值达15.4亿元，全社会固定资产投资约2.8亿元，农业总产值约8.27亿元，规上工业产值约3.5亿元。

【“三农”发展】 有序开展农业生产，全乡粮播面积20931亩，年产量8312.3吨；发放耕地地力保护补贴182万元，面积24612.6亩；平沙村、西溪村、东溪村实施韭菜、茄子、芋头、红薯、芥蓝等蔬菜基地建设。福全、旧镇等4个村实施2019年高标准农田项目，共2200亩，总投资352万元。实施2019年第二批高标准农田建设项目1200亩；完成集体产权改革13个村，确认集体经济组织成员12408人，量化经营性资产796万元，成立13个集体股份经济合作社，典型经验做法被省级认可。打造食用菌特色品牌，推进食用菌产业向"规模化、标准化、品牌化、信息化、企业化"五化方向发展，福泉鑫实施三期扩改，投资3000万元；绿华菌包厂实施二期工程，投资2000万元；规划建设特色食用菌产业园区，委托海口城市建设规划设计院完成产业园区概念性规划，向上申报农业强镇示范项目，进一步完善特色产业链条，推动食用菌全产业链区域化改造，切实将产业优势变为发展优势。2020年，凤埔乡成功创建市级平安农机示范乡镇。

【项目建设】 实施古田天宝西朝钼矿5000吨/天采选技改升级项目，完成南尾矿库建设，完成北矿区设备安装，南矿山隧洞累计开挖约10165米，钼矿5000吨/天采选技改升级项目总投资35397万元；完成苏墩溪防洪清淤工程，总投资2100万元；实施环湖乡镇生活污水配套管网二期工程（凤埔乡）和完成环湖农村环境综合整治工程（凤埔乡）工程量核对，共投资600万元；实施乡道Y460西石线西溪村至朱墩村公路改建工程，完成路面拓宽及护坡建设，总投资900万元；完成旧村复垦项目2个，实施面积25亩；为林场北溪分场的2800亩林地办理林权证，有效盘活乡林场资源；引进投资4600万元的年产7000吨白玉菇项目；白岩景区被纳入2019年福建文旅投融资优选项目、2020年文旅招商项目。

【乡村振兴】 稳步推进脱贫攻坚与乡村振兴有效衔接，以西溪村、苏墩村为重点，策划生成项目向农业农村、移民、发改、水利等部门争取涉农项目资金，完善各类基础设施配套建设。苏墩村完成移民记忆馆建设，投资65万元；西溪村建设人行道美化亮化、雨污管网工程，共投资120万元；凤埔、峦龙、西溪完成美丽家园项目的设计、预算等前期工作，该项目共投资402万元。开展农村人居环境整治，以中央生态环保督查整改为契机，加大投入做好改水改厕及农村垃圾、污水、农房整治等工作，强力推进"一革命四行动"；开展新时代爱国卫生运动，加大除"四害"工作力度，开展环境卫生整治50余次，成功创建省级卫生乡镇。2020年5月经验做法在全市农村人居环境整治工作会议作交流发言。

【脱贫攻坚】 2020年，凤埔乡在前期疫情防控的基础上，认真开展入户摸排，并采取有效防护措施，确保疫情防控期间贫困户帮扶工作不断档、有实效，脱贫质量不缩水、有提高。针对产品滞销、外出务工、开业受阻等3类问题共制定帮扶措施7条；申请省级财政资金11.44万元，扶持88户贫困户发展产业生产项目；市级财政10万元，扶持20户贫困户发展产业生产项目；金融扶贫投放小额贷款25万元，带动5户贫困户发展生产；申请第一批中央财政资金9万元，用于18户公益性岗位扶持。2020年4月经验做法在全省抓党建促决战决胜脱贫攻坚工作会议上作典型发言，2020年12月作为全市唯一乡镇参加福建省"决胜全面小康、决战脱贫攻坚"主题新闻发布会（宁德专场）。

【社会事业】 开展科技、文化、卫生"三下乡"活动，配合宁德市电视台取景拍摄《千年临水情》，办好春节送福、文明祭扫、中秋舞龙等传统节日活动，持续推动文化事业繁荣发展，成功创建省级文明乡镇。总投资275万元实施凤埔社会化足球场项目，省发展改革委下拨第一批省内预算内投资补助资金240万元；投资1700万元的凤埔中心小学教学楼建设项目待竣工验收；投资建设西溪村村史馆、峦龙村耕读人家、苏墩村移民记忆馆等文化振兴项目，进一步推进公共文化服务均等化；全面实施乡村卫生服务一体化管理，推进家庭医生签约服务；常态化做好疫情防控工作，严格落实境内外重点地区入古返乡人员的排查、随访、检测、管控等措施，落实好"四个一"工作机制，不断加大"八闽健康码"推广、应用工作力度，推动落实"一码通行"，完成八闽健康码申领人数18487人。

【社会治理】 全年查处违法占地案件2宗，排查整改国土卫片违法图斑142处，拆除“两违”建筑与搭盖20处，拆除岸线乱占河道乱建5处，清除弃土弃渣120立方米，打捞河漂垃圾90立方米；开展安全隐患大排查大整治工作，发现安全隐患22处，落实隐患整改22处，处置整改率达到100%；有效推进乡村治理体系和治理能力现代化，2020年凤埔乡成功入选省级乡村治理示范乡镇名单；扎实开展平安“三率”工作，大力推进扫黑除恶专项斗争、打击和治理电信网络新型违法犯罪专项斗争等工作，2020年上半年群众安全感满意率位列全市第七、全县第一，并在全县平安建设工作会议上做经验交流；成立凤埔乡“过雨亭红领巾”警队，设立西溪中心村警务室，进一步延伸“晨巡晚议”触角，有效提升干群联防联控的能力与水平，经验做法在《闽东日报》《法治宁川》等刊物上刊登推广。

【党建工作】 压实主体责任，建立健全“书记抓、抓书记”党建工作责任体系。完善乡、村两级绩效考核奖励机制，制定《凤埔乡关心关爱基层干部补贴实施方案》《村“两委”班子绩效考核办法》，正确用人导向，营造浓厚干事创业氛围。创新党建载体，巩固提升“晨巡晚议”、“农村便利店”党建、村干部“连片互助专项攻坚”、“453”食用菌产业链党建、“134”党员精细化管理等党建示范点，探索开展支部领办合作社试点工作，夯实基层组织建设，相关经验做法先后在人民网、《光明日报》《闽东日报》《八闽快讯》、学习强国等中央省市主流媒体刊登报道，多次被列入市县现场会观摩点。

（凤埔乡 供稿）

凤都镇

【概况】 凤都镇位于古田县西部，西界南平市延平区、建瓯市，南依城西街道，北接凤埔乡，东临城东街道，距县城16千米。辖17个行政村和一个镇办村级林场，户籍人口3万人。土地面积185.5平方千米，其中林地面积22万亩，耕地面积2.8万亩。2020年，生产总值14.52亿元，增长11.1%；固定资产投资2.2225亿元；粮食生产19340吨，食用菌生产37731吨，水果生产9742吨。村民以农业生产和外出务工为主。疫情防控期间，镇区划分成41个网格实施防控措施。发布、张贴宣传材料、标语33600余份（条）。

【党建工作】 采取全面督查和单兵教练的方式，促进全镇基层组织建设向规范化、标准化发展。全年共发展新党员11名。成立漈面、双珠、上坪、新建、碗厂、小吉6个村支部领办合作社，发展水果初加工厂房、滑草坪等项目，吸引农户入社。建立镇党校师资库13人，设立漈面、长坑村2个教学点。全年办班6期，培训党员人数244人。依托漈面村产业发展优势，探索打造由支部引领，“金融服务＋乡村旅游＋产品体验”三翼齐飞的“1+3”发展模式，不断提升党建工作水平。

【招商引资】 古田食用菌产业园（北区）前期有盛养（福建）生物科技有限公司、福建省古田闽越食品有限公司等4个大型食用菌精深加工项目入驻。5月，成功签约福建美唐生物科技有限公司食用菌（银耳）即食食品加工、福建臻菌食品有限公司食用菌加工、福建迎升食品有限公司食用菌加工等7个项目，总投资额2.35亿元，企业入驻后，年产值约30多亿元。

【工业园区】 古田食用菌产业园（北区）全面启动园区标准化厂房、路网、燃气综合能源站、污水处理厂、110千伏输变电站等项目建设，逐步构建完善的水、电、路、网体系。其中，标准化厂房建设项目，总投资13981万元，于2019年1月动工建设，5#楼8月18日完成初验；1#、2#、3#、6#楼9月25日完成初验；11月2日消防第三方检测完成，11月16日五方主体完成消防验收；12月15日县住建局组织专家完成消防抽验，12月23日按照抽验意见完成消防整改并提请县住建局进行复验；一期部分路网建设项目，总投资3800万元，于2019年9月动工建设。2020年，完成施工，进入整改后期阶段；建成110千伏变电站工程和110

千伏线路工程。

【脱贫攻坚】 坚持因村制宜、因户施策，全面落实“一户一增收”项目，大力扶持有劳动力的贫困户因地制宜发展种养业、农产品加工等增收项目，疫情防控特殊期间，经过挂钩帮扶责任人、村主干通过电话、微信等信息化手段逐人逐户调研摸排后，全镇申请产业项目扶贫补助资金的贫困户有52户，占建档立卡贫困户的41.6%，并为这52户建档立卡贫困户申请产业项目扶贫补助资金33.8万元。通过宣传栏发布、电话介绍等方式宣传宁德时代新能源科技股份有限公司、新能源科技公司、中铜东南铜业有限公司、上汽乘用车福建分公司、青拓集团等公司招聘简章和信息，结合县劳务派遣公司招工动态信息平台，组织帮扶干部加大贫困户就业帮扶力度，向建档立卡贫困户提供就业岗位信息（其中村级公益性岗位22个，岗位补助正处于申报阶段）等相关服务，共有贫困户177人外出务工。对收入不够稳定的建档立卡贫困户5户16人和疫情影响存在较大返贫风险的2户11人实行单列管理、动态监测、重点帮扶。针对贫困户存在问题和困难，研究制定具体受疫情影响应急措施7条，问题全部得到解决。

【乡村振兴】 漈面村为省级乡村振兴试点村，实现现代特色农业示范区、反季节桃花基地、滑草坪等8个项目建设。成立“金桃子”果蔬专业合作社，进一步提升漈面村旅游竞争力，推动村财增收。在高质量打造乡村振兴示范样板的基础上，依托新建畲族文化、石峰石饭甑、长坑蟹龙岗万亩原始森林、石坑五彩梯田、长坑红色革命教育基地等优美自然景观、红色文化资源，结合休闲农业，开发休闲旅游业，发展观光、休闲、旅游为一体新型农业生产经营形态，培育康养品牌，推动农业产业和观光旅游互补发展。长坑村、上地村因地制宜、因村施策，发展旅游、竹工艺品、高山农业等特色产业，并通过领导引路、村企联合、党建联谊等方式，增强“生血造血”能力，增加农民收入。

【“三农”工作】 基本完成农村土地承包经营权确权登记颁证工作，共发证5102户；确定农村集体产权股本总额3909506元，其中成员股本总额2736654.6元、集体股股本总额1172851.4元、成员股股数31156股、集体股股数13353、股东户数8435户。2020年高标农田项目取得新进展，石峰、凤都、双珠、新建等4个村高标农田改造项目完成立项、田间勘测、设计、预算等前期工作，项目建设规模2851亩，项目总投资456.16万元。

【宜居环境】 组织城建人员对主要街道、重点部位的乱搭建、杂物乱堆放、垃圾乱丢、污水乱泼、车辆乱停、墙面乱贴、占道摆摊等“六乱”行为予以整治，并鼓励各村在道路沿线村庄主街道有规划地种植树木绿化村庄，鼓励农户在自家空闲地栽植蔬菜或花草；共计完成85栋裸房改造（含古田县乡镇中心城区宜居环境提升工程（凤都镇）20栋）；联合多部门开展畜禽养殖排查整治工作，针对养殖场粪污直排现象，组织人员对其进行制止，并责令限期整改，对新建违规养殖场及时进行制止，全年共拆除养殖场7家（其中养鸭场4家，养猪场3家）。

【镇区建设】 开展房屋整治、绿化美化、卫生治理等三项重点工作，高标准、高质量地对高速互通口916县道至工业区沿线环境依法依规进行综合整治。拆除高速口至工业园区路段北侧临时构建物4000平方米；完成建设环湖乡镇生活污水配套管网二期（凤都镇）工程，总投资855万元，涉及洋头村、溪头村、凤都村、双珠村等行政村；完成建设凤都镇中心城区宜居环境提升工程项目，总投资485万元。

【社会治理】 强化村级“黑恶”线索摸排，加强重点领域摸排。梳理分析2014—2020年信访件及行政案件，并对信访平台及“12345”平台收到的举报诉求件进行分析研判，未发现涉黑涉恶线索。开展打击赌博、偷盗等各类专项行动。全年共查获涉毒案件6起8人，赌博案件5起15人，破获枪支案件3起3人。2020年，凤都镇荣获全市第四轮首批“平安乡镇”称号。

（撰稿：吴星婷）

黄田镇

【概况】 黄田镇地处福建省中部，闽江中游北岸、古田县西南部，是古田的南大门。人流、物流、信息流通畅，交通便捷，四通八达。合福高铁古田北站、外福铁路古田站就在镇辖区，235国道、202省道纵贯全镇，距京台高速古田城关口17千米，全镇辖区10分钟交通全覆盖。2020年，社会生产总值21.05亿元、增长2.8%，一般公共预算总收入1597万元，增长1.2%，农林牧渔业总产值7.69亿元，增长4.6%，规上工业总产值5.25亿元，增长0.25%，非农固定资产投资2.7亿元，增长3%，农村居民人均可支配收入20589元，增长7.8%。

【农业生产】 完成粮播面积15762亩，蔬菜种植面积6960亩，发放耕地地力保护补贴120多万元，完成2195亩高标准农田建设，完成487.8万元的农业财政资金项目储备库项目申报，完成2190亩的粮食产能区建设，13个益农信息社交付使用，举办6期新品种、新技术推广培训，参训人数达450多人。后坪村与白家宴食品公司进行合作，流转抛荒地200多亩种植红薯，引进鲜食类红薯4种，加工类红薯1种，形成“公司+科研院所+基地+农户”模式，并成功申报科技示范基地。完善三保村脐橙交易市场，引进龙林养殖专业合作社，建成全县最大湖羊标准化养殖基地。

【工业经济】 不断强化政府服务企业意识，全面推行干部挂钩帮扶企业制度，帮助企业解决用水、用电、基础配套等问题，优化营商环境。完成总投入1500万元库区工业集中区三通一平项目，进一步完善工业基础设施。库区工业集中区工业污水处理厂建设项目前期投资1500万元。认真落实支持民营经济发展政策措施。宁德鹤銮塑胶制造有限公司落户工业园区，新增就业岗位200多个。落实重点企业“应对新冠肺炎疫情服务重点企业复工稳岗用工奖补措施及企业吸纳贫困劳动力就业补贴发放工作”政策，帮助企业缓解困难。

【文化旅游】 以金翼村省级乡村振兴示范点建设、改善生态环境、保护开发旅游资源为重点，扎实推进“金翼之家·民俗画廊”项目建设。投资3000万元建设金翼村夜景工程、古厝民居修缮项目和金翼村整村环境整治等项目建设，引进许小美银耳体验项目，进一步丰富金翼之家国家AAA级景区内涵。承办决胜全面小康决战脱贫攻坚2020年全省社会科学知识普及宣传周、“闽东之光古田金翼”金翼文化周、全市乡村振兴现场会和宁德市老科协2020年全国老科技工作者日“健康行”等省市级重大活动。组织开展绘画人类学学术研讨和创作活动、“寻梦金翼走进小康”摄影展活动，“金翼之家”影响力显著增强。对双坑村油画文化产业进行规划编制，引导并鼓励支持双坑油画产业协会启动打造双坑艺术村，升级改造双坑油画一条街、主题公园、画室、油画基地。

【精准扶贫】 全镇建档立卡贫困户98户317人，经过一对一帮助制订脱贫计划、筹措帮扶资金、组织技能培训、推销农产品、落实社会保障等措施，实现全部脱贫。全年开发村级公益性岗位贫困户就业28名，2020年共完成贫困户41户6.15万元省级财政专项扶贫资金的落实，发放2020年中央、市级贫困户产业发展资金6户3万元，村级集体经济不断发展壮大。投入100多万元建设后坪村岩头机耕道路硬化、洋上新村主干道路至有机嘉宝果示范基地道路、金翼村（金翼）林万洋自然村太阳能路灯、三保村饮水提升工程建设等扶贫项目。认真落实省、市、县农村贫困家庭子女的资助补助政策，全年共发放域外就读申请地方政府助学金36人次4.6万元。全面落实“家庭医生”签约服务。针对受疫情影响存在易返贫户，细化帮扶措施，对接帮扶干部针对疫情期间可能影响到的就业、产业的相关贫困户，逐户制定防止返贫预案。

【环境保护】 第一轮中央环保督察反馈问题整改基本完成，第二轮中央环保督察信访件交账销号率100%。省控黄田段闽江断面Ⅰ—Ⅲ类水质基本达到100%，谷口溪小流域考核断面Ⅰ—Ⅲ类水质达100%，溶解氧均值达到Ⅱ类水质，没有出现劣Ⅴ类水质，县生态环境局每季度对镇级集中式饮用水水源地水质进行检测，均达到饮用水水质要求。建设黄田镇2020年水土流失综合治理项目，投资150万元。全面推进养殖网箱清理清退和提升改造工作，完成拆除切割网箱8万多平方米，启动网箱提升试点改造工作，致力打造渔旅结合、效益更优的生态养殖。新建公厕3座，改造4座，投资66万元。镇区生活污水厂升级改造，投资500万元。镇区环卫实行社会化服务，建立常态化保洁运行机制。开展洋上"零污染村庄"建设试点。

【项目建设】 全年共落实项目25个，总投资6.7亿元。其中，市重点项目2个，总投资4.9亿元；县重点项目10个，总投资1.2亿元；镇重点项目13个，总投资0.6亿元。其中市重点项目"金翼之家·民俗画廊"项目建设初具规模；纵五线洋上至汶洋公路，全长5.74千米，按照二级公路标准建设。县重点项目闽江黄田段双坑库周防护及岸线提升工程完成投资2800万元。

【民生保障】 在财政困难的情况下，压缩行政经费用于民生。总投资3000万元，建成第一幼儿园、第二幼儿园项目。投资140万元用于卫生院业务用房及院区环境改造，医疗卫生服务能力不断提升。投资674万元建设黄田镇乡道（Y038）洋黄线洋上村至赤林溪段公路改建工程，投资1200万元建设黄田镇乡道（Y038）洋黄线赤林溪至香峰村段公路改建工程。投资926万元完成镇区宜居环境提升工程。投资1000万元进行金翼村整村环境整治。举办农民综合素质提升培训5期163人次，与古田技校联合举办短期培训班和"电商"短期培训班。新增农村劳动力转移就业数227人。全镇14664人次城乡参保的农民因患病在卫生院诊疗得到医保补偿，共支付补偿基金117.4万元。全年为辖区常住人口建立统一规范的居民健康档案20828份。

【社区治安】 全镇无发现新冠病毒肺炎确诊病例和疑似病例。严格落实重点场所疫情防控措施，全镇干部全年轮班坚守古田火车北站和古田火车站，严守古田铁路大门，防范疫情输入风险。严格落实"四早"措施，做好重点人员管控工作，在18个村居设立核酸检测采样点。安全稳定风险有效防范。安全生产事故起数和死亡人数"双零"。社会领域风险防范有力，扫黑除恶专项斗争成效明显，社会大局和谐稳定。

【党建工作】 围绕县委基层党组织"四个标准化"建设目标，先后召开党建专题会议、书记座谈会8场。开展"万名党员进党校"培训活动，召开党员技能培训、理论知识培训5场。开展基层党组织"达标创星、晋位升级"活动，发放星级牌18块。打造5个农村党组织领办专业合作社试点，进一步融合将支部建在产业链上的思路。成立村级组织换届工作专班，开展调查摸底，集中整治重难点村。

（撰稿：周凤彬）

水口镇

【概况】 水口镇位于古田县南部，古称肉关，位于古田溪与闽江交汇处，与福州、南平、三明三市交界，自古就是闽江流域的航运枢纽和陆路关口。为支援国家建设，曾历经三度移民搬迁。2020年，辖区总人口10188人，移民人数占总人口72%，其中城镇常住人口7370人，另有流动人口1320人。辖水口、朝天桥2个社区，水潮、岭边、嵩溪、汶潭、湾口、溪岚6个村，39个自然村，78个村民小组。辖区土地总面积150平方千米，耕地面积1.3万亩，林地面积15万亩，山地面积16.3万亩，水域面积2.2万亩，粮播面积1.072万亩。水口镇被评为第十三届（2015—2017年度）省级文明镇、全市第四轮首批"平安乡镇（街道）"、古田县2019年度乡镇（街道）绩效考评优秀单位、福建省森林城镇，古水金钟牌脐橙被评为第十九届中国绿色食品博览会金奖。

【乡村振兴】 6月，全镇农村集体产权制度改革工作基本完成，成立7家村级股份经济合作社，7285个社员，发放股权证2238本。汶潭村股份经济合作社为试点，结合村集体经济发展试行运营。建成垂钓基地平台210平方米，小憩驿站2座220平方米，可容纳50个人同时上排参加垂钓活动。落实城乡生活垃圾“村收集、镇清运、县处理”机制，配齐配全垃圾收集处理设施，实现生活垃圾日产日清和无害化处理。汶潭村建成宁德市首个对标垃圾分类新国标智能管理系统。建设蓝天、碧水、净土环境，提升闽江断面水质。共组织联合执法13次，开展“清四乱”专项行动13次。认真做好“大棚房”摸排和清理工作，无违建乡镇建设成果持续巩固，超额完成年度拆违任务，营造清洁有序、健康宜居的生产生活环境。2020年镇级双河长共巡河88次，发现问题45个，解决问题45个；村级河道专管员共巡河2948次，发现问题197个，解决问题197个；河长制信息简报被省、市采用率位列全县第一；巡河完成率位居全县前列。同时，通过闽政通App实时了解水质情况，及时做好水质预警预报工作。完善水葫芦监测预警机制，做到早发现、早打捞。

【产业发展】 农业产业结构坚持多元、绿色发展，以市场为导向、以农民增收为核心，提升林竹抚育效益，发展林下经济，规范合理发展网箱养殖。新增脐橙种植面积600亩、油茶种植面积100亩，无花果种植技术日益成熟并取得较高效益，火龙果种植基地建成投产，橄榄、沃柑、葡萄等水果获丰收。加强农产品质量安全管理，稳步发展“三品一标”产品；新建果园600多亩，溪岚村引导脐橙种植业发展，建成休闲栈道（含休憩亭）400多米及脐橙园配套设施。古水金钟专业合作社被评为宁德市龙头企业并申报市级示范社，睿达农业开发有限公司被评为县基层农技推广体系科技示范基地。

【招商引资】 引入溪源食品有限公司，投资1000万元，飞地落户凤都食品工业园区；福建朝创工贸有限公司上缴地方级税收500万元；新增规上企业古田县合利源食品有限公司1家、限上商贸企业古田县润康食品有限公司1家、规上服务业企业古田县乾峰汽车修配有限公司1家。

【脱贫攻坚】 以“一村一品”特色产业为依托，因地制宜落实“一户一增收”项目，完成申报验收贫困户产业发展项目17个，发放市级产业补助资金8.5万元；全面落实建档立卡贫困户教育帮扶政策，发放地方政府助学金2.2万元；实施雨露计划，发放中、高职学生4名、补助资金1.5万元；岭边村机耕道路水泥硬化建设项目、嵩溪村大王坪安全饮用水建设工程，共投入50.7万元。对受疫情影响易返贫的脱贫户，细化帮扶措施，逐户制定防止返贫预案。累计发放临时救助金211人15.82万元，其中特殊救助4人0.7万元，受疫情影响贫困户救助12人0.6万元，低保户应届大学生救助2人0.2万元，上交办理大病临时救助审核12人，救助7人1.5万元。水潮村、岭边村新建农村幸福院，办理老年人意外保险1796人、农村房屋保险1696户。

【项目建设】 项目建设持续推进，2020年投资重点项目10个，总投资2.42亿元，其中在建项目8个，年度计划投资额0.9亿元；完成年度固定投资8000万元。建成溪岚村千亩高优脐橙种植示范基地、福建溪源食品有限公司年糕自动化生产线。亿佳、兴顺等企业克服不利影响，实现逆势增长。

【平安建设】 森林防火、防汛抗旱、消防安全、交通安全、食品安全等全年无事故。全镇3304户住户均办理社会治安综合保险；全年共排查、化解各类矛盾纠纷65起，书面18起；共受理上级转交办件31件，信访回复率100%；开门接访4批22人，进门约访1批1人，登门走访2批5人，上门回访5批5人。结合疫情防控工作，开展“扫黑除恶”专项斗争工作。

【社会事业】 全年共出生人口99人，政策内出生94人，政策符合率94.95%，出生率8.86‰，出生男女性别比 86.79，自然增长率 2.96‰；城乡居民基本养老保险续缴率达 101.27%；城乡居民医疗保险参保率 100%；复核全镇历年农村低保 136 户 231 人，特困户 21 人，清退 4 户 8 人，新增低保 13 户 37 人。举办短期培训班和“电商”短期培训班 2 期 130 人次。

【党建工作】 从高处站位，着重责任落实，采取挂点联系指导、分管定期督导、年度述职评议对党组织实时监控，对党支部书记领办的 16 项项目对账销号，确保党组织建设标准化、规范化。同时，加强党员管理，培养积极分子 24 名，发展党员 7 名，按期转正 3 名。建立周通报、约谈提醒制度，利用“学习强国”开展知识竞答、8 个村居“比学晒”，评选学习标兵，2020 年日人均积分 41 分以上。先后召开防疫工作会议 21 次，组建党员志愿服务队 9 支，近 200 名党员志愿者冲在第一线。继续举办“水口讲坛”，实施党员教育培训“百千万”工程。搭建大党建平台，投资 45 万元建设标准化党校。建成湾口村“智慧党建 +”展示馆、汶潭村支部领办合作社、嵩溪村党建促脱贫现场教学点。通过专家讲学、技能送学、线上教学、党员自学以及教学点体验等方式，“水口党校”开班集中宣讲 7 场次，教学点党课 3 场次，党委中心组学习会 21 次，专题研讨 9 次，共计 600 余人次参与。实行支部领办融合“一三产”。汶潭村、溪岚村分别建成经济合作社、岚兴合作社。休闲渔旅和千亩脐橙产业初具规模，完成溪岚村品牌包装设计；通过整合资金入股宁德时代、生态林种养管护、光伏发电项目、固定资产投资等手段，3 个产业薄弱村实现村财增收突破 10 万元、2 个村村财收入突破 20 万元；8 月，启动养殖网箱摸底登记，形成网箱摸底台账并公示；10 月启动网箱清理工作，每周召开一次调度会，共清理上岸养殖网箱 10.6 万平方米，试点升级改造完成建设 1 万平方米。

（撰稿：何佳宁）

城东街道

【概况】 城东街道办事处下辖 18 个行政村、6 个社区，辖区面积 106.5 平方千米。2020 年年末，总人口 46706 人。2020 年工业企业总产值 21 亿元，其中规模以上 16 家，总产值 9.2 亿元、限上商贸、服务业 1.35 亿元，农业总产值 6.3 亿元，农民人均可支配收入 18500 元，完成财政收入 3844.23 万元。疫情防控期间，共排查 8857 人次，其中集中医学观察 273 人次，居家医学观察 1452 人次，结果均为阴性。

【基础设施建设】 2020 年，完成各拆迁户住宅用地面积、建筑面积测量、二次装修项目入户登记、企业仓库用地测量等工作。12 月，项目一期用地范围内仅剩一户尚未签约；玉田公园提升工程（二期）改建工程完成东侧环山路 1.3 千米，东侧山体分支道路 0.2 千米，配建公厕、亭廊等；完成 X915、X921 天宫岭至凤埔平湖环湖公路工程项目安征迁任务；翠屏湖内湖环湖景观慢道项目红线用地 322.29 亩，完成安征迁工作；建成县级饮用水水源地综合保护工程的双山村上院、前坪河道综合整治，冬坑洋、圪头洋污水改造项目；完成桃溪水库生态护岸工程进度的 50%；西丰里片区房地产开发项目前期论证、测量工作；高头岭片区地块开发利用项目开始安征迁工作。

【精准扶贫】 实施产业扶贫、就业扶贫、健康扶贫、教育扶贫、金融扶贫、社会扶贫、危房改造、社会保障兜底、基础设施建设等“十大工程”。街道共有贫困村 5 个，建档立卡贫困户 98 户 345 人实现脱贫。永洋村、常坝村投入 560 万元，建设扶贫易地搬迁保障性住房，入住 30 户 94 人。

【环境整治】 突出区域大气污染防治精细化管理，健全大气污染联防联控和预警预报机制，推进食用菌生产加工企业整治。辖区内有菌包厂 6 家，关停 1 家，5 家完成改气，3 家完成改水，2 家季节性生产暂未涉及改水；抓好臭氧污染、挥发性有机物、建筑施工、餐饮油烟及道路扬尘等大气污染综合治理。强化城乡生活垃圾“村收集、镇清运、县处理”机制落实；开展沿江、沿河、沿路非正规垃圾堆放点排查整改，推进城乡生活垃圾治理一体化项目建设；开展禁养区畜禽养殖摸底大排查专项行动，持续推进畜禽养殖污染整治，避免禁养区生猪养殖回潮；加强农业面源污染防治，抓好危险废弃物规范化管理，不断改善提升区域土壤环境质量。

【乡村振兴】 发展“一村一品”产业。采用“农业＋电商＋物流”新模式，提升“仿野生”小银耳品牌知名度，扩大销售市场，扩大生产规模，增加就业机会，壮大集体经济，改善群众生产生活条件。桃溪、利洋、双山等村试行支部领办合作社，借助合作社构建起村集体和群众“抱团发展”的经济共同体。利洋村党支部领办合作社的做法被2020年市委作为典型经验进行参观交流。做好农村改水改厕、美丽乡村建设、农村垃圾治理等工作“桃溪小镇·蘑菇部落”项目，总面积3000亩，总投资5.8亿元，打造集生态养生、休闲观光、科普教育为一体的田园综合体，2017年12月通过AAA景区验收。沿湖风景带被评为“全国农业观光旅游示范点”；利洋村打造“炮弹柿子”优质品牌，举办柿子丰收节，建设采摘、避暑、观光一体的乡村旅游胜地；廷墩鲤鱼溪、极乐寺等优质景点，做好宣传推介，打造一条生态旅游产业链。

【社会事业】 2020年出生383人，人口增长率8‰；政策符合率93.2%，出生性别比0.98，信息准确率98%。全年奖扶186人，贡献奖励218人，特别扶助22人，55—59岁奖扶提标扩面对象179人，60岁城镇奖扶对象654人。手术并发症对象1人，农村二女奖励556人。为病伤残户实施紧急求助31户，资金2.3万元。为农村计生户免费办理农村医疗保险2583人，每人280元，合计金额72.32万元。生育关怀助学对象2人，每人每年4000元，副科级以上干部结对帮扶对象68人。“两节”期间慰问计生困难户16户，每户1000元。计生小额贴息贷款总金额90.5万元，贴息4.5万元。2020年计生家庭购买意外伤害保险850户，完成任务104.1%。

【平安城东】 投入扫黑除恶专项斗争资金60多万元，设立专门办公场所，综合运用传统媒体和新媒体，强化正面宣传引导。坚持每月15日的信访接待制度，健全完善党政主导的“大调解”工作体系，推进多元调解工作规范化建设，坚持在征地拆迁、环境保护、劳动保障等重要领域建立健全排查预警处置体系，落实重大突发事件应急处置“路线图”，努力减少重大群体性事件和“民转刑”案件。坚持每季度召开防范重特大事故分析会，开展隐患排查专项行动，加大道路交通安全整治，做好森林防火、消防安全工作、食品安全、打击银耳熏硫黄等工作，落实安全生产目标责任制。

【“两违”治理】 2020年度巡查次数约2196次，出动人次10980次，制止抢建户18次，查封没收捣毁工具15次，发放制止通知书7份，发放限期拆除通知书13次，发放限期拆除催告通知书13次，询问笔录33份，统一行动7次。共拆除违建面积19.04211万平方米，占地面积15.97814万平方米，完成年度处置进度323.3%，一违一档共187份。

【党建工作】 2020年，完善“大工委”和社区“大党委”工作制度，各社区党组织与驻区单位签订党建结对共建协议书39份。完成食用菌产业链“党建联盟”党群服务中心和湖滨佳景小区党支部红色驿站等党建示范点项目。开展“百场讲座下基层”、党组织书记和党务人员业务培训班共18场次，培训基层党组织书记和相关人员536人次。2020年6月8日至7月20日，县委巡察一组巡察城东街道党工委。9月28日向党工委反馈巡查意见，党工委全面认领，立行立改，狠抓整改措施的落实。

（城东街道 供稿）

城西街道

【概况】 城西街道位于古田县城关西部，是闽东地区最大的乡镇级机构。下辖4个社区、24个行政村、67个自然村，面积160.3平方千米，耕地面积3.6万亩，总人口61869人，其中农业人口40567人，流动人口7101

人。全年出生人口554人，出生率8.98‰。2020年全街道工农业总产值达29.20亿元，其中完成工业总产值23.20亿元，农业生产总产值5.995亿元，完成财政收入2303万元。城镇居民人均可支配收入35698元，农村居民人均可支配收入20516元。疫情防控期间，核查省外中高风险地区、境外、湖北（武汉）等各类返古入古人员共6289人次，落实管控3344人，落实应检尽检254人，愿检尽检256人。共发放各类防疫宣传材料近20万份，张贴海报及标语6500余张（幅），发送短信20.3万条，启用广播、音响、喇叭68个。指导督促企业做好防疫措施有序复工，避免3家企业360万元的经济损失。

【安征迁工作】 2020年，完成安征迁交地的有古田一中莲桥校区、盛泰华制药、县医院迁建、松台书香苑、新丰河罗华沽洋里段、局下碧桂园、工业区标准厂房、三林食用菌精深加工项目。吉兆、松台片区综合开发项目安征迁签订协议122户。

【农业生产】 2020年，粮食播种面积27592亩，总产量10676吨；蔬菜种植面积6000亩，总产量7128吨；种植脐橙、水蜜桃等水果面积达31880亩，总产量21860吨。完成枣坪村云燕合作社50间食用菌标准化厂房基地建设并被列入县级示范基地。

【工业企业】 2020年，有规上企业10家，完成总产值4.8亿元；限上企业6家，完成总产值1.7亿元；服务业4家，完成总产值2132万元；固定资产投资6.3亿元。第四次全国经济普查工作中高质量完成1171个单位、3635个个体户的登记工作。

【河长制工作】 2020年，新丰溪松台莲桥段、九都溪、沽洋里溪共清理整治河道12千米，清淤弃土弃渣25800立方米，打捞河漂垃圾2780立方米。定期与凤都镇、黄田镇开展上下游河长联席会议，街道双河长共巡河82人次，发现问题13个，解决问题13个，各村河道专管理员共巡河6602次，发现问题30个，解决问题28个。投资1150万元实施闽江流域古田县谷口溪安全生态水系建设项目（城西段）工程；投资235万元实施吉兆溪和沽洋里溪清淤工程；实施罗峰、龙亭、莲桥的水环境综合整治工作。

【人居环境】 2020年，结合创建省级文明县城行动，加快社区环境治理，进一步落实“门前三包”责任制，常态化开展垃圾和村容村貌整治活动，人居环境持续改善。清除杂物垃圾20余车，处理违章占道“僵尸”车60余辆；拆除山坡头道路两旁围挡300多米及私自搭建的雨棚、广告板等违章搭盖1000多平方米，完成山坡头至康斯丹郡路段及“三林”项目仿绿植围挡项目，城西双创基地到山坡头的沿线卫生环境得到改善。

【精准扶贫】 落实各类产业发展项目补助59户次179500元；发放建档立卡贫困户小额信贷10户50万元。安排18名贫困人员就业公益性岗位，实现就近就业增收，3名贫困户学生落实雨露计划补助共计1.2万元。落实22名学生春季学期教育补助29337.5元；帮助申请大病救助兜底资金1户，金额10552.6元；帮助相对困难的贫困户申请民政临时救助金6户，共计7500元；市纪委一对一助残帮扶2户各1000元；每户落实疫情期间慰问金1000元，落实疫情期间生活补助500元。

【乡村振兴】 完成罗峰村进村7.6千米的枣罗公路改扩建项目、龙亭村半坑亭电厂至后井公路改建工程路面铺设工程。罗峰村建成猕猴桃种植基地60亩、华山村完成食用菌标准化产房购买、连墩村完成智能蔬菜大棚建设。罗峰村建成美唐古田银耳一、二、三产业融合示范基地并投入使用，小西红柿种植基地在建，共投资150万元。整合魏雪馨红色文化、古厝古民居文化和现代农业观光资源，推进罗峰村创AA景区。长岭村通过引进大学生创业团队，建设文创基地，发掘甘国宝文化和水蜜桃文化，发展乡村文化产业，推广特色产品。

【民生工作】 落实城市低保对象172人73万元，农村低保对象568人224万元，农村特困对象96人117.5万元，共发放保障金414.5万元。发放自然灾害生活补助款0.54万元。在罗峰、樟上、连墩、局下、长岭等村建成5个孝老食堂，重点解决特困、留守、孤寡、高龄、失独、失能等特殊困难老年人的吃饭难问题。建设青云社区“老年人日间照料中心项目”，立足于日间休息、休闲娱乐等综合性日间照料服务的公益性活动场所，不断提升对老年人的服务水平。巴斗村投资180万元建成为民服务中心，投入使用。完成村卫生服务所一体化建设22个，投入使用。

【人口普查】 按照“户不漏人、人不漏项”的工作要求，在规定时间完成第七次全国人口普查28个村（居）450个普查小区48923户131300人的登记工作。

【安全生产】 安委会成员单位共出动2012人次，抽查辖区内涉疫场所、房屋安全、建筑施工、人员密集场所、危险物品、工业商贸、道路运输、消防安全及自然灾害等行业领域的企业（场所），发现一般隐患共749处，其中完成整改171处、在改578处。开展房屋结构安全隐患大排查大整治百日攻坚专项行动，共排查房屋17539幢，其中重大安全隐患并处置到位10幢。

【社区治安】 调查摸排各类企事业单位、娱乐场所等行业共计998家。对辖区内刑释解教人员逐个摸排登记造册。共办理来信来访和落实领导批办件185起，街道调委会调解51件。开展扫黑除恶专项斗争行动宣传活动，共发放扫黑除恶专项斗争宣传资料15000余份、悬挂横幅58条、在主干道设立固定扫黑除恶大幅宣传标语4幅、现场解答超4200人次，共核实涉黑涉恶问题线索2条。

【禁毒工作】 开展禁毒宣传“六进”活动280人次以上，发放禁毒宣传材料12000多份，禁毒宣传礼品2000多份，群众对禁毒知识的知晓率90%以上。纳入社区戒毒44人社区康复30人，签订《社区戒毒/社区康复》协议书74份，严格执行对社区戒毒康复人员的动态管控，实行“一人一档”。严格督促尿检，毛发毒品检测完成率100%。组织社区戒毒/社区康复人员开展禁毒宣传教育，讲解戒毒知识，心理辅导，帮助戒毒/康复人员进行身心健康训练与帮扶救助服务，8人得到康复，期满解除。

【“两违”“两乱”治理】 城西清违巡查组共巡查1215次、出动5881人次，制止抢建518次，查封没收工具12件，发放制止通知书20份，限期拆除通知书11份。对巡查中发现的顶风突击的新违建，实行“零容忍”，采取统一行动7次，其中强拆行动6次，共拆除“两违”建筑609处（其中历史违建存量处置599处）、面积31.34126万平方米，腾出土地35.80416万平方米，完成县下达8.45万平方米任务数的370.9%。

【党建工作】 2020年，共开展中心组理论学习16次，开展专题学习8次。共发展党员19名，消除2个三年未发展党员村，开展第一种形态谈话25人次，完成案件数4件，其中移送件3件，办结2件，拟办结1件；办结自办件1件。办理上级下转信访件6件次（1件为重复件），办结3件、开展初核（含重复件）1件、开展函询1件。

【巡察整改】 根据县委巡察二组反馈的4个方面20个问题及5条整改意见，共制定整改措施20条，完成整改19个、基本完成1个。整改过程中，建立长效机制9项，诫勉谈话5人次、批评教育13人次、提醒谈话36人次，挽回经济损失125488.35元。

（撰稿：余祚情）

人 物

领导人名表

一、中共古田县委员会

（一）县委书记、副书记、常委

表 8

职　务	姓　名	籍　贯	任　职　时　间
书记	钟昌华	福建福安	续任—
副书记	叶　崧	福建周宁	续任至 2020.4
	王云盛	福建福安	2020.5—
常委	卓昌旭	福建古田	续任—
	郑国淑	福建古田	续任—
	刘冬康	福建寿宁	续任—
	林纪建	福建古田	续任—
	韩存江	江西萍乡	续任—
	谢红都	陕西岐山	续任—
	余榕梅（女）	福建古田	续任—
	李黄慧	福建古田	续任—
	伍银多	湖北南漳	续任—

（二）县委工作机构负责人

表 9

机构	职务	姓名	任职时间
县委办	主任	林世晴	续任至 2020.7
		李　杰	2020.8—
组织部	部长	刘冬康	续任—
宣传部	部长	余榕梅（女）	续任—
政法委	书记	林纪建	续任—
统战部	部长	卓昌旭	续任—
县直机关工委	书记	刘冬康	续任—
	常务副书记	郭祥回	续任—
县委巡察办	主任	张顺钱	续任—
老干局	局长	黄荣辉	续任至 2020.5
		黄亦青	2020.7—
编办	主任	秦延福	续任—
事业单位登记管理局	局长	李小青	续任—
信访局	局长	黄招忠	续任—

（三）乡镇（街道）党委（党工委）书记

表 10

乡（镇）党委	职务	姓名	任职时间
大甲镇党委	书记	李锦亮	续任—
杉洋镇党委	书记	林　宏	续任至 2020.9
		周光辉	2020.11—
鹤塘镇党委	书记	林长华	续任至 2020.7
		许广盛	2020.7—
卓洋乡党委	书记	李　霞	续任至 2020.7
		余　军	2020.7—
吉巷乡党委	书记	伍银多	续任—
大桥镇党委	书记	刘传县	续任—
泮洋乡党委	书记	许马锋	续任至 2020.8
		张熙同	2020.8—
平湖镇	书记	江希东	续任—
凤埔乡党委	书记	许巧清	续任—

续表 10

乡（镇）党委	职　务	姓　名	任 职 时 间
凤都镇党委	书记	周光辉	续任至 2020.11
		阮华光	2020.11—
黄田镇党委	书记	彭　实	续任至 2020.7
		李　霞	2020.7—
水口镇党委	书记	李　杰	续任至 2020.08
		兰明勤	2020.8—
城西街道办事处党工委	书记	朱振松	2020.1—2020.7
		彭　实	2020.7—
城东街道办事处党工委	书记	黄长城	续任—

二、县人大常委会

（一）县人大常委会主任、副主任

表 11

职　务	姓　名	籍　贯	任 职 时 间
主任	陈绍莲（女）	古田	续任—
副主任	林碧兰（女）	古田	续任—
	余新琳	古田	续任—
	陈泽霖	古田	续任—
	雷　毅	古田	续任—
	钟云芳（女）	古田	2020.12—

（二）县人大常委会工作机构负责人

表 12

机　构	职　务	姓　名	任 职 时 间
人大办公室	主任	姚恩昇	续任至 2020.11
人大人事代表工作室	主任	余永强	续任—
人大环境与城乡建设工作委员会	主任	黄新跃	续任—
人大农村经济工作委员会	主任	江仰锦	续任—
人大教科文卫工作委员会	主任	张锦枝（女）	续任—
人大民侨台工作委员会	主任	王晓峥（女）	续任—
人大内务司法工作委员会	主任	曾小江	续任—
人大财政经济工作委员会	主任	余清峰	续任—

（三）乡镇（街道）人大主席（工委主任）

表 13

乡（镇）	职　务	姓　名	任　职　时　间
大甲镇	主席	林　柑	续任—
杉洋镇	主席	陈小芳（女）	续任至 2020.7
		赵志端	2020.7—
鹤塘镇	主席	叶友剑	续任至 2020.7
		游国斌	2020.7—
卓洋乡	主席	李扬盛	续任至 2020.7
		雷冬铃	2020.7—
吉巷乡	主席	邱佳荣	续任—
大桥镇	主席	王余啸	续任—
泮洋乡	主席	叶绍豹	续任—
平湖镇	主席	蓝毅平	续任—
凤埔乡	主席	陈锦栋	续任—
凤都镇	主席	江希棉	续任—
黄田镇	主席	姚剑峰	续任—
水口镇	主席	郑建文	续任至 2020.7
		温育健	2020.7—
城西街道办事处	人大工委主任	黄传亮	2020.1—2020.7
		倪迎新	2020.7—
城东街道办事处	人大工委主任	程林武	续任—

三、县人民政府

（一）县人民政府县长、副县长、副调研员

表 14

职　务	姓　名	籍　贯	任　职　时　间
县长	党　帅	山东省潍坊市	续任至 2020.8
代县长	黄其山	宁德市蕉城区	2020.8—2020.12
县长	黄其山	宁德市蕉城区	2020.12—
常务副县长	郑国淑	古田	续任—
副县长	李晓霞（女）	古田	续任—
副县长	俞仰林	古田	续任—
副县长	凌　宏	周宁县	续任—

续表 14

职　务	姓　名	籍　贯	任　职　时　间
副县长	林晓晞	古田	续任—
副县长（挂职）	谢荣雄	周宁县	续任—
副县长	林世晴	古田	续任—
科技副县长	刘晓兵	河南省郏县	续任至 2020.8
副县长	黄忠钦	蕉城区	续任—
科技副县长	王留一	湖南省攸县	2020.08—
二级调研员	陈泽育	古田	续任—
二级调研员	郑银生	古田	续任—
四级调研员	韩松纯	江西省广丰市	续任—
四级调研员	谭国良	湖南省湘潭市	续任至 2020.6
三级调研员	谭国良	湖南省湘潭市	2020.6—

（二）县人民政府工作部门负责人

表 15

部　门	职　务	姓　名	任　职　时　间
政府办公室	主任	阮华光	续任—
审计局	局长	黄昭恩	续任—
公务员局	局长	林芳照	续任—
民宗局	局长	兰明勤	续任至 2020.7
		钟艳虹	2020.7—
老区办	主任	戴海口	续任—
司法局	局长	陈端青	续任至 2020.7
		姚恩昇	2020.11—
民政局	局长	戴海口	续任至 2020.7
		许马锋	2020.8—
教育局	局长	陈兴第	续任—
卫健局	局长	汤仰威	续任—
文旅局	局长	黄聿仁	续任—
自然资源局	局长	丁景风	续任—
发改局	局长	余泽动	续任—
住建局	局长	许广盛	续任至 2020.7
		陈信燮	2020.7—

续表 15

部　门	职　务	姓　名	任　职　时　间
城市管理局	局长	张南平	续任至 2020.7
		林　晗	2020.8—
统计局	局长	钟云芳（女）	续任—
人社局	局长	林芳照	续任—
生态环境局	局长	张学涛	续任—
交通局	局长	李　健	续任—
交战办	主任	黄家意	续任—
工信局	局长	陈信燮	续任—
财政局	局长	许丽莺（女）	续任—
商务局	局长	陈美珍（女）	续任—
县市场监督管理局	局长	陆文成	续任—
农业农村局	局长	江金文	续任—
林业局	局长	朱文剑	续任—
水利局	局长	程国飞	续任至 2020.7
		林长华	2020.7—
应急局	局长	彭宏水	续任—
行政服务中心	主任	李丽雅（女）	续任—

（三）乡（镇）人民政府乡（镇）长及街道办事处主任

表 16

乡（镇）	职　务	姓　名	任　职　时　间
大甲镇	镇长	陈建曦	续任—
杉洋镇	镇长	钟艳虹	续任至 2020.7
		陈小芳（女）	2020.7—
鹤塘镇	镇长	黄亦青	续任至 2020.7
		叶友剑	2020.7—
卓洋乡	乡长	余　军	续任至 2020.7
		郑建文	2020.7—
吉巷乡	乡长	林　祯	续任—
大桥镇	镇长	林剑华（女）	续任—
泮洋乡	乡长	陈远途	续任—

续表 16

乡（镇）	职　务	姓　名	任　职　时　间
平湖镇	镇长	江　华	续任至 2020.8
		周　山	2020.11—
凤埔乡	乡长	杜新景	续任至 2020.8
		蔡　欣	续任—
凤都镇	镇长	江庆森	续任至 2020.7
		姚　舜	2020.8—
黄田镇	镇长	张德铭	续任—
水口镇	镇长	陆德亮	续任—
城西街道办事处	主任	包　飞	续任—
城东街道办事处	主任	余　希	续任—

四、政协古田县委员会

（一）县政协主席、副主席

表 17

职　务	姓　名	籍　贯	任　职　时　间
主席	刘振茂	古田	续任—
副主席	叶启亮	沙县	续任—
	周鸿东	古田	续任—
	程国飞	古田	续任—
	丁景风	古田	续任—

（二）县政协工作机构负责人

表 18

机　构	职　务	姓　名	任　职　时　间
政协办公室	主任	何文强	续任—
政协社会法制委	主任	余素煌	续任—
政协研究室	主任	陈　芳（女）	续任至 2020.7
政协研究室	主任	钟　敏	2020.7—
政协提案委	主任	陈益煌	续任—
政协港澳台侨与民宗委	主任	黄荣辉	续任至 2020.6
政协港澳台侨与民宗委	主任	陈　芳（女）	2020.7—
政协办公室	副主任	钟銮贞（女）	续任—
教科文卫体与文史学习委	副主任	姚　政	续任—
政协经济与人口资源委	副主任	郑微微（女）	续任—

五、中共古田县纪律检查委员会

（一）县纪委书记、副书记、常委

表 19

职　务	姓　名	籍　贯	任　职　时　间
书记	谢红都	陕西岐山	续任—
副书记	陈孝敏	古田	续任—
	姚建韶	古田	续任—
常委	刘七妹（女）	古田	续任—
	黄碧华（女）	古田	续任—
	张顺钱	古田	续任—
	苏东北	屏南	续任—

（二）县监委

表 20

职　务	姓　名	籍　贯	任　职　时　间
主任	谢红都	陕西岐山	续任—
副主任	陈孝敏	古田城东	续任—

六、公安、武警、消防

表 21

机　构	职　务	姓　名	任　职　时　间
公安局	局长	黄忠钦	续任—
	政委	张铃斌	续任—
武警古田县中队	中队长	刘　涛	续任—
消防大队	大队长	王　威	续任—

七、县人民法院、检察院

表 22

机　构	职　务	姓　名	任　职　时　间
县人民法院	院长	王　嫔（女）	续任—
县人民检察院	检察长	陈　厅	续任—

八、县群众团体组织

表 23

组　织	职　务	姓　名	任　职　时　间
总工会	主席	魏友根	续任—
	常务副主席	张子英	续任—
团县委	书记	蔡　欣	续任—
共青团	书记	蔡　欣	续任—
县妇联	主席	余惠蕊（女）	续任—
老促会	会长	谢德如	续任—
关工委	主任	魏签串	续任—
贸促会	会长	余新标	续任—
计生协	常务专职副会长	陈文灿	续任—
工商联	主席	余　麟	续任—
扶贫协会	会长	陈景泗	续任—
县科协	主席	陈　旭	续任—
老科协	会长	张小华（女）	续任—
侨联会	主席	钱本勇	续任—
残联	理事长	周燕勤	续任至 2020.5
		李扬盛	2020.7—
文联	主席	林　峰	续任—
社科联	主席	林丽琴（女）	续任—

九、省、市属单位

表 24

单　位	职　务	姓　名	任　职　时　间
中国电信股份有限公司古田分公司	总经理	程贯俭	续任—
中国邮政集团福建有限分公司古田分公司	总经理	陈巧容（女）	续任—
中国移动通信集团福建有限公司古田分公司	总经理	戴涤非	续任—
中国联通有限公司古田分公司	总经理	张开明	续任—
县国家税务总局（县税务局）	局长	郑　勇	续任至 2020.10
县国家税务总局（县税务局）	副局长（主持工作）	杜立久	2020.10—2020.12

续表 24

单　位	职　务	姓　名	任　职　时　间
县公路分局	主任	陈华光	续任至 2020.9
	副主任（主持工作）	叶志武	2020.9—
烟草专卖局	局长／经理	林友东	续任—
县气象局	局长	马佳嘉	续任—
中国银行古田支行	行长	李　靓	2020.1—2020.4
		杨桂秋	2020.5—2020.12
中国人民银行古田县支行	行长	朱能杰	续任—
中国工商银行股份有限公司古田支行	行长	林　文	续任—
中国农业银行古田县支行	党委书记 行长	林　辉	续任至 2020.10
	党委副书记（主持工作）、副行长	虞海涛	2020.10— 2020.5—
中国建设银行股份有限公司古田支行	行长	谢龙斌	续任—
兴业银行股份有限公司古田支行	行长	余锦辉	2020.1—2020.11
		郑　凤	2020.11—2020.12
中国人民财产保险股份有限公司古田支公司	经理	周仕凯	续任—
中国人寿保险股份有限公司古田县支公司	经理	汤绍东	续任—
中国邮政储蓄银行古田县支行	行长	雷其才	续任—
古田县农村信用合作社联合社	理事长	陈立云	续任—
宁德市住房公积金管理中心古田办事处	主任	陈幼树	续任—
县医疗保障局	局长	余师翔	续任—

十、县事业、企业单位

（一）县事业单位负责人

表 25

单　位	职　务	姓　名	任　职　时　间
县委党校	校长	刘冬康	续任—
	常务副校长	林绍送	续任—
党史方志室	主任	陈绍芝	续任—

续表 25

单　位	职　务	姓　名	任　职　时　间
档案馆	馆长	林朝阳	续任—
融媒体中心（古田报社）	主任	李国镔	续任—
福建广电网络古田分公司	总经理	余延杰	续任—
广播电视事业局	局长	杜新华	续任—
商业总公司	总经理	陈伟官	2020.7—
	副经理（主持工作）	吴有为	续任至 2020.7
教育督导室	主任	陈小菊（女）	续任—
古田一中	校长	卓张众	续任—
职业中专学校	校长	彭东胜	续任—
教师进修学校	副校长（主持工作）	黄传云	续任—
食用菌产业发展中心	主任	余新敏	2020.10—
地震办公室	主任	陈作仁	续任—
水产事务中心	主任	陈其康	2020.10—
茶叶局	局长	黄昭密	续任—
农机局	局长	黄书锥	续任至 2020.10
农业机械化发展中心	主任	黄书锥	2020.10—
供销社	主任	陆开松	续任—
移民局	局长	陈其康	续任—
工业园区管委会	主任	姚晓春	续任—
农业信息服务中心	主任	杜新坤	续任至 2020.5
		赵　霆（主持工作）	2020.6—
临水宫管理委员会	主任	韩　真	续任—
城联社	主任	肖树洪	续任—

（二）县企业单位负责人

表 26

单　位	职　务	姓　名	任　职　时　间
供电公司	总经理	黄守雄	续任—
福建新华发行（集团）有限责任公司古田分公司	经理	林纪城	续任—
华电福新能源股份有限公司古田溪水力发电厂	执行董事、党委书记	廖燕说	续任—
	总经理	张　帆	2020.12—

职称人名表

一、已知高级专业技术职称人物名表

（一）教育

表 27

序号	姓名	籍贯	学历	工作单位	职称	获得时间
1	周　强	古田县	本科	古田县第一小学	正高级教师（道德与法治）	2020.6
2	陈　耀	古田县	本科	古田县第一中学	高级教师（数学）	2020.6
3	郑政波	古田县	本科	古田县第一中学	高级教师（数学）	2020.6
4	陈　宇	古田县	本科	古田县第一中学	高级教师（物理）	2020.6
5	陈文锴	古田县	本科	古田县第一中学	高级教师（地理）	2020.6
6	林志勇	古田县	本科	古田县第一中学	高级教师（中学美术）	2020.6
7	陈　琴	古田县	专科	古田县平湖乔西初级中学	高级教师（历史）	2020.6
8	施孝灿	古田县	本科	古田县第七中学	高级教师（音乐）	2020.6
9	蔡丽琴	古田县	本科	古田县第七中学	高级教师（道德与法治）	2020.6
10	周剑弘	古田县	本科	古田县第七中学	高级教师（语文）	2020.6
11	陈　如	古田县	本科	古田县远程教育中心	高级教师（物理）	2020.6
12	姚盛春	古田县	本科	古田县松吉初级中学	高级教师（英语）	2020.6
13	郑启昌	古田县	本科	古田县松吉初级中学	高级教师（数学）	2020.6
14	张友莺	古田县	本科	古田县玉田中学	高级教师（物理）	2020.6
15	杨丽翔	古田县	本科	古田县玉田中学	高级教师（英语）	2020.6
16	黄华昌	古田县	本科	古田县玉田中学	高级教师（数学）	2020.6
17	陈幼玲	古田县	本科	古田县第二小学	高级教师（数学）	2020.8

续表 27

序号	姓名	籍贯	学历	工作单位	职称	获得时间
18	陈亚芳	古田县	本科	古田县第二小学	高级教师（幼教）	2020.8
19	丁林霞	古田县	本科	古田县教师进修学校	高级教师（幼教）	2020.8
20	周碧英	古田县	大专	古田县平湖中心小学	高级教师（小学语文）	2020.8
21	李志芳	古田县	本科	古田县杉洋中心小学	高级教师（小学数学）	2020.8
22	张玉花	古田县	大专	古田县湾口小学	高级教师（小学语文）	2020.8
23	黄剑文	古田县	本科	古田县卓洋中心小学	高级教师（小学美术）	2020.8
24	潘秀玲	古田县	本科	古田县第一小学	高级教师（小学语文）	2020.8
25	程剑霞	古田县	本科	古田县第一小学	高级教师（幼教）	2020.8
26	程晓梅	古田县	本科	古田县第一小学	高级教师（小学道德与法治）	2020.8
27	苏宝兰	古田县	大专	古田县凤埔中心小学	高级教师（小学数学）	2020.8
28	陈汉东	古田县	本科	古田县实验小学	高级教师（小学科学）	2020.8
29	赵洪辉	古田县	本科	古田县第二小学	高级教师（幼教）	2020.8
30	彭如英	古田县	本科	古田县实验幼儿园	高级教师（幼教）	2020.8

（二）卫生

表 28

序号	姓名	籍贯	学历	工作单位	职称	获得时间
1	钟碧丰	古田	本科毕业	古田县医院	副主任药师	2020.12
2	张小琛	古田	本科毕业	古田县医院	副主任医师	2020.12
3	雷惠媚	古田	本科毕业	古田县医院	副主任护师	2020.7
4	张雅娟	古田	本科毕业	古田县医院	副主任护师	2020.7
5	阮巧玲	古田	本科毕业	古田县医院	副主任护师	2020.7
6	汪仁典	古田	本科毕业	古田县医院	副主任医师	2020.12
7	陈　炜	古田	本科毕业	古田县医院	主任医师	2020.12

续表 28

序号	姓名	籍贯	学历	工作单位	职称	获得时间
8	郑金玲	古田	本科毕业	古田县医院	高级会计师	2020.12
9	钟鸿飞	安徽	本科毕业	古田县医院	主任医师	2020.12
10	林寒娜	古田	本科毕业	古田县医院	副主任护师	2020.7
11	朱小艳	古田	本科	古田县中医院	副主任医师	2020.12
12	彭桂仙	古田	中专	古田县大桥中心卫生院	副主任护师	2020.12
13	游柳莺	古田	大专	古田县凤都卫生院	副主任护师	2020.12
14	钟碧丰	古田	本科毕业	古田县医院	副主任药师	2020.12
15	张小琛	古田	本科毕业	古田县医院	副主任医师	2020.12

（三）工程农艺等其他

表 29

序号	姓名	籍贯	学历	工作单位	职称	获得时间
1	吴翔峰	古田城西街道	本科	古田县财政局	高级会计师	2020.10
2	余延和	古田鹤塘	大学	古田县公安局刑事侦查大队	正高级	2020.7
3	林　茂	古田		华电福新能源有限公司古田溪水力发电厂	高级工程师	2020.8
4	陈冬溪	古田	本科	古田县碧源自来水有限公司	高级工程师	2020.10

获市厅级以上表彰的先进模范人物名表

已知获省委、省政府及直属单位表彰的先进模范人名表

表 30

序号	姓名	籍贯	工作单位	获得荣誉	授予单位	授予时间
1	林章平	古田县平湖镇	古田法院	“福建生态环境司法十佳百优”	福建省高级人民法院	2020.11
2	郑晓燕	古田县城关	古田法院	《人大参与矛盾纠纷化解机制研究——以参与人民法院调解工作为视角》获得 2020 年福建省人大常委会课题调研三等奖	福建省人大常委会办公厅	2020.12
3	郑玲娟	古田县吉巷乡	古田县法律援助中心	全国法律援助工作先进个人	司法部	2020.1

续表 30

序号	姓名	籍贯	工作单位	获得荣誉	授予单位	授予时间
4	黄碧华	古田县鹤塘镇	古田县纪委监委	福建省抗击新冠肺炎疫情先进个人	中共福建省委福建省人民政府	2020.11
5	郭祥回	古田县凤埔	县直机关工委	福建省机关工委系统先进工作者	中共福建省委机关工作委员会、福建省人力资源社会保障厅	2020.10
6	陈建铭	古田县卓洋乡	古田县农业农村局	全省农业农村系统先进工作者	福建省人力资源社会保障厅、福建省农业农村厅	2020.12
7	余兆昌	古田县鹤塘镇	古田县农业农村局	全省农业农村系统先进工作者	福建省人力资源社会保障厅、福建省农业农村厅	2020.12
8	陈　静	古田	宁德市古田生态环境保护综合执法大队	福建省“五一”劳动奖章	福建省总工会	2020.5
9	叶剑波	古田	农行古田支行	优秀共产党员	中国农业银行福建省分行	2020.9
10	叶剑波	古田	农行古田支行	全省农行 2018—2019 年度网络金融工作先进个人	中国农业银行福建省分行	2020.9
11	张　赟	古田	农行古田支行	全省农行 2019 年度“惠农 e 贷”业务先进个人	中国农业银行福建省分行	2020.2
12	许风华	古田	农行古田支行	2018—2019 年优秀内勤行长	中国农业银行福建省分行	2020.5
13	游冰清	古田	农行古田支行	转型服务明星	中国农业银行福建省分行	2020.12
14	郑小春	古田	古田县公安局	个人二等功	福建省公安厅	2020.1
16	徐耀龙	闽侯	古田县公安局	个人二等功	福建省公安厅	2020.6
17	林　皓	宁德	古田县公安局	个人二等功	福建省公安厅	2020.12
18	黄晓雅	古田鹤塘	古田县公安局	福建省抗疫最美家庭	福建省妇联、福建省卫健委	2020.5
19	唐　为	古田城东	古田县公安局	福建省抗疫最美家庭	福建省妇联、福建省卫健委	2020.5
20	丁仕忠	古田	古田县烟草专卖局	2019 年度全国卷烟市场信息直测网络优秀信息员	中国卷烟销售公司	2020.3
21	谢赛男	古田县	古田县实验幼儿园	福建省优秀教育工作者	福建省教育厅、福建省人社厅	2020.9
22	蓝良就	古田县	古田县第一中学	福建省优秀教师	福建省教育厅、福建省人社厅	2020.9
23	林　燕	古田县	古田县第三中学	福建省优秀教师	福建省教育厅、福建省人社厅	2020.9

续表 30

序号	姓名	籍贯	工作单位	获得荣誉	授予单位	授予时间
24	王光亮	古田县	古田县第六中学	福建省优秀教师	福建省教育厅、福建省人社厅	2020.9
25	苏安栋	古田县	古田县第九中学	福建省优秀教师	福建省教育厅、福建省人社厅	2020.9
26	林更珍	古田县	古田县吉巷中心小学	福建省优秀教师	福建省教育厅、福建省人社厅	2020.9
27	阮丽骅	古田县	古田县第二小学	福建省优秀教师	福建省教育厅、福建省人社厅	2020.9
28	阮　雁	古田	古田县科兴食用菌研究所	福建省百万职工“五小”创新大赛三等奖	福建省总工会	2020.7
29	阮　毅	古田	古田县科兴食用菌研究所	福建省百万职工“五小”创新大赛三等奖	福建省总工会	2020.7
30	余金菊	古田	古田县科兴食用菌研究所	福建省百万职工“五小”创新大赛三等奖	福建省总工会	2020.7
31	黄芳玉	古田	古田县科兴食用菌研究所	福建省百万职工“五小”创新大赛三等奖	福建省总工会	2020.7
32	林　杰	古田	古田县科兴食用菌研究所	福建省百万职工“五小”创新大赛三等奖	福建省总工会	2020.7
33	陈　艳	古田	古田县疾控中心	2020 年度福建省抗疫最美家庭	福建省妇女联合会、福建省卫生健康委员会	2020.5
34	周文珍	古田	古田县疾控中心	2020 年度福建省抗疫最美家庭	福建省妇女联合会、福建省卫生健康委员会	2020.5
35	张如钿	古田	古田县医院	福建省抗击新冠肺炎疫情先进个人	中共福建省委、福建省人民政府	2020.11
36	陆　菁	古田	古田县医院	福建省优秀工会工作者	福建省总工会	2020.12
37	黄庆雁	古田	大桥中心卫生院	优秀社区工作者	福建省农协会	2020.12

获省、部级以上表彰的单位荣誉

已知获省、部级以上表彰的单位荣誉

表 31

序号	单位名称	获得荣誉	授予单位	授予时间
1	古田县妇女儿童活动中心	全国家庭教育创新实践基地	全国妇联办公厅、教育部办公厅	2020.5
2	古田县司法局	组织宣传人民调解工作先进集体	中华全国人民调整员协会	2020.12
3	古田县市场监督管理局	福建省抗击新冠肺炎疫情先进集体	中共福建省委福建省人民政府	2020.11

附　录

中共古田县委　古田县人民政府关于做好2020年全县重点项目工作的通知

古委〔2020〕1号

各乡镇党委、政府，街道党工委、办事处，县直各单位：

为坚持高质量发展落实赶超，深入贯彻落实市委“一二三”发展战略，进一步强化项目对经济发展的拉动和支撑作用，加快“建三圈兴三业”，打响“千年临水健康古田”发展品牌。现将有关事项通知如下。

一、紧盯目标任务，抓好项目落实

2020年是全面建成小康社会和“十三五”规划收官之年，全县上下要牢牢把握工作大局，紧密联系全县发展实际，按照总体目标要求，找准工作定位，调动各方主动性，全力营造上下共同谋发展、促发展的良好局面。各专项工作领导小组（指挥部、指挥中心）要细化分解任务，明确具体工作内容、时间节点、责任单位和责任人，抓住关键环节和重要节点，加强调度、狠抓落实，及时协调解决问题，努力推进重点项目建设，确保完成各项目标任务。

二、强化协调配合，全力推进项目

重点项目建设涉及面广，各乡镇（街道）、县直各单位要强化大局意识，树牢“一盘棋”思想，发挥职能作用，各司其职、主动作为，密切配合、通力合作，抓好项目跟踪管理、协调服务等各项工作，合力推进项目建设；各要素保障部门要发挥职能作用，加强统筹协调，全力做好人力、物力、资金等各项要素保障工作，保质保量推进各个项目落实。

三、勇于担当作为，激发干事活力

重点项目建设事关全局，且时间紧、任务重，各乡镇（街道）、县直各单位要提升认识，时刻保持“心中有事、眼里有活、肩上有责”的状态，坚持“事不隔夜、马上就办”的工作态度、争创一流的工作标准、真抓实干的工作作风，牢记使命、勇于担当，敢于攻坚、主动服务，以实实在在的行动推动重点项目建设取得实效。

附件：1.2020 年专项工作领导小组（指挥部、指挥中心）

2.2020 年全县重点项目工作（专项工作领导小组、指挥部、指挥中心）

中共古田县委
古田县人民政府
2020 年 1 月 2 日

附件 1

2020 年专项工作领导小组
（指挥部、指挥中心）

全县重点项目建设共设 4 个领导小组、5 个指挥部、2 个指挥中心，即：乡村振兴战略工作领导小组、国家新型城镇化综合试点县建设领导小组、文旅健康产业工作领导小组、食用菌产业发展与提升工作领导小组、高速公路建设指挥部、铁路建设指挥部、交通建设指挥部、新丰河片区规划建设指挥部（含闽江古田溪景观提升工程）、旧城改造指挥部、产业发展与招商指挥中心、石材矿产综合整治指挥中心。（排名不分先后顺序）

一、乡村振兴战略工作领导小组

组长：钟昌华

第一副组长：党　帅

副组长：叶　崧、俞仰林、刘晓兵

办公室主任：江金文

副主任：张熙同、姚　舜、郭丽霞

领导小组下设 12 个专项小组：

（1）乡村产业振兴专项小组

组长：江金文

（2）乡村生态振兴专项小组

组长：张学涛

（3）宜居乡村建设专项小组

组长：许广盛

（4）文明乡风建设专项小组

组长：陈　丽

（5）乡村文化振兴专项小组

组长：黄聿仁

（6）乡村组织振兴专项小组

组长：余　梓

（7）乡村人才振兴专项小组

组长：林芳照

（8）法治乡村建设专项小组

组长：易华帮

（9）乡村基础设施专项小组

组长：余泽动

（10）乡村公共服务专项小组

组长：余泽动

（11）农村脱贫攻坚专项小组

组长：江金文

（12）乡村投入保障专项小组

组长：许丽莺

二、国家新型城镇化综合试点县建设领导小组

组长：钟昌华

第一副组长：党　帅

领导小组下设 4 个工作组：

（1）新型城镇化综合试点工作组

组长：郑国淑

副组长：刘晓兵

办公室：余泽动

（2）城东新区工作组

组长：刘振茂

副组长：郑国淑、林世晴

办公室：陈　旭

（3）城西新区工作组

组长：陈绍莲

副组长：余榕梅、雷　毅、李晓霞、谭国良

办公室：姚晓春

（4）清违、城市管理工作组

组长：林纪建

副组长：林晓晞

办公室：张南平

三、文旅健康产业工作领导小组

组长：党　帅

领导小组下设 6 个工作组：

（1）健康产业工作组
组长：李黄慧
副组长：谢荣雄、谭国良
（2）临水宫景区工作组
组长：卓昌旭
副组长：余新琳、陈泽霖、林世晴、丁景风
（3）大白溪景区工作组
组长：刘振茂
副组长：陈泽霖、叶启亮
（4）金翼之家景区工作组
组长：叶　崧
副组长：林世晴
（5）前洋古村景区工作组
组长：李黄慧
副组长：周鸿东
（6）圆瑛故居景区工作组
组长：刘冬康
副组长：丁景风

四、食用菌产业发展与提升工作领导小组

组长：陈绍莲
副组长：俞仰林、刘晓兵、程国飞
办公室：江仰锦、林　珊

五、高速公路建设指挥部

指挥长：卓昌旭
副指挥长：雷　毅、俞仰林、周鸿东、陈泽育
办公室：李世智

六、铁路建设指挥部

指挥长：林纪建
副指挥长：俞仰林
办公室：余志坚

七、交通建设指挥部

指挥长：俞仰林
副指挥长：郑银生
办公室：李　健

八、新丰河片区规划建设指挥部（含闽江古田溪景观提升工程）

指挥长：刘冬康
副指挥长：刘晓兵、周鸿东、程国飞、张铃斌
办公室：李品辉、吴雁锋

九、旧城改造指挥部

指挥长：郑国淑
副指挥长：林晓晞
办公室：许广盛、郑　鸿

十、产业发展与招商指挥中心

指挥长：李黄慧
副指挥长：林世晴、叶启亮、谭国良
办公室：陈信燮、陈美珍、陈家传

十一、石材矿产综合整治指挥中心

指挥长：林纪建
办公室：林长华、陈信燮、陈美珍、李　敏
（1）生态修复指挥部
指挥长：林纪建
副指挥长：凌　宏、丁景风、韩松纯
（2）项目实施指挥部
指挥长：李黄慧
副指挥长：丁景风、谭国良

附件 2

2020 年全县重点项目工作（专项工作领导小组、指挥部、指挥中心）

附件表 1

序号	领导机构	项目名称	目标任务和时间节点	责任领导	首席责任人
1	乡村振兴战略工作领导小组	乡村产业振兴专项小组	5 月底前，在大东地区建设 4 个百亩猕猴桃示范基地；6 月底前，启动低质低效 500 亩茶园品改、3000 亩竹林生态化改造，动工建设 1 个千亩特色果业示范基地；10 月底前，完成 3 家省级龙头企业培育工作、5 个“三品一标”认证产品新增工作；11 月底前，完成新型职业农民培训 660 人、3 个农产品产地初加工中心项目建设；12 月底前，组织参加 1—2 场省内外茶叶展销会、博览会，完成地标“古田红茶”地方标准制定，推动中国古田食用菌文化博览园项目开工建设，完成 10 个县级以上新型农业经营示范主体培育，完成 4 个以上优质农产品标准化示范基地创建工作	叶崧俞仰林刘晓兵	江金文
		乡村生态振兴专项小组	12 月底前，完成村庄造林绿化面积 160 亩；实现全县“绿盈乡村”占比达到 60% 以上；全县小流域水质、集中饮用水水源水质达到或优于Ⅲ类，比例分别达到 90% 以上和 100%；建立网格化管理体系，实现环境监管全覆盖		张学涛
		宜居乡村建设专项小组	4 月底前，完成“农村人居环境整治提升大比拼活动”验收工作；12 月底前，完成平湖富达、卓洋庄里、黄田金翼、城东街道桃溪 4 个省级森林村庄创建工作，积极向上争取列入第五批 19 个中国传统村落保护资金，编制保护发展规划，传承历史文化，改善环境面貌		许广盛
		文明乡风建设专项小组	12 月底前，完成全县行政村成立红白理事会、道德评议会、村民议事会和禁毒禁赌会；实现全县行政村“星级文明户”评比全覆盖；树立 25 个乡风文明示范典型示范村（社区）。		陈丽
		乡村文化振兴专项小组	1.3 月底前，梳理 1 条乡村振兴文化带，暨金翼文化带（包括黄田镇金翼村、黄田镇双坑村）；启动实施乡村文化振兴示范村建设三年行动计划，重点培育 4—5 个示范村；策划生成旅游线路串线，梳理 1 条生态休闲旅游线路（景点包括：城东街道桃溪蘑菇部落景区、吉巷乡坂中乡村旅游示范点、卓洋乡前洋村古民居、杉洋镇白溪草场）。6 月底前，组织开展特色文化旅游活动，梳理 1 条红色旅游线路（景点包括：平湖镇达才村黄孝敏故居、端上村圆瑛故里，城西街道罗峰村魏雪馨纪念馆）。12 月底前，1 条乡村文化振兴带、2 条不同主题的旅游线路更加成熟，推动全县乡村文旅产业初步形成发展品牌 2. 创 AAAA 景区：临水宫景区 3 月底前，启动创 AAAA 策划方案；9 月底前，启动软件材料工作；11 月底前，完成游客中心内部软件布置；12 月底前，完成 AAAA 软件材料上报；2021 年上半年，申请考评验收。创 AAA 景区：杉洋古镇 6 月底前，完成“文武古镇”城门楼及演武场工程招投标工作并启动创 AAA 策划方案；9 月底前，动工建设；12 月底前，完成 AAA 材料上报；2021 年上半年申请考评验收。吉巷乡坂中村 3 月底前，完成旅游总体规划审批工作；6 月底前，完成文本材料申报；12 月底前，争取通过 AAA 景区评定。创 AA 景区：平湖镇端上村、达才村 6 月底前，争取完成景区总体规划审批工作；9 月底		黄聿仁

续表

序号	领导机构	项目名称	目标任务和时间节点	责任领导	首席责任人
			前，启动创AA策划方案和完成文本材料申报；12月底前，争取通过AA景区评定。城西街道罗峰村7月底前，完成景区总体规划审批工作；9月底前，完成申报文本材料；12月底前，争取通过AA景区评定。卓洋乡前洋村6月底前，完成景区总体规划审批工作；9月底前，启动创AA策划方案和完成文本材料申报；12月底前，争取通过AA景区评定。凤都镇际面村3月底前，完成际面村现代化特色农业示范区建设项目修编规划；6月底前，完成文本材料申报；12月底前，完成AA材料上报		
		乡村组织振兴专项小组	12月底前，全面推进基层党组织“四个标准化”建设，确保10个乡村振兴试点村、46个产业薄弱村党支部组织领导、任务清单、规章制度、组织体系全面达标；持续扩大党支部领办合作社试点范围，每个乡镇（街道）培育试点不少于2个，提升基层党组织在乡村振兴中的组织力、号召力；按照分级负责原则，分期分批培训村干部，确保村主干全年轮训不少于1次；确保10个省级乡村振兴试点村村级集体经济年经营性收入达10万元以上，15个县重点村和投资村村级集体经济年经营性收入稳定在5万元以上		余 梓
		乡村人才振兴专项小组	3月底前，在黄田镇金翼村、城东街道桃溪村设立乡村振兴专家服务基地，每个基地全年开展专家服务乡村振兴活动不少于10人次；12月底前，完成省、市、县三级科技特派员推荐和选任达20人次以上，做到10个乡村振兴试点村、46个产业薄弱村科技特派员全覆盖，招聘到乡村工作大学生50名、开展各类职业技能培训2650人次		林芳照
		法治乡村建设专项小组	1. 推进网格化中心规范化建设：6月上旬，完成全县40%的乡村振兴重点村、试点村的建设任务；12月底前，力争实现乡村振兴重点村、试点村的全覆盖 2. 加强乡村矛盾调解阵地建设：力争12月底前设立1个县级品牌调解工作室 3. 推进“雪亮工程”建设：拓展覆盖面，新增10路卡口，5个停车场出入口，社会视频资源接入800路		易华帮
		乡村基础设施专项小组	1. 推进农村公路提升改造：12月底前，完成100千米县乡道提升改造和92.4千米农村公路安全生命防护工程 2. 推进农村能源设施建设：3月底前，启动110千伏大甲变2号主变扩建、110千伏凤都输变电工程及配套35千伏送出线路、凤亭—水口Ⅱ回线路3个输变电工程项目；12月底前，完成10千伏及以下配电网升级改造工程共78项目标任务、35千伏泮洋输变电工程、35千伏鹤塘—大桥线路工程		余泽动
		乡村公共服务专项小组	9月底前，扶持农村困难残疾人就业创业项目补助60人、灵活就业社保补贴项目80人；12月底前，完成27个幸福院建设		余泽动
		农村脱贫攻坚专项小组	11月底前，完成28个建档立卡贫困户技能培训任务；12月底前，完成全县建档立卡贫困村基础设施建设、小型公益项目以及30个村财增收项目		江金文

续表

<table>
<tr><th>序号</th><th>领导机构</th><th colspan="2">项目名称</th><th>目标任务和时间节点</th><th>责任领导</th><th>首席责任人</th></tr>
<tr><td rowspan="5">1</td><td rowspan="5"></td><td colspan="2">乡村投入保障专项小组</td><td>1月底前，将乡村振兴专项资金纳入2020年度财政预算统筹安排；12月底前，完成乡村振兴专项资金的落实</td><td rowspan="5"></td><td>许丽莺</td></tr>
<tr><td rowspan="4">其他年度重点任务</td><td>试点示范</td><td>1.示范引领，继续推进杉洋古镇、前洋古村、金翼之家、圆瑛故里4个乡村振兴示范点项目建设，3月底前，完成示范村微视频拍摄制作，形成头雁效应；12月底前，完成城西街道罗峰等村古民居修缮及桃溪等村景观提升和大桥中村等村产业发展等重点项目工程共计17个，推动1个特色乡镇、10个省级乡村振兴试点村整体形象提升
2.充分发挥县处级干部、联系帮扶单位、乡村振兴指导员、科技特派员、驻村第一书记力量，整合试点村特色资源，因地制宜发展“一村一品”</td><td>林　宏
李　霞
刘传县
江希东
周光辉
彭　实
黄长城
朱振松
陈建曦
林　祯</td></tr>
<tr><td>重点培育</td><td>以推进农村人居环境整治为切入点，以产业发展为引领，以增加农民及村财收入为核心，重点打造15个县级乡村振兴重点村。12月底前，完成吉巷水竹洋、凤埔西溪等村河道整治、亮化绿化工程；卓洋庄里、鹤塘佳垅等村猕猴桃、油茶种植基地建设；城西街道长岭、水口溪岚等村水果市场及仓储、千亩高优脐橙配套设施建设。2020年重点培育村至少打造2—3个农业专业合作社品牌，推进现代农业发展</td><td>林　宏
林长华
李　霞
刘传县
许马锋
江希东
许巧清
李　杰
彭　实
朱振松
林　祯</td></tr>
<tr><td>狠抓薄弱</td><td>3月底前，完善46个产业薄弱村的产业发展规划，进一步梳理产业、找准定位；6月底前，完成科技特派员或村主任助理下派工作，量身制定“一村一策”具体帮扶措施；12月底前，通过发展种养殖业、建设生态采摘园、整治提升村庄人居环境，完成大甲村溪、水口汶潭、平湖银坑等3个村的示范试点打造</td><td>各相关乡镇（街道）党政主要领导</td></tr>
<tr><td>宣传培训</td><td>1.在“古田新闻”“古田发布”微信公众号、“古田新闻网”等县主流媒体平台持续做好“乡村振兴”专栏，由古田县融媒体中心策划生产“乡村振兴”融媒体产品，对乡村振兴战略工作领导小组等一线单位负责人进行系列专访，加强与中央、省、市媒体平台的联系，通过提高见稿率扩大古田县在外域的影响力
2.充分发挥古田乡村振兴学院力量，12月底前，至少开展4期的乡村振兴人才培训工作，培训不低于150人次
3.3月底前，在城东街道、泮洋乡、大甲镇召开生态振兴主题全县乡村振兴工作现场会；6月底前，在凤都镇、大桥镇、吉巷乡、平湖镇召开产业振兴主题全县乡村振兴工作现场会；9月底前，在鹤塘镇、水口镇、凤埔乡召开组织振兴主题全县乡村振兴工作现场会；12月底前，在城西街道、黄田镇、卓洋乡、杉洋镇召开文化振兴主题全县乡村振兴工作现场会</td><td>张家秀
江金文</td></tr>
</table>

续表

序号	领导机构	项目名称			目标任务和时间节点	责任领导	首席责任人
2	国家新型城镇化综合试点县建设领导小组	新型城镇化综合试点工作组	城西公园建设		拟规划建设山地公园，占地面积约400亩。3月底前，完成项目地形图测绘工作；4月底前，完成方案及可研编制工作；6月底前，完成设计招投标工作；12月底前，完成施工图设计工作	郑国淑 林晓晞	许广盛 包　飞
			沿街立面改造及市政道路管网建设项目	古屏路（新世茂酒店至交警大队段）宜居环境提升工程	外立面改造工程，重点为统一沿街店招牌、沿街夜景亮化工程、立面改造为真石漆、道路绿化提升等，工程造价约850万元。2月底前，完成施工及监理招投标工作；3月底前动工建设；8月底前，完成施工		许广盛 余　希 包　飞
				古田县宜居环境提升工程（614路城东街道办事处至古屏路段）	沿街两侧楼体屋檐改造、立面清洗、裸露外墙粉刷、装置空调网架、规范排水管道、统一沿街店招牌、建设夜景亮化工程等，工程造价约1000万元。3月底前，完成施工图设计；5月底前，完成预算编制及财审工作；6月底前，完成施工及监理招投标工作；7月底前，动工建设；11月底前，完成施工		许广盛 余　希 包　飞
				古田县宜居环境提升工程（614路龙景佳园至城东街道办事处段）	沿街两侧楼体屋檐改造、立面清洗、裸露外墙粉刷、装置空调网架、规范排水管道、统一沿街店招牌，建设夜景亮化工程等，工程造价约2000万元。1月底前，完成施工及监理招投标工作；2月底前，动工建设；8月底前，完成施工		
				古田县五华路道路工程（县医院迁建）	3月底前，完成项目立项工作；4月底前，完成项目设计招投标工作；5月底前，开展地勘工作，城西街道开展安征迁工作；9月底前，城西街道完成用地报批工作；11月底前，完成施工图设计及图审工作；12月底前，完成施工图预算编制工作		许广盛 包　飞
				古田县松吉路（五华路至文峰路段）	3月底前，完成项目立项工作；4月底前，完成项目设计招投标工作；5月底前，开展地勘工作，城西街道开展安征迁工作；9月底前，城西街道完成用地报批工作；11月底前，完成施工图设计及图审工作；12月底前，完成施工图预算编制工作		
				古田县文峰路工程（一期工程）	1月底前，完成施工图设计及图审工作；3月底前，完成预算及财审工作；4月底前，完成施工及监理招投标工作城西街道完成安征迁工作；5月底前，动工建设；11月底前，完成施工		许广盛 包　飞
				古田县西大桥及六一四路七支路改造工程	1月底前，完成施工图设计及图审工作；3月底前，完成预算及财审工作，县商业总公司完成房屋安征迁工作；4月底前，完成施工及监理招投标工作；5月底前，动工建设；11月底前，完成施工		许广盛 吴有为
				古田县市场路工程	1月底前，完成项目立项及设计招投标工作；3月底前，完成施工图设计及图审工作；4月底前，完成施工图预算及财审工作，城东街道完成用地报批工作；5月底前，完成施工及监理招投标工作；6月底前，动工建设；12月底前，完成道路主体工程		许广盛 余　希

续表

序号	领导机构	项目名称		目标任务和时间节点	责任领导	首席责任人
			山水林田湖草项目	持续推进古田县闽江流域山水林田湖草生态保护修复试点工作，加快推进2018年横洋溪小流域“以奖促治”项目等15个未完工项目建设，9月底前，全面完成试点工作任务	郑国淑 凌　宏	余泽动
				重点打造古田县闽江流域山水林田湖草生态保护修复试点精品示范工程，6月底前，完成入库小流域生态修复工程、翠屏湖生物多样性保护工程等6个精品示范项目		
				按照《福建省闽江流域山水林田湖草生态保护修复绩效评价指标体系》和《试点项目验收指标体系》的要求，12月底前，做好迎检工作并顺利通过国家、省级验收		
			古田县黄田仔水库项目	2月底前，完成可研前置专题报告批复；4月底前，完成可研报告的批复；6月底前，完成初步设计批复工作；7月底前，完成项目招投标工作；8月底前，开工建设；12月底前，完成2000万元投资	刘晓兵 程国飞	黄益种
			中国·古田食用菌文化博览园建设项目	6月底前，完成详细规划设计工作；9月底前，完成可研报告编制工作；12月底前，动工建设	刘晓兵	余新敏
			福建省食用菌产品质量监督检验中心提升改造项目	1月底前，完成结构加层鉴定；4月底前，完成详细规划设计、可研报告编制和预算工作；5月底前，动工建设；12月底前，完成项目建设		
			银耳标准工作组工作	12月底前，完成2项国标立项申报和2项国标的报批稿上报工作；争取省、市主管部门支持，做好迎接考核评估工作，并为工作组升级为标委会创造有利条件		
			国家新型城镇化综合试点工作	1.11月底前，按试点工作方案完成年度工作任务 2.12月底前，做好迎检工作并顺利通过国家验收	郑国淑	余泽动
		城东新区工作组	翠屏湖内湖环湖景观慢道建设工程	1月底前，完成项目已开工的1.1千米的工程建设并投入使用；2月底前，完成二期浮桥及水上栈道的招投标工作；12月20日前，完成翠屏湖内湖环湖景观慢道项目建设并投入使用	郑国淑 林世晴	陈　旭
			古田县城乡生活垃圾治理一体化项目	1月上旬，完成进场道路的建设；5月底前，完成主厂房建设；9月底前，完成厂区道路及高架桥的建设；12月中旬，完成锅炉基层浇筑安装、水压试验及其他电厂设备的安装调试；12月20日前，投入运营		许广盛
			新建行政服务中心项目	3月底前，完成施工图设计、图审及农转用报批工作；5月底前，完成预算、财审及安征迁工作；8月底前，完成施工、监理招投标工作；10月底前，动工建设		李丽雅
			西丰里片区房地产开发项目	该地块位于城东街道西丰里片区西山村，占地面积约80亩。3月底前，完成原修理厂与碾米厂地块的土地农转用报批工作，同步完成安征迁工作；10月底前，完成剩余地块的土地农转用报批及安征迁等工作		余　希 陈　旭

续表

序号	领导机构	项目名称		目标任务和时间节点	责任领导	首席责任人
			印石公园配套业务用房（老年大学项目）	该项目位于印石公园项目红线内，属项目配套用房。3月底前，完成项目立项及设计挂网招投标工作；6月底前，完成施工图设计、图审及预算造价的编制工作；9月底前，完成项目施工、监理的招投标工作；11月底前，动工建设	郑国淑 林世晴	黄荣辉 阮淑兴
			高头岭片区地块开发利用	4月底前，做好片区项目的策划生成工作（含教育学校布局、法院大楼、食用菌文化博览园等项目）；6月底前，完成片区规划调整修编工作。协助项目单位做好用林用地的报批工作；做好片区涉及项目的安征迁工作	郑国淑 林世晴	余　希 陈　旭
			翠屏湖保护工作	1. 进一步完善翠屏湖保护机制，督促协调各有关单位落实执法“路线图”，严厉打击并依法惩处乱挖、乱建、乱占等各类违法违规行为 2. 配合县公安局开展翠屏湖非法采砂治理行动，杜绝非法采砂行为 3. 强化湖面垃圾打捞工作，同时加强考核考评工作，促进沿湖六个乡镇（街道）入湖垃圾治理工作落到实处	郑国淑 林世晴	郑战华
		城西新区工作组	古田县医院迁建项目	4月底前，完成附属楼桩基和地下室基础施工；7月底前，完成地下室主体和其他附属楼基础施工；12月底前，完成主体结构施工，部分结构封顶，行政楼完成装修	余榕梅	汤仰威
		城西新区工作组	县文体中心建设	3月底前，完成地下室砌墙与粉刷、上部钢结构砼、幕墙前期准备工作、电梯定制、水电暖通管线预埋；6月底前，完成上部主体结构砌墙与粉刷、内部装饰及二次精装修、外墙幕墙施工、屋面工程施工、电梯安装、水电暖通消防管线与设备安装；9月底前，完成幕墙施工与内部装饰装修收尾工程、室外工程施工、水电室外管线施工；12月底前，室外工程施工收尾工程、景观绿化工程施工、电梯和水电以及各项设备调试、消防验收以及工程竣工验收	余榕梅	黄聿仁
		城西新区工作组	教育建设项目	1. 一中初中部（一中选址新地）：5月底前，开工建设，安征迁扫尾；12月底前，完成主体二层建设 2. 城南幼儿园前期：6月底前，完成农转用报批工作；12月底前，完成规划审批、勘测、设计工作 3/ 城东小学前期：完成规划选址	李晓霞	陈兴第
		城西新区工作组	体育“一场两馆”项目实施	6月底前，安征迁全面推进，完成农转用报批工作；12月底前，完成规划审批、勘测、设计工作	李晓霞	陈兴第
		城西新区工作组	一中片区安征迁	6月底前，争取完成70%的安征迁任务，一场两馆项目具备动工条件	李晓霞	朱振松
		城西新区工作组	双创示范基地三期建设	1. 双创示范基地三期3号楼：3月底前，完成七、八层主体结构施工和一至二层砌体施工；6月底前，完成九至十五层主体结构施工和三至八层砌体施工；9月底前，完成十六至十九层主体结构施工和九至十四层砌体施工；12月底前，完成十五至十九层砌体施工，外墙粉刷完成、外墙装饰完成50% 2. 双创示范基地三期4号楼：6月底前，完成施工单位、监理单位招投标等前期工作；12月底前，动工建设并完成一至四层主体结构	谭国良	陈绍昌

续表

序号	领导机构	项目名称		目标任务和时间节点	责任领导	首席责任人
			民富中心工作	1. 实施好国家级普惠金融改革试验区工作：加大金融创新力度，做好“两权”抵押试点接续工作；建设全功能的古田县普惠金融服务网，打造存款、贷款、理财等业务综合服务平台；加大金融创新力度，12 月底前，普惠金融贷款新增额度达到 1 亿元 2. 指导新设党支部领办合作社，发挥集体经济对乡村振兴的牵头引领作用。走访指导新设党支部领办合作社 5 家 3. 持续加强对农民专业合作社指导、规范和培育，12 月底前，规范、培育服务合作社 5 家		朱能杰
			“十方田”公司运营管理	1. 持续推进建设线上和线下商城，加大“十方田”品牌的运营推广；12 月底前，建设线下体验店 3 家，对接线上平台 2 家 2. 加大“十方田”公共品牌的培育，建立常态化的准入、退出机制；吸引更多的优质产品入驻“十方田”，淘汰不合格的产品及企业 3. 引入社会资本，探索“十方田”销售业务和市场化运作模式		朱能杰
			城西安置房项目建设	6 月底前，完成主体封顶，屋面构架施工；12 月底前，内墙及天棚打底抹灰完成至二十八层，门窗安装至十八层		陈绍昌
			纸厂片区扫尾工作	开展原纸厂宿舍个别安置户违约问题协调，配合做好剩余安置房房源处置，完成原纸厂指挥部内业资料整理审计	雷　毅	陈　晞
			城西工业区路网工程	8 月底前，完成路面主体工程建设；12 月底前，进行人行道铺装及路灯工程	雷　毅	朱振松 姚晓春
		清违、城市管理工作组	环境市容常态化管理	1. 严管街实行 18—24 小时全天候保洁，规范收集、运输和处置生活垃圾。12 月底前，对城区生活垃圾全面铺开分类投放、分类收集、分类处理 2. 加强对主次干道、严管街、护城河水域及市场、学校、公园周边等重点区域的卫生管理，整治占道经营、沿街摆摊、随地乱扔等现象 3. 加强户外广告设施及违规乱搭遮雨棚等行为的巡查管控，整治乱建、乱涂广告现象，做好户外广告设施的审批工作 4. 店面严格落实“门前三包”制度，强化“门前三包”巡查处罚，严禁店外经营、倾倒垃圾 5. 3 月底前，完成城区内“僵尸车”排查登记工作，并将相关信息抄报县公安局、交通运输局等单位 6. 1 月底前，全面实施公厕免费开放，并做好城区公厕免费开放监督管理工作 7. 全方位对城区违规取土、渣土车“滴撒漏”现象整治，杜绝城市河道倾倒废弃物和垃圾 8. 6 月底前，完成“数字城管”平台建设	林纪建 林晓晞	张南平

续表

序号	领导机构	项目名称		目标任务和时间节点	责任领导	首席责任人
			交通秩序常态化管理	1. 加强严管街管理，查处清理各类违停车辆 2. 加强学校周边、市场、城市综合体等重要部位、重点时段交通秩序管理 3. 加强对严重影响交通安全的无证驾驶机动车的查处、处罚力度，强化酒醉驾重点违法行为查处 4. 加强交通巡查（7：30—21：00）：及时处置道路行人、车辆的违规违章行为，配合县城市管理局等单位做好交通秩序常态化工作		卓书国
			城区园林绿化常态化管理	1. 加强行道树管护：定期查看生长情况，做好补栽、替换、修枝、防治等工作，防止树体遮挡标识牌和路灯灯光，对交通安全构成隐患 2. 加强绿化管理：做好日常管护，确保草坪、绿化带整洁。特别做好公园、护城河、滨河路、街心、环岛等重要位置的绿化养护 3.3 月底前，引进园林绿化管护社会化服务，建立严格的监管机制，制定相应的管护质量考核细则和绿地管护评分标准并予以实施 4. 加强部门联动，保护好绿化成果，及时受理和处置群众有关园林绿化方面的诉求		张南平
			清违工作	1. 围绕市委、市政府和县委、县政府部署工作重点整治，每月 25 日前完成市里下达任务的 10%；6 月底前，完成 25.5 万平方米综合治理目标任务；10 月底前，全面完成市里下达的 42 万平方米清违任务 2. 坚持属地管理原则，继续实行“扁平化”管理，严格执行片区化、责任化无缝对接的“两违”巡查机制，保持拆违高压态势，严控新增“两违”，确保新增违建“零增长”		张南平 各乡镇（街道）党政主要领导
3	文旅健康产业工作领导小组	健康产业工作组	健康产业规划	1 月底前，成立古田县鹤塘镇康养文旅开发项目（中国·仙鹤湾）对接小组；3 月底前，出台全县健康文旅产业优惠扶持政策；9 月底前，探索研究成立健康文旅产业基金；12 月底前，围绕健康产业六大板块开展宣传、组织活动，分发宣传资料，推送微文，营造健康产业发展氛围	李黄慧 谢荣雄 谭国良	戴丽淑
			项目库建设	充实完善健康产业资源库、政策库和项目库，12 月底前新增 5 个策划项目		戴丽淑 陈赠浜 胡宗彬
			招商引资	对接恒大健康集团等大型国企、民企，加强健康产业招商引资工作，12 月底前争取与一家大型企业完成框架协议的签订		陈赠浜
			全域旅游	围绕“全域旅游”战略，支持乡村完善旅游公厕、停车场、旅游公路等基础设施建设，依托古田当地特色生态优势和文化优势，注重资源整合，注重业态培植，扶持打造具有区域特色、能发挥辐射带动作用的翠屏湖、临水宫、杉洋古镇、金翼之家、磨菇部落等核心景区，端上、前洋、坂中、鹤塘矿山公园等旅游示范区，钱厝樱花谷、际面桃花、高岗杜鹃、永安食用菌观光工厂等网红打卡点，推动全县	林世晴 程国飞	黄聿仁 各乡镇（街道）党政主要领导

续表

序号	领导机构	项目名称			目标任务和时间节点	责任领导	首席责任人
					全域旅游发展由点到线、由线到面，实现全面发展。 2020 年重点任务： 1. 依托翠屏湖生态资源，融合环湖的临水文化、食用菌文化等，对接永安片区食用菌产业园、环湖旅游公路等设施建设，初步形成环翠屏湖区域旅游带雏形，通过举办临水民俗文化表演、环翠屏湖半程马拉赛等扩大对外宣传推广力度，12 月底前完成 2. 结合杉洋历史文化名镇创 A 工作完善基础设施建设，通过串点连线，将杉洋白溪、大甲鸳鸯谷等周边景点纳入大杉洋景区范畴，培植地域特色的龙桩拳表演、蓝田书院国学讲坛等特色活动丰富旅游业态，12 月底前完成 3. 依托金翼核心景区，融入七次方田园综合体等农业休闲观光，延伸黄田双坑油画产业和莪洋五和酒业等，丰富旅游内容，七次方田园综合体 3 月底前初步启动建设，12 月底前完成；莪洋五和酒业观光工厂 6 月底前启动建设，12 月底前完成；双坑油画产业结合景区建设需要，纳入景区业态表演和展示 4. 通过乡村音乐节、赏花节等活动，宣传钱厝樱花谷、际面桃花、高岗杜鹃等网红打卡点，12 月底前完成		
		临水宫景区工作组	临水宫创建AAAA级景区项目	生态停车场	建设生态化景区停车场，合理设置大巴、小车车位，满足游客停车需求，完成停车场土地安征迁及工程建设。6 月底前，完成前期工作；9 月底前，施工建设；12 月底前，完成工程建设	卓昌旭 余新琳 陈泽霖 林世晴 丁景风	林　靖 杜新坤 林坚真 韩　真 刘传县
				游客中心及配套工程	在已建的民俗博览园（游客中心）一楼划出 700 平方米装修及门前停车场提升建设。设置游客咨询服务、星级旅游厕所等接待服务设施，满足临水宫游客服务需求等。5 月底前，完成设计；6 月中旬，发包；10 月底前，完成工程建设		林　靖 韩　真
				重要节点构建物及景观提升工程	在停车场入口处等重要节点设置符合临水宫文化气质的艺术构筑物及符合临水宫文化特点的精神堡垒雕塑及小品。包含“古田临水宫”景石、非物质文化遗产景观雕塑、滨水景观整治等。5 月底前，完成设计；6 月中旬，发包；9 月底前，完成阶段性工程		林　靖 韩　真
				游客接待服务设施设备及安全监控系统建设	购置 4 辆景区接驳电瓶车及电子触摸屏、游客中心设施设备等；建设景区视频监控，游客量检测、预警、报警和运行监控；建设提供自助导游服务；建立以服务游客为宗旨的门户网站，具有电子商务功能，提供在线预订和线下支撑服务，10 月底前，完成建设		韩　真 包世锋
			祖庙保护性修缮工程		总投资 1000 万元（国家文物局专项资金），2020 年计划完成投资 80%。6 月底前，完成祖庙保护修缮项目相关工作；12 月底前，完成祖庙阶段性修缮任务		黄聿仁 韩　真
			临水宫景区开发建设 PPP 项目		2 月底前，完成“两论证一方案”初稿；3 月底前，完成“两论证一方案”专家评审与审批；5 月底前，完成各单位联审实施方案，通过县政府常务会议研究同意；6 月底前，完成《古田临水宫景区建设 PPP 项目》入库工作		杜新坤

续表

序号	领导机构	项目名称		目标任务和时间节点	责任领导	首席责任人
			临水公园二期（乌木公园）项目	总投资2700万元，2020年计划完成投资500万元。6月底前，启动临水公园二期（乌木公园）项目前期工作；12月底前，开工建设	卓昌旭 余新琳 陈泽霖 林世晴 丁景风	林　靖 韩　真
			联十线临水宫景区段下穿人行通道项目	2020年计划投资300万元建设景区下穿人行通道及装饰工程项目。6月底前，启动景区下穿人行通道及装饰工程建设；12月底前，完成工程建设		林　靖 程志武
			临水宫景区供水工程项目	总投资1300万元。6月底前，完成供水工程项目前期工作；12月底前，完成供水工程及相关项目工作		林　靖 林剑华
			临水宫景区一重山林相景观提升工程	协助大桥镇完成临水宫景区一重山林相景观提升工程项目		朱文剑 林　靖 林剑华
			安置地（二期）桩基工程建设	总投资530万元。6月底前，完成建设并交付村民建房		林剑华 林坚真
			临水公园二期（乌木公园）安征迁工作	总投资600万元。2月底前，完成已签订协议房屋拆除工作；5月底前，完成剩余8户房屋协议签订及拆除工作		刘传县 林坚真
			百花桥重建项目	总投资500万元，2020年度计划完成投资50万元。完成百花桥重建项目前期工作		林　靖 韩　真
		大白溪景区工作组	杉洋“文武古镇·耕读人家”重点文化建设	项目总投资约1.199亿元。3月底前，启动古镇游客接待中心及停车场工程前期工作；6月底前，开工建设古镇武术演艺场建设工程，12月底前完工；7月底前，开工建设古镇主街和古街立面景观提升工程，12月底前完工；8月底前，开工建设古镇文化布馆（国民小学、乡约堂、麻题酒铺、状元主题公园等）项目，12月底前完工；8月底前，开工建设古镇古城楼建设项目；12月底前，成功创建AAA景区	陈泽霖	林　宏
			大白溪景区开发	1. 协调推进杉洋镇白溪村传统村落项目，总投资300万元 2. 加大旅游招商工作力度并争取签约		
			环大白溪旅游公路通源至白溪段公路工程	公路全长6.4千米，项目总投资2400万元。协调推进项目建设，5月底前，先行启动A段工程，适时开工B段工程；12月底前，完成A段工程	叶启亮	钟艳虹
			环大白溪旅游公路溪边至白溪段公路工程	公路全长9.105千米，项目总投资4713万元。4月底前，开展项目前期工作，待省林业局林地审批完成后，适时开工建设		
		金翼之家景区工作组	古厝民居修缮	争取1月底前国开行贷款资金到位，2个月内完成招投标工作，10个月内完成工程建设	叶　崧 林世晴	彭　实
			谷口溪水上项目	争取1月底前国开行贷款资金到位，2个月完成项目详细规划初步方案，2个月完成招投标工作，2年内完成工程建设		
			整村环境整治	争取1月底前国开行贷款资金到位，2个月内完成招投标工作，10个月内完成工程建设		

续表

序号	领导机构	项目名称		目标任务和时间节点	责任领导	首席责任人
			党支部领办合作社	3 月底前，成立凤亭旅游文化有限公司；8 月底前，完成金翼茶馆、歌吧建设并交付运营使用		
			最美庭院创建	3 月底前，完成宣传发动工作；7 月底前，完成黄田镇金翼村岭尾自然村最美庭院创建；12 月底前，完成黄田镇金翼村前都洋自然村最美庭院创建		
		前洋古村景区工作组	古民居展示、担回头展示、讲书堂、私塾馆等古民居修缮及文创项目	6 月底前，完成设计工作；10 月底前，初步完成建设；12 月底前，工程竣工验收	李黄慧 周鸿东	李　霞
			景观提升工程	金水溪景观建设：6 月底前，完成设计工作；10 月底前，初步完成；12 月底前，工程竣工验收		
			市政工程	杆线下地、消防给水，12 月底前完成		
		圆瑛故居景区工作组		争取在 6 月底前资金筹措到位，在完成端上溪两岸生态景观改造、亲水公园、入口广场部分招投标工作后，240 天内完成工程建设	刘冬康 丁景风	江希东
				争取在 6 月底前资金筹措到位，在完成圆瑛故居、圆瑛私塾、圆瑛学堂部分招投标工作后，240 天内完成工程建设		
				争取在 6 月底前资金筹措到位，在完成端上正前门亭、城墙及廊桥修缮工程部分招投标工作后，240 天内完成工程建设	刘冬康 丁景风	江希东
				争取在 6 月底前资金筹措到位，在完成端上村村内景观节点等基础配套设施、创意农业区部分招投标工作后，240 天内完成工程建设		
				12 月底前，基本完成工程建设并运营		
4	食用菌产业发展与提升工作领导小组	菌种科技园项目工程建设		2020 年度计划投资 2000 万元。6 月底前，完成项目用地出让竞投交地、施工图规划设计、土地平整等前期工作；12 月底前，研究确定项目工程建设模式，工程造价编算、工程招投标等，争取项目工程在年内开工建设	陈绍莲 俞仰林 刘晓兵 程国飞	江仰锦 王晓峥 林　珊
		标准化菇房改造提升项目		全县改造提升农村标准化菇房 4000 间（鼓励拆旧建新）。 1. 宣传推广标准化菇房建设方案 2. 研究制定标准化菇房改造提升建设标准、资金补助管理办法 协助筹措项目补助资金		余新敏 林　珊
		菌需物资园项目前期工作		选址建设大型原辅材料批发集散市场和塑料薄膜菌袋、胶布、机械生产等菌需物资园区，项目拟占地面积约 75 亩。6 月底前，进行项目用地选址、测绘、安征迁等各项前期工作，争取年内进行组卷报批		江仰锦 王晓峥
		全产业链示范项目前期工作		策划建设食用菌全产业链示范项目，项目规划用地约 200 亩。6 月底前，进行项目用地选址；12 月底前，开展招商引资等项目前期工作		
		食用菌产业品牌文化推介宣传		积极开展食用菌产业品牌推介活动，寻求品牌文化创意项目（品牌创意门店）		余新敏 林　珊 雷银清

续表

序号	领导机构	项目名称	目标任务和时间节点	责任领导	首席责任人
		古田银耳产业示范联盟建设	3月底前，选取本县域内银耳产业链中在品牌标准建设、质量安全管控以及诚信服务方面的优质企业和经营者，联合组成银耳产业链上的横向或纵向的合作紧密型古田银耳产业链示范联盟，并试运行；组织联盟成员单位开展示范应用，合作开拓国内外银耳市场，提高古田银耳知名度		余新敏 林　珊 雷银清
		筹备举办中国（古田）食用菌大会	筹备举办中国（古田）食用菌大会。3月底前，确定食用菌大会主题与活动方案等；4月底前，完成食用菌大会活动等相关筹备工作；5月，举办中国食用菌（古田）大会		
5	高速公路建设指挥部	宁德至古田高速公路（古田段）	配合市高指、宁古公司完成用地审批工作	俞仰林	兰明钦
			配合争取将宁古高速列入国高网	卓昌旭 俞仰林	兰明钦
			配合完成A2—A6标段招投标工作，力争全线开工建设	周鸿东	兰明钦 饶宗疆
			按市高指的时间节点要求，完成安征迁工作，确保满足工程建设需要	雷　毅 周鸿东 陈泽育	伍银多 李锦亮 林　宏 林长华 李　霞 林剑华
		屏古高速公路（古田段）	妥善处置屏古高速断水、断路、水改旱等涉农扫尾问题		伍银多 林剑华 许马锋 江希东 朱振松
			做好竣工验收、审计前各项工作	卓昌旭 雷　毅 周鸿东 陈泽育	李世智 饶宗疆
			屏古高速沿线环境综合整治	俞仰林	伍银多 林剑华 许马锋 江希东 朱振松
		京台高速公路（古田段）	配合完成京台高速（古田段）竣工验收及国家审计反馈	卓昌旭 陈泽育	李世智 饶宗疆
			京台高速沿线环境综合整治	俞仰林	许马锋 周光辉 朱振松
6	铁路建设指挥部	宁南铁路（古田段）项目前期工作	主动对接、加快推进宁南铁路（古田段）项目前期工作；密切联系省发展改革委、省铁路建设办公室，主动对接铁四院、海峡设计院，紧跟项目前期工作进展情况，及时研究并提出古田县的意见；力争列入国家和省级“十四五”铁路建设规划	林纪建 俞仰林	余志坚

续表

序号	领导机构	项目名称	目标任务和时间节点	责任领导	首席责任人
		加强路地协调工作	加强与铁路部门的沟通协调，进一步发挥铁路资源优势，服务县域经济发展；配合做好重大活动及重要客人来往古田北站的服务工作；协调相关乡镇和县直单位加强站前广场及周边的管理，维护社会公共秩序稳定和交通安全有序，塑造古田窗口的良好形象	林纪建	余志坚 郑志坚
		铁路沿线环境综合整治工作	配合相关乡镇和县直单位继续做好合福铁路沿线环境综合整治工作；巩固提升古田北站站区周边环境整治；配合有关单位开展峰福铁路环境整治工作		郑志坚
		古田县精神病防治院迁建项目扫尾工作	3 月底前，完成项目竣工验收；6 月底前，完成办公设备、医疗设备采购及安装，并投入运营		汤仰威
		原化肥厂片区棚户区改造扫尾工作	6 月底前，完成原化肥厂片区棚户区改造安置房的交房、办证扫尾工作，解决剩余 1 户被征收人未安置的问题；12 月底前，完成原化肥厂片区棚户区改造项目档案整理审计工作		余　希 陈小炬
7	交通建设指挥部	天宫岭至凤埔、平湖环湖公路工程	完成 2020 年度投资 3 亿元 1.X915 段、X921 段：4 月底前，完成路基工程扫尾；6 月底前，完成水稳层、级配碎石层施工；8 月底前，完成沥青混凝土路面施工；9 月底前，完成交安工程，项目完工 2. 景观工程：6 月底前，基本完成天宫岭至利洋段绿化；10 月底前，完成游客中心及驿站基础建设；12 月底前，完成路灯施工，基本完成绿化	俞仰林 郑银生	李　健
		纵五线 G235 洋上至汶洋公路工程	完成 2020 年度投资 1.5 亿元。6 月底前，完成桥梁主体工程；9 月底前，完成路基工程扫尾；11 月底前，完成沥青混凝土路面工程；12 月底前，完成交安工程，项目完工	郑银生	
		国道 G235 线古田县天宫岭至高头岭段公路工程	完成年度投资 5000 万元。6 月底前，完成初步设计；9 月底前，完成施工图设计；10 月底前，开工建设	俞仰林 郑银生	
		横三线湖滨至浣溪段公路工程（环城北路）	8 月底前，完成工可立项；10 月底前，完成初步设计；12 月底前，完成施工图设计	俞仰林	
		农村路网提升工程	2020 年计划投资 2.8 亿元，完成 100 千米县乡道提升改造（单改双）；计划投资 1290 万元，完成 92.4 千米农村公路安全生命防护工程。3 月底前，完成设计批复；5 月底前，动工建设；12 月底前，项目完工	俞仰林 郑银生	
8	新丰河片区规划建设指挥部	闽江古田溪（古田段）防洪一期工程	完成护城河 C10、C11 标段主体工程建设，计划投资 1000 万元。3 月底前，完成 C10 标段洋头段防洪堤贴面，完善内页资料；6 月底前，完成 C10 标段遗留的防汛道路及栏杆工程（视部队光缆进度情况）；9 月底前，闭合 C10 标段部分未建设的防洪堤（视桥梁改造进度情况）；12 月底前，待桥梁改造完成主体建设后全部闭合 C10 标段防洪堤，完成 C11 标段新建防洪堤主体建设（视罗华村地段安征迁进度情况）	刘冬康 刘晓兵 周鸿东 程国飞 张铃斌	黄益种
		闽江古田溪（古田段）防洪一期工程（护城河右岸上游段）	完成项目前期工作并开工建设。计划投资 500 万元。3 月底前，完成立项审批工作，启动安征迁工作；6 月底前，完成初步设计审批及财政审核等前期工作；9 月底前，挂网招投标，签订施工合同并开工建设；12 月底前，完成新建防洪堤 300 米		黄益种

续表

序号	领导机构	项目名称	目标任务和时间节点	责任领导	首席责任人
		闽江古田溪（古田段）防洪一期工程桥梁改造项目	完成C10标段5座桥梁改造建设，计划投资400万元。3月底前，完成地质勘察、设计及预算工作；6月底前，完成财审、招投标工作；9月底前，施工单位进场，开工建设桥梁拆除改造工程；12月底前，基本完成桥梁改造主体建设任务		黄益种 游年举
		闽江古田溪景观提升工程C4、C5标段	完成C4、C5景观工程建设，计划投资600万元 1.C4标段：该段水利工程完成验收后立即动工建设，6月底前，完成景观道路工作建设及绿植种植；9月底前，完成景观节点及其他附属设施建设；12月底前，完成收尾以及验收工作 2.C5标段：3月底前，完成景观节点及其他附属设施建设；6月底前，完成扫尾以及验收工作		许广盛
		新丰河景观亮化提升工程建设	完成新丰河景观亮化提升工程建设，计划投资1100万元。3月底前，完成赖厝桥至松台中桥新丰河沿线两岸的建筑、水岸景观、桥梁、水闸等进行景观亮化提升、全长约3.6千米，包含5座桥梁（彩虹桥、新丰桥、赖厝桥、赖厝中桥、松台中桥）及1座气动坝；6月底前，完成其他附属设施建设		
		印石山观景栈道工程	完成印石山观景栈道建设，计划投资800万元。3月底前，完成栈道主体工程，并开始其他附属设施安装；6月底前，完成项目扫尾验收工作		
		印石山至翠屏湖观景栈道项目	完成印石山至翠屏湖观景栈道项目设计工作。1月底前，完成概念性方案设计；2月底前，完成项目地形图测绘；3月底前，完成项目立项；5月底前，完成项目设计招投标工作；7月底前，完成项目地勘工作；10月底前，完成项目设计工作；11月底前，完成项目图审工作；12月底前，完成项目预算编制、财审工作并上网招投标		
		印石山栈道二期工程	完成印石山栈道二期工程前期工作并动工建设，计划投资200万元。3月底前，完成概念性方案设计；6月底前，完成项目立项以及生态红线、图斑核对，开展设计招投标工作；9月底前，开展现场栈道路线设计以及地质勘察；12月底前，完成预算、财审工作以及施工招投标并动工建设		
9	旧城改造指挥部	上井垅片区改造	6月底前，完成片区内的协议签订工作；8月底前，完成土地出让工作；9月底前，完成腾房与拆除工作；11月底前，动工建设	郑国淑 林晓晞	许广盛 黄长城
		文安片区改造	3月底前，完成1134户分户测绘及房屋区位、权属、用途、建筑面积等情况的调查登记工作，并将结果予以公布；4月底前，在原有规划设计方案基础上，根据分户测绘及调查成果对片区规划设计方案进行修正；6月底前，在房屋征收补偿方案征求意见稿的基础上，结合修正后的规划设计方案，完成《文安胜利片区项目房屋征收补偿方案》定稿；8月底前，完成模拟安征迁签约工作。待模拟安征迁签约率达到总户数95%以上时，正式启动项目改造工作		

续表

<table>
<tr><th>序号</th><th>领导机构</th><th colspan="2">项目名称</th><th>目标任务和时间节点</th><th>责任领导</th><th>首席责任人</th></tr>
<tr><td rowspan="3">10</td><td rowspan="3">产业发展与招商指挥中心</td><td colspan="2">招商攻坚</td><td>牵头、督促各相关单位完成2020年市下达古田县的招商引资任务</td><td>李黄慧
林世晴
谭国良</td><td>陈信燮
陈美珍
陈家传</td></tr>
<tr><td rowspan="2">招商攻坚</td><td>已供地项目</td><td>1. 美佳再生铝项目：1月底前，一期投产
2. 华链铸件项目：4月底前，一期投产
3. 文泰铸造项目：1月底前，开工建设；10月底前，试生产；11月底前，正式投产
4. 环朝再生资源开发利用项目：2月底前，试生产；4月底前，正式投产
5. 德惠食用菌精深加工项目：2月底前，完成施工图设计及图审工作；5月底前，取得施工许可证；6月底前，开工建设
6. 凤凰食用菌精深加工项目：2月底前，完成施工图设计及图审工作；5月底前，取得施工许可证；6月底前，开工建设
7. 盛养食用菌精深加工项目：7月底前，一期试生产
8. 闽越食用菌精深加工项目：2月底前，完成总平图审查；4月底前，完成施工图设计及图审工作；6月底前，取得施工许可证；7月底前，开工建设
9. 顺达食用菌精深加工项目：2月底前，完成总平图审查；4月底前，完成施工图设计及图审工作；6月底前，取得施工许可证；7月底前，开工建设
10. 年产8万根电杆生产项目：2月底前，完成总平图审查，勘探进场；4月底前，施工图设计及图审工作；5月底前，取得施工许可证；6月底前，开工建设；12月底前，试生产
11. 古田宁达汽配工业园项目：3月底前，完成总平图设计及审查；5月底前，施工图设计及图审工作；7月底前，取得施工许可证；8月底前，开工建设；12月底前，完成一期主要厂房建设
12. 福晟再生铝项目：2月底前，完成施工图设计及图审工作；4月底前，取得施工许可证并开工；9月底前，投产
13. 松田食用菌精深加工项目：3月底前，完成总平图设计及审查；5月底前，完成施工图设计及图审工作；7月底前，取得施工许可证；8月底前，开工建设</td><td>李黄慧
林世晴
谭国良</td><td>陈信燮
陈美珍
陈家传
李　敏
许广盛
包　飞
陈建曦
江庆森
陆德亮</td></tr>
<tr><td>未供地项目</td><td>1. 华威商贸物流城项目：4月底前，完成用地挂牌；7月底前，完成总平图设计及审查；9月底前，完成施工图设计及图审工作；11月底前，取得施工许可证；12月底前，开工建设
2. 城西食用菌精深加工项目：2月底前，完成用地挂牌；5月底前，完成安征迁并交付土地；7月底前，完成施工图设计及审查；9月底前，取得施工许可证，开工
3. 安发生物科技园项目：2月底前，完成用地挂牌；6月底前，完成安征迁并交付土地；7月底前，完成施工图设计及审查；9月底前，取得施工许可证，开工
4. 天天源银耳精深加工项目：2月底前，完成土地报批；3月底前，完成安征迁及启动用地挂牌；4月底前，完成用地出让；6月底前，完成总平图设计及审查；8月底前，完成施工图设计及图审工作；10月底前，取得施工许可证，开工</td><td>李黄慧
林世晴
谭国良</td><td>陈信燮
陈美珍
李　敏
许广盛
包　飞</td></tr>
</table>

续表

序号	领导机构	项目名称		目标任务和时间节点	责任领导	首席责任人
				5.盛泰华生物制药项目：1月底前，完成安征迁；2月底前，完成用地报批；4月底前，完成用地挂牌出让；5月底前，完成总平图设计及审查；7月底前，完成施工图设计及图审工作；9月底前，取得施工许可证		
	园区建设		古田食用菌产业园北区	标准化厂房项目：2月底前，厂房装修；3月底前，交工；4月底前，竣工验收	叶启亮	程国鼎
				部分路网项目：3月底前，竣工		阮淑兴 程国鼎
				古田风都110千伏变电站工程：12月底前，完成立塔拉线		黄守雄
				风都工业集中区燃气站：3月底前，完成场站LNG储罐基础及消防水池基础浇筑、燃气管道敷设3.9千米；6月底前，完成生产辅助用房建设及工艺管道安装、调试，消防验收、主体验收及投入使用		余深水
				污水处理厂项目：1月底前，完成项目可研批复；3月底前，施工图设计及初步设计；4月底前，完成造价审核；5月底前，完成施工、监理招投标工作；7月底前，开工；9月底前，完成土建；12月底前，完成设备安装		程国鼎
			古田食用菌产业园西区	标准化厂房项目： 1.8#厂房：4月底前，完成桩基；5月底前，完成地下室；6月底前，完成一层板；7月底前，完成二层板；8月底前，完成三层板；9月底前，完成四层板；10月底前，完成五层板；11月底前，完成六层板；12月底前，封顶 2.1#、2#、3#、5#、6#、7#厂房：5月底前，完成桩基；6月底前，完成桩基检测；12月底前，完成主体建构建设	李黄慧 雷　毅	朱振松 阮淑兴
			古田食用菌产业园东区	3月底前，各宗地业主完成所有违建拆除工作，未拆除的由县治违办牵头组织对其强制拆除；6月底前，建成园区主入口景观提升、中心交通环岛绿化、人行道改造、垃圾中转站及绿化亮化夜景工程，依法依规完成改变土地用途的宗地的处置工作，完成所有违建的强制拆除工作，各宗地业主完成提升改造工程建设工作；9月底前，由宗地业主申请竣工验收，并向县自然资源局申请办理不动产权证，全面完成提升改造工作	林纪建 李黄慧	张南平 姚晓春 李　敏 许广盛 陈美珍 陈信燮 余新敏 陆文成 余　希
			黄田工业集中区	污水处理厂项目：4月底前，完成项目前期工作；5月底前，启动项目施工招投标；6月底前，开工建设；12月底前，完工	李黄慧	张德铭
			大甲工业集中区南部新区一平工程	4月底前，完成征地；5月底前，完成施工图、项目造价编制；适时启动一平工程	谭国良	陈建曦
			工业走廊	3月底前，完成黄田镇镇域规划调整	李黄慧	张德铭

续表

序号	领导机构	项目名称		目标任务和时间节点	责任领导	首席责任人
		服务企业	挂钩民营企业	完善挂钩帮扶机制，及时召开协调会，帮助企业解决相关问题	李黄慧	陈信燮 陈美珍
			规模企业培育	全年规上工业企业入统 10 家以上，全年新增限上商贸企业 12 家		
			落实产业政策	推动古田县扶持民营企业相关惠企利企政策落地，加快古田县产业扶持资金兑现，帮助企业争取上级扶持资金，助力民营企业发展壮大		
		电网建设		1. 福州特至三阳 500 千伏输电线路工程：宁德古田段 37 基电塔，黄田镇 11 基，水口镇 26 基。6 月底前，完成立塔拉线 2. 古田风都 110 千伏变电站工程：12 月底前，完成立塔拉线 3. 槐门至溪头 110 千伏输电线路工程：33 基电塔。其中，风都 11 基，城西 22 基。12 月底前，完成立塔拉线	林世晴	曾信泉 黄守雄
11	石材矿产综合整治指挥中心	生态修复指挥部	完成矿山生态修复	依据《古田县敖江流域饰面石材废弃矿山综合治理工作方案》，积极构建“政府主导、政策扶持、社会参与、资源化治理、市场化运作”的矿山生态环境恢复和综合治理新机制。在省、市指导下，充分利用福建省废弃矿山生态环境综合治理工程包优惠政策，加快推进废弃渣石的综合利用工作，并完成矿山生态修复任务。强化矿山废弃渣石综合利用治理加工点日常巡查监管，督促第三方企业严格落实安全生产、生态环境保护和水土保持“三同时”措施，严禁造成二次污染和新的生态破坏，确保在 2020 年底基本完成敖江流域饰面石材废弃矿山生态修复任务	林纪建 凌 宏 丁景风 韩松纯	李 敏 朱文剑 张学涛 彭宏水 黄益种 林 宏 林长华 李 霞
			打击非法采矿行为	严格按照“重点区域每月巡查不少于 2 次、一般区域每月巡查不少于 1 次”的要求，加强矿山日常巡查。充分利用矿山监控系统加强管控，实现日常巡查、监管、执法的全覆盖，发现有非法采矿的，部门协同执法，严查快办，并长期坚持		李 敏 林 宏 林长华 李 霞
			加强石材加工企业关闭后环境治理	加强关闭后的石材加工厂日常巡查，发现异常立即处置。严防加工企业暗中私拉电线或借助发电设备及其他办法进行石材加工造成新的环境污染，杜绝石材加工死灰复燃。加快推进石材加工企业关闭后的环境治理工作，开展废弃堆渣场生态修复治理。督促第三方企业严格落实安全生产、生态环境保护和水土保持“三同时”措施，严禁造成二次污染和新的生态破坏		张学涛 李 敏 陈信燮 朱文剑 彭宏水
		项目实施指挥部	招商引资	对接恒大健康集团等大型国企、民企，加强健康产业以及锂电新能源、新能源汽车等大中型配套企业的招商引资工作，12 月底前形成初步对接成果	李黄慧 丁景风 谭国良	黄亦青 戴丽淑
			鹤塘镇区基础设施建设	1. 镇区沥青路面提升工程、镇区亮化绿化工程：4 月底前，完成调查和初步规划；6 月底前，完成初步设计和概算；9 月底前，动工部分路段和路灯工程项目；12 月底前，完成部分工程 2. 鹤塘油溪防洪清堤工程：3 月底前，完成可行性研究报告编制工作；5 月底前，完成初步设计和概算；7 月底前，完成一期工程的预算及财审；9 月底前，完成一期工程的招投标工作；12 月底前，完成一期工程总量的 50% 以上		林长华 黄亦青

续表

序号	领导机构	项目名称		目标任务和时间节点	责任领导	首席责任人
			工业用地盘活前期工作	6月底前，完成对原石板材产业工业用地的精确测绘；7月底前，完成对所有工业用地权属的确认；9月底前，完成对工业用地重新利用的总体规划、控制性规划的编制；12月底前，完成对污水处理、供电、供水系统建设的初步设计和初步概算；力争在资金到位的前提下，力争开展部分工业用地的回收工作		李　敏 朱文剑 黄亦青 肖树洪
			中国仙鹤湾康养小镇项目	对接福建古田中煤生态环境发展有限公司：9月底前，推进“中国仙鹤湾康养小镇”项目投资协议签订，推进优惠政策和配套政策制定；12月底前，启动首个项目建设，帮助企业做好项目总体规划和首个项目控规编制		黄亦青 肖树洪

中共古田县委　古田县人民政府
关于做好2020年为民办实事项目工作的通知

古委〔2020〕4号

各乡镇党委、政府，街道党工委、办事处，县直有关单位：

经研究，决定2020年继续开展为民办实事活动，着力解决群众关注度高、社会覆盖面广、民生关联度大的问题。各乡镇（街道）和县直有关单位要以习近平新时代中国特色社会主义思想为指导，全面贯彻党的十九大和十九届二中、三中、四中全会精神，结合“不忘初心、牢记使命”主题教育，切实解决群众关心关注的热点难点问题，进一步细化工作方案，科学安排进度，加强统筹协调，认真组织实施，把好事办好，把实事办实，取信于民，造福于民。现将有关事项通知如下：

一、古田县城乡生活垃圾治理一体化工程

主要内容：新建垃圾焚烧发电厂1座，建设一条生活垃圾处理规模为400吨/日、发电装机容量为9兆瓦的生产线，设计年发电量6528万千瓦时，厂区总建筑面积约23250平方米。

资金安排：项目预计总投资27631万元，年度计划投资13000万元，2020年完成生活垃圾焚烧发电厂建成投产。

牵头领导：郑国淑

责任单位：县住建局

项目责任人：许广盛

二、农村路网晋级改造工程

主要内容：县、乡道晋级改造100千米。

资金安排：项目预计总投资23000万元，年度计划投资23000万元，2020年完成项目建设。

牵头领导：俞仰林

责任单位：县交通运输局、交通建设指挥部

项目责任人：李健

三、福建宁德古田凤都110千伏输变电工程

主要内容：新建变电容量5万千伏安变电站和20.6千米槐门至溪头110千伏线路。

资金安排：项目预计总投资4042万元，年度计划投资 3700 万元，2020 年完成变电站建设及线路架设。

牵头领导：林世晴

责任单位：县供电公司

项目责任人：黄守雄

四、农村路网安全生命防护工程

主要内容：建设公路安全设施 92.4 千米。

资金安排：项目预计总投资 1000 万元，年度计划投资 1000 万元，2020 年完成项目建设。

牵头领导：俞仰林

责任单位：县交通运输局、交通建设指挥部

项目责任人：李健

五、古田县大世界农贸市场“农 + 超”升级改造工程

主要内容：升级改造干湿区分离、通风系统、灯光系统、消防系统、排水系统、高压和低压线路、变压器等项目面积 6430 平方米，涉及装饰面积 5169 平方米。

资金安排：项目预计总投资 1516 万元，年度计划投资 1396 万元，2020 年完成项目建设。

牵头领导：李黄慧

责任单位：县商务局

项目责任人：陈美珍

六、古田县第二小学（局下校区）改扩建工程

主要内容：项目总建筑面积 5400 平方米，包括教学楼建筑面积 2950 平方米、文体楼建筑面积 2450 平方米（含合班教室、体育馆、图书馆）。

资金安排：项目预计总投资 2973 万元，年度计划投资 500 万元，2020 年完成主体一层建设。

牵头领导：李晓霞

责任单位：县教育局

项目责任人：陈兴第

七、古田县雪亮工程——公共安全视频监控、交通信号灯、电子警察等建设及升级改造工程

主要内容：新建 360 路公共安全视频监控、智能交通信号控制系统、闯红灯电子警察系统、交通违法停车自动抓拍系统、智能交通综合集成管控平台；升级改造 443 路公共安全视频监控、查缉布控系统、12 路古田北站电子警察。

资金安排：项目预计总投资 3088 万元，年度计划投资 616 万元，2020 年完成项目建设。

牵头领导：黄忠钦

责任单位：县公安局

项目责任人：林飞、彭孝义

八、古田县卫生补短板项目

主要内容：卓洋、大甲、凤都卫生院建设职工周转房，共 66 套，建筑面积约 2900 平方米。

资金安排：项目预计总投资 1785 万元，年度计划投资 550 万元，2020 年完成三个卫生院职工周转房主体框架两层建设。

牵头领导：李晓霞

责任单位：县卫健局

项目责任人：汤仰威

九、农村幸福院

项目主要内容：新建 27 个农村幸福院。

资金安排：项目预计总投资 761 万元，年度计划投资 761 万元，2020 年完成项目建设。

牵头领导：谢荣雄

责任单位：县民政局

项目责任人：戴海口

十、古田县文峰路工程

主要内容：完成古田县文峰路一期（玉田南路至松吉路）工程，全长 321.592 米。

资金安排：项目预计总投资 1000 万元，年度计划投资 1000 万元，2020 年完成项目建设。

牵头领导：林晓晞

责任单位：县住建局

项目责任人：许广盛

十一、古田县西大桥及六一四七支路改造工程

主要内容：改造长 16 米、宽 24 米的西大桥和长 260 米、宽 12 米的六一四七支路。

资金安排：项目预计总投资 800 万元，年度计划投资 800 万元，2020 年完成项目建设。

牵头领导：林晓晞

责任单位：县住建局

项目责任人：许广盛

十二、老年大学项目（老干部活动中心）

主要内容：建设一栋“H”形大楼，建筑占地面积约2040平方米，建筑高度24米，总建筑面积约9680平方米，大楼两侧各6层，中间为2层连廊连接。

资金安排：项目预计总投资3000万元，年度计划投资500万元，2020年完成临时桥搭设及主楼一层的施工。

牵头领导：郑国淑、刘冬康

责任单位：县委老干部局

项目责任人：黄荣辉、陈绍昌

十三、宁德市交通职业技能综合考训基地项目

主要内容：项目用地面积170亩，建设集考试培训、初学陪驾、机动车维修、学员休闲娱乐于一体的综合基地。

资金安排：项目预计总投资9700万元，年度计划投资4902万元，2020年完成大车考试场地建设。

牵头领导：余新琳、谭国良

责任单位：大甲镇

项目责任人：陈建曦

十四、古田县玉源溪平湖段安全生态水系建设工程

主要内容：1. 生态保护措施部分：埋设界桩220个，设管护标识牌34个；2. 生态修复措施部分：拆除旧桥至新城大桥左岸临河厕所1座，破旧杂物间3座及临时滚水坝；3. 生态水利措施部分：新建栏杆（含柱墩栏杆）、排水沟、滚水坝、生态巡查步道，旧桥桥上设防护等。

资金安排：项目预计总投资1386万元，年度计划投资1386万元，2020年完成项目建设。

牵头领导：刘冬康、俞仰林

责任单位：平湖镇

项目责任人：江华

十五、平湖中心小学综合楼改扩建工程

主要内容：项目占地面积7亩，新建综合楼一座（五层）。

资金安排：项目预计总投资2400万元，年度计划投资700万元，2020年完成主体一层建设。

牵头领导：李晓霞

责任单位：县教育局、平湖镇

项目责任人：陈兴第、江华

十六、古田县黄田镇双坑库周防护及岸线提升工程

主要内容：新建防护挡墙490米，陡坡喷射砼防护2000平方米，新建沟渠1900米，绿化面积4000平方米。

资金安排：项目预计总投资2800万元，年度计划投资2800万元，2020年完成主体工程。

牵头领导：叶崧、林晓晞

责任单位：黄田镇

项目责任人：彭实

中共古田县委
古田县人民政府
2020年1月8日

2020年古田县国民经济和社会发展统计公报

古田县统计局

2021年3月24日

一、综合

初步核算，全年实现地区生产总值204.97亿元，比上年增长3.5%。其中，第一产业增加值49.03亿元，增长5.2%；第二产业增加值52.12亿元，增长4.6%；第三产业增加值103.82亿元，增长1.9%。第一产业增加值占地区生产总值的比重为23.9%；第二产业为25.4%；第三产业为50.7%。

“十三五”期间，全县生产总值年均增长4.9%。其中三次产业年均分别增长4.3%、4.3%和6.6%。三次产业结构由2015年的26.7 ∶ 37.3 ∶ 36.0调整到2020年的23.9 ∶ 25.4 ∶ 50.7。

年末户籍人口数为42.49万人，户籍人口城镇化率为32.3%。全年出生人口4074人，出生率为9.6‰；死亡人口2490人，死亡率为5.9‰；自然增长率为3.7‰。

2020年年末古田县户籍人口数及城乡性别构成

表1

指　标	年末人数（人）	比重（%）
户籍人口	424900	100.0
其中，城镇	137409	32.3
乡村	287491	67.7
其中，男性	224744	52.9
女性	200156	47.1
其中，0—15岁	75018	17.7
0—17岁	81923	19.3
18—34岁	85939	20.2
35—59岁	170384	40.1
60岁及以上	86654	20.4

全年新增城镇就业570人、失业人员再就业290人、就业困难人员再就业439人，城镇登记失业率4.12%。

二、农业

全年实现农林牧渔业总产值85.24亿元，比上年增长5.2%。其中，农业产值66.55亿元，增长5.0%；林业产值4.67亿元，增长5.11%；牧业产值7.63亿元，增长8.9%；渔业产值3.43亿元，增长1.8%；农林牧渔服务业产值2.96亿元，增长4.1%。

“十三五”期间，农林牧渔业总产值年均增长4.3%。

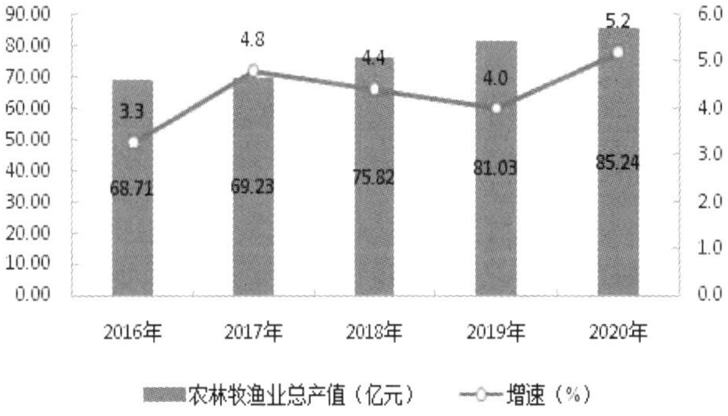

图1　2016—2020年古田县农林牧渔业总产值及增速

全年粮食播种面积299764亩，比上年增长1.4%。其中，稻谷播种面积265572亩，下降0.1%。粮食产量115453吨，增长1.2%。其中，稻谷产量107503吨，增长0.2%；甘薯4417吨，增长26.7%；马铃薯2719吨，增长4.2%；大豆413吨，增长7.6%。

2020年古田县主要农产品产量

表2

产品名称	产量（吨）	比上年增长（%）
粮食	115453	1.2
食用菌（干鲜混合）	132068	5.4
水果	104908	7.6
蔬菜	80004	4.5
茶叶	1004	7.4
瓜果	3047	1.0
林产品	34542	–2.3
肉类产品	14198	3.0
生猪出栏头（头）	135792	3.5
家禽出栏只（只）	1826991	2.8
水产品	18568	0.9

现有农业龙头企业35家，其中省级14家、市级21家；现有新型经营主体1596家，其中市级以上新型农业经营示范主体51个。“古田银耳”分别获得“中国特色农产品优势区”“福建特色农产品优势区”认定和中国农产品地理标志登记。

三、工业和建筑业

全年全部工业增加值38.33亿元，比上年增长5.4%。其中，规模以上工业增加值同比增长0.2%。

规上工业19个行业中7个行业增加值实现增长。其中，废弃资源综合利用业增长629.2%，纺织业增长45.2%，有色金属矿采选业增长33.5%，电气机械和器材制造业增长19.2%，水的生产和供应业增长3.2%。

全年规模以上工业企业实现利润2.37亿元，比上年下降33.3%。分经济类型看，股份制企业2.04亿元，下降33.1%；外商及港澳台商投资企业0.28亿元，下降40.4%。规模以上工业企业资产负债率51.1%，比上年增长0.4个百分点；每百元主营业务收入中的成本为90.32元，营业收入利润率为4.07%。

全年全社会建筑业实现增加值13.81亿元，比上年增长1.9%。全县在库资质内建筑业企业43家，比上年增加8家，实现总产值6.84亿元，增长1.9%。

四、固定资产投资

全年全社会固定资产投资比上年增长6.5%。其中，项目投资增长1.1%。从三次产业看，第一产业投资增长1902.7%，第二产业投资增长4.4%，第三产业投资增长3.6%。基础设施投资增长1.5%，占固定资产投资的37.7%。民间投资增长38.5%，占固定资产投资的59.2%。

“十三五”期间，固定资产投资年均增长4.0%。

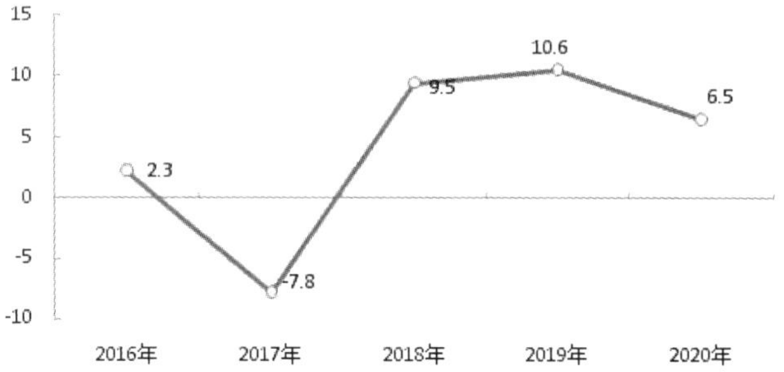

图2　2016—2020年古田县固定资产投资增长情况（%）

2020年古田县分行业固定资产投资情况表

表3　单位：%

行　　业	投资额比上年增长
农、林、牧、渔业	1902.7
采矿业	8.9
制造业	15.6
电力、热力、燃气及水的生产和供应业	–21.5
建筑业	
批发和零售业	
交通运输、仓储和邮政业	18.8
住宿和餐饮业	
信息传输、软件和信息技术服务业	–77.2
金融业	–100
房地产业	22.3
租赁和商务服务业	
科学研究和技术服务业	–44.7
水利、环境和公共设施管理业	–14
居民服务和其他服务业	1984.2
教育	–30.9
卫生和社会工作	–4.2
文化、体育和娱乐业	–72.6
公共管理和社会组织	–72.8

全年房地产开发投资 14.30 亿元，比上年增长 24.5%。其中，住宅投资 12.5 亿元，增长 37.2%，占房地产开发总投资的 87.4%；商业营业用房投资 0.30亿元，下降83.7%，占房地产开发总投资的2.0%。全年商品房销售面积 13.54 万平方米，比上年增加 0.66 万平方米，增长 5.2%；年末商品房待售面积 4.99 万平方米，比上年末增加 0.59 万平方米，增长 13.4%。

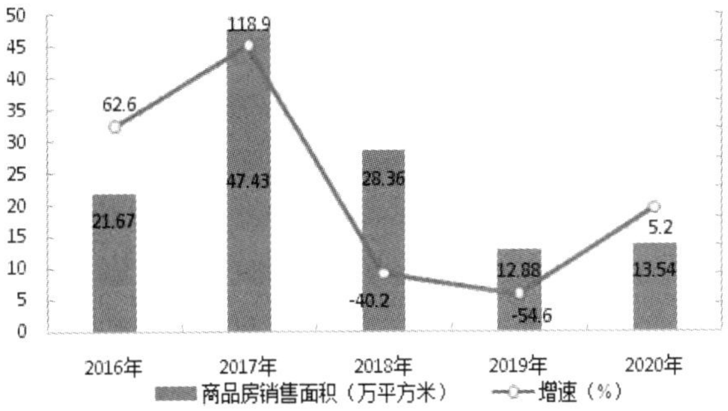

图 3　2016—2020 年古田县商品房销售面积及增速

2020 年房地产开发和销售主要指标及其增长速度表

表 4

主要指标	单位	绝对数	比上年增长（%）
投资完成额	亿元	14.30	24.5
其中，住宅	亿元	12.50	37.2
其中，90 平方米及以下	亿元	4.87	23.0
房屋施工面积	万平方米	98.23	–1.0
其中，住宅	万平方米	61.44	–6.0
房屋新开工面积	万平方米	34.32	371.4
其中，住宅	万平方米	27.21	59.6
房屋竣工面积	万平方米	16.96	–12.1
其中，住宅	万平方米	8.23	–51.7
房屋销售面积	万平方米	13.54	5.2
其中，住宅	万平方米	11.26	19.2
本年实际到位资金	亿元	14.04	–58.4
其中，国内贷款	亿元		
其中，个人按揭贷款	亿元	4.73	–73.8
本年购置土地面积	万平方米	4.64	65.7
土地购置费	亿元	3.93	–12.3

全县在建重点项目200个，完成投资55.96亿元。其中，省市重点在建项目39个，完成投资34.45亿元。

五、国内贸易和外资

全年社会消费品零售总额 88.08 亿元，比上年下降 6.7%。其中，限上零售额 19.61 亿元，下降 8.1%，占社会消费品零售总额的 22.3%；限下零售额 68.47 亿元，下降 6.3%，占社会消费品零售总额的 77.7%。

“十三五”期间，社会消费品零售总额年均增长 8.0%。

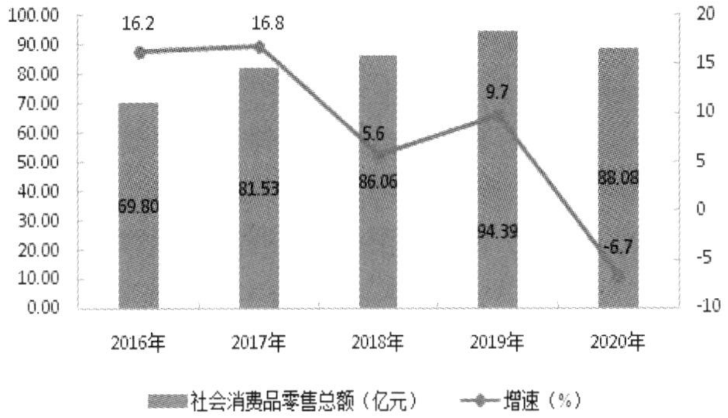

图 4　2016—2020 年古田县社会消费品零售总额及增速

在限额以上企业商品零售额中，粮油、食品类零售额 11.14 亿元，比上年增长 12.2%；家用电器和音像器材类零售额 1.28 亿元，下降 42.6%；中西药品类零售额 0.88 亿元，下降 4.4%；住宿类零售额 0.79 亿元，下降 22.8%；汽车类零售额 0.67 亿元，下降 26.1%；日用品类零售额 0.22 亿元，下降 12.3%。

新设立外商投资企业 1 家，合同利用外资 1311 万元。实际利用外资（验资口径）完成 2290 万元，比上年增长 30.9%。

六、交通、邮电和旅游

全年交通运输、仓储和邮政业实现增加值 6.28 亿元，比上年下降 3.2%。

全年公路和水运货运量 364.52 万吨，比上年增长 21.2%；货物周转量 30952.96 万吨千米，下降 40.9%。

2020 年古田县主要运输方式完成货物运输量情况表

表 5

指标	单位	绝对数	比上年增长（%）
货运量	万吨	364.52	21.2
公路	万吨	347.26	58.5
水运	万吨	17.26	–78.9
货物周转量	万吨千米	30952.96	–40.9
公路	万吨千米	29353.27	–35.0
水运	万吨千米	1599.69	–77.8

全年公路和水运客运量 256.15 万人，比上年下降 43.0%。旅客周转量 13989.87 万人千米，下降 37.6%。古田高铁北站旅客发送 43.40 万人次，下降 29.1%。

2020 年公路和水运完成旅客运输量情况

表 6

指标	单位	绝对数	比上年增长（%）
客运量	万人	256.15	–43.0
公路	万人	250.41	–39.7
水运	万人	5.74	–83.1
旅客周转量	万人千米	13989.87	–37.6
公路	万人千米	13917.42	–36.8
水运	万人千米	72.45	–82.5

全年完成邮政业务收入 5246 万元，比上年增长 18.7%。集传三大板块业务累计收入 353.9 万元，同比下降 12.9%。其中，函件完成收入 84.01 万元，增长 13.1%；集邮完成收入 103.56 万元，下降 46.5%；报刊业务收入 166.33 万元，增长 7.7%。

全年电信业务收入 22102 万元，增长 6.2%；年末固定电话用户 4.95 万户，下降 5.2%；移动电话用户 34.04 万户，增长 0.03%；互联网用户 11.21 万户，增长 0.4%。

全年旅游总接待人数 158.28 万人次，比上年下降 23.1%。旅游总收入 14.51 亿元，下降 24.2%。

七、财政和金融

全年一般公共预算总收入 10.80 亿元，下降 9.3%。其中，地方一般公共预算收入 7.48 亿元，下降 7.0%。全县一般公共预算支出 30.37 亿元，增长 6.4%。全县税收收入 4.16 亿元，下降 17.0%。

年末，全县金融机构本外币各项存款余额 204.92 亿元，增长 8.8%；本外币各项贷款余额 167.55 亿元，增长 8.1%。

2020 年年末金融机构本外币各项存贷款情况

表 7

指　标	年末数（亿元）	增长（%）
各项存款余额	204.92	8.8
其中，住户存款	148.47	12.5
非金融企业存款	23.18	16.8
各项贷款余额	167.55	8.1
其中，短期贷款	51.55	7.9
中长期贷款	115.98	13.4

八、教育和科学技术

全年普通高中共 8 所，招生 1674 人，在校生 4906 人，毕业生 1517 人，教职工 463 人。初中共 22 所，招生 3370 人，在校生 9575 人，毕业生 2916 人，教职工 1191 人。小学共 33 所，招生 4148 人，在校生 22881 人，毕业生 3429 人，教职工 1568 人。幼儿园共 55 所，招生 4406 人，在校生 11668 人，毕业生 4227 人，教职工 403 人。特殊教育学校共 2 所，招生 61 人，在校生 208 人，毕业生 44 人，教职工 69 人。职业中专 1 所，招生 473 人，在校生 1254 人，毕业生 250 人，教职工 70 人。小学学龄儿童入学率 100%；初中入学率 100%。

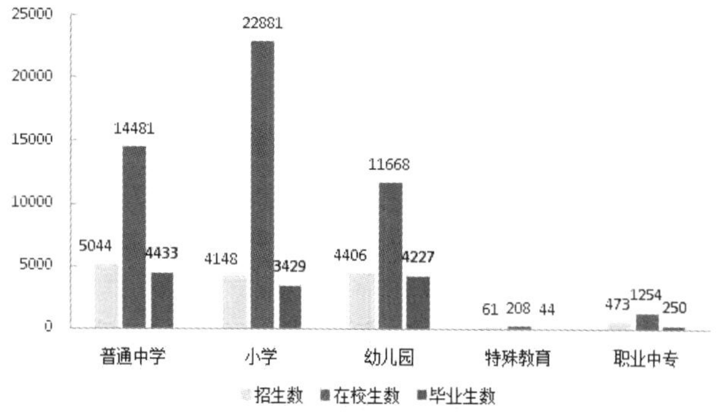

图 5　2020 年古田县各类学校基本情况表（人）

2020年，全县6家企业通过科技型中小企业评价；1家企业被列入福建省“科技小巨人领军企业培育发展库”，科技小巨人领军企业达4家；3家企业通过省级高新技术企业备案，省级高新技术企业达5家；4家企业通过2020年度国家级高新技术企业认定，高新技术企业拥有量比2019年增加2家。

全年择优选派35名省级科技特派员，获认定33名市级科技特派员，同时选派38名县级科技特派员，重点服务省级乡村振兴试点村、古田县乡村振兴重点培育村庄和产业薄弱村等69个村，实现全县行政村科技服务全覆盖。

九、文化、卫生和体育

全年共开展“文化振兴”宣传宣讲300多场，受众超20000人。组织古田县业余合唱培训1场，古田县戏曲免费网络培训班1场。县图书馆云图数字有声图书馆累计出版有声读物15万余小时，内容涵盖文学、历史、政治、法律、哲学、经济、管理、军事、医学、艺术、教育等领域。

年末，全县12个乡镇中心小学建成自建乡村少年宫，实现每个乡镇至少有1所乡村学校少年宫目标。建成黄田镇金翼村、城西街道罗峰村综合文化服务中心等2020年村级综合文化服务中心示范点，打造精品村史馆——薛后村村史展示馆、创建“全国乡村旅游重点村”——城东街道桃溪村、创建前洋文旅小镇，完成旅游厕所5座。平湖镇端上村入选2020年省级重点改善提升历史文化名镇名村及传统村落，卓洋前洋村申报为省级旅游村。

全年全县有调频发射台1台；广播电台1座，乡镇广播站13个，广播节目2套，平均每日播音时间12小时，广播人口覆盖率98%。电视台1座，电视节目2套，平均每周播出168个小时，有线电视总户数3.87万户，电视人口覆盖率80%。创作编排舞蹈剧目《菇都之恋》和歌曲联唱《十邑欢歌》。完成37集大型纪录片《千年临水情》制作与播放，全网点击播放量超2000万。

年末，全县卫生医疗机构数共25个；卫生医疗机构床位数1467张；卫生医疗机构人员数1743人。其中，执业医师397人，助理医师91人，注册护士641人。省级卫生乡镇5个，省级卫生村（社区）120个。全年共组建87个家庭医生签约服务团队，参与签约的家庭医生151人。农村建档立卡贫困人员9146人，签约率100%。开展医养结合试点单位6个，医疗机构与养老机构签订医养合作协议12个，养老机构以不同形式为入住老年人提供医疗卫生服务的比例达100%。县总医院优质护理服务病区覆盖率达100%。

2020年国民体质监测数据显示，我县达到《国民体质测定标准》合格以上人数比例为92%。大甲镇村溪村笼式足球场已完成建设并投入使用。

十、人民生活和社会保障

全年居民人均可支配收入25871元，比上年增长6.5%。按常住地分，城镇居民人均可支配收入35018元，增长3.8%；农村居民人均可支配收入20262元，增长7.2%。

全年居民人均消费支出16803元，比上年增长0.8%。按常住地分，城镇居民人均生活消费支出22058元，下降1.2%；农村居民人均生活消费支出13581元，增长0.9%。

全年企业养老保险参保人数39620人，比上年增加2106人。其中，参保的职工29628人，参保的离退休人员9992人。机关事业单位养老保险参保13301人，比上年增加47人。城乡居民社会养老保险参保244769人，比上年增加42225人。

全年失业保险参保人数8500人，征收保费347.3万元，发放金额67.11万元。工伤保险参保28004人，征收保费373万元，支付金额1334万元。

全年城乡低保对象共3789户、6496人。其中，城市低保410户、681人；农村低保3379户、5815人。全县共有城乡特困人员1084人，合计发放资金1249.16万元。

十一、资源、环境和安全生产

全年全社会用电量9.3亿千瓦时，比上年增长2.9%。

全年完成造林绿化13696亩，森林抚育41538亩，封山育林41557亩，调运植树造林苗木124.5万株，清理松枯死木911株。全年义务种植枫香、乌桕、香樟等树种89万余株。新建花卉生产塑料薄膜智能温室面积4939平方米、固定苗床3118平方米。

全年全县森林覆盖率72.14%，森林蓄积量1093.70万立方米。古田县获“福建省森林县城”称号。“福建省森林城镇”1个——水口镇。“福建省森林村庄”7个——平湖镇富达村、大桥镇牛峰村、黄田镇金翼村、凤埔乡官亭村、城东街道桃溪村、卓洋乡庄里村、泮洋乡中直村。

全年全县重点流域优良水质比例100%，省控小流域Ⅲ类以上水质比例88.9%，主要湖库、县级以上集中式饮用水水源地水质达标率100%。

全年空气达优良以上天数366天，占比100%，比上年同期上升0.3个百分点；综合污染指数2.29，比上年下降0.24。城区交通干线噪声均值为69.4分贝，区域环境噪声均值为54.7分贝。

全年共发生生产安全事故2起（其中十二类车辆道路交通事故1起，死亡1人；再生物资回收与批发企业事故1起，死亡1人），比上年下降66.7%。死亡2人，死亡人数与上年持平。亿元地区生产总值生产安全事故死亡人数0.010人，下降4.0%。

注：1. 本公报所列数据为初步统计数。部分合计数或相对数由于单位取舍不同而产生的计算误差，均不做机械调整。

2. 本公报地区生产总值、各产业增加值、农林牧渔业总产值、工业总产值按现价计算，增长速度按可比价格计算。

3. 资料来源：本公报中户籍人口数据来自县公安局；就业、登记失业率、社会保障数据来自县人社局；重点项目投资数据来自县发改局；对外经济数据来自县商务局；公路运输、水运数据来自县交通局；邮政业务数据来自县邮政部门；互联网业务收入、电话用户、电信业务收入等数据来自移动、电信、联通等部门；文化、体育、旅游数据来自县文旅局；财政数据来自县财政局；金融数据来自县人行；教育数据来自县教育局；科学技术数据来自县科技局；广播、电视数据来自县广电局、融媒体中心、广电网络公司；卫生数据来自县卫健局；低保数据来自民政局；林业数据来自县林业局；环境监测数据来自县生态环境局；安全生产数据来自县应急管理局；其他数据来自县统计局。

网站标识码：3509220001 闽公网安备：35092202000104
闽ICP备17029847号-1

地址：福建省古田县解放路169号 邮编：352200

电话：0593-3882168

索　引

说　明

一、本索引为条目索引，主要采用主题分析所引法，按主题词首字的字母顺序排列，首字为阿拉伯数字的集中置于索引前面；

二、索引后面的数字为内容所在的页码；

三、特载、专记、大事记、人物、附录不做索引；

四、年鉴类目、分目下的综述、概况、概述不做索引。

0—9

A

B

C

D

F

G

H

J

K

L

M

N

P

Q

R

S

T

W

X

Y

Z